刷新版

논리와 비판적 사고

김 광 수

刷新版

논리와 비판적 사고

김 광 수

철학과현실사

쇄신판(刷新版) 서문

초판을 낸 지 17년, 그리고 전정판을 낸 지 12년 만에 쇄신판을 내놓는다. 전정판을 쓸 때만 해도 더 이상 고칠 것이 없을 것이라 생각하였다. 그러나 그게 아니었다. 거의 새로운 책이 되어 버렸다.

퇴임 후 내가 누리게 된 기쁨 중의 으뜸은 인류의 위대한 지성을 만나는 일이었다. 책을 통해서나마 당대의 지성을 만난다는 것은 굉장한 일이었다. 오랜 세월을 견뎌낸 그들의 생각이 내 혼을 떨게 하였다. 마침 개정작업을 하던 중이었는데 은근히 샘이 났다. 이 책은 얼마나 갈까? '백 년은 가는 책'이 되었으면…. 천 년, 이천 년 가는 책들도 있는데, 너무 소박한 바람이 아닌가! 그러나 백 년 후면 나는 물론 지금 살아 있는 사람들 대부분이 사라지고 없을 때이다. 그때도 이 책이 독자들을 사로잡을 수 있다면, 굉장한 일일 것이다!

그렇다. 전에는 우리 사회의 합리화를 위해 이 책을 썼다. 그러나 이번은 달랐다. 이 책이 적어도 백 년, 욕심을 내자면 인류의 역사와 함께 살아 있을 수 있는 보편적인 것이 되도록 썼다. 단순한 바람 또는 욕심이 아니었다. 세월은 거저 흐른 것이 아니었다. 한 우물 파다 보니 눈도 조금 뜨이고 자신도 생겼다. 유리한 점도 있다. 논리는 영원히 논리인 것이다.

라이프니츠는 "인간의 사상에 관한 일종의 알파벳이 발명되어, 이 글자들을 결합시킴으로써, 또 이 글자들로 짜 맞춰진 단어를 분석함으로써, 다른 모든 말들을 발견해 내고, 판정하지 않으면 안 된다."고 생각하였다.[1] 모든 생각의 논리적 구조를 드러내는 방법을 고안하여, 수학적인 계산을 하듯이 논리적인 계산을 함으로써 모든 논쟁은 깨끗하게 끝장을 볼 수 있게 된다고 생각한 것이다. 그러나 그는 그 '알파벳'을 발명하지 못하였다. 그런데 러셀은 그 '알파벳'이 발명되었다고 생각하였다.

> 내가 어렸을 때 그에 관해서 들었던 모든 내용의 모호함으로 인하여 나를 혼란시켰던 많은 문제들은, 이제는 과학에서 통상적으로 있는 그러한 종류의 진보적인 발전을 가능하도록 만들어주는 정밀한 기법에 따라 교정될 수 있다. 분명한 지식이 성취될 수 없을 경우에는 그것을 성취할 수 없다는 사실을 입증하는 것이 언젠가는 가능하고, 현존하는 증거와 모두 양립할 수 있는 다양한 정밀 가설들을 형성하는 것도 일상적으로 가능하게 되었다. 논리적 분석으로부터 나오는 방법들을 채택한 그러한 철학자들은, 종래의 무목적적인 방식으로가 아니라 상호 협조적으로 논쟁할 수 있게 되었으며, 따라서 논쟁의 양 측면에 있는 사람들은 그 결과에 대해서 일치할 수가 있다.[2]

현대 기호논리학의 기본 틀을 수립한 학자다운 자부심이다. 사실 철학을 비롯한 제학문의 학문공동체적 탐구가 가능하게 된 것은 러셀의 공이라 할 수 있을 것이다.

문제는 무엇보다도 그 '알파벳'을 담은 책이 없다는 데에 있었다. 논리학 서적만으로는 세상에 편만한 생각들을 다룰 수 없다. 비판적 사고 류의 서적들도 초보적인 교양 수준의 분석 기법을 소개할 뿐이

---

1) C. I. Gerhardt(ed.), *Die Philosophischen Schriften von G. W. Leibniz*(7 vols., 1875-90), VII, pp.184-189, pp.292-298.

2) Russell, Bertrand Arthur, *Philosophy of Bertrand Russell*(The Library of Living Philosophers Volume V), ed. by Schilpp, Paul Arthur(Evanston: Northwestern University, 1944), pp.19-20.

다. 그래서 필자가 이 책의 초판(1990년)을 쓴 것이다. 단 하나의 주장이라도 자신 있게 말할 수 있는 방법론을 제시하고 싶었다. 그러나 초판이 마음에 안 들어 개정판(1993년)을 내었고, 개정판도 미흡하다고 생각하여 전정판(1995년)을 내놓았다. 그리고 또 쇄신판이다. 모르긴 하지만, 지금 생각으로는 이제 사소한 수정 이상은 필요할 것 같지 않다.

나는 이 책으로 감히 "논증의 분석 · 평가 방법이 정립되었다."고 선언하고 싶다. 내가 알기로는 비판적 사고나 논증 분석에 관한 한 이 책에 견줄 만한 것이 없다. 어떤 판단이든 제대로 할 수 있기를 바란다면, 이 책에서 제시하는 방법을 따르면 된다. 나는 이 책이 교양인을 위한 비판적 사고의 방법론을 넘어서서, 고급 비판적 사고 또는 학문의 방법론으로서의 위상을 확보할 수 있게 되었다고 자부한다.

내 책을 자랑하는 것이 쑥스러운 일이지만, 네 가지만 말해 보자. 첫째, 논증의 분석 및 평가에서 가장 중요한 논증 재구성의 방법을 정립하였다. 특히 여러 종류의 논증들이 들어 있는 복합 논증의 분석 방법이 고안되었다. 둘째, 논증을 요구하지 않고 받아들일 수 있는 주장과 받아들일지 여부를 판단하기 위해서 반드시 논증이 필요한 주장의 사이에, '자신이 입증 책임을 지고 받아들이는 주장'을 넣음으로써, 난마처럼 얽힌 세상사를 이해하고 또 풀어갈 수 있는 분석의 틀이 마련되었다. 셋째, 인간 행위의 논리적 구조를 행위 논증의 형식으로 일반화함으로써, 체계적으로 행위를 평가할 수 있는 길이 열렸고, 철학적 난제들 중의 하나인 규범적 명제의 근원에 대한 문제가 풀릴 수 있는 길이 제시되었다. 넷째, 형이상학적 가설의 성격을 인간의 지식 체계를 완성하기 위한 '이야기'로 이해하고, 그 이야기의 적절성을 판단하는 방법을 제시하였다. 이 네 가지는 필자 자신의 연구를 통하여 처음으로 선보이는 것이어서 특별히 말하는 것이다.

전과는 달리 역설적으로 나는 이 책을 소수의 독자들에게만 권하고 싶다. 헤세는 그의 『황야의 이리』 중 「황야의 이리론」에 '미친 사람만 볼 것'이라는 단서를 붙이고 있다. 오랜 교육 경험을 통해 내가 깨달은 안타까운 사실은 비판적 사고가 만인의 것이 되기는 어렵다는 것이다. 무엇보다도 논증을 재구성하는 일이 대단히 어렵기 때문이다. 논증 재구성은 건성으로 익힐 수 있는 기법이 아니다. 치밀하게, 끈기 있게, 오랫동안, 많은 문제들을 다루고 시행착오를 거치면서 연구해도 여전히 어려운 것이 논증 재구성이다. 그래서 오직 소수의 구도자적 정신을 가진 독자들에게만 이 책을 권하고 싶다. 오직 그들만이 진리에 목말라하기 때문이다. 그 갈증은 구도자들로 하여금 언젠가 좋은 세상을 만들어 가는 생각을 창출할 수 있게 하고, 궁극적으로 인류의 정신적 진화를 선도할 수 있게 할 것이다. 그러니 헤세를 따라 나도 이 책에 단서를 붙여야 할까 보다: "구도자만 볼 것!"

쇄신판이 나오기까지 많은 분들의 도움이 있었다. 무엇보다도 많은 독자들의 질문, 비판, 관심, 격려가 큰 힘이 되었다. 배우는 학생들은 물론 교수들까지 모범답안을 달라고 하는 모습은 나를 긴장시키기에 충분하였다. 수많은 교사들과 기업체 간부들의 연수 과정에서 내가 하는 일에 대한 확신과 보람을 다질 수 있었다. 이러한 독자들을 생각할 때 초판, 개정판, 전정판이 부끄럽다. 이제나마 이 쇄신판으로 변명(辨明)이 되었으면 한다. 나에게 '학문적 고문'을 당했던 한신대 철학과 학생들도 고맙다. 그들은 내 연구와 욕심의 실험 대상이었다. 비판적 사고가 돈이 되고 권력이 되는 시대가 왔으니 조금이나마 보상을 받을 수 있기 바란다. 비판적 사고를 공부하겠다고 졸업생들과 타 대학 출신의 연구자들이 수년에 걸쳐 청강하러 오는 모습은 나의 허영심을 돋우기에 충분하였다. 내가 현직에서 물러났음에도 불구하고 나에게서 계속 비판적 사고를 배우겠다고 함으로써 자신들이 기이한 취미의 소유자임을 유감없이 드러낸 고급비판적사고연구회 회원들은 내 연구의 수준을 높이는 계기를 마련해 주었다. 그들 중 신솔문, 지은아, 조중식, 박미영, 유원실, 신혜운은 모범답안을 작성하는 실질적인 기여를 하였다. 특히 신솔문 교수는 이 책을 직접 가르치는 입장에서 소중한 조언을 많이 주었다. 그들 모두의 구도자적 자세를 높이 치하한다. 철학과현실사에도 감사드린다.

2007년 9월 8일

김 광 수

머리말

수년 전 유학을 떠날 때 필자가 가졌던 목표 중의 하나는 '정신을 맑게 하는 것'이었다. 나의 젊은 날들을 고뇌로 점철시켰던 철학적 문제들과 4 · 19에서 광주사태로 이어지는 길목을 피로 물들게 한 사회적 문제들이 나의 정신을 어지럽히고 있었던 것이다. 나는 그 문제들에 가부간 끝장을 내고 싶었다. 유학 가서 그 방법을 배우자. 그래서 문제 하나하나를 풀어보자. 풀리지 않는 문제가 있다 하더라도, 풀리지 않는 이유라도 알 수 있으면 되지 않는가. 이 책은 이러한 나의 실존적 요청에 뿌리를 내리고 있다.

귀국하여 젊은이들을 가르치는 입장이 되었다. 그리고 뜨거운 아스팔트 위에서 벌어지는 최루탄과 화염병의 대결을 접하게 되었다. 욕심 많고 어리석은 어른들의 정치 놀이와 젊은이들의 '진리' 놀이가 뒤범벅이 되어 있었다. 내가 옳다. 아니다, 내가 옳다. 내놓아라, 못 내놓겠다. 더 달라, 더는 못 주겠다. 뒤집어엎어라, 그렇게는 안 된다. 부수고, 태우고, 두들겨 패고, 죽이고…. 이 책은 이러한 원시적인 대결을 안타깝게 목격하면서 씌어졌다.

삶은 문제를 풀어가는 과정이라고 할 수 있다. 문제를 풀어가면서 자아실현의 기쁨을 맛보는 것이다. 그러나 자아실현의 기쁨이 소중한 만큼 문제 풀이도 어렵다. 확신을 가지고 자신의 삶을 경영하고자 하는 사람일수록 문제는 더 어려워진다. 자신의 생각이 옳은지, 어떻게 하는 것이 바람직한지를 판단할 수 없게까지 된다. 그래서 '정신을 맑게 할' 목적으로 논리학 책을 펴들기도 한다. 논리적으로 사고할 수 있으면 도움이 될 것이라는 생각에서이다.

그러나 불행히도 논리학 책은 거의 도움이 되지 못한다. 여러 가지 까다로운 규칙들에 대하여 말하고는 있지만, 구체적인 상황 속에서 어떻게 그 규칙들을 응용할지에 대하여는 전혀 말하고 있지 않기 때문이다. 물리학이 우주선을 우주로 날려 보낼 수 있었던 것은 기계공학, 전자공학 등의 덕분이었다. 마찬가지로 논리학이 우리의 문제 해결에 도움을 줄 수 있기 위해서는 일종의 '논리공학'이 필요한데, 어떤 논리학 책도 논리의 공학적 측면에 대해서는 외면하고 있는 실정인 것이다.

이 책은 바로 이러한 논리의 응용적 측면에 대한 필요성에서 씌어졌다. 학교에서, 직장에서, 책에서, 토론석상에서 우리는 많은 주장들을 접하고, 그 주장들에 대하여 어떤 판단을 해야 할 입장에 처하게 된다. 권위와 독단과 물리적 힘이 지배하던 시대에는 힘 있는 자의 의지가 판단의 척도였었다. 그러나 우리는 이제 민주화의 시대를 맞았다. 그래서 누구나 당당하게 자신의 목소리를 낼 수 있게 된 것이다. 우리의 삶을 우리의 지혜를 모아 우리 스스로 가꾸는 시대가 된 것이다. 이 책은 이러한 '우리의 삶'을 가꾸는 데에 절대적으로 요청되는 비판적 사고, 합리적 사고, 과학적 사고, 주체적 사고, 자율적 사고에 대한 길잡이의 역할을 할 목적을 가지고 독자들을 만날 것이다. 따라서 필자는 이 책이 기본적으로 대학에서 '논리학 입문' 수준의 강좌 교재로 사용될 뿐만 아니라 일반 독자들도 편안하게 읽고 이해할 수 있는 것이 되도록 노력하였다.

이 책은 크게 두 부분, 즉 종래의 논리학에 해당하는 것으로서 어느 논리학 책에나 있는 내용을 소개하고 있는 부분과, 그러한 논리적 기법을 구체적인 상황 속에서 응용하는 법을 제시하고 있는 부분으로 나뉜다. 논리학의 부분에 관한 한 필자는 아무것도 더한 것이 없다.

필자가 학문적으로 또는 실용적으로 조금이라도 기여했다고 자부해 볼 수 있는 부분이 있다면 그것은 바로 논리학의 응용 부분인 제6장부터 제9장까지일 것이다. "논리는 주장의 내용을 다루지 않는다."는 지금까지의 통념을 깨고, '내용'을 다루는 시도를 해본 것이다.

이러한 시도는 필자가 캘리포니아 대학교(산타바바라)의 다우어(Francis Dauer) 교수 밑에서 '비판적 사고(Critical Thinking)' 강좌의 강의 조교를 하면서 구상한 것을, 귀국 후 3년간의 강의를 통해 구체화시킨 것이다. 특히 제9장의 행위분석은 필자에게 오랫동안 숙제로 남아 있었던 것인데, 팔자에 없는 학생처장의 직을 맡아 학생들과 '씨름'하는 가운데 뜻밖에 얻어진 것이다.

마지막 장인 제10장은 원래 계획에 없던 것이었다. 쉽지 않은 내용을 익혀야 하는 부담에 비해 일상적 추리에 주는 도움이 적다는 필자의 소견 때문이었다. 이 책이 논리학의 입문서로서 구색을 갖출 필요가 있기 때문에 덧붙이게 되었지만, 모든 독자들이 이 장을 공부할 필요는 없을 것이다. 반면에 필자는 '종합분석'이라는 장을 덧붙이고 싶었다. 철학을 포함한 여러 분야의 논문들을 분석 평가하고, 독자들도 실제로 논문을 작성해 보도록 할 욕심에서였다. 그러나 필자의 사정으로 이 장은 씌어지지 못했다. 증보판이 나올 기회가 있으면 그때 시도해 볼 생각이다.

이 책이 햇빛을 보기까지에는 많은 사람들의 도움이 있었다. 누구보다도 엄격한 가르침으로 필자를 깨우쳐 준 다우어 교수에게 감사를 드린다. 그의 '비판적 사고' 강의와 노트가 이 책의 기본 골격을 짜는 데 크게 도움이 되었다는 것도 밝혀 둔다. '논리분석'이라는 생경한 이름의 강좌를 교재도 없이 들으며 필기와 숙제에 시달리면서도, 논리학의 응용에 대한 필자의 노력이 성공할 수 있음을 실증적으로 보여준 한신대 철학과 제자들의 대견스러운 '변화'는 필자에게 큰 힘이 되었다. 윤리학적 문제가 다루어지는 제9장을 자구 하나하나에 이르기까지 신경을 쓰면서 읽고 조언해 주신 김태길 선생님의 은혜를 잊을 수 없을 것이다. 이 책의 집필을 독려하고 출판해 주신 철학과현실사에 감사드린다. 독자의 입장에서 초고를 읽는 데서부터 교정에 이르기까지 궂은일을 도맡아 해준 신솔문 군과 변주석 군의 노고도 높이 치하하고 감사한다. 그 외에도 부족한 필자를 격려해 주고, 이 책이 나오기를 기다려 준 여러분께 감사의 뜻을 전한다.

이 책을 읽은 사람과 읽지 않은 사람 사이에는 가시적인 차이가 있을 것이다(그렇게 희망해 본다). 필자의 엉뚱한 바람은 이 책이 우리 사회의 합리화에 기여하는 것이다. 그리고 필자의 소박한 바람은 이 책으로 인해서 독자들의 정신이 맑아지는 것이다.

1990년 2월 24일

김 광 수

개정판 서문

이 책이 나온 지 벌써 3년이라는 세월이 흘렀다. 그리고 세월이 변한 만큼 세상도 변했다. 그 변화 속에서 이 책이 한 역할은 미지수이다. 그러나 그 동안 이 책은 뜻밖으로 많은 독자들을 만나게 되었으며, 그 만남들을 통해 확인된 '비판적 사고'에 대한 관심과 열기는, 조금 과장해서 말하자면, 새로운 시대에 대한 소망을 갖게 하는 것이었다. 매 맞을 소리일지 모르지만, 필자는 우리 한국인이 몸은 첨단과학의 현대를 살면서 정신은 중세의 암흑시대에 머물러 있다고 생각해왔다. 그런데 필자는 이 책의 독자들을 통해서 '근세'를 향한 변화의 조짐을 느낄 수 있었던 것이다.

이러한 변화의 조짐 속에서 이 책이 해야 할 역할이 계속 있을 것으로 확신하고 미흡했던 점들을 보완하여 개정판을 내게 되었다. 처음에는 가볍게 시작했지만, 책이 대폭 수정되는 결과가 되어 버렸다. 「연구 및 토론」 문제들이 많이 교체되고 보충되었다. 제5장은 3개의 오류가 추가되고, 오류의 이름이 바뀐 것도 있다. 제6장을 대폭 줄여 제7장의 전반부와 한데 묶고, 제7장은 '심층 분석'이라는 이름으로 복잡한 논증과 삼단논법을 다루었다. 특히 제8장은 이철규 군의 변사 사건 분석을 통해 가설 평가의 체계를 보여주는 것이었는데, 가설 분석의 체계를 좀 더 광범위하게 응용할 수 있도록 완전히 빼 버리고, 대신 원인 찾기, 귀납추리, 유비추리 등의 새로운 내용을 담았다. 제

10장의 양화논리는 일반적인 용도가 전혀 없어 삭제하였다. 제10장은, 초판 때부터 생각하고 있었던 '종합분석'을 다루고 싶었으나 지면 관계상 별도의 책으로 내기로 하고, 논리공학적 기법을 독자 스스로도 글쓰기에 응용할 수 있도록 '논문작성'이라는 새로운 장으로 만들어 보았다.

이와 같은 개정은 책을 상당 부분 새 모습으로 바꾸어 버렸다. 그러나 이는 옛 판의 내용이 잘못되어서가 아니라, 옛 판의 내용을 좀 더 풍부하게 하는 가운데 일어난 일로서, 옛 판을 아끼는 독자들도 개정판을 환영할 것이라 생각된다.

옛 판에서 필자는 이 책이 우리 사회의 합리화에 기여하고 이 책으로 인해 독자들의 정신이 맑아질 수 있기를 바랐었다. 그런데 어떤 독자는 이 책으로 인해 정신이 맑아지기는커녕 오히려 복잡하게 되었다는 '충격적인' 고백을 해왔다. 확실히 그런 면이 있다. 이 책으로 인해 전혀 문제가 없다고 생각되었던 '잔잔한 정신'에 소용돌이가 일어나기 때문이다. 이 책은 이미 깨어 있는 정신에게는 약을 줄 수 있다. 그러나 잠자는 정신에게는 병도 주고 약도 주는 일이 벌어질 수 있다. 따라서 옛 판에서 가졌던 필자의 바람을 개정판에서도 여전히 유효한 것으로 간직하고자 한다.

1993년 2월 28일

김 광 수

전정판(全訂版) 서문

논리 공부 하느라 고생하는 학생들에게 필자는 농담처럼 말하곤 했었다. "너희들 논리 공부 열심히 해두어라. 언젠가는 논리로 밥 벌어먹는 때가 올 것이다." 이 말이 씨가 될 리는 없겠지만 요즈음 논리로 밥벌이하는 사람들이 많이 있는 것 같다. 더구나 정체불명의 논리 장사꾼들까지 어울려 '논리 시장'은 혼란스럽기 짝이 없다.

개정판을 낸 지 2년 반 만에 다시 전정판을 내게 된 배경에는 이러한 사정이 조금은 있다. 논리와 논술을 지도하는 입장에 있는 사람들과 이야기를 나누다 보면 그들의 논리 실력이 지극히 초보적이라는 것을 쉽게 발견할 수 있다. 그럴 때마다 필자는 난감한 심정을 억누를 수 없었다. 그들로부터 배우는 학생들을 생각해서였다.

필자는 국내 최초로 『논리와 비판적 사고』라는 책을 편 사람으로서 '논리 시장'의 혼란스러움에 대하여 일말의 책임을 면할 수 없다는 것을 통감하였다. 그리고 일반 독자들뿐만 아니라 논리를 가르치는 입장에 설 분들에게 도움이 되는 방식으로 책을 고치는 것이 도리라는 생각을 하게 되었다.

초판 서문에서 필자는 '논리학'과 '논리공학'의 차이를 언급한 바 있다. 그리고 이 책은 논리학에 관한 것이 아니라 논리공학에 관한 것이라는 점도 분명히 한 바 있다. 그런데 소위 '비판적 사고'를 가르치는 사람들 중 상당수가 이 차이를 간과하고 있다는 것을 발견할 수 있었다. 논리학의 추리 규칙들을 가르치면서 '비판적 사고'를 가르치고 있는 듯이 주장하고 있기 때문이다. 예를 들어 어빙 코피(Irving Copi)의 『논리학 입문(*Introduction to Logic*)』은 '비판적 사고'를 위한 책이 아니다. 책명이 말해 주고 있듯이 초보적인 논리학 서적일 뿐이다. 그런데도 이 책을 가르치면서 '비판적 사고'를 가르친다고 하는 사람들이 있는 것이다.

필자는 초판 서문에서 '논리학'과 '비판적 사고'를 간단히 구분하여 전자가 형식을 다루는 반면 후자는 내용을 다루는 것이라 하였다. 이에 덧붙이자면 이렇다. 논리학을 할 때 우리는, 굳이 말하기로 하자면, 주장들의 구조, 주장들 간의 관계를 고도로 추상화시켜 이해하려 한다. 반면에 '비판적 사고'를 할 때 우리는 주장들이 어떤 이유 때문에 얼마만큼 정당화되는가를 판단하고자 한다. 논리학의 최대 관심은 주장들의 통사론적 구조인 반면, 비판적 사고의 최대 관심은 주장들의 의미론적 내용인 것이다.

필자는 이러한 점들을 염두에 두고 수정 작업에 임하였다. 그 결과 많은 부분에서 수정 보완이 이루어지게 되었다.

첫째, 연습문제를 크게 보완하였다. 그리고 각 장의 끝에 있던 연습문제들을 절(節)들의 뒤로 분산시켜서 연습문제를 풀어 가면서 공부한 것을 바로 복습할 수 있도록 하였다.

둘째, 일부 연습문제들에 대한 '모범답안'을 제시하였다.

셋째, 전체적으로 '논증의 분석과 평가' 능력을 배양시키는 방향으로 책을 꾸미었다. 이를 위해 책의 구조를 바꾸었다. 특히 '제5장 오류 분석'을 뒤로 돌렸다. 오류는 그 성질 상 여러 가지 논리적 분석 기법을 다 익힌 다음에 연구하는 것이 바른 순서이기 때문이다. 그리고 '제6장 건전성'과 '제7장 심층 분석' 중 명제논리 부분을 하나로 묶어 '제5장 건전성'으로 만들었다. 그리고 전통적인 삼단논법에 양화논리를 보강하여 '제10장 술어논리'로 꾸몄는데, 이 부분은 일반 독자는 애써 읽을 필요가 없기 때문에 '부록'으로 처리하였다.

넷째, ‘제6장 현상과 설명’을 보완하였다. 특히 과학적 가설과는 달리 과학적 검증이 불가능한 형이상학적 가설의 평가 방법을 제시하였다.

그리고 2개의 오류가 추가되었고, 몇 개의 용어들이 바뀌었다. 나아가 여러 곳을 다듬고 손질하였다. 이 정도면 ‘대폭 수리’에 해당한다. 그리고 가능하면 다시 손 댈 필요가 없도록 만들려고 노력하였다.

이 책은 논리학 전문 서적이 아니다. 그러나 이 책은 대학 철학과라면 어디서나 하고 있는 논리적 분석 방법으로서, 어떤 어려운 문제이든지 분석 평가할 수 있는 방법을 제시하고 있다. 미국 법과대학(Law School)들은 철학과 출신을 가장 환영한다고 한다. 그것은 철학과 출신이 인간과 사회의 문제들로부터 우주와 절대자의 문제에 이르기까지 수없이 많은 문제들을 다뤄보고 고민해 본 사람들이라는 이유도 있지만, 무엇보다도 논리적 분석에 관한 한 다른 전공의 학생들이 감히 따를 수 없을 정도로 심도 있는 훈련을 받았다는 데에 있다는 것이다.

필자는 독자들이 아무리 어려운 논증이라도 평가할 수 있는 능력을 갖추게 하자는 욕심으로 전정판을 준비하였다. 부디 새로운 모습의 『논리와 비판적 사고』가 뜻있는 독자들의 꿈을 일구는 데 큰 도움이 되기를 바란다.

1995년 8월 22일

김 광 수

차 례

제 1 장

비판적 사고

비판적 사고는 필요 불가결한 탐구의 도구이다.
그래서 비판적 사고는 교육에서는 해방적 힘이며
개인적, 시민적 삶에서는 위력 있는 자산이다.
—「델피 보고서」

인간은 생각으로 세상을 만들어 간다. 주위를 돌아보자. 그리고 생각의 산물이 아닌 것을 찾아보자. 컴퓨터, 책상, 아파트, 교과서, 시장, 학교, 정부, 노조, 오케스트라, 시, 소설… 모두 생각의 산물이다. 이러한 인공물 말고 자연물이 있지 않은가? 그렇다. 자연물은 인간의 생각으로 고안된 것이 아니다. 그렇지만 자연에 대한 생각은 인간의 것이다. 예컨대 우리가 '자연법칙'이라고 알고 있는 것은 자연을 지배한다고 생각되는 원리를 과학자가 일반적 진술로 나타낸 것이다. 자연법칙 자체는, 만일 그런 것이 있다면, 인간의 산물이 아니지만, 자연법칙에 관한 진술은 인간의 산물이다. 그러니 인공물은 말할 것도 없고, 조금 과장해서 말하자면, 자연물조차도 인간 사고의 창안물이다.[3)]

세상이 생각의 산물이라는 생각은 몇 가지 깨달음을 촉발시킨다.

---

3) 이러한 생각은 존재하는 모든 것을 신 또는 창조주의 작품으로 보는 일부 종교나 형이상학의 입장과 상충한다. 이 경우 어떤 견해를 따라야 하는가? 앞으로 이러한 물음에 답하는 방법도 연구하게 될 것이다.

첫째, 세상사(世上事)를 조금은 이해할 수 있게 된다. 세상에 고통이 가득한가? 그것은 고통을 양산하는 생각들이 많기 때문이다. 세상이 마음대로 되지 않는가? 그것은 내 생각이 다른 사람들의 생각과 다르기 때문이다.

둘째, 역사를 인류의 생각이 진화해 온 궤적으로 볼 수 있다. 다른 생명체와는 달리 인간은 주어진 모습대로 살지 않는다. 더 좋은 세상을 위한 생각을 펼치며 산다. 그래서 인간의 삶은 변화를 거듭한다. 현대인의 삶은 전혀 옛 모습이 아니다.

셋째, 지금 우리의 생각, 즉 우리의 세계관과 가치관은 미완이고 결함이 있다는 것을 깨달을 수 있다. 아직 모르고 있는 것이 많고, 안다고 하는 것도 언제 수정될지 모른다.

넷째, 가장 중요한 것으로, 바르게 생각하는 방법, 즉 판단의 방법을 아는 것이 관건임을 알 수 있다. 우리가 이 책에서 연구할 것은 바로 이 판단의 방법이다.

비판적 사고란? 비판적 사고가 판단의 방법으로 연구되고 체계화되기 시작한 것은 1983년 미국 정부가 3R에 집중된 커리큘럼을 4R로 보완하는 교육 개혁을 단행하면서였다. 즉, 읽기(reading), 쓰기('riting), 셈하기('rithmetic)를 핵으로 하는 공교육에 추리(reasoning) 교육을 보완한 것이다.

「델피 보고서(Delphi Report)」에 의하면 비판적 사고는 다음과 같은 사고이다.4)

---

4) 미국철학회가 위촉한 철학자(52%), 교육학자(22%), 사회과학자(20%), 자연과학자(6%) 등 46명의 비판적 사고 전문가들이 2년여의 연구 끝에 내놓은 연구 보고서 중 「비판적 사고 및 이상적인 비판적 사고자에 관한 동의서」이다. The American Philosophical Association, *Critical Thinking: A Statement of Expert Consensus for Purposes of Educational Assessment and Instruction*("The Delphi Report"). ERIC Doc. No. ED 315-423(1990).

우리는 비판적 사고가 해석, 분석, 평가 및 추리를 산출하는 의도적이고 자기 규제적인 판단이며, 동시에 그 판단에 대한 근거가 제대로 되어 있는가, 개념적, 방법론적, 표준적, 또는 맥락적 측면들을 제대로 고려하고 있는가에 대한 설명을 산출하는, 의도적이고 자기 규제적인 판단이라고 이해한다.

비판적 사고는 필요 불가결한 탐구의 도구이다. 그래서 비판적 사고는 교육에서는 해방적 힘이며 개인적, 시민적 삶에서는 위력 있는 자산이다. 비판적 사고는 '훌륭한 생각'과는 동의어가 아닌, 편만(遍滿)한 자기 교정적 인간현상이다.

이상적인 비판적 사고자는 습관적으로 이유를 꼬치꼬치 묻고, 잘 알고자 하고, 근거를 중요시하며, 평가에 있어서 열린 마음을 가지고 있고, 유연성이 있으며, 공정하고, 자신의 편견을 공정하게 다루고, 판단을 내리는 데 있어서 신중하고, 기꺼이 재고(再考)하고, 현안 문제들에 대하여 명료하고, 복잡한 문제들을 다루는 데 있어서 체계적이고, 유관한 정보를 부지런히 찾고, 표준을 선택하는 데 있어서 합리적이고, 집중하여 탐구하고, 주제와 탐구의 상황이 허락하는 한 되도록 정확한 결과를 끈기 있게 추구한다.

그래서 훌륭한 비판적 사고자를 교육시킨다는 것은 이 이상을 향해 노력한다는 것을 뜻한다. 즉, 훌륭한 비판적 사고자 교육은 비판적 사고 기법을 터득하게 함과 동시에, 꾸준히 유용한 통찰을 산출하는, 그리고 이성적이고 민주적인 사회의 초석을 이루는 성향을 육성하는 것이다.[5)]

이 보고서는 비판적 사고, 비판적 사고의 성격, 비판적 사고자의 성향, 비판적 사고 교육이 어떤 것인지에 대해 잘 말해 주고 있다.

비판적 사고는 주어진 상황 속에서 최선의 판단을 이끌어 내기 위한 '필요 불가결한 탐구의 도구'이다. 비판적 사고가 구체적으로 어떻게 이러한 탐구의 도구가 되는지를 알아보자.

첫째, 판단은 주관적이다. 판단은 우리 마음속에서 은밀하게 일어나는 사적이고 주관적 현상이다. 판단은 늘 판단자 자신이 홀로, 주체적

5) 「델피 보고서」, 3쪽.

으로 자신만의 '속사정'을 드러내는 일이다. 판단은 언제나 '나의 판단'이다. 판단은 느낌과 다르다. 느낌 역시 마음속에서 은밀하게 일어나지만, 느낌은 인과적으로 발생하는 감성적 현상이고, 판단은 논리적으로 계산해서 나오는 이성적 현상이다.

둘째, 판단은 평가적이다. 우리는 늘 어떤 텍스트에 대하여 참이다/거짓이다, 옳다/그르다, 받아들일 수 있다/없다, 정당화된다/안 된다, 타당하다/부당하다, 좋다/나쁘다, 바람직하다/바람직하지 않다, 적절하다/부적절하다, 유용하다/유용하지 않다, 설명을 요한다/요하지 않는다, 알 수 있다/없다, 가능하다/불가능하다 등의 주관적 평가를 한다. 판단의 대상이 되는 텍스트, 예컨대 주장, 진술, 기술(記述), 믿음, 신념, 논증, 논변, 추론, 추리, 논의, 논술, 생각, 의견, 견해, 제안, 해석, 판단, 이론, 원칙, 소망, 태도, 당위, 덕목, 규약, 규칙, 정책, 제도, 관행, 통념, 절차, 규준, 행위, 도표, 자료, 통계, 경험, 사실, 사건, 상황, 현상, 예측, 가능성, 문제, 물음, 답변 등은 판단자의 주관적 평가를 통해서 평가자의 세계관과 가치관 내의 어떤 위치를 차지하게 된다. 나의 평가 행위를 통해서 나는 '나의 세계'를 한계 짓는다.

셋째, 판단은 논증적이다. 판단은 반드시 어떤 근거를 가지고 내려야 한다. 그렇지 않으면, 입증책임(증명의 부담: *onus probandi*, burden of proof)의 원칙을 위반하게 된다. 이 원칙은 주장하는 사람이 항상 자신의 주장에 대한 근거를 가지고 있어야 하며, 필요하다면 언제라도 그 근거를 제시할 수 있어야 한다는 것으로서, 이성적 존재로서의 인간의 본질이 함의하는 것이다. '논증'이란 어떤 근거를 가지고 어떤 주장을 정당화하는 전제와 결론의 형식으로 이루어진 일단의 주장들을 가리키는 것으로서, 연역논증, 귀납논증(귀납적 일반화), 유비논증, 가설논증이 있다.[6] '논리'라는 말은 좁은 의미에서는 연역논리

6) 논증(추리)을 단순히 연역논증과 귀납논증으로 나누어, 후자에 귀납적 일반화와 가설추리를 포함시키기도 한다. 그러나 이처럼 네 가지로 세분화하는 것이 논증의 특징을 잘 드러낼 뿐만 아니라, 논증의 분석과 평가를 체계적으로 할

를 가리키며, 넓은 의미에서는 이 네 가지 추리 모두를 가리킨다. 비판적 사고를 위해서는 이 네 가지 추리를 모두 이용할 수 있어야 한다.

넷째, 판단은 자기 규제적이다. 비판적 사고는 본질적으로 주관적일 수밖에 없는 판단을 가능하면 객관적인 것으로 받아들여질 수 있게 하기 위한 사고이다. 따라서 비판적 사고자는 누구보다도 자기 자신의 판단에 대하여 비판적이어야 하며, 일반적으로 받아들여지고 있는 "개념적, 방법론적, 표준적, 또는 맥락적 측면들을 제대로 고려"하여 평가해야 한다.

비판적 사고는 주관적 판단을 유아론적 밀실로부터 열린 사고 공동체의 광장으로 끌어내어 '객관적으로' 검토받게 함으로써 우리 모두가 공유할 수 있는 판단에 도달하고자 하는 사고이다. 비판적 사고는 공동체를 지배하는 또는 지배해야 할 생각을 창출시키는 도구이다.

이러한 비판적 사고의 목표 또는 희망은 의문시될 수 있다. 비판적 사고는 적어도 다음과 같은 가정 또는 희망을 전제하고 있기 때문이다.

첫째, '무언가 옳은 것'이 있다. 둘째, 우리 주관적 판단자들이 노력하면, 그 옳은 것에 접근할 수 있다. 셋째, 그 옳은 것에의 접근을 통해서 우리는 인류가 당하는 고통을 감소시키고 행복을 증진시킬 수 있다.

이러한 전제들은 당연한 듯하지만, 모두 문제가 있다. 회의주의자가 아니더라도 현대의 해체 철학에 조금이라도 눈뜬 독자라면 이 세 가지 전제들 어느 것에도 동의하기 어려울 것이다.

그러나 그렇다고 해서 비판적 사고가 설 자리를 잃는 것은 아니다. 우리가 기댈 것은 그것밖에 없기 때문이다. 이러한 문제 제기를 진지하게 검토할 수 있기 위해서라도 우리는 비판적 사고를 해야 한다. 이러한 의미에서 비판적 사고는 무전제에서 출발한다고 할 수 있다.

수 있게 한다. 필자, 「비판적 사고론」 참조.

비판적 사고를 할 수 있기 위해서는 적어도 다음 능력을 갖추고 있어야 한다.

(1) 주장이 정당화되는 정도를 판단하는 방법
(2) 정당화되는 주장들로부터 새로운 주장을 이끌어내는 연역추리의 규칙들과 비연역추리의 규칙들에 대한 지식
(3) 다양한 텍스트를 적절하게 재구성하는 분석 능력
(4) 재구성된 텍스트(논증)를 놓고, 주장의 정당성을 판단하는 방법과 연역적, 비연역적 추리의 규칙들에 대한 지식을 적용하여 가능한 최선의 판단을 이끌어내는 종합 능력

우리는 앞으로 이 네 가지를 모두 연구할 것이다. 제2장에서 우리는 모든 추리의 기초가 되는 연역추리를 연구한다. 특히 연역추리의 형식뿐만 아니라 내용을 분석하고 평가하는 방법을 연구할 것이다. 제3장에서는 비연역추리를 분석 평가하는 방법을 연구한다. 제4장에서는 다양한 오류추리를 연구한다. 제5장에서는 우리가 배운 것을 모두 적용하여 여러 가지 추리들로 이루어진 복잡하고 난해한 고급 논증들을 종합적으로 분석하고 평가하는 방법을 연구한다. 제6장에서는 삼단논법을 포함한 술어논리를 연구할 것이다.

독자들은 우리의 연구에 대한 자부심을 가져도 좋을 것이다. 국내외를 막론하고 대부분의 '논리학'이나 '비판적 사고'에 관한 저서들은 이 책 제2장의 형식논리 부분과 제6장의 삼단논법, 그리고 제4장 정도에 해당되는 내용을 다루고 있기 때문이다. 그러나 이 정도로는 비판적 사고를 하기에 턱없이 모자라다는 점을 독자들 스스로 깨달을 수 있을 것이다.

이 책에서 소개하는 비판적 사고 능력을 갖추자면 상당한 시간과 노력을 투자해야 한다. 그러나 그 투자에 대한 보상은 독자들 스스로도 놀라운 정도가 될 것이다. 현실적 성공을 말하는 것이 아니다. 더

중요한 것은 삶이 아니겠는가!

비판적 사고 성향 비판적 사고만 있으면, 좋은 세상이 오는가? 그렇지 않다. 강도의 손에 들린 칼은 살인 도구로 전락한다. 비판적 사고가 좋은 세상을 이루기 위한 도구가 되기 위해서는, 먼저 우리가 비판적 사고를 하는 성향을 가지고 있어야 한다. 비판적 사고 성향은 반성적 사고 성향, 진리 추구 성향, 열린 마음 성향으로 이루어진다.

우리는 흔히 느낌, 감정, 충동, 욕망 등에 따라 '무비판적으로' 판단하고 행동한다. 그러나 이 경우 비판적 사고는 힘을 쓰지 못한다. 비판적 사고를 할 수 있기 위해서는 이성이 활성화되어야 한다. 그래서 본능이나 충동 등의 강한 유혹에도 불구하고 냉철하게, 신중하게, 집중해서, 깊고 넓고 멀리 성찰하는 성향, 즉 반성적 사고 성향을 가지고 있어야 한다.

비판적 사고는 예컨대 진위를 가리고 옳고 그름을 판단하기 위한 사고이다. 따라서 비판적 사고를 하기 위해서는 진리를 추구하는 성향을 가지고 있어야 한다. 이 성향을 가진 사람은 진실성의 원칙에 따라 가능하면 언제나 참말을 하려고 하고, 합리적 절차에 따라 문제를 해결하고자 하며, 텍스트를 더 깊고 명료하게 이해하고자 하고, 가능하면 더 나은 상태를 지향하고, 불이익에도 불구하고 옳은 것을 추구하고 그것을 위해 헌신한다.

비판적 사고를 하기 위해서는 열린 마음 성향을 가지고 있어야 한다. 열린 마음은, 폴이 적절하게 지적하고 있는 것처럼, 자기 자신의 과오 가능성을 겸허하게 인정하는 데서 출발한다.

> 비판적 사고자는 자신이 가지고 있는 세계관에 의해서가 아니라, 세계관을 가지고 있는 방식에 의해서 정의되어야 한다. 즉, 비판적 사고자는 전혀 다른 세계관들을 인식할 뿐만 아니라 다른 사람들과 마찬가지로 자신도 때때로 과오를 저지르고, 비이성적으로, 편협하게, 불명료하

게, 부정확하게, 피상적으로, 부적절하게, 그리고 일관되지 않게 사고할 수 있다는 평범한 사실을 깨닫는 것과 같은, 세계관을 가지는 방식에 의해서 정의되어야 한다.7)

폴에 의하면, 아무리 훌륭한 세계관을 가진 사람일지라도 자신의 과오 가능성을 인정할 줄 모르면 비판적 사고자가 될 수 없다. 일부 종교인들과 철학자들의 경우에서 볼 수 있는 완고하고 독단적인 자세는 비판적 사고 성향과는 거리가 멀다.

우리는 누구나 '자기 자신의 관점'에 사로잡혀 있고, 어렵겠지만 이를 탈피할 수 없으면 '비판적 사고'는 자신의 편견으로 타인을 매도하는 부당한 폭력의 도구가 될 수 있다. 열린 마음 성향을 가진 사람은 자비의 원칙에 따라 타인을 이해하고 배려하려 한다. 가능하면 타인의 언행을 선의로 해석하고, 타인의 실수나 과오를 필요 이상으로 문제 삼지 않는다. 또한 협력의 원칙에 따라 타인이 자신을 이해할 수 있는 방식으로 자신의 생각을 표현하도록 노력한다. 아무리 자신이 확신하는 견해일지라도 타인의 입장에서 비판적으로 검토하고, 타인의 비판을 자신의 견해를 강화시키는 데에 도움이 되는 것으로 여긴다. 문제가 발생할 경우 가능하면 대화나 토론을 통해 해결하고자 하고, 이 경우 대화를 독점하지 않고 가능하면 타인의 말을 경청하면서 특히 소수 의견을 무시하지 않고, 자신의 잘못이 드러날 경우 이를 부끄러워하지 않고 오히려 잘못을 발견했다는 사실을 기뻐하고 자랑한다. 견해가 첨예하게 대립된 상황에서도 자신의 유불리를 떠나 당사자들이 가능하면 부드럽고, 편안하고, 즐겁게, 그리고 공정하게 판단할 수 있도록 배려한다.

비판적 사고는 다양하고 이질적인 소망, 그리고 미완의 세계관과

---

7) Richard W. Paul, "Teaching Critical Thinking in the Strong Sense", Kerry S. Walters(ed.), *Rethinking Reason: New Perspectives in Critical Thinking*(New York: State University of New York Press, 1994), p.183. 이 점은 비판적 사고의 자기 규제적 성격이 함의하는 것이다.

가치관을 가진 유아론적 개체들이 공동운명체를 이루어 살기 위한 가장 기본적이고 공적인 판단의 방법이라 할 수 있다. 유아론적 개체들은 이 판단의 방법을 알고 있어야 할 뿐만 아니라, 그것을 존중하고 따르고자 하는 성향을 가지고 있어야 한다. 비판적 사고의 능력과 성향에 대한 교육이 함께 이루어질 수 있는 경우에만 비판적 사고는 제대로 작동할 수 있을 것이다.

비판적 사고의 층위 [표 1-1]이 보여주는 것처럼, 비판적 사고는 세 층위로 나눌 수 있다. 우리는 대부분 생활인으로서의 삶을 산다. 우리는 공동체의 일원으로서 자아를 실현하며 살아가기 위하여, 경험과 교육을 통해 터득한 지식, 이론, 법칙, 원칙, 원리, 법, 제도, 규칙, 규범, 도덕, 관행, 관습 등을 전제로 한 비판적 사고를 한다.

생활인들 중 더러는 자연법칙을 탐구하고, 법과 제도를 만들고, 도덕률을 정립시키는 등 탐구자로서의 비판적 사고를 하며 산다. 이 층위에서는 생활인들이 당연한 것으로 전제하는 지식과 원칙들이 비판되고, 수정되고, 폐기되며, 새로운 지식과 원칙들이 제안되는 등의 학

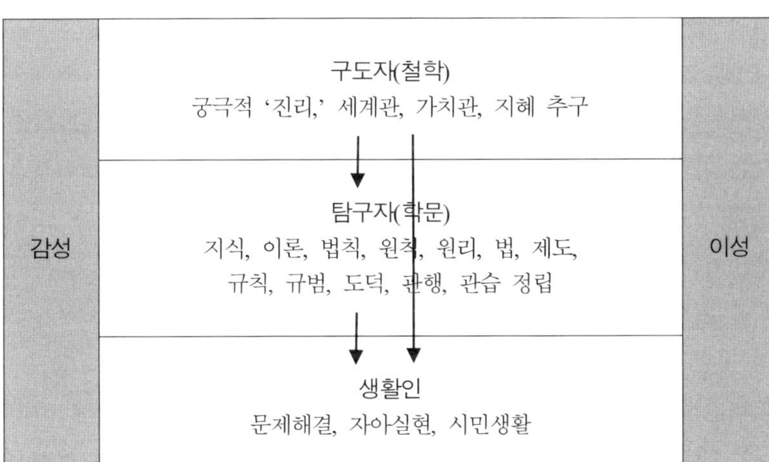

[표 1-1] 비판적 사고의 층위

문 활동이 이루어진다.

마지막으로 구도자로서의 비판적 사고가 있다. 구도자는 생활인의 층위에 적용되는 원칙들을 궁극적으로 뒷받침하는 철학, 이념, 세계관, 가치관, 지혜 등을 추구하고 그 정당성을 성찰한다. 이 층위의 비판적 사고는 원칙적으로 무전제의 상태에서 진행된다.

이 세 층위의 비판적 사고를 혼동하면 어리석은 결과를 빚는다. "내일도 해가 뜰 것이다."는 주장은 지금까지 해가 떴다는 사실을 전제로 한 귀납추리를 통해서 얻는 것인데, 귀납추리는 전제의 참이 결론의 참을 보증하지 못한다. 그래서 탐구자의 입장에서는 내일 해가 뜨지 않을 수 있다는 것을 받아들일 수밖에 없다. 그렇다고 해서 내일의 일을 도모해야 할지 말아야 할지 망설이는 사람은 탐구자의 비판적 사고와 생활인의 비판적 사고를 혼동하는 사람이다. 생활인의 비판적 사고는 귀납추리의 비증명적 성격을 문제 삼지 않는다.

구도자는 궁극적 진리를 추구한다. 철학자도 궁극적 진리를 추구한다. 그러나 구도자가 모두 철학자인 것은 아니고, 더구나 철학자가 모두 구도자인 것도 아니다. 학문으로서의 철학을 하지 않는 구도자도 많고, 학문으로서의 철학을 하면서도 궁극적 진리를 추구하지 않는 철학자도 많기 때문이다.

우리는 누구나 이 세 층위의 비판적 사고를 넘나들 수 있다. 그래서 생활인으로서 우리는 평소에 교통규칙을 지키며 산다. 그러나 마주 오는 차가 없는데도 좌회전을 하지 못하게 하는 교통규칙의 경직성을 문제 삼는 순간 우리는 탐구자의 비판적 사고를 시작한 것이다. 또한 생명이 위독한 환자를 가능하면 빨리 병원에 데려가기 위해서 교통규칙을 위반할 수도 있는데, 이는 생명을 지고의 가치로 여기는 구도자의 비판적 사고를 한 결과이다.

비판적 사고의 세 층위는 무엇을 전제로 하여 판단하는가에 따라 나뉜 것이다. 그런데 같은 층위의 비판적 사고라고 해서 같은 전제들을 사용할 것이라고 생각하는 것은 잘못이다. 사람들은 많은 생각을 공유(共有)하는 만큼 고유한 생각을 사유(私有)하기 때문이다.

창의성과 비판적 사고 창조적 작업을 하는 사람들은 대개의 경우 보통 사람들과는 '뭔가 다르게' 생각하는 사람들로 여겨진다. 그들은 규율을 싫어하고, 기존의 질서와 현상을 존중하지 않는다. 그들은 틀에 박힌 논리적 사고보다는 자유롭게 상상하고 실험하는 가운데 창의적 작품을 산출하는 것으로 생각된다. 또한 창의적 작품은 화가의 작품이나 음악가의 악보, 또는 화성 탐사선과 같은 구체적인 '물건'이라고 여기는 경향이 있다.

그러나 조금만 깊이 생각해 보면 우리가 자랑할 만한 창의적 작품은 새롭고 신기한 '물건'도 아니고 더구나 비논리의 산물이 아니라는 것을 알 수 있다. 인간의 창의적 작품 중 가장 위대한 것은 지식이다. 지식으로 인해 미신은 과학으로 대체되고, 원시인들은 문화인이 되었다. 그 어느 때보다도 우리는 세계와 우리 자신을 이해할 수 있게 되었고, 감히 존재의 '비밀'을 훔쳐 볼 수 있다는 희망을 가지게 되었다. "지식은 자유의 원천으로서, 지식처럼 인간에게 자유를 주는 것이 없다."는 투르게네프의 말처럼, 지식은 인간을 자연에 대한 공포, 질병, 육체적 노동 그리고 지적 우상으로부터 해방시켰다. 지식은 인간으로 하여금 스스로를 '만물의 영장'이라 선언할 수 있게 한 것이다.

그럼 지식은 어떻게 창출되는 것일까? 지식은 '정당화된 참된 믿음'이다. 이 점을 [표 1-2]를 보면서 생각해 보자.

누구나 믿음을 가질 수는 있다. 그러나 정당화되지 않거나 잘못 정당화된 믿음은 단순한 믿음, 즉 주관적인 신념에 그친다. 믿음이 지식이 되기 위해서는, 그 믿음이 단순한 믿음이 아니라 참, 즉 '객관적' 진리라는 것이 정당화되어야 한다. 이 정당화는 환상, 독단, 느낌, 오류가 아니라, 연역추리 등의 정통적인 추리를 통해서만 가능하다. 정통 정당화를 통해서 한 사람의 주관적이고 사적이었던 생각이 이론이 되고, 사상이 되고, 법칙이 되고, 지식, 지혜, 진리가 되는 것이다. 그

환상
독단
느낌
오류
||
사이비 정당화

믿음(신념) ——————————————▶ 참(진리)

정통 정당화
||
연역추리
귀납추리
유비추리
가설추리

[표 1-2] 지식

리고 이렇게 정당화된 생각들이 세상을 만드는 것이다.

그래서 자연스럽게 정당화를 잘하는 사람이 각 분야의 지도자나 전문가의 자리에 오르게 되고, 사회를 이끌고 역사를 발전시키는 주역이 된다. 예컨대 자신의 빛나는 아이디어를 잘 정당화시키는 창의적 논문과 저서를 산출하는 학자는 학문의 발전을 가져올 뿐만 아니라 공적인 삶의 조건을 개선하는 데 크게 기여한다. 반면에 정당화를 잘하지 못하는 사람은 이렇다 할 사회적 역할을 하지 못한다.

지식의 확장 외에도 비판적 사고는 다른 창의적 활동에서 중요한 역할을 한다. "논리를 모르면 웃을 줄 모른다."는 말이 있듯이, 유머는 여러 가지 논리적 오류를 이용하여 만들어진다. 백남준의 예술 활동은 주로 범주 파괴의 형식으로 되어 있다. 소설은 생활 속의 여러 사건들을 귀납적으로 일반화한 주제를 연역적으로 풀어낸 감동적인 이야기이다. 시는 많은 경우에 범주 오류를 이용한 신선한 시적 메타포의 창출에 의존한다.[8] 회화는 실재의 구조를 모사하거나 추상화한다.

8) 여러 오류의 종류와 특징에 대해서는 제4장에서 한꺼번에 논의할 것이다.

음악은 화성악의 원리가 말해 주듯이 논리적 비율이 작용함으로써 이루어진다. 바둑은 고도의 논리적 계산을 요하는 지적 게임이다. 그리고 모든 발명품은 알려진 원리들로부터의 연역적 응용물이다.

무엇보다도 우리 모두는 자기 자신의 창조자이다. 우리는 모두 자신의 삶, 사회, 문화, 역사를 창조한다. 그리고 비판적 사고는 이 창조 작업을 성공으로 이끌기 위한 필요 불가결의 도구이다. 함석헌 선생은 "생각하는 백성이라야 산다."고 역설하였다. 그는 생각하는 방법을 제시하지 않았지만, 우리는 그것을 가질 수 있게 되었다.

생각의 진화 모든 사람은 원시인으로 태어난다. 그리고 한 단계 한 단계 진화한다. 이 진화는 원시 시대부터 오늘에 이르기까지 인류의 위대한 조상들이 쌓아 올린 지혜의 사다리를 오르는 일이다. 이 진화의 사다리를 오르지 않으면 원시인으로 남는다. 더러는 진화가 중세에 머무는 사람도 있다. 불과 십 수 년 만에 수천 년 동안 축적된 지혜의 정점에 이른 사람들도 더러 있다. 그 정점에서 새로운 지혜를 창출함으로써 인류의 진화를 선도하는 사람들도 있다. 사람이라고 해서 다 같은 사람이 아니다. 같은 시대를 산다고 해서 다 같은 시대를 사는 것이 아니다.

세상에는 많은 문제들이 있다. 개인적 문제도 많고, 사회적 문제도 많다. 국가적 문제도 있고, 국제적 문제도 있다. 갈등과 분쟁이 끊이지 않고, 태풍, 지진, 해일, 질병, 기아, 공해, 자원 고갈, 테러, 전쟁 등의 문제들로 하루도 편할 날이 없다. 삶은 고단하고, 위태롭고, 답답하다.

왜 그럴까? 인간의 사악함, 이기주의, 제도의 불비, 위대한 지도자의 부재, 바닥을 모르는 욕망, 사랑의 결여, 무지… 이 모두를 탓해 볼 수 있다. 그러나 부족하다. 더구나 이들을 문제의 핵심으로 생각하는 것은 방향 착오이다. 핵심은 세상을 지배하는 생각에 결함이 있다는 데에 있다.

세상을 지배하는 생각이 무비판적 사고를 통해서 형성되게 해서는 안 된다. 비판적 사고가 지배적인 생각을 창출하는 진화의 동력이 되어야 한다. 역사를 보면, 이 점이 분명해진다. 대다수의 사람들이 짐승이나 노예 취급받던 시대로부터 오늘날의 평등사상에 이르기까지 인간관이 변화해 온 지성사를 보면 가슴이 찡해 온다. 불과 5세기 전만 해도 흑사병으로 전 유럽 인구의 3분의 1 이상이 몰살당했다. 15세기 말부터 수백 년 동안 유럽에서 마녀로 처형당한 사람은 약 10만 명이었다. 이제는 삶의 질을 생각할 정도로 풍요로워졌고, 저마다 자아를 실현해야 한다고 생각하게 되었고, 그 어느 때보다도 인간의 존엄성이 중요시되고 있다. 이제는 '우주'라는 무변의 시공 속에서의 인간의 삶과 운명에 대한 형이상학적 성찰이 철학자들만의 특권에 속하지 않게 되었다.

이 모든 변화가 거저 온 것은 아니다. 폭력과 무지와 악의에 맞선 수많은 사람들의 피와 땀이 강으로 흘렀을 것이다. 그러나 모든 피와 땀이 역사의 회랑에 의미 있는 족적을 남긴 것은 아니다. 오직 당대를 지배하는 생각을 주도한 소수의 '진화의 첨병'만이 새로운 역사의 매듭을 풀어갔다. 오늘날도 보자. 세상을 주무르는 사람들은 대부분 진화의 정점에 도달하여, 좋은 미래에 대한 꿈을 펼치는 사람들이다. 그리고 그들은 대부분 지배적인 생각을 창출할 수 있는 비판적 사고의 달인들이다.

개인으로서의 인간은 각자 자신의 삶을 창출한다. 그러나 어떤 삶인가? 현대를 살면서도 중세적 삶에서 머뭇거리는 것은 아닌가? 얼마나 많은 사람들이 오늘에 살면서도 오늘을 살지 못할까?

사회 구성원 모두가 비판적 사고의 달인이 되어 당면한 문제들에 합리적으로 대처하며 사는 사회는 이상 사회(Utopia)에 가까운 사회일 것이다. 그러나 이것은 이룰 수 없는 꿈일 것이다. 이상 사회는 그 어원이 말해 주듯이 좋은 사회(good place)이면서 동시에 없는 사회(no place)이다.

그렇다면 어떻게 해야 할까? 이상 사회는 아니더라도, 차선의 사회를 이루는 방법이 없을까? 사회 구성원 모두가 도사는 될 수 없다 하더라도, 구도자의 자세로 사는 것이 차선의 사회를 이루는 길이라는 것이 필자의 생각이다. 구도자는 옳은 것, 바른 것, 바람직한 것이 있다는 믿음을 가진 사람들의 나라에 속하고, 그곳이 고향이고, 그곳을 향해 심장이 뛰는 '황야의 이리'이다.[9] 그는 그 나라에 대한 향수를 품고 언제나 최선을 구한다. 그러면서도 자신이 가는 길이 방황에 그치지 않도록 치열하게 사고한다.

음치들의 합창은 대단한 희극일 것이다. 그러나 비판적 사고를 결여한 사회는 단순히 희극 사회가 아니다. 삶의 의미와 보람이 약탈되는 위험한 사회이기 때문이다. 우리 자신을 '지적 미신'으로부터 해방시키고, 잘못된 논리에 유린당하지 않는 깨어 있는 정신으로, 유한하고 일회적인 삶을 영원화하고 보편화하고자 하는 구도자의 길을 가는데 있어서, 비판적 사고는 결정적인 기여를 할 것이다.

---

9) 헤르만 헤세, 『황야의 이리』(김누리 옮김, 민음사), 217-218쪽 참조.

제 2 장
연역추리

아무도 자기가 말하는 모든 것을 의미하지는 않는다.
그러나 자기가 의미하는 모든 것을 말하는 자는 거의 없다.
말은 미끄럽고 생각은 끈적거리기 때문이다.
— H. B. 애덤스, 『헨리 애덤스의 교육』

추리들 중 가장 중요하고 기본이 되는 것은 연역추리이다. 적어도 두 가지 이유 때문이다. 첫째, 연역추리는 전제로부터 결론을 증명적으로 도출할 수 있게 하는 유일한 추리이다. 둘째, 비연역추리는 연역추리와의 관계 속에서 이해되고 정의된다.

대부분의 논리학 교재가 다루는 방식 때문이겠지만, '연역추리'라고 하면 '형식논리'를 떠올리게 된다. 이 경우 '형식논리'는 '내용을 다루는 것과는 아무 관계가 없는 논리'를 말한다. 이 인식은 옳다. 형식논리만으로는 비판적 사고를 할 수 없기 때문이다. 그렇지만 형식논리를 하지 않고서는 비판적 사고를 할 수 없다. 그래서 우리는 형식논리를 연구하되, 형식논리를 이용하여 논증의 내용을 다루는 방법도 연구할 것이다.

논증 아나톨 프랑스(Anatole France)는 "나는 나를 가난하게 태어나게 한 운명에 감사한다."라고 말하였다. 도대체 가난하게 태어난 것을 감사할 이유가 무엇일까? 그는 다음과 같은 말로 우리의 궁금증을 풀어주었다. "가난은 나에게 삶에 유용한 선물들의 진정한 가치를 가르쳐주었던 것이다."

이 경우 우리는 아나톨 프랑스가 다음과 같은 '논증'을 제시하였다고 한다.

> 가난은 나에게 삶에 유용한 선물들의 진정한 가치를 가르쳐주었다. 따라서 나는 나를 가난하게 태어나게 한 운명에 감사한다.

이 논증에서 첫 주장은 '전제'이고 둘째 주장은 '결론'이다. 전제는 보통 하나 이상의 주장으로 되어 있고, 결론은 보통 하나의 주장으로 되어 있다. 드물게는 결론이 둘 이상인 경우도 있다.

이러한 논증을 마음속에서 진행시키는 것을 '추리' 또는 '추론'이라고 한다. 논증은 추리 또는 추론의 내용인 셈이다. 그리고 언표된 논증을 '논변'이라고 한다. 우리는 이 용어들을 거의 동의어로 사용하게 될 것이다.

논증을 분석하여 평가하려면, 먼저 위의 논증을 다음과 같이 나타내는 것이 좋다.

> 가난은 나에게 삶에 유용한 선물들의 진정한 가치를 가르쳐주었다.
>
> ---
>
> 나는 나를 가난하게 태어나게 한 운명에 감사한다.

가로선이 전제와 결론을 구분하고 있다. 전제들이 많고, 전제들 중 어느 것을 지적하여 논의할 필요가 있을 경우에는 가로선을 쓰지 않고 논증을 다음과 같이 번호를 붙여 제시하는 것이 편리하다.

1. 가난은 나에게 삶에 유용한 선물들의 진정한 가치를 가르쳐주었다.

∴2. 나는 나를 가난하게 태어나게 한 운명에 감사한다.

'따라서'와 같은 표현은 일단의 주장들이 논증을 포함하고 있는지를 알 수 있게 한다. 논증임을 가리키는 표현들에는 '따라서' 외에 '그런고로', '때문에', '왜냐하면', '그 이유는', '그 근거는' 등이 있다.[10)] 물론 이러한 표현들이 드러나지 않은 논증도 있다.

논증을 위와 같이 전제와 결론으로 나누어 간단명료하게 나타내는 것을 '논증의 재구성'이라고 한다. 재구성된 논증은 논증의 구조(뼈대)와 내용을 일목요연하게 드러내는 것이어야 한다.

논증에서 결론은 논증의 '핵심' 요소이다. 다른 모든 주장들이 결론을 뒷받침하기 위해 존재하기 때문이다. 그러나 글의 핵심이 모두 결론인 것은 아니다. 논증적이 아닌 글도 핵심이 있기 때문이다.

논증의 종류 논증(추리)에는 네 종류가 있다. 연역추리, 귀납추리, 유비추리, 가설추리가 그것이다. 다음 글을 가지고 각 추리의 특징을 알아보자.

여기에 있는 분들 가운데 특히 젊은 남성들에게 묻고 싶습니다. 여러분은 자신이 여성으로부터 호감을 받고 있음을 아주 희미한 징후로 읽을 수 있을 것입니다. 설마 적나라한 사랑의 고백을 받거나 정열적인 포옹을 받고 나서야 비로소 알아차리지는 않을 것입니다. 남에게 눈치

10) '때문에'라는 표현은 각별한 주의를 요한다. 이 표현은 연역추리의 전제를 나타내기 위해 쓰이기도 하지만, 인과관계의 원인을 말하기 위해서, 즉 가설추리의 결론(원인)을 나타내기 위해서도 사용되기 '때문이다.' (이 '때문이다'는 연역추리의 전제에 대한 표지이다.) 추리의 종류를 혼동하는 상당한 경우는 바로 이 점을 간과하기 '때문에' 발생한다. (이 '때문에'는 가설추리의 결론에 대한 표지이다.)

채이지 않을 정도의 눈길이나 대수롭지 않은 몸짓, 기껏 1초 정도의 긴 악수로도 충분하지 않습니까. … 그러므로 아주 작은 징후를 경시해서는 안 됩니다. 십중팔구 이 사소한 증거에서 중대한 단서를 얻을 수 있기 때문입니다.

… 마음이 흩어져 있을 때, 즉 다른 것에 정신을 빼앗기고 있을 때에는 계획을 잊거나 멍청한 짓을 저지릅니다. 이러한 방심 상태의 좋은 예는『프리겐서 블레터』(1844년에 창간된 삽화가 있는 유머 주간지)에 나오는 저 교수입니다. 교수는 자기 박쥐우산을 어딘가에서 유실하고 남의 모자를 바꾸어 쓰고 등장합니다. 자신의 다음 저서 속에서 다루어야 할 문제로 머리가 꽉 차 있기 때문입니다.

… 실수 행위는 결코 우연한 일이 아니며 본심에서 나온 심적(心的) 행위로서 특유한 뜻을 지니며 두 가지의 다른 의도의 협력, 아니 더 적절히 말하면 상호간의 영향의 결과로서 생긴 것입니다.[11]

이 글에는 적어도 다음과 같은 논증들이 들어 있다.

A : (1) 어느 여성이 남에게 눈치 채이지 않을 정도의 눈길이나 대수롭지 않은 몸짓을 하고 1초 정도의 긴 악수를 한다.

∴(2) 그 여성은 나에게 호감을 가지고 있다.

B : (1) 여성의 행위를 설명하는 것과 어떤 현상을 설명하는 것은 유사하다.

(2) A의 경우에서 볼 수 있는 것처럼, 여성의 사소한 행위로 호감을 가지고 있다는 것을 짐작할 수 있다.

∴(3) 십중팔구 사소한 증거로 어떤 현상을 설명하는 중대한 단서를 얻을 수 있다.

C : (1) 사소한 증거로 어떤 현상을 설명하는 중대한 단서를 얻을

11) 프로이트,『정신분석학입문』(서석연 옮김, 범우사), 제1부 실수 행위.

수 있다.

∴(2) 아주 작은 징후를 경시해서는 안 된다.

D : (1) 교수는 자신의 다음 저서 속에서 다루어야 할 문제로 머리가 꽉 차 있어서 자기 박쥐우산을 어딘가에서 유실하고 남의 모자를 바꾸어 쓰고 등장한다.

∴(2) 마음이 흩어져 있을 때, 즉 다른 것에 정신을 빼앗기고 있을 때에는 계획을 잊거나 멍청한 짓을 저지른다.

E : (1) 우리는 실수를 한다.

∴(2) 실수는 (결코 우연한 일이 아니며) 본심에서 나온 심적(心的) 행위로서 특유한 뜻을 지니며 두 가지의 다른 의도의 협력, 아니 더 적절히 말하면 상호간의 영향의 결과로서 생긴 것이다.

위의 텍스트에는 무려 다섯 개의 논증이 들어 있다. 이처럼 논증을 발견하여 재구성하는 일은 쉽지 않다. 적어도 네 가지 종류의 추리의 특성을 잘 알고 있어야 할 뿐만 아니라, 텍스트를 적절하게 해석하는 능력을 가지고 있어야 하기 때문이다.

A는 (1)의 현상을 (2)의 가설로 설명하는 가설추리이다. 가설추리는 현상의 원인이나 이유를 추정하는 추리이다.

B는 여성의 행위를 설명하는 A의 경우를 가지고, 어떤 현상을 설명하는 가설추리를 할 수 있다는 것을 말하고자 하는 유비추리이다. 유비추리는 서로 다른 대상이나 사건의 유사성을 근거로 해서 유사하다고 짐작되는 속성을 말하고자 하는 추리이다.

C는 B의 결론을 전제로 하여 (2)를 증명하고자 하는 연역추리이다. 연역추리는 참이라고 가정된 전제들로부터 결론을 도출시키고자 하는 추리이다.

D는 실수를 저지른 교수의 예를 일반화하는 귀납추리이다. 귀납추리는 특수 사실들에 들어 있다고 추정되는 일반적 사실을 추출하고자 하는 추리이다.

E는 우리가 흔히 저지르는 실수를 설명하는 가설로서 '우연설'을 거부하고 '본심설'을 제창하는 가설추리이다.

이 네 가지 추리들 중 연역추리만 증명적이다. 연역추리만 참인 전제들에 근거하여 결론의 참을 증명할 수 있게 한다. 이에 반하여 귀납추리, 유비추리, 가설추리는 연역추리가 아닌 비연역추리인데, 이들은 모두 비증명적이다. 비연역추리들은 전제들이 아무리 참이라 할지라도 결론의 참을 보장하지 못한다. 그러나 그렇다고 해서 비연역추리들이 쓸모없는 것은 아니다. 오히려 이 추리들을 이용하지 않으면 지식의 확장이 불가능하다. 우리는 먼저 이 추리들 중 가장 기본이 되는 연역추리를 연구할 것이다.

연습문제

※ 다음 각 글에서 논증(추리)을 발견하여 그 종류를 말해 보자.

1. 박 양은 남자 친구에게 버림받을 것이다. 박 양은 성형수술이 잘못되어 얼굴을 망쳤기 때문이다.

2. 이 양은 오늘 표정이 밝지 않다. 전에 사귀던 남자 친구 생각이 났기 때문일 것이다.

3. 노사 대타협을 이루고 나서 그 기업은 놀라운 발전을 하였다. 노사가 힘을 합하면 성공하지 못할 기업이 없을 것이다.

4. 새가 우리의 머리 위를 지나는 것을 막을 도리는 없다. 그러나 새가 우리의 머리 위에 집을 짓는 것은 막을 수 있다. 나쁜 생각이란 마치 우리의 머리 위를 스치는 새와 같아서 막아낼 도리는 없다. 그러나 그 나쁜 생각이 우리의 머리 가운데에 자리를 잡고 들어앉지 못하게 물리칠 힘만은 우리에게 있는 것이다. (M. 루터)

2.1 타당성

연역추리는 전제로부터 결론을 도출시키고자 하는 추리이다. 물론 이 의도는 타당한 연역추리를 통해서만 충족된다. 어떤 논증이 타당하다는 것은 다음과 같이 정의된다.

> 논증 A는 (연역적으로) 타당하다 = df. 필연적으로, 만일 A의 전제들이 참이라면, 그 결론도 참이다.

타당한 논증은 전제들이 모두 참이면서 결론이 거짓일 수 없는 논증이다. 타당한 논증의 전제들이 모두 참이고 결론이 거짓이라고 하는 것은 모순이다. 타당한 논증은 전제로부터 결론이 따라 나오는 논증이다. 타당한 논증은 전제들이 모두 참일 경우 결론의 참이 증명되는 논증이다. 타당한 논증의 경우 전제가 결론을 '함의(含意, entailment, implication)한다'고 한다.

부당한 논증은 타당하지 않은 논증으로서, 전제들이 참일지라도 반드시 결론이 참인 것은 아닌 논증이다. 부당한 논증은 전제들이 참이고 결론이 거짓이라고 해도 모순되지 않는 논증이다.

직관적으로 어떤 논증이 타당한지, 즉 타당한 논증의 정의에 맞는지는 다음 두 질문에 대한 답을 보아 판단할 수 있다.

(1) 전제들이 모두 참이라고 가정할 경우 결론도 참일 수밖에 없는가?
(2) 결론이 거짓이라고 가정할 경우 전제들 중 적어도 하나가 거짓일 수밖에 없는가?

이 두 질문 중 어느 것에라도 '그렇다'는 답을 할 수 있는 논증은 타당하고, '아니다'는 답을 할 수 있는 논증은 부당하다. 다음 각 논증이 타당한지 판단해 보자.

(가) 지구는 둥글다. 따라서 아프지 않은 사랑은 없다.
(나) 달래와 바우는 서로 사랑한다. 따라서 그들은 결혼할 것이다.
(다) 그들은 결혼하였다. 따라서 그들은 서로 사랑하였을 것이다.
(라) 그들은 채팅을 통해 맺어졌는데, 신혼여행에서 돌아와 이혼하였다. 채팅족들은 참을성이 없다.
(마) 컴퓨터는 인간처럼 고도의 계산 능력을 가지고 있다. 따라서 컴퓨터도 마음을 가지고 있다.
(바) 우주에 생명체가 있다. 만일 우주에 생명체가 있다면, 사후의 세계가 존재한다. 따라서 사후의 세계가 존재한다.
(사) 모든 사람은 죽는다. 따라서 나는 죽는다.

(가)는 부당하다. 전제는 참이고, 사랑을 해본 사람은 알겠지만, 결론도 참이다. 그러나 전제가 참일 경우 결론도 참일 수밖에 없는 관계가 아니다. 오히려 전제와 결론 사이에는 아무 관계도 없다. 그래서 이 논증은 '무관한 결론의 오류'를 범하고 있다.

(나)도 부당하다. 전제와 결론이 관계가 있지만, 그 관계 역시 필연적 도출 관계가 아니다. 사랑하는 사람들이 반드시 결혼하는 것은 아니다.

(다) 역시 부당하다. 결혼이 반드시 사랑의 열매인 것은 아니다. 이 논증은 가설추리이다. 그들이 결혼한 현상을 사랑의 결과로 설명하려

는 것이다. 그러나 이 가설은 왜 그들이 결혼했을지를 설명하는 다른 많은 가설들 중의 하나일 뿐이다. 예컨대 그들은 사랑하지 않으면서도 돈이나 명예 때문에 결혼했을 수 있다.

(라)도 부당하다. 한 채팅 커플의 사례로부터 채팅족 전체의 성향을 논할 수는 없다. 전제를 받아들인다 하더라도, 결론을 받아들일 필요가 없는 것이다. 이 논증은 전제에서 말하는 사례를 결론에서 일반화하는 귀납추리로서, 아무리 전제가 참이라 해도 결론에서 말하는 일반성을 뒷받침하기에는 부족하다. 특히 이 귀납추리는 '성급한 일반화의 오류'를 범하고 있다.

(마)도 부당하다. 고도의 계산 능력을 가지고 있다는 점에서 컴퓨터가 사람을 닮았을지라도, 컴퓨터가 마음까지 가지고 있다는 결론을 내릴 수는 없다. 이 논증은 몇 가지 점에서 유사한 대상들이 다른 점에서도 유사할 것이라고 추리하는 유비추리로서, 전제들이 참이라 할지라도 결론의 참이 보장되지 않는다. 특히 이 논증은 '잘못된 유비추리의 오류'를 범하고 있다.

(바)는 타당하다. 전제들이 모두 참이라 할 수 없을지라도, 만일 전제들이 참이라면, 결론도 참일 수밖에 없기 때문이다. 이 논증은 형식적으로 타당하다.

(사) 역시 타당하다. 이 논증은 내용적으로 타당하다. 논증의 내용으로 보아 전제를 받아들이면, 결론도 받아들일 수밖에 없기 때문이다.

위의 여러 논증들 중 (바)와 (사)만 타당한 이유를 깊이 이해해야 한다. 위의 논증들 중 (바) 외에는 모두 형식적으로 부당하다. (사)는 형식적으로는 부당하지만, 내용적으로 타당하다.

형식적 타당성 어떤 논증 A가 형식적으로 타당하다는 것은, A를 구성하는 논리적 형식이 타당하다는 것을 말한다.

(바)를 다음과 같이 재구성하여 연구해 보자.

A : 만일 우주에 생명체가 있다면, 사후의 세계가 존재한다.
우주에 생명체가 있다.
―――――――――――――――――――――
사후의 세계가 존재한다.

논증 A는 형식적으로 타당하다. 왜 그럴까? 그것은 이 논증이 다음과 같은 형식으로 되어 있기 때문이다.

B : 만일 [ ]라면, ( )
[ ]
―――――――――――
( )

B는, '만일 …라면'이라는 표현을 빼고는, 논증 A를 구성하고 있는 주장들을 공란으로 대치한 것이다. 논리학에서는 논증 B를 논증 A의 '논리적 형식(logical form; logical structure)'이라고 한다. 논증 A가 형식적으로 타당한 이유는 그 논리적 형식인 B가 타당하기 때문이다. B는 왜 타당한가? 그것은 동일한 공란에 동일한 주장을 넣는 방식으로, B의 공란을 어떤 주장들로 대치하든 간에 (필연적으로) 만일 전제들이 모두 참이면, 결론도 참이기 때문이다.

내용적 타당성 어떤 논증이 '내용적으로 타당하다'는 것은 다음과 같이 정의된다.

논증 A는 **내용적으로 타당하다** = df. A는 형식적으로는 타당하지 않지만, A를 구성하는 주장들의 내용이 타당한 논증의 정의를 만족시키고, 필요하다면 적절한 숨은 전제를 보완하여 형식적으로도 타당하게 재구성될 수 있다.

이 정의에 의하면, (사)는 내용적으로 타당하다. (사)는 내용상으로 전제들을 받아들일 경우 결론도 받아들일 수밖에 없고, "나는 사람이다."와 "만일 모든 사람은 죽고 내가 사람이라면, 나는 죽는다."는 조건문을 숨은 전제로 보완하여, 형식적으로도 타당하게 재구성될 수 있는 논증이기 때문이다. 반면에 (바)는 형식만으로 타당함을 알 수 있는 논증이고, 그 외 다른 논증들은 형식적으로도 부당하고 내용적으로도 부당하다.

타당성과 결론의 참 (바)가 타당하다는 사실에 의아해하는 독자가 있을 것이다. 결론이 거짓일 수 있는 논증이 어떻게 타당할 수 있다는 말인가? 그러나 이 물음은 타당성의 개념을 정확하게 알지 못하여 나온 것이다. 타당한 논증은 논증을 구성하는 주장들의 참/거짓과는 관계없이 전제와 결론이 연역적 도출 관계인지만 보여준다. 따라서 결론이 거짓이지만 타당한 논증이 있을 수 있는 것이다. 결론의 참이 보장되는 타당한 논증에 대해서는 '2.2 건전성'에서 깊이 연구하게 될 것이다.

연습문제

※ 다음 각 논증은 타당한가? 그 이유는?

5. 그는 종교를 가지고 있지 않다. 따라서 그는 현실주의자이다.

6. 시민사회의 성립은 각자의 자유, 신체, 재산을 한층 더 확실히 보장하고자 하는 모든 사람들의 의지에 의해 이루어진다. 그러므로 사회의 권력은 공공선(公共善)을 넘어서는 범위에까지 이른다고 생각되지는 않고 모든 개인의 재산을 보장하도록 의무 지워진다. (로크, 『시민정부 제2론』)

7. 이 범행은 내부인의 소행이든지 외부인의 소행이다. 이 범행은 외부인의 소행이 아니다. 따라서 이 범행은 내부인의 소행이다.

8. 약간의 근심, 고통, 고난은 항시 누구에게나 필요한 것이다. 바닥짐을 안 실은 배는 안전하지 못하며 곧장 갈 수 없으리라. (쇼펜하우어)

9. 외모로 사람을 취하지 말라 하셨다. 그러나 대개는 속마음이 외모에 나타나는 것이다. 아무도 쥐를 보고 후덕스럽다고 생각은 아니할 것이요, 할미새를 보고 진중하다고는 생각지 아니할 것이요, 돼지를 소담한 친구라고는 아니할 것이다. 토끼를 보면 방정맞아는 보이지마는, 고양이처럼 표독스럽게는 아무리 해도 아니 보이고, 수탉은 걸걸은 하지마는 지혜롭게는 아니 보이며, … (이광수, 「우덕송」, 권영민, 『고등학교 작문』)

2.11 논리적 형식

자연언어로 된 대부분의 논증은 형식적으로 부당하다. 그러나 형식적으로 부당하다 할지라도, 논증은 내용적으로 타당할 수 있다. 그런데 내용적 타당성은, 위의 정의가 보여주는 것처럼, 형식적 타당성의 개념에 크게 의존하고 있다. 따라서 먼저 논증의 형식적 타당성 여부를 판단하는 방법을 알아둘 필요가 있다.

논리적 연결사 B에서처럼 대괄호, 소괄호 등으로 논리적 형식을 나타내는 것은 거추장스럽기도 하고 한계가 있다. 앞으로 우리는 다음 두 가지의 규약을 채택하기로 한다.

규약 1 : 주장(진술)의 논리적 형식을 나타내는 데 있어서, 공란 대신 영어 알파벳 소문자(p, q, r…)를 쓰기로 한다. 이 경우

p, q, r 등을 '주장(진술)의 논리적 형식' 또는 '명제변항'이라 한다.

규약 2 : 주장(진술)들을 연결하는 다섯 가지 논리적 연결사들을 기호로 나타내기로 한다.[12)]

	명칭	일상언어적 의미	진리조건
p	단문 (單文, simple statement)	p는 참이다.	p가 참일 경우에 참
−p	부정문 (否定文, negative statement)	p가 아니다. p는 거짓이다. p는 참이 아니다.	p가 참일 경우에 거짓 p가 거짓일 경우에 참
p · q	연언문/연접문 (連言文/連接文, conjunctive statement)	p 그리고 q p인 반면에 q p일 뿐만 아니라 q p일지라도 q	p와 q가 모두 참일 경우에만 참 (p와 q 중 하나만 거짓이면 거짓)
p ∨ q	선언문/선접문 (選言文/選接文, disjunctive statement)	p 또는 q p 아니면, q p이든지 q	p와 q가 모두 거짓일 경우에만 거짓(p와 q 중 하나만 참이면 참)
p ⊃ q	조건문 (條件文, conditional statement)	만일 p라면, q p일 경우에 q q일 경우에만 p p는 q의 충분조건 q는 p의 필요조건	p가 참이고 q가 거짓일 경우에만 거짓 (p가 거짓이면 참, q가 참이면 참)
p ≡ q	쌍조건문 (雙條件文, biconditional statement)	p일 경우 그리고 그 경우에만 q p는 q의 필요충분조건 q는 p의 필요충분조건	p와 q가 같은 값을 가지면 참, 다른 값을 가지면 거짓

[표 2-1] 논리적 형식의 일상언어적 의미와 진리조건

12) 가장 보편적으로 사용되는 Peano-Russell의 표기법이다. 이 기호들 대신 '~'(부정), '&'(연언), '→'(조건), '↔'(쌍조건) 등을 사용하는 표기법도 있다.

이러한 규약에 따라 표현되는 여러 가지 논리적 형식들의 명칭, 일상언어적 의미, 진리조건을 간단히 정리하면 [표 2-1]과 같다.[13)]

이처럼 논리적 연결사들로 연결되어 형성된 논리적 형식을 '진리함수적 형식'이라 한다. 이 연결사들을 사용하는 어떤 주장의 참 또는 거짓이, 이 연결사들로 연결되는 요소 주장들의 참 또는 거짓에 의해서 결정되기 때문이다.

'p'의 부정인

$$-p$$

는, 'p'가 참일 경우는 거짓이 되고, 'p'가 거짓일 경우는 참이 된다. 논리학에서는 이와 같이 어떤 명제든지, 만일 의미가 있다면, 참이든지 거짓이든지 둘 중의 하나라는 배중률(排中律, the principle of excluded middle)을 전제로 하고 있다. 그래서 배중률을 전제로 한 논리학을 특히 '이치논리(二值論理, two value logic)'라 한다.[14)]

'p'와 'q'의 연언문(連言文)인

$$p \cdot q$$

는 그 요소문장인 연언항(連言項) 'p'와 'q' 모두가 참일 경우에만 참이고, 다른 경우에는 거짓이 된다. 즉 연언문은 연언항들 중 하나만

13) 이 표에서 'p'는 '단문'이라 소개되어 있지만 정확한 것은 아니다. 엄밀한 의미에서 'p'는 어떤 복잡한 주장도 들어갈 수 있는 논리적 공간이다. 그러나 아무리 복잡한 주장일지라도 그것을 'p'라는 단순한 형식으로 표현한다는 의미에서 느슨하게 '단문'이라 하는 것이다.

14) 이치논리 아닌 다치논리도 있지만, 다치논리는 아직 체계화되지 않았을 뿐만 아니라, 우리가 연구할 한계를 벗어나기 때문에, 논증의 타당성에 관한 한 다치논리는 전혀 다루지 않을 것이다. 그러나 우리는 곧 논증의 타당성 차원을 넘어 논증의 건전성을 평가하게 될 것인데, 그 단계에서는 사실상 다치논리에 해당하는 것을 다루게 될 것이다.

거짓이더라도 거짓이 된다.

반면에

$$p \lor q$$

는 선언문(選言文)의 형식으로서, 그 요소문장인 선언지[選言肢, 선언항(選言項), 선택지(選擇肢)] ‘p’와 ‘q’ 모두가 거짓일 경우에만 거짓이 된다. 즉 선언문은 선언지들 중 적어도 하나만 참이면 참이 된다. 따라서 선언지 모두가 참이더라도 선언문은 참이다. “그 여자는 아름답든지 지성적이다.”라고 했을 때, 그 여자가 미모와 지성 중 어느 하나만이라도 갖추었을 경우에 이 주장은 참이지만, 그 여자가 미모와 지성을 모두 갖추었을 때도 이 주장은 참이다.

그러나 선언문 중에는 선언지 모두가 참일 경우에 거짓인 것이 있다. 예를 들어 “그 사람은 남자이든지 여자이다.”의 경우, 그 사람이 남자이면서 동시에 여자인 경우에는 참일 수 없다. 선언지 모두가 참이라는 주장은 거짓인 것이다. 전자와 같은 선언문을 ‘포괄적(包括的) 선언문(inclusive disjunction)’이라 하고, 후자와 같은 선언문을 ‘배타적(排他的) 선언문(exclusive disjunction)’이라 한다. 논리학에서는 포괄적인 의미의 선언문을 사용한다.

조건문(條件文)의 형식인

$$p \supset q$$

는 전건(前件)인 ‘p’가 참이고 후건(後件)인 ‘q’가 거짓일 경우에만 거짓이 된다. 즉 조건문은 전건이 참일 경우에만 후건의 참 또는 거짓에 따라 참 또는 거짓이 결정되며, 그 전건이 거짓일 경우에는 후건의 참 거짓에 관계없이 참이 된다.[15]

15) 일상언어적 조건문의 진위를 가리는 방법은 2.24에서 논의할 것이다.

쌍조건문의 형식인

$$p \equiv q$$

는, 쌍조건 기호 양측의 요소 문장들, 즉 ‘p’와 ‘q’가 같은 값을 가지고 있으면 참, 다른 값을 가지고 있으면 거짓이 된다. 이 형식은 ‘(p ⊃ q) · (q ⊃ p)’와 논리적으로 같은 값을 가지고 있다. 그래서 p와 q의 관계가 상호 필요충분조건의 관계임을 알 수 있다.

2.12 타당성 조사

논리적 형식들이 진리함수적이라는 것은 그 형식들의 진위치가 계산될 수 있다는 것을 함의한다. ‘참’을 ‘T’로, ‘거짓’을 ‘F’로 나타내어 진리함수적 형식들의 진위치를 계산해 보면 다음과 같다.

p	q	$-p$	$-q$	$p \cdot q$	$p \vee q$	$p \supset q$	$p \equiv q$
T	T	F	F	T	T	T	T
T	F	F	T	F	T	F	F
F	T	T	F	F	T	T	F
F	F	T	T	F	F	T	T

[표 2-2] 진리표로 본 진리함수적 형식들의 진위치

어떤 논리적 형식 L이 참 또는 거짓으로 해석될 수 있는 모든 가능한 경우를 일정한 규칙에 맞게 나타낸 표를 L에 관한 ‘진리표(truth table)’라고 한다. 이 진리표에서 ‘p’는 참일 가능성도 있고 거짓일 가능성도 있다. ‘q’ 역시 참일 가능성도 있고 거짓일 가능성도 있다. 따라서 ‘p’와 ‘q’가 동시에 참 또는 거짓일 가능성은 모두 넷이다. 일반적으로 명제 변항이 n개인 논리적 형식의 진리표는 2^n줄의 진리표가 되는데, 이 형식이 참 또는 거짓될 수 있는 가능한 모든 경우 즉, '가능세계'를 보여준다.

진리표법 우리는 진리표를 이용하여 논증의 타당성 여부를 조사할 수 있다. 예컨대 B는 다음과 같이 기호화된다.

C : $p \supset q$

p

───

q

C가 타당한지 진리표로 조사해 보자.

		전제 1	전제 2	결론
p	q	p ⊃ q	p	q
T	T	T	T	T
T	F	F	T	F
F	T	T	F	T
F	F	T	F	F

C는 타당하다. 전제들이 참일 경우 결론도 반드시 참이기 때문이다. 또한 이 진리표는 결론이 거짓일 경우 전제들 모두가 참일 수 없다는 것도 보여준다.

원칙적으로 모든 논증 형식의 타당성 여부는 진리표로 조사할 수 있다. 그러나 이 방법은 실용성이 낮다. 명제 변항의 수가 많아지면, 번거롭기도 하고 무엇보다도 오류 가능성이 높아지기 때문이다.

약식 증명법 다행히 진리표를 이용하지 않고서도 논증의 타당성을 판단할 수 있는 방법이 있다. 논증의 전제들이 모두 참이라고 가정할 경우 결론도 참일 수밖에 없거나, 결론이 거짓이라고 가정할 경우 전제들 모두가 참일 수 없는지를 조사하면 되는 것이다. 예컨대 C에서 결론이 거짓이라고 가정해 보자. 이 경우 두 전제들을 모두 참으로 만들 길이 없다. 전제 1을 참으로 만들면 전제 2가 거짓이고, 전제 2를 참으로 만들면 전제 1이 거짓이 된다. 따라서 우리는 C가 타당하다는 판단을 할 수 있다. 이러한 방식으로 논증의 타당성 여부를 판단하는 방법을 '약식 증명법'이라 한다. 약식 증명법은 진리표를 작성하지 않고 진리표가 말하는 핵심을 약식으로 드러내는 방법이다.

다음 논증도 타당한지 조사해 보자.

D : 만일 모든 사람이 죽는다면, 모든 악당도 죽을 것이다.
　　모든 악당도 죽는다.
　　―――――――――――――――――
　　모든 사람은 죽는다.

이 논증은 전제들과 결론이 모두 참인 주장들로 이루어져 있기 때문에 타당한 논증으로 보기 쉽다. 그러나 그렇지 않다. 이를 조사해 보자.

이 논증의 논리적 형식은 다음과 같다.

E : $p \supset q$
　　q
　　――――
　　p

이 논리적 형식도, 결론이 거짓일 수 있는 길이 단 하나인 반면, 전제가 모두 참될 수 있는 길은 두 가지가 있기 때문에, 결론으로부터 시작하는 것이 수월하지만, 전제로부터 시작해 보기로 한다.

만일 이 논증 형식이 연역적으로 타당하다면, 전제들을 모두 참으로 만드는 어떠한 경우에도 결론을 거짓으로 만들 수는 없다는 것을 우리는 안다. 먼저 전제들을 모두 참으로 만들어보자. 전제 모두가 참이어야 하기 때문에 2도 참이어야 한다. 따라서 'q'는 참이어야 한다. 그런데 이 경우 1은 'p'의 진위치에 관계없이 참이 된다. 따라서 'p'를 거짓으로 해도 1은 참이 된다. 그러나 'p'를 거짓으로 한다는 것은 이 논증의 결론을 거짓으로 한다는 것이다. 따라서 이 논증은 타당하지 않다. 전제들이 모두 참이면서 결론이 거짓인 경우가 있기 때문이다.

연습문제

※ 다음 각 논증 형식의 타당성 여부를 약식증명법에 의해 조사하라.

10. p

 ―――――

 −(−p ∵ q)

11. p ⊃ (q ∨ r)

 q

 ―――――

 p ⊃ r

12. p · −q

 ―――――

 −(p ⊃ q) · (p ∨ q)

13. p ⊃ (q ∨ r)

 q ≡ p

 ―――――

 p ⊃ r

※ 진리표를 이용하여 다음 각 논증 형식의 타당성 여부를 조사하라.

14. $(p \lor q) \supset -q$

$p \supset q$

$-p$

15. $-p \lor q$

$q \equiv -r$

$-p \lor r$

2.13 연쇄논법

논증 형식의 타당성을 연역가능성(deducibility)으로도 판단할 수 있다. 즉, 전제들로부터 결론이 연역적으로 도출될 수 있는 논증은 연역적으로 타당한 논증인 것이다. 사실 우리가 연역추리를 하는 주된 이유는 연역적 도출에 있다. 우리는 우리가 받아들이는 주장들을 근거로 하여 받아들일 수밖에 없는 주장을 결론으로 도출시키기 위해 연역추리를 하는 것이다.

연역규칙 다음은 우리가 흔히 사용하는 연역추리의 전형이다. 연역규칙으로 무조건 암기하여 사용할 수 있도록 하자.

전건긍정법(前件肯定法, *Modus ponens*)

$p \supset q$

p

---

q

후건부정법(後件否定法, *Modus tollens*)

$$\begin{array}{l} p \supset q \\ \neg q \\ \hline \neg p \end{array}$$

선언지제거법(選言肢除去法, *Modus tollendo ponens*)

$$\begin{array}{l} p \vee q \\ \neg p \\ \hline q \end{array}$$

가언삼단논법(假言三段論法, Hypothetical Syllogism)

$$\begin{array}{l} p \supset q \\ q \supset r \\ \hline p \supset r \end{array}$$

단순양도논법(單純兩刀論法, Simple Dilemma)

$$\begin{array}{l} p \vee q \\ p \supset r \\ q \supset r \\ \hline r \end{array}$$

복합양도논법(複合兩刀論法, Complex Dilemma)

$$\frac{\begin{array}{l} p \lor q \\ p \supset r \\ q \supset s \end{array}}{r \lor s}$$

간접추리법(間接推理法, Indirect Argument)

$$\frac{p \supset -p}{-p}$$

귀류법(歸謬法, Reductio)

$$\frac{p \supset (q \cdot -q)}{-p}$$

선언지첨가법(選言肢添加法, Addition)

$$\frac{p}{p \lor q}$$

연언화(連言化, Adjunction)

$$\frac{\begin{array}{l} p \\ q \end{array}}{p \cdot q}$$

단순화(單純化, Simplification)

$$\frac{p \cdot q}{p}$$

이 11개의 연역규칙들을 암기하고 있으면, 적어도 네 가지 점에서 유용하다. 첫째, 이들 중 어느 것과 동일한 형식의 논증을 만날 경우 그것이 타당하다는 것을 즉각적으로 알 수 있다. 둘째, 스스로 논증을 제시할 경우 이들 중 어느 것과 동일한 형식을 이용하면, 자신의 논증이 타당한지에 대하여 염려할 필요가 없다. 셋째, 이 연역규칙들을 이용하여 이 형식들보다 길고 복잡한 연역추리를 용이하게 할 수 있다. (이를 '연쇄논법'이라 한다.) 넷째, 자연언어로 된 논증을 분석할 때, 숨은 전제나 숨은 결론을 쉽게 찾아낼 수 있다.

논리적 동치 어떤 주장이든지 같은 진리치를 가진 다른 표현으로 고쳐 쓸 수 있다. 이 점은 언어의 장점이기도 하지만, 논증을 분석하는 입장에서 보면 달갑지 않은 장점이다. 어떻든 언어의 그러한 성질 때문에 논증은 복잡해질 수 있고, 우리는 이 복잡성을 다룰 수 있어야 한다.

어떤 주장의 형식들 S1과 S2는, 모든 가능한 세계에서 같은 진위치를 가질 경우에 그리고 그 경우에만, '논리적 동치(logical equivalence)' 관계에 있다고 한다. 즉 모든 가능한 세계에 관하여, 만일 S1이 참일 경우 그리고 그 경우에만 S2가 참이라면, S1과 S2는 논리적으로 동치이다.

논리적 동치 관계에 있는 형식들은 무한히 많이 있다. 그 중에서 아래에 소개되는 12쌍의 형식들을 암기해서 사용하기로 한다. 즉, 어떤 주장 S가 아래에 소개되는 어떤 동치 문장(S1 ≡ S2)의 어느 한 짝

S1과 같은 논리적 형식일 경우에는, 그 동치문장 형식의 이름을 언급하는 것만으로 S2가 S1의 동치임이 증명된 것으로 여기고, S1을 S2로 대치(代置)할 수 있는 것이다.

이중부정(二重否定, Double Negation)

$p \equiv -(-p)$

결합규칙(結合規則, Associativity)

$[p \cdot (q \cdot r)] \equiv [(p \cdot q) \cdot r]$
$[p \vee (q \vee r)] \equiv [(p \vee q) \vee r]$

한마디법(Idemponency)

$(p \cdot p) \equiv p$
$(p \vee p) \equiv p$

분배규칙(分配規則, Distribution)

$[p \cdot (q \vee r)] \equiv [(p \cdot q) \vee (p \cdot r)]$
$[p \vee (q \cdot r)] \equiv [(p \vee q) \cdot (p \vee r)]$

드모르간(De Morgan) 규칙

$-(p \vee q) \equiv (-p \cdot -q)$
$-(p \cdot q) \equiv (-p \vee -q)$

자리뒤집기[대우(對偶), Contraposition]

$$(p \supset q) \equiv (-q \supset -p)$$

자리바꾸기[교환규칙(交換規則), Transposition]

$$(p \equiv q) \equiv (q \equiv p)$$
$$(p \cdot q) \equiv (q \cdot p)$$
$$(p \vee q) \equiv (q \vee p)$$

전건규칙[前件規則, 수입・수출(Importation-Exportation)]

$$[(p \cdot q) \supset r] \equiv [p \supset (q \supset r)]$$

선언화(選言化)/조건화(條件化)

$$(p \supset q) \equiv (-p \vee q)$$

조건문의 정의[단순함언(單純含言), Material Implication]

$$(p \supset q) \equiv -(p \cdot -q)$$

쌍조건문의 정의[단순동치(單純同値), Material Equivalence]

$$(p \equiv q) \equiv [(p \supset q) \cdot (q \supset p)]$$

쌍조건문의 부정

$$-(p \equiv q) \equiv (p \equiv -q)$$

조건문의 논리적 형식인 'p ⊃ q'가 전건이 거짓이기만 하면 참이 된다는 것이 수수께끼를 불러일으키는 것 같지만, 이 형식이 '–p ∨ q'와 논리적으로 동치 관계에 있는 것을 보아, 문제가 없다는 것을 알 수 있다. 'p ⊃ q'의 전건이 거짓일 경우, 'p'가 거짓이고, 이 경우 '–p'가 참이 되어, '–p ∨ q'도 'q'의 값에 관계없이 참이 되며, 따라서, '–p ∨ q'와 논리적으로 동치인 'p ⊃ q'도 'q'의 값에 관계없이 참이 되기 때문이다.

연쇄논법(자연적 연역추리) 주어진 전제들로부터 연역적으로 타당하게 결론을 도출해 내는 연역추리의 상당한 부분은 앞에서 연구한 11개의 연역규칙들 범위를 벗어나지 않는다. 그러나 우리의 사고가 11개의 유형으로 고착된 것도 아니고, 학문적으로나 일상적으로 처리해야 할 일들은 대부분 꽤 복잡한 추리를 요구하고 있다.

따라서 우리는 11개의 연역규칙들의 범위를 벗어나는 연역논증들을 사용하고 평가할 수 있어야 한다.[16] 다행히 우리는 11개의 연역규칙들과 12개의 논리적 동치를 이용하여 이 문제를 해결할 수 있는데, 이를 '연쇄논법(Chain Argument)' 또는 '자연적 연역추리(Natural Deduction)'라 한다.

예컨대 다음 논증은 11개의 연역규칙들 중 어느 것에도 해당되지 않지만 연쇄논법을 이용하여 타당성이 증명될 수 있다.

p ⊃ q
p
r ⊃ –q
r ∨ t
―――――
t

16) 지금 우리는 형식논리를 논하고 있기 때문에, '논증'이라는 표현은 자연언어로 된 논증이 아니라 '논증 형식'을 말한다.

이 논증은 3개의 연역규칙을 연속적으로 적용하면 전제로부터 결론이 도출되는 것인데, 이 과정을 그림으로 나타내면 다음과 같다.

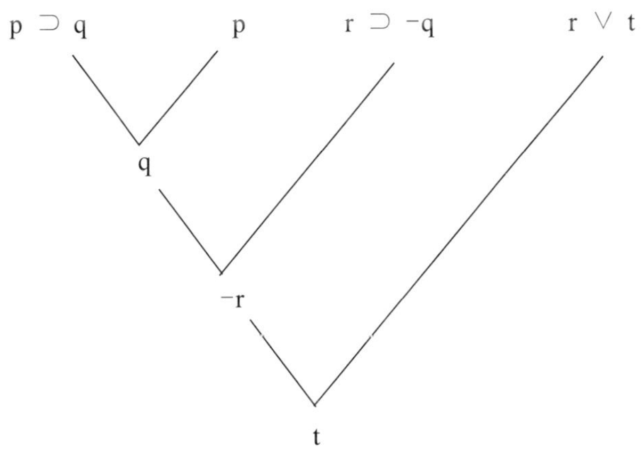

이러한 세 번의 연쇄적 추론을 다음과 같이 정리하면 '연쇄논법'이 된다.

[연쇄적 추론 부분]	[추론의 근거 부분]
1. $p \supset q$	전제
2. p	전제
3. $r \supset -q$	전제
4. $r \vee t$	전제 / t
5. q	1, 2, 전건긍정법
6. $-r$	3, 5, 후건부정법
7. t	4, 6, 선언지제거법

먼저 전제들을 열거한다. 마지막 전제를 소개한 줄의 끝에는, 위의 예에서와 같이, 결론을 ' / t'라고 표기하여 추론의 목표를 나타내기로 한다. (이 표기를 생략할 수도 있다.)

전제들 다음에는 11개의 연역규칙이나 12개의 논리적 동치를 이용한 추리의 결론(중간 결론)을 쓴다. 이 결론은 물론 다른 추리의 전제로 사용될 수 있다. 어떤 전제들을 먼저 사용할지는 자유이다. 사용한 전제를 거듭해서 사용할 수도 있다. 그런가 하면, 전제 모두를 사용해야 하는 것도 아니다. 논증에 따라 그 결론을 도출시키는 데에 전혀 도움이 되지 않는 주장들을 전제로 포함하고 있을 수 있기 때문이다.

규칙의 적용 범위 연역규칙들과 논리적 동치를 적용하여 연쇄논법을 진행시킬 때 주의할 점이 있다. 논리적 동치들은 줄(논리적 형식) 전체는 물론 부분에도 적용시킬 수 있지만, 연역규칙들은 항상 줄(논리적 형식) 전체에 적용시켜야 하는 것이다. 예를 들어, 연쇄논법에 의해 다음 논증의 전제들로부터 결론을 도출시켜 보자.

$(p \cdot q) \supset r$

$p \supset q$

$-p \vee r$

1.	$(p \cdot q) \supset r$	전제
2.	$p \supset q$	전제 / $-p \vee r$
*3.	p	1, 단순화
4.	q	2, 3, 전건긍정법
5.	$p \cdot q$	3, 4, 연언화
6.	r	1, 5, 전건긍정법
7.	$r \vee -p$	6, 선언지첨가법
8.	$-p \vee r$	7, 자리바꾸기

이 연쇄논법은 잘못된 과정을 거쳐 결론을 도출시키고 있다. 연역규칙은 줄 전체에 적용해야 하는데 부분에 적용하고 있다. 3은 전제 1

의 부분에 단순화를 적용시킬 수 없는데 적용시킨 과정이다. 4 이후의 과정에는 잘못이 없지만, 4 이후의 과정에서 중요한 역할을 하는 3이 부당한 절차이기 때문에, 4 이후의 과정이 아무리 옳다 하더라도 헛수고에 불과하다.

반면에 논리적 동치는 줄(논리적 형식)의 부분에 얼마든지 적용할 수 있다. 위의 논증을 다시 풀어보자.

1.	(p · q) ⊃ r	전제
2.	p ⊃ q	전제 / −p ∨ r
*3.	(q · p) ⊃ r	1, 자리바꾸기
4.	q ⊃ (p ⊃ r)	3, 전건규칙
5.	p ⊃ (p ⊃ r)	2, 4, 가언삼단논법
6.	(p · p) ⊃ r	5, 전건규칙
*7.	p ⊃ r	6, 한마디법
8.	−p ∨ r	7, 조건문의 선언화

별표 된 줄들은 논리적 형식의 부분에 논리적 동치를 적용한 결과 도출된 것들이며, 이러한 절차를 거쳐 문제의 논증에 대한 연쇄논법이 완성될 수 있음을 알 수 있다.

주어진 전제들로부터 연쇄논법에 의해서 결론을 도출시켰을 때, 우리는 그 논증이 연역적으로 타당하다는 것을 알 수 있다. 즉, 어떤 논증이 타당하다면, 그 타당성은 연쇄논법에 의해 증명될 수 있다.

그러나 논증이 타당하지 않으면 어떻게 될까? 논증이 타당하지 않으면, 연쇄논법은 완성되지 않는다. 논증이 부당하면, 추론을 아무리(무한히) 진행시켜도 결론이 나오지 않는 것이다. 그러나 추론을 무한히 진행시킨다는 것은 불가능한 일이기 때문에, 논증의 부당성을 연쇄논법에 의해서 증명할 수는 없다.

연쇄논법에 의해 논증의 부당성을 증명할 수는 없지만, 연쇄논법을 잘 익혀둘 필요가 있다. 우리가 일상생활 속에서 자연스럽게 사용하는 추리의 형식일 뿐만 아니라, 앞으로 우리가 집중적으로 연구할 논증의 분석 평가에 크게 적용되기 때문이다.

연습문제

※ 연쇄논법에 의해 다음 각 논증 형식이 연역적으로 타당함을 증명하라.

16.
$p \supset q$
p
$q \supset -r$
$s \supset r$
$s \vee t$
―――――
t

17.
$q \supset r$
$p \supset q$
$-s \supset -t$
$r \supset -s$
$k \supset p$
―――――
$k \supset -t$

18.
$p \vee -q$
$p \supset -r$
$-q \supset -r$
$r \vee -t$
$s \supset t$
―――――
$-s$

19. $p \supset q$
$q \supset -q$

$-p$

20. $p \supset (r \cdot -r)$
$p \vee q$
$s \vee q$
$-t \supset -s$

$t \vee s$

21. $(p \supset -q) \supset -(r \vee s)$
r
$-(p \supset -q) \supset -t$
$-s \supset t$
$-(r \vee -k) \vee (s \supset u)$

---

u

22. $p \supset q$
$(p \supset r) \supset (r \supset -t)$
$r \vee p$
$q \supset r$
$p \supset -t$

$-t$

23. $p \supset -(r \supset s)$
$r \supset s$
$-(-p \vee t) \vee w$

$w \cdot -p$

24. $-(p \equiv q)$

q

$p \vee r$

---

r

25. $(p \supset q) \supset r$

$-(q \supset r)$

$s \supset (p \supset t)$

$-t$

$-s$

26. $p \supset q$

$-p \supset (q \cdot -q)$

$y \supset -(p \cdot q)$

$x \supset y$

$x \vee t$

---

t

27. $p \supset q$

$q \supset r$

$-(p \supset r) \vee (r \supset t)$

$s \supset -(p \supset t)$

$-s \supset w$

$(-s \cdot w) \supset -x$

$-(s \vee x)$

28. $p \cdot (q \lor r)$

$(p \cdot r) \supset (s \cdot -s)$

$-(q \lor s) \lor (x \supset y)$

$t \supset -y$

$x \lor y$

$-t$

2.14 조건증명법

다음 논증 형식이 연역적으로 타당하다는 것을 연쇄논법으로 증명하는 것은 쉽지 않을 것이다.

w

$-d \supset (-w \lor -p)$

$-m \supset p$

$-d \supset m$

그러나 다음과 같이 어떤 주장(형식)을 가정하여 원하는 결과를 도출해 내는 방법을 쓰면, 쉽게 풀릴 수 있다.

1.	w	전제
2.	$-d \supset (-w \lor -p)$	전제
3.	$-m \supset p$	전제 / $-d \supset m$
┌4.	$-d$	가정 들어가기 / m
│5.	$-w \lor -p$	2, 4, 전건긍정법
│6.	$-p$	1, 5, 선언지제거법
└7.	m	3, 6, 후건부정법
8.	$-d \supset m$	4-7, 가정 나오기(조건증명법)

이 연쇄논법은 전제들인 1-3만으로부터 결론인 8을 도출시키고 있지 않다. 1-3 외에, 가정된 4가 마치 전제로 주어진 것처럼 사용되고 있으며, 4의 도움에 힘입어 8을 도출시키고 있다. 원래 전제는 셋이었으나, 4를 가정함으로써 전제가 넷인 셈이 되었으며, 따라서 연쇄논법이 수월할 것은 당연한 일이다.

그러나 어떻게 이러한 방법이 정당화될까? 아무 주장(형식)이나 가정하면 된다는 것인가? 그렇다. 아무 주장이나 가정하여 사용할 수 있다. 단, 가정은 어디까지나 가정이기 때문에, 어떤 주장을 가정하여 얻은 결과는 반드시 조건문으로 표현해야 한다. 이와 같이 가정을 가정으로 여기는 한, 어떤 주장도 가정으로 도입시켜 사용할 수 있다.

이러한 방법은 우리가 일상적으로 사용하는 것이기도 하다. 예를 들어, 다음 대화를 살펴보자.

갑 : 우리의 문제를 풀기 위해서 신에게 기도해야 합니다.

을 : 저는 그렇게 생각하지 않습니다. 물론 신이 존재한다면, 신에게 매달려 볼 수도 있겠지만….

갑 : 그럼 신이 존재한다고 가정하고 기도해 봅시다.

을 : 좋아하지도 않는 사람에게 결혼한다고 가정하고 몸을 맡길 수는 없는 노릇이지요. 당신은 신이 존재한다는 것을 받아들이니까, 문제 해결을 위해서 신에게 기도해야 하는 것이 당연하겠지요. 그러나 저는 신이 존재한다는 것을 받아들이지 않습니다. 따라서 기도해야 하는 것도 받아들일 길이 없습니다.

갑은 신의 존재를 믿는 자로서, 문제 해결을 위해서 신에게 기도할 것을 제안한다. 그러나 을은 신의 존재를 믿지 않는 자로서, 그런 제안을 받아들일 수 없다. 그가 받아들일 수 있는 것은 기껏해야 '가언적(假言的, hypothetical)'이다. 즉 "만일 신이 존재한다면, 우리의 문제를 풀기 위해서 신에게 기도해야 한다."는 것이다. 이 가언적 주장이라면 을은 신의 존재나 기도의 불가피성을 받아들일 필요 없이 받아들일 수 있다. 그러나 그는 이 조건문의 전건을 망각한 정언적(定言的) 주장인 "신에게 기도해야 한다."는 주장은 받아들일 수 없는 것이다.

어떤 것을 가정하고 전개하는 추리는 '가정내적(假定內的)'이라는 점을 명심해야 한다. 즉, 어떤 주장을 가정하고 전개하는 추리는 그 주장을 참인 것으로 여기는 (가정된) 세계 속에서의 추리인 것이다. '가정외적(假定外的)' 세계에서 참으로 여겨지는 모든 주장(전제)은 가정내적 세계 속에서도 참으로 인정되지만, 가정내적 세계에 있는 주장은 그 밖에서는 참인 것으로 인정되지 않는다. 가정내적 세계에 있는 주장이 밖으로 나와 사용될 수 있기 위해서는 반드시 가정된 주장을 전건으로 한 조건문의 형식을 취해야 한다. 그렇지 않으면 '가정 망각의 오류'를 범하기 때문이다.

위의 연쇄논법을 보자. 4부터 7까지는 가정 안의 세계이다. '-d'를 가정하고 진행되는 추리의 세계인 것이다. (가정 안의 세계를 가정 밖의 세계와 구분하기 위해서 가정 안의 추리 부분에 세로 선을 긋는다.) 따라서 그 추리의 결과 'm'을 얻었지만, 'm'을 (또는 그 가정 안의 세계에 있는 어떠한 주장을) 가정 밖으로 그냥 끌어낼 수 없다. 8처럼 가정된 '−d'를 전건으로 한 조건문의 형식을 취해야만, 가정의 세계 밖으로 나올 수 있다. 이와 같이 가정 안의 주장을 조건문에 담아 가정 밖으로 끌어낼 경우, '가정 나오기(조건증명법)'이라고 정당화한다.

이처럼 조건문인 결론의 전건을 가정하여 그 후건을 도출해 내는 추리 방법을 '조건증명법'이라 한다. 조건증명법을 사용한 연쇄논법에서 가정을 시작할 경우, 4에서 보는 것처럼 그 줄의 끝에 가정의 세계 속에서 목표로 하는 결론(/ m)을 표시해 두는 것이 좋다.

2.15 간접증명법

연쇄논법을 원활하게 진행시키기 위해서는 어떤 것을 가정해도 좋다. 예를 들어 다음 논증 형식의 타당성을 연쇄논법으로 증명해 보자

$p \supset r$
$q \supset r$
$r \supset s$
$r \supset -s$

$-(p \vee q)$

이 논증 형식은 연쇄논법을 어디서부터 시작해야 좋을지 잘 알 수 없는 비교적 어려운 것이다. 기껏해야 다음 정도까지 하고 더 나아가기가 어렵다.

1. $p \supset r$	전제
2. $q \supset r$	전제
3. $r \supset s$	전제
4. $r \supset -s$	전제 / $-(p \vee q)$
5. $p \supset s$	1, 3, 가언삼단논법
6. $q \supset -s$	2, 4, 가언삼단논법
7. $p \supset -s$	1, 4, 가언삼단논법
8. $q \supset s$	2, 3, 가언삼단논법

더 이상 진행할 길이 막연하다. 여기서 더 해보자면, 도출된 형식들을 논리적 동치들을 이용하여 변형시키고, 연언화하는 등의 과정을 밟아볼 수 있을 것이다. 그러나 결론이 도출될 수 있는 길이 분명하게 보이지 않음은 마찬가지이다. 결론이 조건문이 아니기 때문에 조건증명법을 이용할 수도 없다.

그럼 어떻게 해야 할까? 위와 같은 논증 형식의 경우는 '간접증명법(*reductio ad absurdum*)'이라는 방법을 적용하면 쉽게 풀린다.

1.	p ⊃ r	전제
2.	q ⊃ r	전제
3.	r ⊃ s	전제
4.	r ⊃ −s	전제 / −(p ∨ q)
┌5.	p ∨ q	가정 / 모순
│6.	r	1, 2, 5, 단순양도논법
│7.	s	3, 6, 전건긍정법
│8.	−s	4, 6, 전건긍정법
└9.	s · −s	7, 8, 연언화
10.	(p ∨ q) ⊃ (s · −s)	5-9, 가정 나오기(간접증명법)
11.	−(p ∨ q)	10, 귀류법

간접증명법을 이용한 연쇄논법은, 만일 결론을 부정하면 모순된 결과를 빚기 때문에, 결론을 부정할 수 없다는 것을 나타내어, 전제를 참으로 받아들이면 결론도 참인 것으로 받아들일 수밖에 없다는 것을 간접적으로 증명하는 방법이다.

간접증명법을 이용한 연쇄논법은, 결론의 부정을 가정한다는 점을 제외하고는, 모든 점에서 조건증명법을 이용한 연쇄논법과 같다. 그래서 가정을 도입한 줄의 끝에 ' / 모순'이라고 목표를 설정하고, 가정내적 추리가 끝난 다음 가정을 빠져 나올 때 '가정 나오기(간접증명법)'라고 정당화하면 된다.

2.16 보조증명법

위에서 잠깐 언급되었지만, 가정을 통해서 연쇄논법을 원활하게 진행시키는 데에 도움이 된다면, 어떤 가정을 해도 좋다. 예를 들어 다음 논증을 보자.

$$\begin{array}{l} -p \vee s \\ s \supset (-s \vee q) \\ (t \supset r) \supset -(p \supset q) \\ \hline -(t \supset r) \end{array}$$

이 논증 형식은 어디서부터 손을 대서 연쇄논법을 전개해야 할까? 뾰족한 길이 내다보이지 않는 상태에서, 지금까지 소개된 방법만으로는 복잡할 것이라는 생각이 들게 하는 형식이다. 그러나 세 번째 전제가 결론의 부정을 전건으로 하고 있는 조건문이라는 것이 눈에 띈다. 그래서 만일 '(p ⊃ q)'만 있다면, 결론을 도출시킬 수 있을 텐데… 라는 생각을 해볼 수 있다. 바로 이 생각을 펴볼 수 있는 방법이 '보조증명법'이다.

1.	$-p \vee s$	전제
2.	$s \supset (-s \vee q)$	전제
3.	$(t \supset r) \supset -(p \supset q)$	전제 / $-(t \supset r)$
┌ 4.	p	가정 / q
│ 5.	s	1, 4, 선언지제거법
│ 6.	$-s \vee q$	2, 5, 전건긍정법
└ 7.	q	5, 6, 선언지제거법
8.	$p \supset q$	4-7, 가정 나오기(보조증명법)
9.	$-(t \supset r)$	3, 8, 후건부정법

매우 경쾌하게 결론을 도출시키고 있는 연쇄논법이다. 보조증명법을 이용한 이 연쇄논법의 특징은, 조건증명법이나 간접증명법을 이용한 연쇄논법과는 달리, 전제의 일부를 얻기 위한 가정을 도입하고 있다는 것이다.

이러한 여러 연쇄논법의 기법은 복합적으로 사용될 수 있다. 다음 논증 형식의 타당성을 증명해 보자.

$$\frac{p \supset -[(q \vee r) \cdot (s \vee t)]}{q \supset (s \supset -p)}$$

1.	$p \supset -[(q \vee r) \cdot (s \vee t)]$	전제 / $q \supset (s \supset -p)$
2.	q	가정 / $(s \supset -p)$
3.	s	가정 / $-p$
4.	p	가정 / 모순
5.	$-[(q \vee r) \cdot (s \vee t)]$	1, 4, 전건긍정법
6.	$-(q \vee r) \vee -(s \vee t)$	5, 드모르간 규칙
7.	$q \vee r$	2, 선언지첨가
8.	$-(s \vee t)$	6, 7, 선언지제거법
9.	$-s \cdot -t$	8, 드모르간 규칙
10.	$-s$	9, 단순화
11.	$s \cdot -s$	3, 10, 연언화
12.	$p \supset (s \cdot -s)$	4-11, 가정 나오기(간접증명법)
13.	$-p$	12, 귀류법
14.	$s \supset -p$	3-13, 가정 나오기(조건증명법)
15.	$q \supset (s \supset -p)$	2-14, 가정 나오기(조건증명법)

이 연쇄논법은 삼중의 가정을 이용하여, 그렇지 않으면 꽤 길게 진행될 추리를 짧게 처리하고 있다. 가정의 목표가 달성되는 즉시 가언적 주장으로 한 단계씩 빠져 나와 결론에 도달하고 있음을 알 수 있다. 이와 같이, 논증 형식의 구조에 따라, 여러 증명법을 복합적으로 사용할 수 있으면 좋을 것이다.

우리는 이제 다음과 같은 것을 할 수 있다.

(1) 논증의 논리적 형식을 추출할 수 있다.
(2) 추출된 논리적 형식의 연역적 타당성 여부를 약식증명법과 진리표로 조사하고 증명할 수 있다.
(3) 11개의 연역규칙들에 해당하는 논리적 형식의 경우에는, 타당성 여부를 조사할 필요 없이, 즉각적으로 타당함을 알 수 있다.
(4) 12개의 논리적 동치는 동치 여부를 조사할 필요 없이 즉각적으로 동치임을 알 수 있다.
(5) 연역적으로 타당한 논증 형식의 경우, 11개의 연역규칙들과 12개의 논리적 동치를 이용한 연쇄논법에 의하여, 전제들로부터 결론을 도출해 낼 수 있다.
(6) 필요에 따라 조건증명법, 간접증명법, 보조증명법을 사용하여 연쇄논법을 더 원활하게 전개시킬 수 있다.

다시 말해서 우리는 논증의 형식을 다룰 줄 알게 되었다. 그러나 논증의 평가를 위해서는 형식뿐만 아니라 내용도 다룰 줄 알아야 한다. 어떤 논증이 연역적으로 타당하다는 것을 안다는 것은, 그 논증의 형식이, 만일 전제들이 모두 참이라면, 결론도 참일 수밖에 없는 구조로 되어 있다는 '가언적 사실'을 안다는 것에 불과하기 때문에, 어떤 논증의 결론이 참인지 여부를 말할 수 있기 위해서는, 전제들의 진위도 평가할 줄 알아야 한다. 그때야 비로소 우리는 연역추리의 모든 것을 평가할 수 있는 체계를 갖추게 되는 것이다.

연습문제

※ 연쇄논법에 의해 다음 각 논증 형식이 연역적으로 타당함을 증명하되, 조건증명법, 간접증명법, 또는 보조증명법을 이용하라.

29. $p \supset (m \vee r)$

$m \supset s$

$s \supset u$

$r \supset u$

$p \supset u$

30. $(w \vee u) \supset -(p \vee t)$

$(-w \cdot k) \supset (k \supset u)$

$k \vee -p \vee -s$

$p \supset (q \supset -s)$

31. $p \supset (q \vee r)$

$q \supset (s \supset -p)$

$r \supset (s \supset -p)$

$p \supset -s$

32. $u \vee (s \supset t)$

$t \supset r$

$(s \supset r) \supset u$

---

u

33. $p \supset q$

$r \supset -q$

$-s \supset (p \cdot r)$

---

s

34. $-p \supset (q \equiv -t)$

$(-q \supset t) \supset q$

$p \vee -t$

35. $p \supset (q \cdot -r)$

$q \supset (r \vee s)$

$t \supset -s$

$p \supset -t$

36. $-(p \equiv -q)$

$-(-p \vee t) \supset -r$

$t \supset (-s \supset s)$

$(q \cdot r) \supset s$

37. $(-p \vee y) \supset (q \vee r)$

$q \supset s$

$r \supset t$

$-p \supset (-s \supset t)$

38. $p \vee t$

$t \supset q$

$-(q \cdot r)$

$(p \supset q) \supset -r$

39.

$$\frac{p}{(p \supset q) \supset q}$$

40.

$$\frac{-q}{(p \supset q) \supset -p}$$

41.

$$\frac{\begin{array}{l} p \supset (q \supset r) \\ p \supset (r \supset s) \end{array}}{p \supset (q \supset s)}$$

42.

$$\frac{\begin{array}{l} p \supset r \\ -(q \supset r) \lor t \\ (t \cdot s) \supset -s \end{array}}{(p \equiv q) \supset -s}$$

43.

$$\frac{\begin{array}{l} -(q \supset r) \\ p \supset r \end{array}}{-p}$$

44.

$$\frac{\begin{array}{l} -p \supset q \\ -p \supset -q \end{array}}{p}$$

45.

$$\frac{\begin{array}{l} -p \supset q \\ p \supset q \end{array}}{q}$$

46. $(r \supset s) \supset p$

$-s \supset q$

$-p \supset q$

47. $-(p \supset q) \supset q$

$p \supset q$

48. $p \supset q$

$q \supset r$

$-(s \supset r)$

$-p$

49. $-p \vee s$

$s \supset (-s \vee q)$

$(p \supset q) \supset r$

---

r

50. $p \supset q$

$p \supset [(q \supset r) \supset r]$

51. $-(t \vee s) \supset -p$

$t \supset w$

$s \supset x$

$-w \vee (y \cdot -y)$

$-q \supset -x$

$p \supset q$

52. $-p$

$t \vee r$

$(t \cdot q) \supset s$

$(-p \supset q) \supset (r \vee s)$

53. $-(p \vee r) \supset p$

$s \supset u$

$t \supset u$

$(-p \supset r) \supset (s \vee t)$

---

u

2.2 건전성

우리는 지금까지 논증의 형식적 타당성을 조사하는 방법을 연구하였다. 그러나 논증이 형식적으로 타당하다고 해서 결론의 참이 보장되는 것은 아니다. 이제 우리는 논증의 형식뿐만 아니라 내용에 대해서 판단하는 방법, 즉 건전성 평가의 방법을 연구하기로 한다.

건전한 논증(sound argument) 건전한 논증은 연역적으로 타당할 뿐만 아니라 전제들이 모두 참인(적어도 높이 정당화되는) 논증이다.[17] 다음 중 어느 것이 건전한 논증인지 생각해 보자.

A : 만일 사후의 삶이 존재한다면, 현생은 사후의 삶을 예비하는 것이어야 한다. 만일 현생이 사후의 삶을 예비하는 것이어야

17) 우리는 흔히 '건전하다'는 말 대신에 '타당하다'는 말을 쓴다. 그러나 엄격한 의미에서 '타당하다'는 논증의 형식에 적용되는 말이고, '건전하다'는 논증의 형식과 내용에 적용되는 말이다.

한다면, 우리는 선한 삶을 살아야 한다. 따라서 우리는 선한 삶을 살아야 한다.

B : 삶은 고통으로 가득 차 있다. 만일 삶이 고통으로 가득 차 있다면, 행복한 삶을 위해서는 고통을 잘 관리할 수 있어야 한다. 따라서 행복한 삶을 위해서는 고통을 잘 관리할 수 있어야 한다.

C : 노력하면 무슨 일이든 이룰 수 있다. 만일 성공을 위해 노력 외의 다른 조건이 필요하다면, 노력하면 무슨 일이든 이룰 수 있다는 것은 거짓이다. 따라서 성공을 위해 노력 외의 다른 조건은 필요하지 않다.

A는 타당하지 않은 논증이다. 이 경우 전제들이 참인지를 생각해 볼 필요도 없다. 어차피 타당하지 않은 논증은, 전제들이 모두 참일지라도, 결론의 참이 보장되지 않기 때문이다. 이 논증은 당연히 건전하지 않다.

B는 건전한 논증이다. 논증이 타당하고, 전제들이 모두 적어도 높이 정당화되기 때문이다.

C는 건전하지 않은 논증이다. 논증은 타당하지만, "노력하면 무슨 일이든 이룰 수 있다."는 전제가 거짓이기 때문이다. 타당한 논증이라 할지라도 전제들 중 적어도 하나가 거짓이면, 결론의 참이 보장되지 않는다.

우리는 '건전한 논증'의 개념을 알게 되었다. 이제 논증의 건전성 평가 방법을 구체적으로 연구해 보자. 논증의 건전성을 평가하기 위해서는 다음을 알아야 한다.

(1) 자연언어로 된 텍스트의 논증을 재구성한다.
(2) 재구성된 논증의 타당성 여부를 판단한다.

(3) 주장들의 정당성의 정도를 판단한다.
(4) 재구성된 논증에 대한 자신의 견해를 건전한 논증으로 제시한다.

이들 중 우리는 (1)을 조금 할 줄 안다. 즉, 평이한 수준의 텍스트를 재구성해 보았다. 그러나 우리가 다루어야 할 텍스트는 대부분 길고 복잡하고 어렵다. 따라서 이러한 고급 수준의 텍스트를 재구성하는 법을 배워야 한다. 결국 우리가 할 줄 아는 것은 (2)뿐이다. 이제 나머지를 연구해 보자.

2.21 논증 재구성(再構成)

논증의 평가는 재구성된 논증을 놓고 이루어진다. 따라서 논증 재구성을 그르치면, 평가 자체가 무의미해질 수 있다. 그런데 논증 재구성은 쉽지 않다. 일상언어로 된 대부분의 텍스트는 명료하지 않고, 두서없고, 중언부언하고, 전제들을 생략하는 등 '제멋대로'이기 때문이다.

논증 재구성은 이 '제멋대로 된' 텍스트가 '제대로' 보이도록 만드는 일이다. 논증을 재구성하는 일은, 텍스트의 골격을 이루고 있는 논증의 참모습을 한눈에 알아볼 수 있도록 논리적 구조를 드러내는 것이다.

논증을 재구성하기 위해서는 먼저 결론을 찾아내고, 그 결론을 뒷받침하는 전제들을 적절하게 편집하고 배열해야 한다. 원문의 내용을 손상하지 않는 범위 내에서, 그리고 원문의 뜻을 명료하게 하고 체계화하는 방향으로, 표현들을 고쳐 쓸 필요가 있다. 대부분의 논증은, 그 논증을 구성하는 주장들이 자연스럽게 표현되는 과정에서, 문장의 일부가 생략되고, 같은 뜻이 다른 말로 표현되기도 하며, 진리함수적 연결사가 표준형식으로 나타나지 않은 경우가 허다하다. 따라서 주장을 적절하게 고쳐 쓰지 않고 겉모습 만에 의존하여, 논리적 형식을 추출하려고 하는 것은, 주장의 참뜻을 놓치는 결과를 초래한다.

자비의 원칙(Principle of Charity) 논증을 재구성하는 데 있어서 따라야 할 가장 중요한 원칙은 자비의 원칙이다. 자비의 원칙이란, 어떤 사람의 논증을 분석 평가하는 전 과정 속에서, 논자의 입장에 서서 논증이 가능한 한 최선의 논증이 되도록 해석하고 재구성해야 한다는 원칙이다. 어떤 사람의 논증을 이해하고 분석하여 평가하는 것은 수단 방법을 가리지 않고 그 논증의 약점을 노출시켜 논자를 궁지에 몰아넣는 것이 아니라, 자비의 원칙에 따라 본래의 논증을 가장 잘 설명하는 가설로서의 논증을 산출하여 평가하는 일이다.

논증을 분석 평가하는 데에 있어서, 굳이 자비의 원칙을 따라야 할 이유는 무엇인가? 이유는 간단하다. 논증은, 수면 위에 드러난 빙산의 작은 부분처럼, 논자의 마음속에 있는 많은 생각의 작은 부분을 드러내기 때문이다.

논증의 분석 평가는 인격과 인격의 만남이다. 세계관과 세계관의 긴장된 조우이다. 드러난 부분을 실마리로 하여 드러나지 않는 부분 속으로 '이해의 닻'을 내리는 일이다. 그래서 서로의 마음이 공유하고 있는 부분과 함께할 수 없는 부분을 확인하기도 한다. 어떻게 논자는 나와 양립할 수 없는 신념을 가지고 있는 것일까? 좀 더 이해의 닻을 깊게 드리우면 그 이유가 감지될 수가 있지 않을까? 그렇게 되면, 대립된 신념 중 어느 편이 잘못되었다는 것이 판명될 수도 있다. 또는 어떤 오해가 있었다는 것도 발견될 수 있고, 적어도 '문제'가 무엇인지 드러날 수 있다. 그러나 이러한 성과는 논증의 표면만 보아서는 결코 얻어질 수 없다. 자비의 원칙을 적용하여, 제멋대로 된 논증의 참모습을 드러내지 않고서는 얻어질 수 없는 성과인 것이다.

자비의 원칙에 따라 논증을 분석 평가하기 위해서는, 달리 생각하게 할 만한 이유가 없는 한, 논자가 합리적일 뿐만 아니라 진실성의 원칙을 준수하고 있다는 것을 전제해야 한다. 즉, 그의 '하드웨어'는 정상이며, 그가 하는 주장은 그의 '소프트웨어'에 담긴 것이라는 것을 전제해야 한다. 또한 그가 어떤 주장을 할 경우에는, 어떤 종류의 것이라 하더라도, 그 주장에 대한 이유를 가지고 있을 것이라는 것, 즉 그가 입증책임을 다할 준비가 되어 있다는 것을 전제해야 한다. 이와 같은 전제들은 어떤 의미에서는 너무나 지당한 것들이다. 따라서 특별한 이유가 없는 한 구태여 신경을 쓸 필요가 없을 것이다.

그러나 반드시 신경을 써야 할 전제가 있다. 그것은 우리가 일반적으로 '표현의 경제성 원칙'을 따른다는 것이다. 즉, 자명한 전제는 굳이 언급하는 번거로움을 피할 수 있으며, 자명하지는 않다 하더라도 자신이 완전히 정당화되는 주장으로 여기는 것은 생략한다. 따라서 우리는 상대가 생략했음직한 주장을 드러낼 수 있어야 한다.

또한 우리 모두는 실수를 범한다. 말이 헛나갈 수도 있고, 의도한 바와는 다른 표현을 쓸 수 있다. 따라서 평가자는 상대의 작은 실수를 물고 늘어지는 비신사적인 자세를 지양하고, '참뜻'을 인정해 주는 아량을 가지고 있어야 한다.

숨은 전제 / 결론 대부분의 자연언어로 된 논증들은 부당한 형식으로 되어 있다. 전제들이 생략되는 것은 다반사이고, 결론이 생략되어 있는 경우도 흔하다. 따라서 숨은 전제나 결론을 보완하는 일은 논증 재구성에서 가장 중요하고 어려운 일이 된다. 그러나 숨은 전제나 결론을 어떻게 발견할 수 있을까?

숨은 전제나 결론을 정확하게 찾아내는 비결 같은 것은 없다. 그러나 다음 몇 가지를 유의하면 도움이 될 것이다.

첫째, 숨은 전제는 제시된 논증 자체의 내적 정합성을 높이는 것이어야 한다. 본래의 논증을 구성하고 있는 전제들과 결론이 서로 잘 어울리도록 하는 데 보탬이 되는 주장이 숨은 전제일 가능성이 높다.

둘째, 보완되는 숨은 전제는 논증의 타당성을 위해서 반드시 필요한 것이어야 한다. 아무리 높게 정당화되는 주장일지라도 논증의 타당성을 위해서 불필요한 것은 그 논증과는 무관한 주장이다.

셋째, 보완되는 숨은 전제는 원래의 논증이 가진 성격을 바꾸는 것이어서는 안 된다. 성격이 바뀐 논증은 전혀 새로운 논증이다. 숨은 전제를 보완한다고 하면서 원래 논증의 맥락 밖에 있는 낯선 전제들을 끼워 넣는 것은, 상대의 논증을 평가하는 것이 아니라 오히려 자신의 논증을 제시하는 일이다.

가설로서의 재구성 논증 이러한 점들을 고려하여 논증을 재구성할지라도, 재구성된 논증은 어디까지나 평가자 자신의 작품이다. 평가자의 재구성 논증은 원래의 논증을 가장 잘 설명하는 가설로 제시하는 것이기 때문이다.

> 논증 A*는, 논증 평가자 H가 제시하는, 원래의 논증 A에 대한 적절한 재구성 논증이다 = df. A*는 H가 자비의 원칙에 따라 다음과 같은 점들에 유의하여 A를 가장 잘 설명하는 가설로 제시한 논증이다.
>
> (가) 논자의 관심사가 무엇이고 그 관심사에 대하여 어떤 의도를 가지고 있는지 짐작해 보고, 만일 논자의 관심사와 의도가 짐작되면, 스스로 그 관심사와 의도를 가지고 어떻게 논지를 펴나가는 것이 좋을지 생각하며 재구성 논증을 구상한다.
>
> (나) A의 복잡하고 명료하지 않은 표현을 간결하고 명료하게 재서술하고, 애매하거나 모호한 표현을 바르게 재정의하며, 생략되었거나 혼란을 야기할 수 있는 지시어를 분명히 하는 등 언어의 부적절한 사용으로 인한 오독(誤讀)의 가능성을 최소화한다.
>
> (다) A의 정합성을 높이는 데 도움이 되는 주장(들)을 숨은 전제 또는 결론으로 보완하여 가능하면 논증을 타당하게 만든다. 적어도 높이 정당화되는 데 미치지 않는 주장을 숨은 전제로 보완

하는 것은 논증의 건전성을 높이는 데 도움이 되지 않는다. [보완되는 숨은 전제나 결론의 번호 앞에는 별표(*)를 단다.][18]

(라) 결코 A의 성격이나 내용을 바꾸지 않는다.

(마) 전제로부터 결론이 자연스럽게 따라 나오도록 A의 내용을 음미해 보고, 형식적, 내용적으로 결론이 도출될 뿐만 아니라 가능하면 시각적으로도 논증의 구조가 확연히 드러나도록 전제들과 결론을 배열한다.

(바) A*는 별도의 첨삭, 해설 또는 첨언이 필요 없는 '그 자체로 완결된 논증'이어야 한다.

재구성 논증 A*가 원래의 논증 A의 가설이라는 것은 텍스트에 대한 어떤 해석도 단지 '하나의 해석'일 따름이라는 것을 함의한다. A를 논할 때 논자가 정확하게 무엇을 의도했는지를 정확하게 알아내는 것은 원칙적으로 불가능하다. 우리는 타인의 마음을 들여다 볼 수 없기 때문이다.[19] 평가자는 그저 자신의 입장에서 가장 그럴 듯하다고 생각되는 재구성 논증을 내놓을 따름이다. 따라서 평가자가 누구인가에 따라 재구성 논증은 본래의 논증보다 모자라거나 넘칠 수 있고, 심지어 논자의 진의를 크게 왜곡하는 것일 수 있다.

텍스트와 관련된 문제에 대하여 사전 경험이나 지식을 가지고 있으면, 당연히 유리할 것이다. 그러나 무엇보다도 중요한 것은 많은 논증을 재구성하는 과정에서 일종의 '전문적 감각'을 익히는 일이다. 대체로 어떤 재구성 논증이 최선의 것인지를 판단하는 일은 X레이 사진의 판독과 유사한 점이 있다. 일반인에게는 희미한 검은 얼룩이 불규칙하게 번져 있는 듯 보이는 필름을 보고 의사는 어디에 어떤 병이 어느 정도 진행되고 있는지를 말한다. 물론 의사의 말 역시 가설이다. 그러나 그의 가설은 신빙성이 높다. 그는 오랜 수련과 연구와 경험을

18) 주장이 정당화되는 정도에 대해서는 곧 연구하게 된다.

19) '마음 읽기'에 대해서는 3.33에서 연구할 것이다.

통해서 X레이 사진을 판독하는 방법을 터득하였기 때문이다. 마찬가지로 논증 재구성도 아무나 잘할 수 있는 것이 아니다. 전문가가 되어야 한다. 네 종류의 추론 방법을 잘 알고, 다양하게 표현되는 주장들을 단순명료하게 읽을 줄 알고, 텍스트에 대한 독해력을 가진 상태에서, 다양한 텍스트들을 분석하며 논증 재구성의 경험을 축적한 평가자가 재구성한 논증은 당연히 그러한 지식과 경험을 결여한 평가자의 그것보다 신빙성이 높을 것이다. 논증 재구성의 '전문적 감각'을 익히기 위하여 우리는 이 책의 마지막 쪽에 이르기까지 거듭해서 다양한 논증들과 씨름할 것이다.

간단한 논증의 경우 주어진 논증만 가지고 재구성을 할 수 있다. 그러나 논증이 어렵고 복잡해지면, 논증 밖의 가용한 데이터에 눈을 돌려야 한다. 위의 (가)는 이 점을 말하고 있다. A 자체만 가지고서는 재구성이 난관에 봉착할 수 있다. 그러나 논자가 무엇에 관하여 어떤 의도를 가지고 A를 논술하고 있는지 짐작할 수 있으면, 재구성은 의외로 쉬워진다.[20)]

상응 조건문 전제 전체를 전건으로 하고 결론을 후건으로 한 조건문을 '상응 조건문(corresponding conditional)'이라 한다. 타당한 논증의 정의인 "필연적으로, 만일 전제들이 모두 참이라면, 결론도 참이다."라는 표현은 상응 조건문이 필연적으로 참인 논증이라는 것을 말한다.[21)]

그런데 이 점은 숨은 전제의 보완을 시시한 일로 여기는 한 가지 오해를 불러일으킨다. "상응 조건문을 숨은 전제로 보완함으로써 어

---

20) 이 점을 활용하는 방법은 뒤의 2.27에서 연구될 것이다. 일반적으로 논자가 무엇에 관하여 어떤 의도를 가지고 글을 쓰고 있는지 미리 알고 읽으면, 어려운 글이라도 쉽게 이해할 수 있다. 그래서 이 점은 효과적인 독서법의 제1원칙이라 할 수 있다.

21) '필연적으로 참인 조건문'은 논리적 조건문과 정의적 조건문에서 예를 찾아볼 수 있다. '2.24 조건문' 참조.

떤 부당한 논증도 타당하게 재구성할 수 있다."는 주장이 그것이다. 이 주장은 논증의 형식만 고려할 경우 옳지만, 논증의 내용을 고려할 경우 옳지 않다. 내용상 본질적으로 부당한 논증의 경우 상응 조건문을 보완하여 타당하게 만들 수는 있지만, 이는 논증의 본질을 왜곡하는 일이며, 적어도 논증을 건전하게 만들지는 못한다.

상응 조건문은 논증의 거울 역할을 한다. 논증의 실상을 조건문의 형식으로 보여주기 때문이다. 그래서 상응 조건문을 숨은 전제로 보완하는 일은 다음 요령에 따르면 된다.

(가) 상응 조건문이 필연적으로 참일 경우 : 논증은 이미 내용적으로 타당하기 때문에 굳이 상응 조건문을 숨은 전제로 보완할 필요가 없다. (그래도 보완하는 것이 잘못은 아니나 군더더기를 덧붙이는 일이어서, 재구성 논증이 깔끔한 맛을 잃는다.)

(나) 상응 조건문이 거짓일 경우 : 숨은 전제로 보완하지 않고 "논증은 부당하다."라고 판단한다.

(다) 상응 조건문이 필연적 참도 아니면서 거짓도 아닐 경우 : 숨은 전제로 보완하여 논증의 건전성을 평가한다. ('건전한 논증'이란 타당하면서 전제들이 모두 적어도 높이 정당화되는 논증을 말한다. 논증의 건전성 평가에 대해서는 곧 연구하게 될 것이다.)

(가)와 (나)의 경우는 굳이 검토할 필요 없이 명백하지만, (다)는 연구가 필요하다. 다음 논증을 평가해 보자.

강운명 씨는 63빌딩 옥상에서 실족하여 추락하였다.

강운명 씨는 사망하였다.

이 논증은 타당하지 않다. 전제를 받아들인다 하더라도 결론을 받아들일 필요가 없기 때문이다. 즉, "만일 강운명 씨가 63빌딩 옥상에서 실족하여 추락하였다면, 강운명 씨는 사망하였다."는 상응 조건문이 필연적 참이 아니기 때문이다. 예컨대 강운명 씨는 마침 추락 지점을 지나던 빈 박스를 가득 실은 대형 트럭 위에 떨어져 중상만 입고 죽지 않을 수 있다.

그러나 이 상응 조건문이 거짓이라고 할 수도 없다. 따라서 다음과 같이 상응 조건문을 숨은 전제로 보완하여 건전성을 평가하도록 한다.

강운명 씨는 63빌딩 옥상에서 실족하여 추락하였다.
*만일 강운명 씨가 63빌딩 옥상에서 실족하여 추락하였다면, 강운명씨는 사망하였다.

강운명 씨는 사망하였다.

이처럼 상응 조건문을 보완하여 논증을 타당하게 전환시키는 것이 논증 평가에 어떤 기여를 할까? 첫째, 부당하지만 폐기하기에는 아까운 논증을 다시 한 번 검토할 수 있게 한다. 논증이 부당하다고 곧바로 폐기하는 것이 능사는 아니다. 부당한 논증에도 차이가 있다. 부당한 논증일지라도 재검토 과정에서 논증의 문제점이 구체적으로 드러날 수 있다. 둘째, 상응 조건문이 정당화되는 정도에 따라서 건전성의 정도를 판단할 수 있게 한다. 다른 전제들이 높이 정당화되고 상응 조건문 역시 높이 정당화될 수 있는 것이면, 논증이 건전하다는 판단을 할 수 있다.

첫째 전제를 참이라 가정하고 이 논증의 건전성을 평가해 보자. 논증은 타당하다. 첫째 전제는 참이라 가정되었다. 그리고 둘째 전제는 적어도 높이 정당화된다. 그렇게 높은 곳에서 추락한 사람이 살 가능성보다는 죽을 가능성이 월등히 높기 때문이다. 따라서 이 논증은 건전하고, 결론을 받아들일 수 있다.

그러나 이처럼 완전히 정당화되는 데 미치지 못하는 상응 조건문을 보완하여 논증의 건전성을 평가할 경우 "결론은 참이다."라고 판단해서는 안 된다는 점을 잊어서는 안 된다. 예컨대 "강운명 씨는 사망하였다."는 결론이 완전히 정당화되는 것은 아닌 것이다. 이 논증은 애초에 부당한 것이었기 때문이다.

재구성 연습 이제 구체적 예들을 가지고 논증 재구성을 연구해 보자. 다음 논증은 어떻게 재구성하는 것이 좋을까?

> 그는 이 어려운 시대에 엄청난 부와 권력을 장악하고 있다. 따라서 그는 비난받아야 마땅하다.

이 논증은 하나의 전제로부터 결론을 도출시키는 것으로서, 그 자체의 형식으로는 부당하다. 그러나 논증의 내용을 생각해 보면, 언표되지는 않았지만 전제와 결론을 이어주는 주장들이 은밀하게 전제되어 있음을 알 수 있다. 이 숨은 전제들을 드러내어 논증을 재구성하면 다음과 같다.

1. 그는 이 어려운 시대에 엄청난 부와 권력을 장악하고 있다.
*2. 어려운 시대에 불법적인 방법을 쓰지 않고서 엄청난 부와 권력을 장악하는 것은 불가능하다.
*3. 불법적인 방법을 쓰는 사람은 비난받아 마땅하다.
∴4. 그는 비난받아 마땅하다.

보완된 숨은 전제들은 모두 '적절한 재구성 논증'의 요건에 따라 논자가 전제한 것으로 인정할 수 있다. 상응 조건문은 굳이 보완할 필요 없다. 완전히 정당화되는 것이기 때문이다.

다음 쇼펜하우어의 논증도 재구성해 보자.

> 인생이란 존재해서는 안 되는 것이다. 즉 그것은 악이다. 그런고로 현실로부터 무(無)에로의 전환이 인생의 유일한 선이다.

이 논증을 있는 그대로 재구성하면 다음과 같다.

인생이란 존재해서는 안 되는 것이다.
즉 그것은 악이다.

현실로부터 무(無)에로의 전환이 인생의 유일한 선이다.

쇼펜하우어는 이 논증을 건전한 것으로 제시했을 것이다. 그런데 첫째 전제는 결론에서 말하는 것과 유사하다. 이 경우 순환논증이 된다. 그리고 그럴 만한 이유가 없는 한 논자가 순환논증을 제시한 것으로 재구성하는 것은 잘못이다. 순환논증은 선결문제요구의 오류이기 때문이다. 또한 둘째 전제의 '그것'은 무엇을 가리키는가? 이러한 점들을 결론과의 관계 속에서 판단하여 논증을 재구성한다.

무엇이 악이라는 것일까? 그것은 인생이 아닐까? 그리고 악은 나쁜 것이니까 존재해서는 안 된다고 주장할 수 있다. 이렇게 음미를 하게 되면, 다음과 같은 재구성 논증에 도달하게 된다.

1. 인생은 악이다.
*2. 악은 존재해서는 안 된다.
∴3. 자살이 인생의 유일 선이다.

여기서 *2는 본문에 나타나 있지 않다. 그러나 이 전제는 쇼펜하우어가 은밀하게 전제했음직하고, 논증을 타당하게 만드는 데 도움이 된다. "만일 인생이 악이고 악은 존재해서는 안 된다면, 자살이 인생의 유일 선이다."라는 상응 조건문은 보완할 필요가 없다. 이 조건문은 완전히 정당화되는 것으로서, 논증이 내용적으로 타당하기 때문이다.

가능하면 원문을 그대로 쓰는 것이 좋다. 그러나 원문의 뜻을 훼손하지 않는 한, 표현은 더 명료하게 바꿀수록 좋다. 논증이 길고 복잡할수록 더욱 그렇다. 이 논증의 경우도 "현실로부터 무(無)에로의 전환이 인생의 유일한 선이다."라는 결론을 "자살이 인생의 유일 선이다."라고 재서술하는 것이 더 간단명료하다는 것을 할 수 있다.

다음 몽테뉴의 논증도 재구성해 보자.

> 그대의 죽음은 우주의 질서 중의 한 토막이다. 세계의 생명의 한 부분이다. 죽음이 어디서 우리를 기다리고 있는지 알 수 없으니까. (몽테뉴, 『수상록』)

이 논증은 일차적으로 다음과 같이 재구성된다.

1. 죽음이 어디서 우리를 기다리고 있는지 알 수 없다.
∴2. 죽음은 우주 질서(세계의 생명) 중의 한 토막이다.

이 논증은, 전제도 받아들일 수 있고 결론도 받아들일 수 있지만, 부당하다. 그렇다고 해서 적절한 숨은 전제를 보완하여 타당하게 전환시킬 수도 없다. 그러나 상응 조건문이 필연적으로 참은 아니지만 거짓이라고 말할 수도 없다. 따라서 상응 조건문을 보완하여 다음과 같이 재구성할 수 있다.

1. 죽음이 어디서 우리를 기다리고 있는지 알 수 없다.
*2. 만일 죽음이 어디서 우리를 기다리고 있는지 알 수 없다면, 죽음은 우주 질서(세계의 생명) 중의 한 토막이다
∴3. 죽음은 우주 질서(세계의 생명) 중의 한 토막이다.

이렇게 재구성된 논증은 타당하지만, 이렇게 보완된 2가 받아들일 수 있는 것이 아니어서 건전한 논증으로 인정받지 못한다.

음미 논증 재구성을 잘하기 위해서는 논증을 음미할 줄 알아야 한다. 논증을 음미한다는 것은 논증을 몸으로 느낄 정도로 '친밀하게' 파악한다는 것을 말한다. 본문을 보지 않고 자신의 말로 '물이 위에서 아래로 흐르듯이' 논증의 내용을 이야기해 본다. 텍스트를 보지 않고 논증을 음미할 수 없으면, 논증을 이해했다고 할 수 없다. 음미는 기억력으로 하는 것이 아니라 논리의 흐름으로 한다. 논증을 잘 이해하게 되면, 논리적으로 한 꾸러미를 이루고 있는 내용이 실타래 풀리듯 술술 나오게 되어 있다. 음미가 중요한 것은 음미하는 과정에서 숨은 전제들이 자연스럽게 발견되고 논증의 핵심이 파악되기 때문이다.

다음 칸트의 논증을 음미하여 평가해 보자.

> 모든 사람들에게는 처음부터 숙명적으로 일정한 양의 잠이 배정된다. 성년이 되어 자신의 활동 시간 중 너무나 많은 시간을 잠에 할애한 사람은, 자신에게 오랜 시간 동안 자지 않을 것을 약속할 수 없을 것이다. 다시 말해 오래 살기를 바랄 수 없을 것이다.

이 글은 세 문장으로 되어 있다. 그리고 뒤의 두 문장이 결론을 말하고 있음을 알 수 있다. 전제는 첫 문장 하나이다. 따라서 일차적으로 우리는 이 글을 우선 다음과 같이 재구성할 수 있다.

> 모든 사람들에게는 처음부터 숙명적으로 일정한 양의 잠이 배정된다.
>
> ---
>
> 성년이 되어 자신의 활동 시간 중 너무나 많은 시간을 잠에 할애한 사람은, 자신에게 오랜 시간 동안 자지 않을 것을 약속할 수 없을 것이다. 다시 말해 오래 살기를 바랄 수 없을 것이다.

그러나 논증을 이렇게 재구성해서는 평가할 수 없다. 논증의 진면목이 드러날 만큼 분석되지 않았기 때문이다. 전제와 결론의 관계가 드러나지 않았으며, 무엇보다도 결론이 무슨 말을 하고자 하는지 불분명하다. 따라서 우리는 먼저 결론이 뜻하는 바를 정확하고 간결하게 표현할 필요가 있으며, 다음으로 논증을 가능하면 타당한 형식이 되도록 만들 필요가 있다.

결론이 뜻하는 바를 정리하여 위의 논증을 다시 써보자.

> 모든 사람들에게는 처음부터 숙명적으로 일정한 양의 잠이 배정된다.
>
> ---
>
> 만일 어떤 사람이 성년이 되어 자신의 활동 시간 중 너무나 많은 시간을 잤다면, 그는 오래 살지 못할 것이다.

이제 논증이 제법 그 윤곽을 드러내고 있음을 알 수 있다. 그러나 이렇게 재구성된 논증은 그 자체로는 부당하다. 따라서 전제와 결론이 말하고 있는 바를 음미하여, 어떤 방식으로든 타당한 논증 형식으로 재구성할 수 있는지 연구해 본다. 다음과 같이 마음속으로 음미할 수 있으면 좋을 것이다.

> 왜 많이 잔 사람이 오래 살지 못한다는 것일까? 모든 사람들이 숙명적으로 일정한 양의 잠이 배정되었기 때문이라고 한다. 그러나 왜 사람들이 숙명적으로 일정한 양의 잠이 배정되었으면, 잠을 많이 잔 사람이 오래 살지 못한다는 것일까? 차근차근 생각해 보자. 사람들에게 숙명적으로 일정한 양의 잠이 배정되었다고 가정하자. 그러면 사람들은 배정된 양의 잠을 다 자고 나면 죽을 것이다. 그리고 배정된 양의 70%를 잔 사람은 30%만큼의 잠을 자고 나면 죽을 것이다. 아하, 그렇구나! 만일 성년이 되어 자신의 활동 시간 중 너

무나 많은 시간을 잔 사람은 오래 살지 못한다는 것이 그래서구나!

이러한 음미 과정에서 진행된 추리를 다음과 같이 정리해 놓으면 위의 글에서 칸트가 제시한 논증을 재구성한 결과가 된다.

1. 모든 사람들에게는 처음부터 숙명적으로 일정한 양의 잠이 배정된다.
*2. 만일 모든 사람들에게 처음부터 숙명적으로 일정한 양의 잠이 배정되고 어떤 사람이 성년이 되어 자신의 활동 시간 중 너무나 많은 시간을 잤다면, 그에게는 잘 시간이 많이 남아 있지 않을 것이다.
*3. 만일 그에게 잘 시간이 많이 남아 있지 않다면, 자지 않고 생활할 시간도 많이 남아 있지 않을 것이다.
*4. 만일 그에게 자지 않고 생활할 시간이 많이 남아 있지 않다면, 그는 오래 살지 못할 것이다.
∴5. 만일 어떤 사람이 성년이 되어 자신의 활동 시간 중 너무나 많은 시간을 잤다면, 그는 오래 살지 못할 것이다.

무려 3개의 숨은 전제가 보완되었는데, 음미를 제대로 하지 못하였더라면 찾기 어려웠을 것이다.

앞 장에서 연쇄논법을 충분히 터득한 독자는 음미를 통해 숨은 전제를 탐색해 내는 과정에서 자연스럽게 연쇄논법이 이용된다는 점을 간파했을 것이다. 하나의 전제로부터 어떻게 결론이 나오게 할 것인가? 연쇄논법을 모르는 사람도 어느 정도 숨은 전제를 보완할 수 있을 것이다. 그러나 논증이 어렵거나 복잡할 경우 연쇄논법에 통달하지 않은 사람이 전제로부터 결론이 연역적으로 타당하게 도출될 수 있도록 숨은 전제를 보완하는 일은 어려울 수밖에 없다.

논증의 건전성을 평가하기 위해서는, 타당하게 재구성된 논증을 놓고 전제들이 모두 받아들일 수 있는지를 판단할 수 있어야 한다. 이제 주장의 정당성을 판단하는 방법을 연구해 보자.

2.22 정당성의 정도

아프리카의 한 축구잡지 기자는 "마법사의 도움을 받지 않거나 동행하지 않고 국제대회에 나가는 것은 연필 없이 시험을 보러 가는 것과 똑같다."고 주장하였다. 누구나 주장은 할 수 있다. 그러나 그것이 참인지는 별개의 문제이다.

주장은 반드시 어떤 사람의 주장이다.[22] 그래서 주장은 본질적으로 주관적이다. 그리고 '참'이라는 개념은 주관적 판단과는 관계없이 세계가 어떠하다는 것을 말하는 것이다. 따라서 우리는 특별한 이유가 없는 한, 주장의 '참(거짓)'이라는 개념 대신에 주장의 '정당성'이라는 개념을 사용할 것이다. 물론 어떤 주장이 완전히 정당화되면 그 주장을 참으로 여길 수 있을 것이고, 어떤 주장의 거짓이 완전히 정당화되면 그 주장을 거짓으로 여길 수 있을 것이다.

유의미한 모든 명제는 참 아니면 거짓으로서 이치(二値) 논리가 적용된다. 그러나 주장은 그렇지 않다. 주장은 정당화되는 정도가 다양하기 때문이다.

주장의 정당성의 정도는 언제나 '어떤 특정한 시각에 어떤 특정한 사람의 인식 상황에서 정당화되는 정도'를 말한다. 여기서 '인식 상황'이란 환경 조건, 정서적 조건, 생물학적 조건, 성격(기질, 성향), 세계관 및 가치관의 수준, 비판적 사고 능력 등 우리의 인식과 판단에 영향을 미치는 조건들을 말한다.

명암, 광도, 소음, 온도, 기후 등 인식이 이루어지는 시간과 공간 속

---

22) 가능하면 언제나 '명제'나 '진술'이라는 말 대신 '주장'이라는 말을 사용할 것이다. 주장은 주장의 주체를 전제하는 반면, 명제나 진술은 그렇지 않고, 비판적 사고에서는 주장의 주체가 매우 중요한 위치를 차지하기 때문이다.

에 형성된 환경 조건이 판단과 관계가 있음은 분명하다. 어두운 카페에서 선을 보았을 때는 마음에 들었으나, 밖에 나와 다시 보았을 때는 마음에 들지 않을 수 있다. 어두운 곳과는 달리 밝은 태양 아래서는 예컨대 피부색이 더 잘 보이기 때문이다.

사랑, 증오, 공포, 분노, 흥분 등의 정서적 조건이 판단에 큰 영향을 미친다는 것은 평범한 사실이다. 팔은 안으로 굽고, 고슴도치는 자기 새끼의 털이 부드럽다. 뒤에서 오류를 연구할 때 알게 되겠지만, 정서적 조건과 관계된 오류가 13개나 소개되어 있다.

시각, 청각, 미각, 후각, 촉각 등의 경험을 받아들이는 감각 기관들의 조건과, 사고, 기억, 연상, 추리 등이 이루어지는 대뇌의 상태와 같은 인간의 생물학적 조건은 인간 고유의 인식 내용과 질을 결정한다. 딱정벌레나 박쥐의 생물학적 조건 또한 그들 고유의 인식 내용과 질을 결정한다. 만일 바이러스가 무엇을 인식한다면, 그것이 인간의 그것과 다를 것은 분명하다. 같은 인간이라 해도, 선천적인 맹인도 있으며 대뇌에 손상을 입은 사람도 있다. 그들의 인식 내용과 질은 그들의 생물학적 조건의 결함 정도에 따라 달라질 수밖에 없다.

성격, 기질, 성향 등은 인식과 판단에 전형적이고 고질적인 경향을 띠게 한다. 성격이 급한 사람은 매사를 쉽게 단정하고, 우울질 체질의 사람은 만사를 비관적으로 본다. 특히 반성적 사고 성향, 진리 추구 성향, 열린 마음 성향과 같은 비판적 사고 성향을 결여한 사람은 사회에 해악을 끼치는 판단을 아무 거리낌 없이 내릴 수 있고 적어도 사회적 문제의식 없이 자신의 취향만을 극대화하는 방식으로 산다.

지식, 신념, 믿음 등으로 이루어진 세계관과, 가치 판단, 목표, 소망, 계획 등으로 이루어진 가치관의 수준에 따라 판단의 수준과 내용이 달라질 수 있다. 특정한 종교 교리를 받아들이게 되면, 자신뿐만 아니라 무고한 민간인을 포함한 많은 사람들을 죽음으로 몰아넣는 자살폭탄 테러를 할 수 있다. 인류 보편적 가치를 존중하고 실현하고자 하는 가치관을 가진 사람이 내린 판단과 그렇지 않은 사람이 내린 판단이 다를 것임은 자명하다.

인간은 누구나 특별히 배우지 않고도 판단할 줄 안다. 그러나 다른 모든 것이 그렇듯이, 배우고 익히면 더 잘 판단할 수 있다. 올바른 판단을 내리는 방법을 알고, 판단을 그르치는 다양한 오류의 유형을 숙지하고 있으며, 자신의 인식 상황 속에서 잘못 판단할 수 있는 여러 가능성들을 감안하여, 주관적 판단임에도 '객관적'이라 할 수 있을 정도로 정당화될 수 있는 판단을 내릴 수 있는 비판적 사고 능력을 가진 사람이 내린 판단은 그렇지 않은 사람이 내린 판단에 비해 더 신뢰될 수 있을 것이다.

인식 상황과 관련된 조건들을 이와 같이 분류해 놓고 볼 때, 어떤 사람에게 어떤 주장이 정당화되는 정도는 그 주장에 유관한 인식 상황이 어떠한가에 따라 결정된다고 할 수 있다. 즉, 위의 조건들이 어떠한가에 따라, 어떤 사람의 주장은 높이 정당화되기도 하고 낮게 정당화되기도 한다. 같은 주장이라도 시간에 따라 그 정당성의 정도가 달라질 수도 있고, 어떤 사람에게는 정당화되지만, 다른 사람에게는 정당화되지 않는 것도 있을 수 있다.

[표 2-3]은 어떤 사람 H가 어떤 주장 C에 대한 정당성의 정도를 판단하는 여러 경우를 보여준다.23)

일반적으로 어떤 주장이 정당화되는 정도는 그 주장의 근거가 얼마나 신뢰할 수 있는 것인가에 달려 있다. 어떤 주장의 근거가 조금이라도 의심스러우면 우리는 그 주장을 받아들여서는 안 된다. 다른 한편 어떤 주장의 근거에 의심의 여지가 전혀 없을 경우, 우리는 그 주장을 안심하고 받아들일 수 있다. 이와 같이 어떤 주장이 정당화되는 정도는 그 근거의 신뢰도에 따라 다양하게 분류될 수 있으나, 우리는 [표 2-3]과 같이 일곱 단계로 분류하기로 한다.

---

23) 이 표는 Francis Dauer, *Critical Thinking: An Introduction to Reasoning*에 제시된 것(p.188)을 기초로 하여 만든 것이다. Dauer는 정당화되는 정도를 확률로 나타내고 있는데, 실제 상황에서 별로 도움이 되지 않아 제외시켰다.

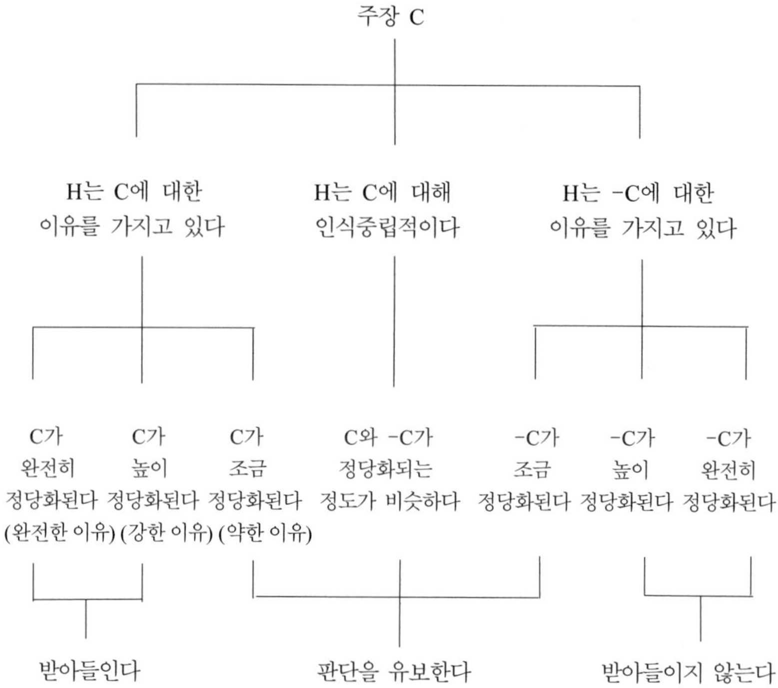

[표 2-3] 주장의 정당성의 정도

받아들일 수 있는 주장은 적어도 높이 정당화되어야 한다. 그런데 어떤 주장이 정당화되는 정도를 어떻게 알 수 있을까? 주장들에 대한 정당성의 정도를 판정하는 것은 대단히 어려운 일이지만, 대강 다음과 같은 기준을 염두에 두면 도움이 될 것이다.

인식 상황 S에서 C라는 주장이 H에게 정당화되는 정도

(1) 완전히 정당화되는 주장

(가) H는 C의 참을 의심할 만한 어떤 이유도 가지고 있지 않다.
(나) H는 C의 참을 받아들일 만한 강한 이유 R을 가지고 있다.

(다) 만일 H가 R을 받아들이지 않으면, H는 S에서 완전히 정당화되는 주장으로 받아들이고 있는 대부분의 주장들을 의심해야 한다.

(2) 높이 정당화되는 주장

(가) H는 C의 참을 받아들일 만한 강한 이유를 가지고 있다.
(나) H는 C를 의심할 만한 실질적인 이유는 가지고 있지 않으나 가능한 이유 PR을 가지고 있다.
(다) H가 PR을 받아들이는 것보다는 무시하는 것이 합리적이다.

(3) 조금 정당화되는 주장

(가) H는 C의 참을 받아들일 만한 이유를 가지고 있다.
(나) H는 C를 의심할 실질적인 이유는 가지고 있지 않으나 가능한 이유 PR을 가지고 있다.
(다) H가 PR을 무시하는 것은 비합리적이다.

(4) 인식중립적인 주장

(가) H는 C의 참을 받아들일 만한 어떤 실질적인 이유도 가지고 있지 않고, C의 거짓을 받아들일 만한 어떤 실질적인 이유도 가지고 있지 않다.
(나) H가 C의 참을 의심할 수 있게 하는 이유와 H가 C의 거짓을 의심할 수 있게 하는 이유가 엇비슷하다.
(다) H가 C의 정당성에 대해서 어떤 판단을 내리는 것은 경솔한 일이다.

(5) 거짓이 조금 정당화되는 주장

(가) H는 C의 거짓을 받아들일 이유를 가지고 있다.
(나) H는 C의 거짓을 의심할 실질적인 이유는 가지고 있지 않으나 가능한 이유 PR을 가지고 있다.
(다) H가 PR을 받아들이는 것은 비합리적이다.

(6) 거짓이 높이 정당화되는 주장

(가) H는 C의 거짓을 받아들일 강한 이유를 가지고 있다.
(나) H는 C의 거짓을 의심할 만한 실질적인 이유는 가지고 있지 않으나 가능한 이유 PR을 가지고 있다.
(다) H가 PR을 받아들이는 것보다는 무시하는 것이 합리적이다.

(7) 거짓이 완전히 정당화되는 주장

(가) H는 C의 거짓을 의심하게 하는 어떤 이유도 가지고 있지 않다.
(나) H는 C의 거짓을 받아들일 만한 강한 이유 R을 가지고 있다.
(다) 만일 H가 R을 받아들이지 않으면, H는 S에서 완전히 정당화되는 주장으로 받아들이고 있는 대부분의 주장들을 의심해야 한다.

우리는 주장이 정당화되는 정도를 위의 일곱 등급 중의 하나로 판단할 수 있어야 한다. 그런 다음 완전히 정당화되는 주장과 높이 정당화되는 주장만 받아들이도록 한다. 판단이 유보되는 주장들을 받아들이지 않도록 유의해야 한다. 그럼 구체적으로 주장이 정당화되는 정도를 어떻게 판단하는 것일까? 주장에도 여러 종류가 있다. 따라서 어떤 종류의 주장인지 알고 그 성격에 따라 정당성을 판단할 수 있어야 한다.

2.23 주장의 성격

주장은 사실을 말하는 것과 당위를 말하는 것으로 구분할 수 있다. 예컨대 "나는 존재한다."와 "나는 존재해야 한다."는 전혀 다른 주장이다.

사실적 주장에는 경험적으로 검증가능한 것과 경험적으로 검증불가능한 것이 있다. 경험적으로 검증가능한 주장은 특정한 시공에서 직접 혹은 간접 경험을 통해 진위를 판단할 수 있는 주장이다. 다음 각 주장이 어떤 성질의 것인지 생각해 보자.

(가) 나의 등에는 검은 반점이 있다.
(나) 소크라테스는 죽었다.
(다) 지구 밖 우주 어딘가에 생명체가 있다.
(라) 나의 영혼은 불멸한다.
(마) 모든 사람은 죽는다.
(바) 발 없는 말이 천리 간다.
(사) 에너지와 질량은 등가이다. ($E = mc^2$)
(아) 모든 아버지는 자식이 있다.

(가)는 내가 직접 경험을 통해서 검증할 수 있는 특수 사실에 관한 주장이다. (나)는 내가 직접 검증할 수는 없지만, 소크라테스의 죽음을 목도한 사람들의 증언이 나에게 도달할 경우 간접적으로 검증할 수 있는 특수 사실에 관한 주장이다. (다)는 누구도 검증한 적이 없지만 특수 사실에 관한 주장으로서 원칙적으로 검증가능하다. (라)는 특수 사실에 관한 주장이지만 원칙적으로 검증가능하지 않다. (마)는 일반적 사실에 관한 주장이다. 그리고 모든 일반적 사실에 관한 주장은 경험적으로 검증가능하지 않다. 우리는 오직 특수 사실을 경험할 수 있을 뿐이다. 따라서 (마)는 경험적으로 검증되지는 않지만, 특수 사

실들에 관한 경험을 일반화하는 귀납추리에 의해서 정당화되는 주장이다. (바) 역시 일반적 사실에 관한 주장으로서, 귀납추리로 정당화되지만, 정당화되는 정도는 (마)의 경우에 미치지 못하는 상식적 주장이다. (사)도 일반적 사실에 관한 주장이지만 귀납추리가 아닌 가설추리로 정당화되는 과학법칙의 예이다. (아)는 경험적으로 검증할 필요 없이, 말의 의미만 알면 참임을 알 수 있는 직관적 주장이다. 주장의 성격에 따라 정당화되는 방식이 다름을 알 수 있다.

우리는 우리가 하는 모든 주장에 대하여 입증책임이 있다는 것을 안다. 그러나 모든 주장에 대하여 입증책임을 다하는 일이 벌어진다면, 그것은 악몽일 것이다. 뿐만 아니라 모든 주장이 다른 주장에 의하여 논증적으로 정당화되어야 한다면, 어떤 주장도 정당화될 수 없을 것이다. 실제로 많은 경우에 우리는 입증책임을 생략하고 또 이 생략이 용인된다. 문제는 이 '허용'의 범위이다. 다음 표를 가지고 연구해 보자.

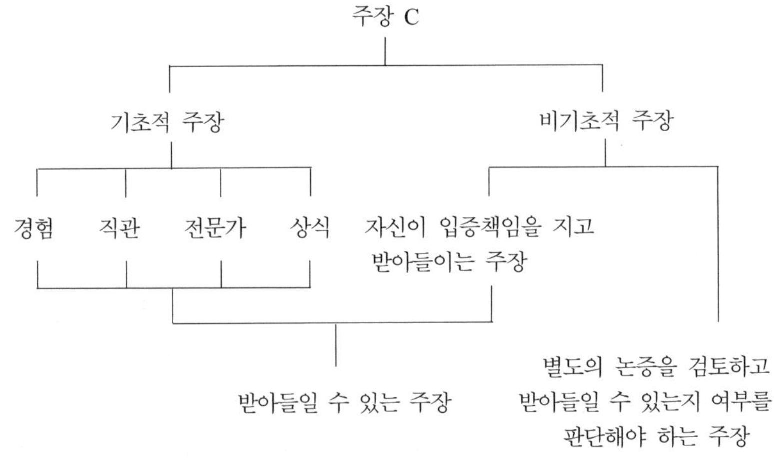

[표 2-4] 주장의 성격

일반적으로 우리는 경험, 직관, 전문가 및 상식에 속하는 주장은 '특별한 이유'가 없는 한 별도의 논증 없이 받아들인다. 이런 의미에서 이들을 '기초적 주장'이라 할 수 있다. 기초적 주장이 아닌 주장이 받아들여지기 위해서는 적절한 논증이 필요하다.

그러나 비기초적 주장일지라도 굳이 논증을 검토할 필요 없이 자신이 입증책임을 떠안고 받아들일 수 있는 주장들이 있다. 우리는 누구나 자기 고유의 신념과 소망을 가지고 있다. 그리고 이 고유의 신념과 소망에 따른 주장들은 '이유를 묻지 않고' 받아들인다. 우리가 논증을 요구하지 않고 받아들이는 주장은 기초적 주장이거나 자신이 입증책임을 지는 자기 고유의 신념과 소망에 따른 주장이다. 그리고 그 외에는 모두 논증을 검토해야 받아들일 수 있는지를 판단할 수 있는 주장이다.

경험적 주장(observational claim) 내적, 외적 감관을 통해 경험한 것에 관한 주장으로서, 별도의 논증 없이 받아들인다. "이 꽃은 빨갛다."라고 말하는 사람에게 그 근거가 무엇이냐고 물으면, 손가락으로 자기가 보고 있는 꽃을 가리킬 것이다. 사실 논증으로는 어떤 꽃이 빨갛다는 것을 증명할 수 없다. 색의 개념, 빨간색의 파장 등을 전제로 한 어떤 논증으로도, "이 꽃은 빨갛다."는 주장을 정상인이 받아들이는 방식으로, 선천적인 맹인이 받아들이게 할 수는 없다.

엄밀히 말하자면 경험적 주장도 다음과 같은 논증에 의해 정당화된다고 할 수 있다.

이 꽃은 나에게 빨갛게 보인다.

이 꽃은 빨갛다.

그러나 이 논증은 부당하다. 따라서 논증에 의해 "이 꽃은 빨갛다."

는 주장을 할 수는 없다. 그렇다면 "이 꽃은 빨갛다."는 간단한 주장도 정당화시킬 수 없다는 말이 아닌가!

이렇게 생각하는 것은 경험적 주장에 대한 회의주의 입장에 해당한다. 그러나 우리는 철학적 논쟁의 맥락 밖에서 판단한다. 굳이 경험적 주장을 위와 같은 논증의 산물로 여긴다면, 그것을 연역논증이 아니라 가설논증으로 보면 된다. "이 꽃은 나에게 빨갛게 보인다."는 현상을 가장 잘 설명하는 가설로서 "이 꽃은 빨갛다."는 주장을 받아들인다고 함으로써, "위 논증이 부당하기 때문에 '이 꽃은 빨갛다'는 주장을 할 수 없다."는 문제를 피해 갈 수 있다.24)

실제로 경험적 주장도 받아들일 수 없는 경우가 많은데, 이는 철학적 회의주의가 던지는 문제가 철학자들만의 문제는 아니라는 것을 말해 준다. 그렇지 않으면 가짜 상품에 속는 일은 없을 것이다.

순수한 경험적 주장도 신중하게 해야 하지만, '유사 경험적 주장'을 경험적 주장으로 여겨서는 안 된다. 어떤 사람이 다음과 같이 말했을 경우 우리는 이 주장의 성격을 어떻게 판단해야 할까?

음악회는 대성공이었다.

이 주장을 경험적 주장으로 여기고, 이를 정당화시키기 위해서 논증이 필요치 않다고 하는 것은 잘못이다. 아무도 음악회의 성공 여부를 경험적으로 관찰할 수는 없다. 관찰할 수 있었던 것은 많은 청중이 몰려왔다든지, 청중들이 다섯 번이나 앙코르 박수를 보냈다든지, 만나는 사람마다 "대성공이었어."라고 한다든지 하는 것들에 불과하다. 물론 그러한 반응을 관찰할 수 있는 음악회라면 대성공이라고 할 수 있을 것이다. 그러나 음악회를 대성공이라고 주장할 수 있는 근거는 관찰 자체가 아니라, 관찰된 다른 현상들에 근거한 추리였다. 따라서 "음악회는 대성공이었다."라는 주장은 그 정당성을 위해서 논증이 필

24) 가설추리는 3.3에서 연구할 것이다.

요한 것으로 분류해야 한다.

전문가 주장(expert claim) 과학자, 백과사전, 교과서, 지리부도, 전문서적 등을 통해서 접할 수 있는 주장들이다. 이 주장들은 해당 분야에 관한 오랜 연구, 실험, 검증 등의 결정체로 제시되며, 해당 분야에 종사하는 전문가들 사이에 이견(異見)이 없는 것들이다. 해당 분야의 전문가들 사이에 이견이 있는 주장을 받아들여서는 안 되며, 그러한 견해가 설득력을 가지기 위해서는 특별히 강력한 논증이 제시되어야 한다.

전문가 주장은 그 성질에 따라 특수 사실에 관한 전문가의 주장과 일반성에 관한 전문가의 주장으로 나뉜다. "한국은 대만보다 크다."는 전자의 예이고, "F = ma"와 같은 과학 또는 수학의 일반성(법칙성)에 관한 주장들은 후자의 예이다.

어린아이가 열이 나서, 병원에 데려간다. 의사가 진찰도 하고 몇 가지의 검사를 한 끝에 다음과 같이 말한다.

이 아이는 폐렴에 걸렸습니다.

이 주장은 논증을 필요로 할까? 그렇지 않다. "이 아이는 폐렴에 걸렸습니다."라고 말하는 의사에게 "증명하시오."라고 입증책임을 묻지 않는다. 이 주장은 특수 사실에 관한 전문가의 주장이기 때문이다.

그럼 이 주장은 어느 정도 정당화될 수 있을까? 이 주장은 높이 정당화될 수는 있어도, 완전히 정당화될 수는 없다. 의사의 진단은 모두 가설추리이기 때문이다. 의사는 가설추리를 잘못해 오진을 할 수 있다. 그러나 오진의 가능성만으로 의사의 말을 의심하지는 않는다. 만일 오진 가능성이 단지 가능성일 뿐이라면, 우리는 이 가능성을 받아들이는 것보다는 받아들이지 않고 치료를 의뢰하는 것이 합리적이다. 우리는 의사가 내과적 질환에 관한 전문가로서 여러 가지 방법을 이용하여 그 아이가 폐렴에 걸렸다는 사실을 알아냈다는 것을 믿고(즉 그의 전문가로서의 능력을 의심하지 않고), 그의 진단을 받아들이는 것이다.

물론 해당 분야의 전문가들 사이에 이견이 있다든지, 전문가의 전문성을 의심할 만한 이유가 있을 경우에는 그 전문가의 증언을 받아들이는 정도는 달라진다. 같은 병원에서 한 의사는 폐렴이라고 진단하고, 다른 의사는 독감이라고 진단했다고 하자. 이 경우 우리는 누구의 말을 믿어야 할까? 다른 이유가 없는 한 우리는 아이의 병에 대한 두 가지 다른 주장들에 대하여 모두 인식중립적인 자세를 취할 수밖에 없을 것이다. 이 경우 의사들끼리는 서로의 주장을 입증해야 할 입장에 서게 된다. 전문가들의 주장이 우리들에게는 논증을 필요로 하지 않는 주장일지라도 전문가들 사이에는 논증을 필요로 하는 주장임을 알 수 있다. 전문가가 아닌 우리는 전문가들의 다툼이 끝나기를 기다리면 된다.

다른 방법은 아이를 다른 병원에 데려가는 것이다. 새로이 방문한 병원의 의사는 아이가 어떤 희귀병에 걸렸다고 진단한다. 그리고 즉시 입원 치료를 받아야 한다고 한다. 그런데 병원 입구에서 소란이 벌어져 들어보니, "살려내라!"는 등의 항의 목소리가 들린다. 의료 사고로 의심되는 사건이 벌어진 듯하다. 이 경우 의사의 말을 받아들이고 아이를 입원시켜야 할까? 물론 그렇지 않다. 전문가의 전문성을 의심할 만한 이유가 있기 때문이다.

물론 이 의사가 오진했다고 판단할 수 있게 하는 어떤 강력한 이유를 가지고 있지는 않기 때문에 이 의사의 주장을 정당성이 전혀 없는 주장이라 단정할 수는 없다. 적어도 이 의사의 주장은 참일 가능성이 열려 있다. 그렇지만 이 가능성은 단지 가능성일 뿐으로 이 주장을 받아들이는 것보다 이 주장을 거부하는 것이 더 합리적이다. 따라서 우리는 이 의사의 주장을 정당성이 매우 낮은 주장이라 판단하고 받아들이지 않는 것이다.

그리스 사람들은 천둥번개 치는 현상을 제우스신이 격노한 현상으로 여겼다. 그러나 현대 과학에 의하면,

> 번개는 구름을 이루고 있는 물 분자의 이온화 현상이다.

이 주장은 경험이나 직관이나 상식에 속하지 않는다. 그러면서도 우리는 교과서나 백과사전에서 이러한 주장을 접할 때, 높은 신뢰를 부여한다. 이 주장은 자연현상에 관한 일반적 진술로서, 과학자들이 오랜 관찰과 실험과 연구를 통하여 내린 결론이기 때문이다. 이러한 주장은 일반적으로 해당 분야의 전문가들이 참인 것으로 '결재'한 주장이다. 물론 이러한 결재가 이루어지기 위해서는, 많은 증거들과 논증들이 동원될 것이다. 그러나 우리는 그러한 증거들과 논증들에 대해서 물을 입장에 있지도 않고, 또 물을 필요도 없다. 전문가들이 이미 다 거친 과정이기 때문이다. 우리는 전문가들의 증언에 귀를 기울이면 된다. 수학 및 과학의 일반적 진술들이 여기에 속한다.

위에서 의사들 사이에 이견(異見)이 발생했을 경우에 우리가 취해야 할 자세에 대하여 잠깐 언급하였지만, 일반적으로 전문가들 사이에 이론(異論)이 분분한 일반 진술의 경우 우리는 매우 신중한 자세를 취할 필요가 있다. 만일 어떤 주장이 전문가들 사이에서 이견이 분분하다면, 그들이 어떤 합의에 도달할 때까지 우리는 판단을 유보해야 한다.

16세기 생리학자 반 헬몬트(Van Helmont)는 다음과 같이 주장했다.

> 한 조각의 더러운 아마포를 한 줌의 밀과 한 조각의 치즈와 함께 통 속에 넣어두면 생쥐가 생겨날 수 있다.

이와 같이 생명체가 우발적으로 발생할 수 있다는 소위 '자연발생론(abiogenesis)'은 그리스 시대로부터 르네상스 말에 이르기까지 널

리 받아들여지고 있는 이론이었다. 19세기에 이르러서는 생쥐나 구더기 같은 것들에 대한 자연발생론을 믿지 않게 되었지만, 박테리아나 곰팡이 등과 같은 미생물에 관해서는 아직 결론이 나지 않았다. 그런데 19세기 중엽에 파스퇴르(Louis Pasteur)가 자연발생론에 대한 강한 반론을 들고 나왔다.

파스퇴르는 완전히 소독된 실험관 속에서 미생물이 발생한다는 포셰(Felix Archimede Pouche)의 실험 결과를 뒤집고, 병의 원인이 병균이라는 이론을 제창하였다. 종교계에서는 즉각 파스퇴르를 지지하고 나섰다. 그의 자연발생론에 대한 공격이 창조론을 재확인시켜 주는 것으로 받아들였던 것이다. 유물론자들은 포셰의 편을 들었다. 신문은 연일 파스퇴르를 웃음거리로 만들었다. 심지어 의학계에서도 파스퇴르의 말을 믿지 않았다. 도대체 그 작은 것이 어떻게 사람이나 말과 같은 큰 생명체를 이길 수 있단 말인가!

이와 같은 웃지 못할 해프닝은 과학사에 얼마든지 있다. 그러나 그러한 일은 역사 속에만 있는 것은 아니다. 우리들의 시대에도 얼마든지 있고, 또 있을 것이다. 따라서 이러한 사례가 주는 교훈에 유의할 필요가 있다. 파스퇴르의 자연발생론에 대한 반격이 이루어지기 전까지는 자연발생론에 대적할 만한 이론이 없었기 때문에, 아마포와 밀과 치즈를 함께 통 속에 넣어두면 생쥐가 생겨난다는 헬몬트의 주장을 받아들일 수밖에 없었을 것이다. 그러나 파스퇴르와 같은 과학자가 실험적 증거를 확보한 이론으로 자연발생론에 강력한 도전을 하는 일이 벌어지면, 상황은 달라진다. 즉 기존의 굳은 신념에 적어도 물음표를 붙여야 한다. 전문가들 사이에 이견이 형성되어 가부간의 결판이 나지 않은 상태에서 지금까지 믿고 있었다는 이유만으로 과거의 것에 집착하는 것은 잘못이다. 물론 이 경우 새로운 견해를 단지 새롭다는 이유로 받아들이는 것도 경솔한 일임은 두말할 필요 없다. 많은 과학적 도전들이 실패로 돌아간 것도 사실이기 때문이다.

전문가의 주장에 대한 정당성을 판단할 때 또 한 가지 주의할 점은 어떤 전문가든지 자기 전문 영역 밖의 일에 대해서는 전문가가 아니라는 사실이다. 다음 경우를 보자.

어떤 고객이 약국을 찾아와 약사에게 하소연한다.

"약사님, 좀 도와주십시오. 내 아들놈이 아무래도 잘못된 것 같습니다. 철학책인가 뭔가를 끼고 살더니, 인생이 허무하다고 한숨을 들이쉬고 내쉬고, '더 살아야 할 이유가 무엇이냐?'고 묻는 등, 이상한 소리를 하고 있습니다. 무슨 좋은 약이 없을까요?"

약사는 육체의 병에 관한 조제 부분의 전문가이다. 그러나 고객은 약사가 '마음의 병'에 대한 전문가도 되는 것으로 생각하고 있다. 고객은 해당 분야의 전문가가 아닌 사람을 전문가로 여기는 '부적합한 권위에의 호소'라는 오류를 범하고 있다. 일반적으로 우리는 어떤 사람이 한 분야에 높은 명성을 쌓았을 경우 그가 다른 분야에 대해서도 전문적 소견을 가지고 있는 것으로 생각하는데 이는 잘못이다.

우리는 신문이나 TV나 인터넷을 통해 많은 정보를 입수한다. 그러한 정보매체를 일종의 전문가로 여기는 것이다. 고등교육을 받은 사회의 엘리트들이 기자로서 세계의 구석구석을 누비며 정보를 물어오고, 그것이 신문이나 TV에 보도된다. 그래서 우리는 방글라데시에서 열차 충돌 사고가 일어났다는 것을 알게 되고, 팔레스타인 어린이들이 돌을 던지며 전쟁놀이를 한다는 것도 안다. 9·11 테러로 뉴욕의 쌍둥이 빌딩이 무너지는 장면을 보기도 하고, 수백 명의 남녀를 발가벗겨 예술사진을 찍는 모습을 보기도 한다. 언론인들은 정보를 얻어내는 전문가이기 때문에, 우리는 그들의 증언에 귀를 기울이기만 하면 되는 것이다.

그러나 신문과 TV와 인터넷은 또한 잘못된 정보를 전하는 경우도 많고, 수집된 정보를 과장하거나 축소하는 경우도 많다. 1986년 11월 17일, 다음과 같은 내용의 호외가 거리에 살포되었다.

金日成 被擊 사망
휴전선 對南방송 "銃擊받고 죽었다."(어제 낮)
公式 보도기관은 沈黙

국방부 代辯人 발표 : 李興植 국방부 대변인은 17일 "북괴 측이 지난 16일 전방지역의 대남 확성기 방송을 통해 '金日成이 총격으로 사망했다'는 방송을 해왔다."고 공식 발표했다. 李대변인은 이어 "북괴측은 확성기를 통한 金日成피격 방송에 대해 平壤방송, 노동신문 등 모든 보도기관은 일체의 공식 발표나 논평을 하지 않고 있다."고 말하고 "현재 우리 군은 종전과 다름없이 경계 태세에 임하고 있다."고 밝혔다.

한편 경찰 소식통에 의하면 … 金日成 사망을 시사하는 첫 방송은 16일 하오 1시-1시 50분 사이 서부전선 세 곳에서 장송곡을 트는 것으로 시작되어 하오 1시 35분-45분께에는 '金日成 약력'이 방송됐고 하오 8시께에는 서부전선 ○초소에서는 "金日成이 열차에서 총격, 사망했다."는 내용까지 확성기를 통해 전해졌다. (『한국일보』, 1986년 11월 17일 호외)

이 호외에는 목 뒤의 혹이 분명하게 나타난 그림과 '김일성의 연표(年表)'가 곁들여져 있어서, 사람들은 이 '정보'를 일종의 흥분과 '충격'으로 받아들였다. 뒤이어 쏟아져 나온 신문들은 김일성이 열차 여행 중 무력부장 김진우에게 어떻게 총격을 받았는가에 대한 박진감 넘치는 뉴스를 숨 가쁘게 전하였다. 그러나 며칠 후 이 모든 '정보'들은 허위임이 드러났다. 김일성이 모습을 드러냈던 것이다. 신문기자들은 거짓 정보를 보도할 의도가 없었는데도 불구하고, 거짓 정보를 대대적으로 보도하였던 것이다.

도대체 이렇게 어처구니없는 거짓 이야기가 꾸며져 국방부 대변인이 공식 발표까지 하게 되었는지는 아직까지 밝혀지지 않고 있다. 그러나 우리가 여기에서 반드시 짚고 넘어가야 할 것은, 신문, TV, 인터넷, 잡지 등이 제공하는 정보는 걸러서 받아들여야 한다는 것이다. 특히 어떤 특정한 목적을 지향하는 보도기관의 경우 그 목적의 실현을 위해서 정보를 왜곡하거나 교묘하게 재포장하여 독자의 판단을 오도하는 경우가 있다. 따라서 어떤 보도 내용이든지 잘못될 가능성이 있다는 것을 전제하고, 그 신빙성을 의심할 만한 이유가 조금이라도 있으면, 높은 정당성을 부여해서는 안 된다.

직관적 주장(intuitive claim) 깊이 생각하거나 배우거나 경험하지 않고도 '마음의 눈'을 통해서 즉각적으로 참이라는 것을 알 수 있는 주장이다. "같은 공간에 둘 이상의 대상이 동시에 존재할 수 없다."는 주장이나 "26 × 4 = 104" 등을 예로 들 수 있다. "오늘은 비가 오거나 비가 오지 않는다."와 같이 형식적으로 참인 논리적 주장과, "만일 그가 아버지라면, 그는 자식이 있다."와 같이 말의 의미(내용)만 알면 참임을 알 수 있는 정의적 조건문도 직관적 주장이다. 주장들 중 정당성의 정도가 가장 높다.

당연히 직관적 주장도 사람마다 다를 수 있다. 열자리 숫자 열 줄을 몇 초 안에 더할 수 있는 사람도 있고, 한 단위 숫자 계산도 손가락을 동원해야 하는 사람도 있다. 사물의 본질을 꿰뚫어 보는 직관력을 가지고 있다고 하는 사람도 있고, 사람의 운명을 직관적으로 알 수 있다는 사람도 있다. 물론 대부분의 사람들에게 이들의 주장은 반직관적일 것이다.

상식(commonsense) 옳다는 증거가 있는 반면, 옳지 않다는 증거는 없으며, 지각이 있고 합리적인 사람들이 옳다고 하는 일반적 동의가 있는, 일반성에 관한 주장들이 여기에 속한다. "추석 연휴의 고속도로는 수많은 차들로 주차장이 되어 버린다."와 같은 주장을 예로 들 수 있다. 어떤 경우에도 상식은 완전히 정당화되는 데 미치지 못한다.

자신의 입증책임에 따른 주장 받아들일 수 있는 기초적 주장 외의 모든 주장은 논증으로 정당화되어야 한다. 그러나 이 정당화를 생략하는 경우가 흔히 있다. 예컨대 "귀신은 존재한다."는 주장을 하는 사람은, 이 주장이 기초적 주장이 아니기 때문에 논증으로 정당화해야 한다. 그러나 어떤 연유로든 귀신이 존재한다는 것을 믿거나 받아들이게 된 사람은 논증 없이 이 주장을 하고, 또 다른 사람이 이 주장을 할 경우에도 논증을 요구하지 않는다. 심지어 이 주장에 대한 논증이 제시되어도 별 흥미를 느끼지 못한다.

이처럼 우리들에게는 모두 기초적 주장이 아닌데도 기초적 주장인 것처럼 받아들이는 주장들이 있다. 기초적 주장들이 대체로 공유물인 반면 이 주장들은 사유물이다. 그래서 이 주장들은 사람들의 지적 진화의 수준과 특징을 반영한다. 어떤 사람은 고도로 진화된 지성이 인정할 수 있는 최소한의 정당화된 전제들만을 보유하고 있고, 어떤 사람은 온갖 독단, 편견, 미신, 환상 등과 동거한다. 사람들 간의 갈등은 대체로 이 고유의 신념과 소망의 차이로 발생한다. 서로 당연하게 여기는 독단의 항목이 다르고, 서로 다른 독단들은 공존하기 어렵기 때문이다. 이러한 자기 고유의 신념과 소망에 따른 주장들을 받아들이는 것은 자유이나, 필요하면 언제라도 입증해야 할 책임이 따른다.

논증 없이 받아들일 수 있는 주장들이 있다는 것은 참으로 다행스러운 일이다. 그러나 '별도의 논증 없이 받아들일 수 있는 주장'과 '받아들이기 위해서는 반드시 논증이 필요한 주장'의 구분 역시 주장자의 주관적 판단에 의해 이루어진다는 점을 잊어서는 안 된다. 어떤 사람에게는 논증이 필요 없는 주장도 다른 사람에게는 논증이 필요할 수 있다. 또한 위의 다섯 종류 중 어느 하나로 분류되는 주장이지만 적어도 높이 정당화되는 데 미치지 못할 이유가 있을 수 있다. 이러한 주장은 반드시 논증이 필요한 주장으로 분류해야 한다.

연습문제

※ 다음 물음에 답하는 방식으로 각 주장의 성격을 판단해 보자.

가. 이 주장은 기초적 주장인가, 아니면 비기초적 주장인가?
나. (1) 만일 이 주장이 기초적 주장이라면, 어떤 유형이고 어느 정도로 정당화되는가?
(2) 만일 이 주장이 비기초적 주장이라면, (가) 자신이 입증책임을 지고 논증 없이 받아들일 수 있는 주장인가, 아니면 (나) 별도의 논증이 있어야 받아들일 수 있는지를 판단할 수 있는 주장인가?

54. 나는 『논리와 비판적 사고』를 공부하고 있다.
55. 만일 그 도형이 오각형이라면, 그것의 내각의 합은 540°이다.
56. 인생이란 느끼는 자에게는 비극, 생각하는 자에게는 희극이다. (라브뤼에르)
57. 역사는 변증법적으로 발전한다. (헤겔)
58. 아들을 낳은 여인의 태를 몰래 훔쳐 먹으면 아들을 낳는다.
59. 인류는 생존해야 한다.
60. 군자가 마음에 두는 것은 덕이고, 소인이 마음에 두는 것은 땅이다. (『논어』)
61. 만일 개가 이성적 동물이라면, 개는 후회할 수 있는 동물이다.
62. 창조론과 진화론은 양립할 수 없다.
63. 사람은 누구나 자신이 좋아하는 방식대로 살 권리가 있다.
64. 과학이 현재까지 밝혀냈던 한 묶음의 법칙은, 우리가 어느 한 시각에서 우주의 상태를 알고 있다면, 우주가 시간에 따라 어떻게 발전하고 있는지를 불확정성 원리가 말하는 한계의 테두리 안에서 알려준다.
65. 한국이 일본에 의해 36년간 식민통치를 받던 기간은 실질적으로 여러 면에서 발전이 이루어지던 기간이었다. (일본의 어떤 사학자)
66. 반란의 괴수는 사형에 처한다. (군형법)
67. 낮말은 새가 듣고 밤 말은 쥐가 듣는다. (속담)

68. 빛은 매초 299,793km의 속도로 달린다. (교과서)
69. 시저는 B.C. 44년에 암살되었다. (교과서)
70. 모든 일(사건, 운동)에는 원인이 있다.
71. 세계는 사실들의 총체이지, 사물들의 총체가 아니다. (비트겐슈타인)

2.24 조건문

조건문에 대해서는 특별히 연구할 필요가 있다. 조건문은 전건과 후건의 관계에 따라 평가 방법을 달리해야 하기 때문이다.

우리가 일상적으로 사용하는 조건문에는 다음 네 종류가 있다.

(1) 논리적 조건문(論理的 條件文, logical conditional)

"만일 금년 성탄 전야에 눈이 온다면, 금년 성탄 전야에 눈이 오든지 한 달 후에는 주가가 오를 것이다."

(2) 정의적 조건문(定義的 條件文, definitional conditional)

"만일 그가 총각이라면, 그는 결혼하지 않았다."

(3) 인과적 조건문(因果的 條件文, causal conditional)

"만일 뜨거운 유리잔을 찬 물 속에 넣으면, 그 유리잔은 깨어진다."

(4) 단순 조건문(單純 條件文, material conditional)

"만일 그가 애국자라면, 나는 유엔 사무총장이다."

논리적 조건문은 내용과는 관계없이 단순히 형식 때문에 참/거짓을 알 수 있는 조건문이다. 위에 든 예의 경우 우리는 금년 성탄 전야에 눈이 내릴지 또는 한 달 후에 주가가 오를지 여부를 알 수 없다. 그러

나 우리는 이 조건문이 참이라는 것을 그 논리적 형식만으로 알 수 있다. 이 조건문의 논리적 형식인

$$p \supset (p \vee q)$$

는 'p'와 'q'가 어떤 값을 가지고 있든지 참이기 때문이다. 참인 논리적 조건문은 완전히 정당화되는 필연적 참(동어반복, tautology)이고, 거짓인 논리적 조건문은 그 거짓이 완전히 정당화되는 필연적 거짓(모순, contradiction)이다.

정의적 조건문은 말들의 의미 때문에 참/거짓을 알 수 있는 주장이다. '총각'은 '결혼하지 않은 성인 남성'이라는 뜻의 말이기 때문에, 만일 어떤 사람이 총각이라면, 우리는 그의 사생활을 조사해 보지 않고서도 그가 결혼하지 않았다는 것을 바로 알 수 있다. 참인 정의적 조건문은 필연적 참이고, 거짓인 정의적 조건문은 필연적 거짓이다.

인과적 조건문은 전건과 후건 사이에 원인과 결과의 관계가 있다는 것을 주장하는 것으로서, 그 관계가 얼마나 탄탄한가에 따라 정당성의 정도가 결정된다. 적어도 높이 정당화되는 인과적 조건문은 인과법칙으로 받아들여질 가능성이 높다. 인과적 조건문은 아무리 참일지라도 필연적 참에는 미치지 못한다.

단순 조건문은, 전건과 후건 사이에 논리적 관계도 없고 정의적 관계도 없으며 인과적 관계도 없는 주장으로서, 전건이 참이면서 그 후건이 거짓인 경우는 없다는 것만을 주장하는 조건문이다. "만일 그가 애국자라면, 나는 유엔 사무총장이다."라는 조건문은 명백히 전건과 후건이 아무 관계도 없다. 그럼에도 불구하고 우리는 이 조건문이 진위판단에 어떤 기여를 하고 있음을 알 수 있다. 이 조건문은 참이라 주장되는 가운데, "나는 유엔 사무총장이다."가 거짓이기 때문에, "그는 애국자가 아니다."는 것을 함의한다. 이러한 단순 조건문은 전건이 거짓임을 재미있게 강조할 수 있게 한다.

조건문의 정당성 일반적으로 조건문이 정당화되는 정도를 평가하기 위해서는, 항상 다음 질문을 던져 보아야 한다: "전건이 참이라 가정한다면, 후건도 참이라 할 수 있는가?" 이 물음은 논리적 조건문, 정의적 조건문, 인과적 조건문, 그리고 단순 조건문 모두를 평가하는 데 적용될 수 있다. 이 질문에 대한 답은 다음 네 가지 중의 하나가 된다.

(가) 전건이 참일 경우, 후건도 참이라 할 수 있는 강한 이유가 있다.
(나) 전건이 참일 경우, 후건이 거짓이라 할 수 있는 강한 이유가 있다.
(다) 전건이 참일 경우, 후건이 참일 가능성도 있고 거짓일 가능성도 있다.
(라) 전건과 후건의 관계를 알 수 없다.

(가)의 경우에 조건문은 높은 정당성을 부여받는다. (나)의 경우에 조건문은 정당성을 전혀 부여받지 못한다. (다)의 경우에는 전건이 참이라 하더라도, 후건이 반드시 참인 것도 아니고 반드시 거짓인 것도 아닌 경우이기 때문에, 조건문은 정당성을 부여받지 못한다. (라)의 경우는 전건과 후건의 관계를 전혀 알 수 없는 조건문의 경우로서, 역시 정당성을 부여받을 수 없다.

조건문의 형식과 내용 조건문의 평가에 관하여, 한 가지만 더 짚고 넘어가기로 하자. 'p ⊃ q'와 같은 조건문의 형식은 전건이 거짓이기만 하면 참이 된다. 그러나 이 점과 정당성 평가의 문제를 혼동해서는 안 된다. 전건이 거짓이기만 하면 조건문 전체가 참이 된다는 것은 조건문의 형식이 가지고 있는 특성인 반면, 정당성은 형식이 아니라 내용의 특성에 관한 것이기 때문이다. 이 점을 혼동하면, 예를 들어 다음과 같은 두 주장들을 참인(완전히 정당화되는) 주장들로 여기게 된다.

만일 달이 치즈로 만들어졌다면, 해는 동쪽에서 뜬다.
만일 달이 치즈로 만들어졌다면, 해는 동쪽에서 뜨지 않는다.

이 조건문들은, 형식적인 특성만 고려하면, 모두 참이 된다. 왜냐하면, 둘 다 전건이 거짓이기 때문이다. 그러나 우리는 어떤 경우에도 이 주장들을 참이라 여길 수는 없다. 전건을 아무리 참이라 가정하더라도, 이 전건이 후건과 어떤 관계를 가지고 있는지 알 수 없기 때문이다. 조건문의 정당성 평가는 필자가 위에서 제시한 요령에 의해 이루어져야 한다.

2.25 건전성 평가

이제 우리는 아래와 같이 논증의 건전성을 평가할 수 있는 준비가 되었다.

(가) 논증이 연역논증일 경우 재구성하여 타당성 여부를 판단한다. (논증이 비연역논증일 경우 이를 지적하고 종류에 맞는 평가 방법에 따라 평가한다. 비연역논증의 평가 방법은 제3장에서 연구할 것이다.)
(나) 논증이 부당하고 상응 조건문이 거짓일 경우 "논증은 부당하다."고 판단하고, 그 이유를 제시한다.
(다) 논증이 부당하지만 상응 조건문이 거짓은 아닐 경우 상응 조건문을 숨은 전제로 보완하여 논증을 타당하게 전환시킨다.
(라) 논증이 타당하고 전제들이 모두 적어도 높이 정당화될 경우 "논증이 타당하고 전제들이 모두 적어도 높이 정당화되기 때문에, 논증은 건전하고 결론을 받아들일 수 있다."고 평가한다.

전제들이 모두 완전히 정당화되지 않는 한 “결론이 완전히 정당화된다.”는 판단을 해서는 안 된다.

(마) 논증이 타당하고 논증의 타당성을 위해 꼭 필요한 전제들 중 적어도 높이 정당화되는 정도에 미치지 못하는 전제 X가 있을 경우에는 “논증은 타당하나 X의 문제점 때문에 논증은 건전하지 않고 제시된 이유만으로는 결론을 받아들일 수 없다.”고 평가한다.

(바) 논증이 타당하고 결론이 받아들일 수 없는 것일 경우 전제들 중 어느 것이 문제되는지 판단한다. Y가 문제되는 것으로 판단될 경우 “논증은 타당하지만 결론이 받아들일 수 없다. 이는 Y가 문제되기 때문이다.”라고 평가한다.

이러한 방법으로 건전성을 평가할 때 명심해야 할 일은, 입증책임의 원칙에 따라, 평가 자체가 건전한 논증으로 이루어져야 한다는 것이다. 특히 받아들일 수 있는 주장에 대해서는 굳이 언급을 하지 않아도 되지만, 받아들일 수 없는 주장에 대해서는 그 이유를 건전한 논증으로 제시해야 한다.

다음 각 논증의 건전성을 평가해 보자.

A : 고려의 유명한 장상 최영 장군은 어릴 때부터 그의 아버지로부터 항상 “금화 보기를 돌과 같이 하라.”는 가르침을 받았다. 몇 천 글을 가르치느니보다 궁핍의 터득처럼 좋은 가르침이 없다는 신조로 최영을 가르쳤다. 결국, 재물은 기피해야 하는 악의 본질일 수밖에 없다. (이규태, 「재물 기피의 3요소」)

B : 원래 기업가는 이윤 추구를 목적으로 경제 활동을 하는 경제 주체이다. 그러나 기업가가 추구하는 이윤은 자신만의 노력으로 얻은 결과가 아니라, 협력 기업, 근로자, 공공기관 등의 도움을 통해 얻은 것이다. 따라서 기업가는 자신의 이윤 추구만이 아니라 사회적

책임도 수행해야 한다. (『고등학교 경제』, 교육부)

C : 신의 본질은 곧 나의 삶이다. 신의 본질이 나의 삶이라면, 신의 존재는 곧 나의 존재이며, 신의 본질성은 나의 본질성이다. (마이스터 에크하르트)

D : 경제성장의 혜택은 인구가 기하급수적으로 늘어남으로써 상쇄되고 노동자들은 빈곤의 고통에서 벗어날 수 없다. 즉, 경제성장에 있어서 임금이 상승하면 노동자 가족의 수가 증가하여 상승된 임금은 늘어난 가족의 양육비에 사용되고 그러므로 노동자는 빈곤에서 벗어날 소지가 없다. (토머스 맬서스, 『인구론』)

A는 다음과 같이 재구성되는 논증이다.

1. (고려의 유명한 장상) 최영 장군의 아버지는 아들에게 (몇 천 글을 가르치느니보다 궁핍의 터득처럼 좋은 가르침이 없다는 신조로 최영이 어릴 때부터 항상) "금화 보기를 돌과 같이 하라."고 가르쳤다.

*2. 만일 (고려의 유명한 장상) 최영 장군의 아버지는 아들에게 (몇 천 글을 가르치느니보다 궁핍의 터득처럼 좋은 가르침이 없다는 신조로 최영이 어릴 때부터 항상) "금화 보기를 돌과 같이 하라."고 가르쳤다면, 재물은 기피해야 하는 악의 본질일 수밖에 없다.

∴3. 재물은 기피해야 하는 악의 본질일 수밖에 없다.

원 논증은 부당하다. "최영 장군의 아버지가 아들에게 '금화 보기를 돌과 같이 하라'고 가르쳤다."는 전제를 받아들인다 하더라도, 그로부터 "재물은 기피해야 하는 악의 본질일 수밖에 없다."는 결론이 나오지 않기 때문이다. 상응 조건문(*2)이 명백하게 거짓은 아니나 보완해

봐야 건전성을 위해 도움이 되지 않는다. *2가 적어도 높이 정당화되는 정도에 미치지 못하기 때문이다.

B는 다음과 같이 재구성되는 논증이다.

1. 기업가는 원래 이윤 추구를 목적으로 경제 활동을 하는 경제 주체이다.
2. 기업가가 추구하는 이윤은 자신만의 노력으로 얻은 결과가 아니라, 협력 기업, 근로자, 공공기관 등의 도움을 통해 얻은 것이다.

*3. 만일 1과 2라면, 기업가는 자신의 이윤 추구만이 아니라 사회적 책임도 수행해야 한다.

∴4. 기업가는 자신의 이윤 추구만이 아니라 사회적 책임도 수행해야 한다.

원 논증은 상응 조건문이 완전히 정당화되는 것은 아니기 때문에 보완하는 것이 안전하다. 전제들 1과 2는 경험, 상식, 또는 전문가의 주장들로서 적어도 높이 정당화되는 기초적 주장들이다. 상응 조건문도 높이 정당화된다. 따라서 논증은 건전하고, 결론을 받아들일 수 있다.

C는 다음과 같이 재구성되는 논증이다.

1. 신의 본질은 곧 나의 삶이다.
2. 만일 신의 본질이 나의 삶이라면, 신의 존재는 곧 나의 존재이며, 신의 본질성은 나의 본질성이다.

∴*3. 신의 존재는 곧 나의 존재이며, 신의 본질성은 나의 본질성이다.

원 논증은 결론이 생략되어 있다. 숨은 결론 *3을 보완한 이 논증은 타당하다. 전제 2는, 말의 의미로 참임을 알 수 있는 정의적 조건문으로서, 받아들일 수 있는 직관적 주장이다. 그러나 전제 1이 문제된다. 신의 존재를 믿지 않은 사람은 말할 것도 없고, 비록 신앙이 깊은 사람일지라도 그 이유를 알고 싶은 비기초적 주장이다. 따라서 우리는, 전제 1이 왜 옳은지 알 수 없기 때문에, 논증은 건전하지 않고 결론을 받아들일 이유가 없다.

D는 다음과 같이 재구성될 수 있다.

1. 만일 경제가 성장하면, 임금이 상승한다.
2. 만일 임금이 상승하면, 노동자 가족의 수가 기하급수적으로 증가하고 상승된 임금은 늘어난 가족의 양육비에 사용된다.

*3. 만일 노동자 가족의 수가 기하급수적으로 증가하고 상승된 임금이 늘어난 가족의 양육비에 사용된다면, 노동자들은 빈곤의 고통에서 벗어날 수 없다.

∴4. 만일 경제가 성장하면, 노동자들은 빈곤의 고통에서 벗어날 수 없다.

이 논증은 타당하다. 그러나 이 논증의 문제는 무엇보다도 결론을 받아들일 수 없다는 데에 있다. 국가 경제가 성장할 경우 국민들의 경제 사정도 당연히 좋아질 것이라 생각되기 때문이다. 타당한 논증의 결론이 받아들일 수 없는 것일 경우 전제들 중 적어도 하나에 문제가 있다. 다른 전제들은 받아들일 수 있는데, 2가 의심스럽다. 임금이 상승한다고 해서 왜 노동자 가족의 수가 기하급수적으로 증가한다는 것인가? 이 주장은 경험적 사실에 반한다. 대부분의 사람들은 경제적으로 풍요해질수록 삶의 질을 높이려 하고, 이러한 경향은 자녀의 수를 감소시키는 결과를 낳기 때문이다.

연습문제

※ 다음 각 논증을 재구성하여 건전성을 평가해 보자.

72. 명철한 사람의 삶의 목표는 동시대의 모든 사람들에게 교훈을 줄 만한 참패에 도달하는 것이다. 왜냐하면 사람들은 승리로부터는 결코 배울 게 없고, 실패를 통해서만 배우기 때문이다. (베르나르 베르베르)

73. 종교적인 것은 모두 훌륭하다. 왜냐하면 만인의 고차원적인 삶을 표현하는 것만이 종교적이기 때문이다. (프리드리히 슐라이어마허, 『종교에 관하여』)

74. 국민 여러분! 노사 갈등이 계속되면, 우리는 다시 가난했던 옛날로 돌아갈 수밖에 없습니다. 노사 갈등이 계속되면 경제는 침체될 것입니다. 그런데 경제가 침체되면 어떻게 될까요? 두말할 필요 없습니다. 우리는 다시 가난한 옛날로 돌아갈 수밖에 없을 것입니다.

75. "제가 말할 수 있는 한, 주인께서는 한 번도 굶주려보신 적이 없고 사람을 죽여보지도 않았고 물건을 훔쳐보지도 않았고 간음도 해보지 않았습니다. 그런 분이 어떻게 세상 돌아가는 것을 아시겠어요?" (카잔차키스, 『그리스인 조르바』에서 조르바의 말)

76. 우리 인간에게 있어서 구원의 길은 왼쪽에도 오른쪽에도 다 있는 것이 아니다. 그것은 자기 자신의 마음속에 자리 잡고 있다. 왜냐하면 거기에서만 신이 존재하고 있으며 또한 평화가 도사리고 있기 때문이다. (헤르만 헤세, 『방랑』)

77. 각자의 구원은 그것이 자신을 행복하게 하기 때문에가 아니라, 자신의 구원을 통하여 각자가 세계 구원에 이바지할 수 있기 때문에 중요한 것이다. (테이야르 드 샤르댕)

78. 운명은 인간의 것이지만 생명은 신의 것이다. 그렇기 때문에 그 누구도 다른 사람의 생명을 빼앗을 권리는 없고, 그 무슨 명분을 갖다 붙인다 해도 '정의로운' 전쟁은 없다. (장영희, 「내가 이상을 버리지 않는 이유」, 『조선일보』)

79. 이해성이 있는 사람은 자신을 세상에 적응시킨다. 완고한 사람은 자신에게 세상을 적응시키려고 버틴다. 그러므로 모든 발전은 완고한 자들의 덕택이다. (버나드 쇼)

80. 한 알의 밀알이 땅에 떨어져 썩지 않으면, 열매를 맺지 못한다. 그리고 밀이 열매를 맺지 못하면, 밀은 무가치하다. 따라서 한 알의 밀알이 땅에 떨어져 썩지 않으면, 밀은 무가치하다.

81. 낙태는 살인과 같다. 태아도 사람이며, 사람을 의도적으로 죽이는 것은 살인이기 때문이다. 따라서 낙태는 도덕적으로 옳지 않고, 금지되어야 한다.

82. 모든 변화하고 유전하는 사물의 본질은 불변하는 형상이다. 그런데 형상은 선이며, 형상으로부터 멀어져 갈수록 악은 증가한다. 따라서 변화의 과정인 역사는 타락의 과정이다. (플라톤)

83. 프롤레타리아의 목적은 평화적 의회정부의 사회개선으로서는 도달할 수 없고 부르주아와 프롤레타리아 사이에는 어떤 화해도 존재할 수 없으므로 유일한 수단은 폭력에 의한 기존 사회 파괴와 새로운 사회 건설이다. (조르쥐 소렐)

84. 남자가 여자에 집적거리는 것은 당연하지만, 여자가 남자에게 집적거리는 것은 옳지 않다. 그것은 남자는 자기가 잃은 것을 되찾으려고 하고 있기 때문이다. (탈무드)

85. 철학자들의 견해가 어떻든 존재하는 모든 것이 관념이든지 물질이라

는 것은 명백하다. 그런데 만일 존재하는 모든 것이 관념이라면, 삶이 무슨 가치가 있을 것인가? 또한 존재하는 모든 것이 물질일 경우에도 마찬가지가 아닌가!

86. 비단 '무'만 '유'로 전환될 수 없는 것이 아니라, '유' 역시 '무'로 전환되는 것이 불가능하다. 왜냐하면, '유'가 비록 천변만화(千變萬化)를 거친다 할지라도 '무'로 변화하는 것은 불가능하기 때문이다. '유'가 존재하지 않았던 적은 일찍이 없었으며 따라서 '유'는 영원히 존재하는 것이다. [곽상(郭象)]

87. 우주의 온도(2.7k)가 해의 온도(7000k)와 같다면 지구에 생명 현상은 없을 것이다. 우주의 온도가 해의 온도가 같다면, 해의 열은 지구로 흐르지 않을 것이며, 이 경우 지구는 생명 현상의 발생에 필요한 에너지를 얻을 수 없을 것이기 때문이다.

88. 만일 물리주의가 옹호될 수 있다면, 현상적인 특성들 자체도 물리적으로 설명될 수 있어야 한다. 그러나 우리가 현상적인 특성들의 주관적인 면을 검토해 볼 때, 그러한 결과가 불가능할 것 같다. 모든 주관적 현상은 본질적으로 단일한 관점과 관계되어 있으며, 객관적인 물리 이론은 그 관점을 포기하는 것이 불가피할 것 같기 때문이다. (네이글, 「박쥐가 되는 것은 무엇 같을까?」)

89. 어느 경우든 문학은 현실에 이미 참여되어 있다. 이 사실을 인정한다면, 더욱이 그 현실이 고통으로 가득 차 있을 때, 작가는 이 상처받은 현실에 대해 어떻게 해야 하는지는 너무도 자명하다. 그에게 문학은 사회적 행동의 연장선상에 있어야 하며, 또 그럴 수밖에 없다. 인간에게는 '창조적 자아'가 따로 있고 '사회적 자아'가 따로 있는 것이 아니기 때문이다. (황지우, 「사람과 사람 사이의 신호(信號)」, 『우리 세대의 문학』)

90. "신이 전능하다는 것은 어느 누구도 의심할 수 없을 것이다."

"그렇습니다. 제정신을 가진 사람이라면 그것에 대해 아무런 의심도 품지 않을 것입니다."

"그렇다면 전능한 권력자가 할 수 없는 것은 아무것도 없겠지?"

"그렇습니다."

"그렇다면 신은 악(惡)도 행할 수 있을까?"

"악은 행할 수 없습니다."

"그러므로 악이란 무(無)인 것이다." (보에티우스, 『철학의 위안』)

91. 만일 결정론이 진리라면 나의 의지나 자유는 항상 내 안에 있는 성격이나 동기에 의해 좌우된다. 그러므로 나의 결정이라는 것은 필연적이고 자유롭지 못하다. 그렇다면 나는 내 행동에 대해서 책임을 질 필요가 없다. 나의 결정대로 행동할 수 있어야 책임이 따르기 때문이다. 더욱이 책임은 자유, 즉 인과성으로부터 벗어남을 전제로 하는 까닭에 결정론과 도덕적 책임은 양립할 수 없다. (슈릭, 『윤리학의 과제』)

92. 만약 지구가 움직인다고 생각해 보자. 그러면 지구의 무게는 다른 물체보다 엄청나게 무겁기 때문에 지상의 물체보다도 빨리 낙하할 것이다. 동물이나 집같이 상대적으로 가벼운 물체들은 공중에 떠서 뒤에 남게 되고 지구 자체는 굉장한 속력으로 낙하해서 우주 밖으로 날아가 버릴 것이다. 그러니 어떻게 지구가 움직이겠는가? 당치도 않은 얘기다. (프톨레마이오스, 「알마게스트」)

93. 과학의 확실한 토대를 마련해 주는 것으로 인정되고 있는 관찰 언명을 주의 깊게 고찰해 보면, 귀납주의자들의 주장과 달리 어떤 종류의 이론이 모든 관찰에 선행한다. 그러므로 관찰 언명은 그것이 가정하고 있는 이론이 오류일 수 있듯이 얼마든지 오류일 수가 있다. (앨런 차머스, 『현대의 과학철학』, 신일철 · 신중섭 옮김)

2.26 행위논증

이 책의 첫 문장은 “인간은 생각으로 세상을 만들어 간다.”이다. 그런데 어떻게 인간이 생각으로 세상을 만드는 것일까? 바로 행위를 통해서이다. 행위는 생각으로 세상을 만들기 위한 수단이다.

누구나 좋은 세상을 원할 것이다. 그럼 좋은 세상을 만들기 위해서 어떤 행위를 해야 하고, 어떤 행위를 해서는 안 되는가? 일반적으로 어떤 행위는 바람직하고 어떤 행위는 바람직하지 않다는 판단은 어떻게 하는가?

행위논증의 구조 행위는 ‘…해야 한다’와 같은 규범적 명제에 따라 일어나는 몸의 움직임이다. 그리고 규범적 명제는 이성적 존재로서의 인간이 가진 신념과 소망을 전제로 한 행위논증으로부터 논리적(연역적)으로 도출된다.

행위논증은 본질적으로 연역논증이다. 그러나 다른 연역논증에서는 찾아볼 수 없는 특징들이 있다. 다음 예를 보자.

> 인간이란 원래 칭찬을 받거나 아니면 반대로 타격이 가해져야 하는 존재이다. 그렇지 않으면 사소한 시비에 관해서도 언젠가 다시 보복을 가해 올 수가 있기 때문이다. 그러나 그 누구도 일단 무덤에 들어간 뒤에는 보복을 꿈꿀 수 없을 것이므로 결국 누군가에게든 부당한 짓을 하려거든 모름지기 그가 더 이상 보복을 할 생각조차 할 수 없을 정도로 완전히 짓눌러 놓아야 한다. (마키아벨리, 『군주론』)

어려운 내용은 아니다. 그러나 행위 논증의 특징을 모르면 재구성이 쉽지 않을 것이다. 이 논증은 다음과 같이 재구성된다.

1. 인간은 사소한 시비에 관해서도 언젠가 다시 보복을 가해 온다.

2. 누구나 보복당하길 원하지 않는다.
3. 가. 만일 타인에게 칭찬을 하면, 보복하지 않는다.
 나. (타인에게 부당한 짓을 할 경우) 만일 보복을 생각할 수 없을 정도로 완전히 짓눌러 놓으면, 보복하지 못한다.
 다. (타인에게 부당한 짓을 할 경우) 만일 보복을 생각할 수 없을 정도로 완전히 짓눌러 놓지 않으면, 보복한다.

∴4. 타인에게 칭찬을 하든지, (타인에게 부당한 짓을 할 경우) 보복을 생각할 수 없을 정도로 완전히 짓눌러 놓아야 한다.

이 예가 보여주는 것처럼, 일반적으로 행위논증은 다음과 같은 구조로 되어 있다.

1. S (상황 인식)
2. P를 원한다. [S에서 발생하는 P에 대한 지향심(指向心)][25)]
3. A ⊃ P (P를 실현시키는 수단 A를 모색하는 인과적 조건문)[26)]

∴4. A를 해야 한다. (A를 촉구하는 규범적 명제)

⇓

5. A (A를 실현시키는 몸의 움직임)

이성적 존재인 인간은 어떤 상황을 인식(1)하면, '…을 원한다', '…을 원하지 않는다', '…을 하고 싶다', '…을 하고 싶지 않다' 또는 '…을 해야 한다', '…을 해서는 안 된다' 등으로 표현되는 바람, 욕구, 소망, 의도, 목적, 당위와 같은, 무언가를 지향하는 마음인 지향심(2)이 발생한다. 그리고 그 지향하는 것(P)을 실현시킬 수 있는 수단(3)을 인과적 조건문의 형식(A ⊃ P)으로 궁리한다. 궁리 끝에 어떤

---

25) 전정판에서는 이를 '지향적 태도'라 하였다. 그러나 브렌타노의 '지향성(志向性)' 개념과 혼동되어 '지향심(指向心)'이라는 표현으로 쓰기로 한다.

26) 수단을 고려하는 일은 이처럼 단순하지 않다. 아래 '규범 도출의 논리' 참조.

수단이 최선이라 판단되면, 그것(A)을 '해야 한다'고 판단(4)한다. 여기까지가 행위논증이다. 마키아벨리의 논증도 이러한 구조로 되어 있음을 알 수 있다. 행위는 이 행위논증의 결론인 규범적 명제에 따라 인과적으로 몸이 움직이는 것(5)을 말한다.

이성(reason) 인간이 이성적 존재인 것은 이러한 구조의 행위를 할 수 있게 하는 '이성'이라는 기능을 가지고 있기 때문이다. 돌멩이는 물리적 법칙에 따라 존재하고, 나팔꽃은 물리 화학적 법칙 외에 생물학적 법칙에 따라 존재한다. 강아지는 나팔꽃의 존재 양식에 덧붙여 동물적 본성을 더 가지고 산다. 인간은 다른 존재 양상들의 복합체이면서 그 위에 이성의 기능을 하나 더 가지고 있다.

인간이 이성적이라는 것은 인간이 언제나 이성적으로 행위한다는 것이 아니라 이성적 행위를 할 수 있다는 것을 말한다. 당연히 우리는 비이성적 행위를 할 수 있다.

또한 이성적 행위라고 해서 모두 바람직한 것은 아니다. 이성적 행위는 '이성'이라는 기능을 사용한 행위일 뿐이기 때문이다. 이성은 마치 칼과 같다. 칼은 요리사가 잡으면 맛있는 요리의 도구가 되지만 강도가 잡으면 살인 도구가 된다. "그는 이성적으로 행동하였다."는 말은 "그는 정신병에 걸리지도 않았고, 정신을 잃지도 않았으며, 본능, 충동, 격정 등이 이끄는 대로 행동하지 않고, 이성의 기능이 정상적으로 작동한 상태에서 행동하였다."를 뜻할 뿐이다.

합리성(rationality) 이성의 기능이 작동하여 위의 구조에 따른 행위, 즉 어떤 상황에서 자신의 신념과 바람(지향심)으로부터 논리적(연역적)으로 도출되는 규범적 명제에 따른 행위를 하게 되는데, 이를 '합리적 행위'라 한다. 합리적 행위는 행위자 자신이 이치에 합당하다고 생각하는 행위로서, 철저하게 행위자 주관의 산물이다. 신념은 자신이 옳다고 받아들인 주장들이요, 바람은 자신의 마음에서 우러나오는 것이기 때문이다. 따라서 한 사람의 합리적 행위가 과연 객관적으로도 합리적인가의 문제가 발생한다.

자유 인간은 자연법칙이나 본능에 따라 인과법칙적으로 반응하지 않고 자신의 신념과 소망을 전제로 하여 판단한 끝에 합리적 행위를 할 수 있다는 점에서 자유로운 존재가 된다. 인간이 자유로운 존재라는 것은 무슨 일이든 원하는 일을 할 수 있는 존재라는 것이 아니다. 감옥에 갇힌 사람은 당연히 원하지만 할 수는 없는 일이 대부분일 것이다. 그럼에도 불구하고 그는 본질적으로 자유인이다. 그는 여전히 '법칙으로부터 자유로운 행위'를 할 수 있는 존재이기 때문이다.[27] 만일 인간의 행위가 자연법칙에 따라 일어나는 사건이라면, 인간은 자연법칙이 명하는 대로 움직이는 꼭두각시에 불과할 것이고, 이 경우 자유는 환상일 것이다.

당연히 철학자들은 이 문제를 놓고 많은 입씨름을 해왔다. 여기서 우리는 '자유의지와 결정론'이라는 해묵은 철학적 난제에 머리를 썩일 필요가 없다. 철학적으로 결론이 나지 않은 상태이기 때문에, 우리는 '철학 이전'의 판단을 하면 된다. 첫째, 우리는 우리가 자신의 신념과 바람에 따라 자유롭게 판단하여 행위한다는 생각을 가지고 있다. (물론 이 생각은 중요하지만, 단지 느낌에 불과할 수 있다.) 둘째, 인간의 삶은 인간이 자유의지를 가지고 있다는 것을 전제하고 이루어진다. 우리는 우리 자신의 행위에 책임을 져야 한다. 만일 우리의 행위가 자연법칙에 따라 일어나는 사건에 불과하다면, 우리가 그것에 책임 질 이유는 없을 것이다. 우리는 태풍에게 책임을 묻지 않는다. 윤리, 도덕은 말할 것도 없고, 정치, 경제, 문학, 예술 등 모든 활동은 인간이 자유로운 존재라는 것을 전제로 이루어진다. 셋째, 인공물, 문화, 역사 등은 자연법칙의 산물이 아니라 인간의 작품이다. 아무리 오랜

---

27) 이 견해는 데이빗슨의 다음 저서에 잘 개진되어 있다: Donald Davidson, *Essays on Actions and Events.*

세월이 흘러도 컴퓨터나 피아노가 나무에서 열리는 일은 일어나지 않을 것이다. 이는 인공물을 만드는 인간의 행위가 자연법칙으로부터 자유롭다는 것을 함의한다.28)

규범의 근원 행위논증을 좀 더 구체적으로 들여다보자. 첫째, 위의 형식에서 상황을 인식하는 1과 수단을 고려하는 3은 믿음, 신념, 인식, 지식, 세계관 등 이성적 측면을 반영한다. 반면에 지향심을 말하는 2는 욕구, 욕망, 소망, 희망, 계획, 목표, 목적, 사랑, 증오, 호감, 반감, 두려움, 윤리 도덕적 성향, 심리적 성향, 취미, 취향, 성품, 성격, 가치관 등의 감성적 측면을 반영한다. 행위는 인간의 이성과 감성으로부터 도출된 규범적 명제에 따른 몸의 움직임이라는 것을 알 수 있다.

이러한 견해는 철학적으로 문제될 수 있다. 형이상학자들은 규범적 명제가 그들의 형이상학적 이론으로부터 도출된다고 하였다. 예컨대 신의 존재를 받아들이는 형이상학적 윤리설에 의하면, 신의 뜻에 거슬리는 것은 해서는 안 되고, 오직 신의 뜻에 합당한 일을 해야 한다. 그런가 하면 직각론자들은 규범적 명제가 표현하는 속성이 세계 가운데 실재하고, 그 속성은 감각보다는 이성의 힘에 의해 직각적으로 인식된다고 하였다. 반면에 논리실증주의에 의하면, 규범적 명제는 참 또는 거짓을 말할 수 없는 사이비 명제로서, 기껏해야 명령문의 일종이거나 삶의 태도를 반영하는 명제에 불과하다.

이러한 여러 철학적 견해들 중 어느 것이 옳은가? 다른 많은 철학적 문제들이 그렇듯이 이 문제 역시 시원한 결론은 나지 않았다. 따라서 우리는 어떤 철학적 부담으로부터도 자유로운 상태에서 우리가 실제로 어떻게 행위하는지를 관찰하고 그 구조를 일반화해 볼 수 있다. 위의 행위논증은 이러한 일반화의 산물이다.29)

---

28) 필자, 『마음의 철학』, 특히 후기 참조.

29) 규범적 명제의 근원에 대한 여러 입장들의 논의는 다음에 잘 나와 있다: 김태길, 『윤리학』(박영사); C. Korsgaard, *The Sources of Normativity*(Cambridge:

심신 인과성 둘째, 위의 형식에서 논리적으로 도출되는 것은 행위가 아니라 규범적 명제이다. 규범적 명제(4)와 행위(5)의 관계는 논리적이 아니라 인과적이다. 위의 형식 속에서 '…해야 한다'는 규범적 명제가 도출되면, 그 명제를 담은 생각이 원인이 되어 우리의 몸이 움직이는 결과가 발생한다. 규범적 명제를 담은 생각과 몸의 움직임이 인과적 관계이기 때문에, 필연성은 없다. (4와 5의 인과관계를 화살표로 표시한 것은 이 때문이다.) "담배를 끊어야 한다."는 생각이 반드시 실천으로 이어지는 것만은 아닌 이유가 여기에 있다.30)

규범 도출의 논리 셋째, 수단을 고려하는 일은 행위 A를 전건으로 하고 지향심의 내용인 P를 후건으로 한 'A ⊃ P'와 같은 인과적 조건문을 놓고 이루어진다. 그래서 행위논증은 이 조건문의 후건이 이루어지기를 바람으로써 그 전건을 해야 한다는 결론을 도출시키는 것이다. 그러나 이러한 도출이 후건긍정의 오류를 범하고 있다고 생각하는 것은 잘못이다. P는 'A ⊃ P'의 후건이지만, '나는 P를 바란다'와 다르다. 물론 '나는 A를 해야 한다'와 A도 다르다.

수단과 목표의 인과적 조건문에는 다음 네 경우가 있다.

(가) A ⊃ P
(나) A ⊃ -P
(다) -A ⊃ P
(라) -A ⊃ -P

(가)는 이미 검토하였다. (나)는 "만일 A를 하면, P가 이루어지지 않는다."로서, 이 경우에는 "A를 해서는 안 된다."는 결론을 얻는다.

Cambridge University Press, 1996).

30) 이 '심신 인과'가 무엇이고 어떻게 가능한가의 문제는 심리철학의 핵심 관심사이다.

(다)는 "만일 A를 하지 않으면, P가 이루어진다."로서, 이 경우에는 "A를 해서는 안 된다."는 결론을 내릴 수 있다. (라)는 "만일 A를 하지 않으면, P가 이루어지지 않는다."로서, "A를 해야 한다."는 결론을 내릴 수 있다. (가)와 (다)를 이용한 행위논증이 후건긍정의 오류가 아니듯이, (나)와 (라)를 이용한 행위논증도 후건부정법이 아니다.

행위 평가 행위 평가는 기본적으로는 건전성 평가의 방식을 따른다. 즉, 논증의 타당성을 조사하고, 타탕한 논증의 경우 전제들이 정당화되는 정도에 따라 결론의 정당성을 판단하면 된다. 상황에 대한 인식이나 판단이 받아들일 수 있는지를 보고, 지향심이 '바람직'한지, 수단이 최선인지를 검토한 후 판단한다. 일반 논증의 건전성 평가 방식에 덧붙여 좀 더 고려해야 할 점들을 살펴보자.31)

비이성적 행위 정신이상자는 이성의 기능이 제대로 작동하지 않는 환자이다. 따라서 정신이상자의 행위는 '비이성적 행위'이고, 엄밀한 의미에서는 행위도 아니다. 일반적으로 총기 오발 사고와 같은 '비의도적' 행위도 행위가 아니다. 비이성적 행위나 비의도덕 행위는 행위논증의 틀로 평가할 수 없다. 다음은 알베르 카뮈의 『이방인』에서 유명한 장면인데, 뫼르소의 행위를 분석해 보자.

> 내가 뒤로 돌아서기만 하면 아무 일도 없을 것이라는 생각이 들었으나 햇살에 떨리고 있는 해변이 내 뒤에 다가서고 있다. 나는 샘 쪽을 향해 몇 발짝 걸어갔다. 아라비아 인은 움직이지 않았다. 그는 그래도 아직 내게서 꽤 멀리 떨어져 있었다. 아마도 얼굴 위에 덮인 그늘 탓이겠지만, 그는 웃고 있는 듯했다. 나는 기다렸다. 뜨거운 햇볕에 뺨이 타는 듯하고 땀방울이 눈썹에 맺히는 것을 알 수 있었다. 그것은 어머니의

31) 여기서 우리가 연구하는 행위 평가는 구조가 드러난 행위를 놓고 이루어진다. 구조가 드러나지 않은 타인의 행위에 대한 평가는 '마음 읽기'라는 가설추리가 선행되어야 한다. 마음 읽기는 3.33에서 논의된다.

장례식 날과 똑같은 태양이었다. 그날처럼 머리가 아프고 이마의 모든 피가 피부 밑에서 고동치고 있었다. 그 살인적인 햇볕에 견딜 수 없어 나는 한 걸음 앞으로 나섰다. 나는 그것이 어리석은 것이며, 한 걸음 앞으로 나선다고 해서 몸이 태양으로부터 벗어날 수는 없다는 것을 잘 알고 있었다. 그렇지만 나는 한 걸음, 한 걸음 앞으로 나갔다. 그러자 아라비아 인은 몸을 일으키지도 않고 단도를 뽑아 태양에 칼날을 번뜩이며 나를 겨누었다. 빛이 강철 위에 반사되자, 번쩍거리는 길쭉한 칼날이 내 이마에 부딪치는 것 같았다. 그와 동시에 눈썹에 맺혔던 땀방울이 한꺼번에 눈꺼풀 밑으로 흘러내려 속눈썹을 미지근한 두터운 막으로 덮어 버렸다. 이 눈물과 소금기의 장막에 가려 내 눈은 보이지 않았다. 다만 이마 위에 울리는 태양의 울림과, 단도에서 나오는 눈부신 빛의 서슬을 느낄 수 있을 뿐이었다. 그 뜨거운 서슬은 나의 속눈썹을 자르고 고통스러운 눈을 도려내는 것 같았다. 바로 그때였다. 눈앞에서 모든 것은 흔들렸다. 바다는 뜨거운 바람을 실어왔다. 하늘이 활짝 열리며 불을 쏟는 듯했다. 온몸이 경직되며 손이 권총을 힘 있게 그러쥐었다. 방아쇠는 부드러웠다. 나는 미끈한 총신을 매만졌다. 그리하여 짤막하고도 요란스러운 소리와 함께 모든 것이 시작되었던 것이다. 나는 땀과 태양을 떨쳐 버렸다. 한낮의 균형과 내가 행복을 느끼던 바닷가 특유의 침묵이 깨어진 것을 나는 알았다. 이어서 나는 이제는 움직이지 않는 몸뚱이를 향해 다시 네 방을 쏘았다. 총탄은 깊이 들어 박혔다. 그것은 마치 내가 불행의 문을 두드린 짧은 네 번의 소리 같았다.

뫼르소는 이렇게 권총으로 아랍인을 쏘아 죽인다. 법정에서 그는 '태양 때문에'라는 이유를 댄다. 물론 이 이유는 받아들여지지 않고 교수형을 선고받는다. 그러나 이는 잘못된 판정이다. 뫼르소는 아랍인을 살해할 의도를 가지고 있지 않았기 때문이다. 뫼르소가 말한 대로 그는 뜨거운 태양열에 인과적으로 반응하여 방아쇠를 당겼기 때문이다. 이 경우 그의 행위는 비의도적인 것으로서 부주의에 대한 책임은 물을 수 있으나 살인죄의 책임을 물을 수는 없다. 이성적 판단에 따른 행위가 아니라는 점에서 그의 행위는 비이성적이기도 하다.

상황 인식 들판에 서 있는 풍차들을 보고 돈키호테가 시종에게 말한다.

“운명의 여신은 우리가 바라지도 못한 좋은 일로 우리를 인도해 주시는구나. 여보게 산초 빤싸, 저걸 보게. 흉악한 거인들이 서른 놈 이상이나 나타났네그려. 저놈들과 싸워서 모조리 죽여 버릴 생각일세. 이건 정의에 입각한 싸움이니까 그놈들의 물건을 빼앗아 가지면 우리도 차차 부자가 될 테지. 그리고 지상으로부터 저런 악한 무리를 없애버리면 천주님께도 좋은 일을 해 드리는 거야.” (세르반테스, 『돈키호테』, 오화섭 외 옮김)

돈키호테는 풍차를 흉악한 거인으로 보고, 정의에 따르고 싶고, 부자가 되고 싶고, 천주님께 좋은 일을 하고 싶다는 지향심을 실현하기 위해, 그 ‘악한 무리’를 없애버려야 한다고 판단한다. 상황 인식이 잘못된 경우이다.

천상병 시인이 작고하였을 때 조의금으로 5백여만 원이나 되는 큰돈이 들어왔다. 천 시인이 평생에 만져보지 못한 큰돈이었다. 그의 장모는 이 돈을 가장 안전한 곳에 보관하고자 연탄불을 넣지 않은 아궁이 속에 숨겼다. 그런데 고인의 아내는 날씨가 추워지자 그 아궁이에 연탄불을 넣었다. 타다 남은 몇 푼 외에 대부분의 조의금은 재가 되었다. 이 예도 상황 인식의 중요성을 말해 준다.

마키아벨리 논증에서 “인간은 사소한 시비에 관해서도 언젠가 다시 보복을 가해 온다.”는 상황 인식을 문제 삼는 것은 자비의 원칙에 어긋난다. 이 주장 자체는 높이 정당화되지 않고, 그래서 그의 논증에 기여하지 못 한다. 그러나 우리는 마키아벨리가 이 주장으로 “하물며 큰 위해를 당할 경우 사람들은 당연히 보복한다.”는 주장을 뜻한 것으로 인정해 줄 수 있고, 이 주장은 논증에 기여한다.

지향심 괴테의 『파우스트』에서 악마인 메피스토펠레스는 파우스트를 파멸시키기 위해서 계략을 꾸민다. 노인인 파우스트가 젊음을 되찾아 모든 희망과 향락을 성취할 수 있도록 해주고, 파우스트가 "멈추어라, 너는 정말 아름답구나."라고 말하는 순간 악마에게 영혼을 내어주기로 하는 계약을 체결한다. 이 경우에 문제 삼을 수 있는 것은 파우스트를 파멸시키고 싶어 하는 메피스토펠레스의 지향심이다. 신이니 악마니 하는 형이상학적 대상의 존재를 인정하지 않더라도, 파우스트 같은 사람을 파멸시키고 싶어 하는 지향심을 바람직하다고 할 수 없다.

그렇지만 왜 파우스트 같은 사람을 파멸시키고 싶어 하는 지향심이 바람직하지 않은 것일까? 이 예는 지향심의 바람직함 여부가 어떤 근거로 정당화될 수 있는지를 생각하게 한다. 위에서 언급한 것처럼 규범의 근원에 대한 여러 철학적 견해들이 있다. 그러나 이러한 철학적 견해들로부터 살짝 비켜서서 우리 자신을 관찰해 보자. 우리는 누구나 본능적으로 살고 싶어 한다. "살고 싶다."는 소망은 아무 전제 없이 발생하는 가장 원초적인 본능일 것이다.[32] "살고 싶다."는 소망은 또 다른 의미에서 원초적이다. "살고 싶다."는 소망은 규범의 피라미드에서 정점을 차지하고 있기 때문이다. 이성적 존재인 인간은 "살고 싶다."는 소망을 가장 합리적으로 실현하는 길을 추구한다. 그래서 "살고 싶다."에서 "잘 살고 싶다."로, 그리고 "잘 살고 싶다."로부터 "함께 잘 살 수 있어야 한다."로, 그렇게 사회적 삶을 위한 여러 가지 규범들로 나아가는 것이다. 법과 도덕은 규범의 피라미드를 이루는 벽돌들이다. 그리고 여러 가지 지향심의 평가는 일반적으로 이 규범의 피라미드에 비추어 이루어진다.

다음 예를 가지고 이 점을 연구해 보자.

---

32) 물론 살고 싶지 않아 자살하는 사람들도 있다. 그러나 그들도 처음부터 "살고 싶지 않다."는 소망을 가진 것은 아니고, 단지 "살고 싶다."는 원초적 소망을 좌절시키는 절망에 부딪쳤다고 해야 할 것이다.

"선생님, 어디에 가려고 하십니까? 밖에는 일본 헌병들이 눈에 불을 켜고 선생님을 찾으려고 야단들인데…."

한 동지가 말렸습니다.

"내 어찌 그걸 모르겠소? 그러나 중요한 약속 때문에 오늘은 어떤 일이 있어도 다녀와야 되겠소."

"선생님, 무슨 약속인데 이처럼 위험한 때에 나가려고 하시는지요?"

"다른 것이 아니오. 오늘이 친구의 아들 생일인데, 이미 한 달 전에 꼭 가겠다고 약속했단 말이오. 동지, 나는 한 번 한 약속은 반드시 지켜왔소. 약속을 지키지 못한다는 것은 부끄러운 일이며, 작은 약속 하나도 못 지키면서 어떻게 큰일을 할 수 있겠소?"

"그렇지만 선생님, 선생님께서 만일 잡히기라도 하신다면, 우리가 계획한 큰일들은 이룰 수가 없게 됩니다. 다시 한 번 생각해 주십시오."
(『초등학교 도덕 4-1』, 교육부)

안창호 선생의 행위논증은 다음과 같이 재구성된다.

1. 가. 오늘이 친구의 아들 생일인데, 한 달 전에 꼭 가겠다고 약속하였다.
   나. 지금 밖에는 일본 헌병들이 눈에 불을 켜고 나를 찾으려고 한다.
2. 나는 큰일을 하기 원한다.
3. 가. 만일 내가 약속을 지키기 위해 나가면, 나는 일본 헌병들에게 붙잡힐 수도 있고, 이 경우 나는 큰일을 할 수 없다.
   나. 만일 내가 헌병들에게 붙잡히는 것이 두려워 나가지 않으면, 나는 작은 약속 하나도 못 지키게 되고, 이 경우 나는 큰일도 할 수 없다.

∴4. 무슨 일이 있어도('3. 가'에도 불구하고) 나는 나가서 약속을 지켜야 한다.

이 이야기는 도산 안창호 선생의 일화로서, 도산 선생의 높은 인품을 엿볼 수 있게 한다. 그러나 도산 선생의 판단에는 동의하기 어렵다. 도산 선생은 '3가'를 버리고 '3나'를 선택하고 있다. 이 선택이 나라를 위해 큰일을 하고자 하는 그의 뜻(2)에 맞는 것일까? 그렇지 않다. 그는 "아무리 작은 약속이라도 지켜야 한다."는 원칙을 중요시하고 있다. 물론 이 원칙 자체에는 문제가 없다. 그러나 적어도 두 가지를 고려해야 한다.

첫째, "약속을 지켜야 한다."를 "우리는 누구나, 언제 어디서나, 어떠한 경우에도 약속을 지켜야 한다."로 해석하는 것은 잘못이다. 친구들과 살인 강도를 하기로 음모하였는데, 나중에 잘못을 깨달았다. 그런데도, 약속했다는 이유로 범행에 가담해야 할까? 약속할 때와는 상황이 바뀔 수도 있고, 약속 이행을 어리석게 만드는 상황이 발생할 수 있다. 도산이 처한 상황이 그렇다. 그럼에도 불구하고 그는 약속 이행에 집착하고 있다.

둘째, 어린아이와의 약속도 약속이지만, 그가 목표로 하는 큰일 역시 민족과의 약속이다. 생일잔치에 참석하겠다는 어린아이와의 약속을 지키는 일과, 일제(日帝) 강점으로부터 나라를 독립시키겠다는 민족과의 약속 중 어느 것을 지켜야 할까? 당연히 후자이다. 후자가 더 중요하고, 전자는 후자를 불가능하게 할 수 있기 때문이다. 이 점을 간과함으로써 도산은 '원칙 혼동의 오류'를 범하고 있다.

어떤 행위를 하고자 할 때, 동일한 상황에 적용할 수 있는 원칙(규범)이 둘 이상인 경우가 대부분이다. 이 경우 언제나 더 상위 원칙을 따라야 한다. 그러나 어떤 것이 더 상위 원칙인지를 판단하기는 쉽지 않다. 이 판단을 도울 어떤 '기계적' 방법이 없기 때문이다. 우리의 고민은 위에서 언급한 '규범의 피라미드'를 어떻게 쌓아 올릴 것인가의 문제이기도 하다.

수단 바람직한 지향심을 가지고 있어도 이를 실현시키자면 수단이 적절해야 한다. "목적은 수단을 정당화시킨다."라는 말이 있다. 목적이 좋으면, 그 목적을 달성시킬 수 있는 어떤 수단도 정당화된다는 것이다. 그러나 그렇지 않다. 빈대를 잡자는 좋은 목적을 달성하기 위해 초가삼간을 태우는 수단이 정당화될 수는 없는 일이다. 좋은 목적과 좋은 수단은 별개의 것이다.

행위는 사건이다. 따라서 어떤 목적을 이루기 위한 수단으로서 어떤 행위가 발생하면, 그 행위로 인해서 다른 많은 사건들이 일어난다. 행위는 수면에 던져진 조약돌이 파문을 일으키는 것처럼 다른 많은 사건들을 불러일으킨다. 따라서 수단의 선택은 그 수단이 행위로 전환되었을 경우에 불러일으키는 파급 효과도 고려해서 이루어져야 할 것이다.

행위의 파급 효과를 다음과 같이 기호를 사용하여 연구해 보자.

A, B, C, ……	행위
@	목표의 달성
-@	목표의 달성을 저해하는 사건
+	긍정적(좋은) 파급 효과
–	부정적(나쁜) 파급 효과
0	무해한 파급 효과

이러한 기호들을 사용하여, '행위 A가 목표를 달성하고 긍정적 파급 효과를 불러일으킬 경우'를 'A ⇒ @ ⇒ +'라고 표기하는 방법으로 몇 가지 가능한 경우들을 열거해 보자.

A ⇒ @ ⇒ +

B ⇒ @ ⇒ 0

C ⇒ @ ⇒ –

D ⇒ -@ ⇒ +

E ⇒ -@ ⇒ 0

F ⇒ -@ ⇒ −

G ⇒ +

H ⇒ 0

I ⇒ −

하나의 사건(행위)이 일어나면, 여러 가지 사건들이 동시에 그리고 잇따라 일어나지만, 이를 단순화시키고 위와 같은 경우들로 제한하여, 어떤 행위를 수단으로 선택할 것인가의 문제를 생각해 보자.

우리는 우선 D, E, F의 경우를 당연히 제외해야 한다. 목적 달성을 불가능하게 한다든지 목적 달성을 저해하는 행위를 수단으로 선택하는 것은 아무리 그 파급 효과가 좋더라도 비합리적이기 때문이다.

나아가 우리는 G, H, I 의 경우를 제외할 수 있다. 이 경우들은 목적의 달성을 저해한다든지 불가능하게 하는 사건을 불러일으키지는 않지만, 목적을 달성시키지 못하는 행위들로서 '헛수고'에 해당하는 행위들이다. 우리는 흔히 헛수고를 한다. 그리고 때로는 시행착오적인 헛수고를 반복하는 가운데, G의 경우처럼 예상치 않은 좋은 결과를 얻을 수 있다. 그러나 목적을 달성하지 못한다는 점으로 볼 때, 옳은 선택으로 평가될 수는 없을 것이다. 같은 헛수고라도 I 의 경우는 나쁘다. 목적을 달성시키지 못하면서도 부정적인 파급 효과만 일으키기 때문이다.

A, B, C의 경우는 모두 목적을 달성한다. 그러나 C보다는 B를, B보다는 A를 선택하는 것이 당연히 좋다. A는 목적을 달성시키면서 긍정적 파급 효과가 있는 반면에, B는 긍정적 파급 효과가 없고, C는 부정적 파급 효과를 일으키기 때문이다. 수단의 선택이 잘 되었는가의 평가는, 따라서 다음 두 물음에 대한 답이 어떠한가에 따라 내려질 것이다:

(1) 현재 우리의 입장에서, 목표를 달성시키는 가능한 모든 경우들이 고려되었는가?

(2) 선택된 수단(행위)은 가능한 모든 경우들 중 최선의 것인가?

이 두 물음에 모두 "그렇다."라고 답할 수 있는 것이면 잘 된 선택이라 할 수 있을 것이다. 선택된 행위보다 더 좋은 것이 있음에도 불구하고 고려되지 않았을 경우나, 고려하기는 했지만 선택하지 않았을 경우에는, 선택된 행위는 최선의 것으로 정당화되지 못할 것이다.[33)]

도스토예프스키의 『죄와 벌』에 나오는 주인공 라스콜리니코프는 술집에서 우연히 옆자리의 장교들이 하는 다음과 같은 대화를 듣게 된다. 그리고 그들의 이야기에 공감을 하고 노파를 살해하게 된다.

> "… 난 말이야, 그 저주스런 노파를 죽이고 돈을 빼앗는다 해도 결코 양심의 가책을 받을 것 같지 않아. … 한편으로는 무지하고 우둔하고 무용지물의 사악하고 병적인 노파가 있다. 아무짝에도 쓸모가 없고 오히려 모두에게 해를 주며, 자신도 무엇 때문에 살고 있는지 모르면서 내일이라도 혼자 죽어 갈지 모르는 노파가 있어. … 또 한편에서는 도움을 못 받아 좌절하여 무너져 버리는 젊고 신선한 힘이 있어. 이런 것은 도처에 수없이 널려 있지. 노파의 돈이 수도원에 기탁된다면 백 가지 천 가지의 일과 계획했던 사업을 시작하여 성공할 수 있어! 수백 수천의 생명이 올바른 길로 향할 수 있네. 빈곤, 부패, 타락, 성병 치료소로부터 수십 가구의 가족들이 구원받을 수도 있지. … 이 모든 것을 그

---

33) 정조(正祖)는 종기 때문에 목숨을 잃었는데, 종기를 잘못 건드려 덧나게 해서가 아니라, 종기를 따지 않아서였다. "칼로 종기를 째면 종기는 치료된다."는 인과적 조건문을 알 만큼은 현명했다. 그러나 동시에 "옥체(玉體)에 칼이나 침 같은 쇠붙이를 대면, 그 혈통의 신성(神聖)과 왕기(王氣)가 쇠퇴한다."는 인과적 조건문을 받아들이고 있었다. 종기의 치료보다 혈통의 보존을 더 중요시했을 정조로서는 종기를 치료하자고 몸에 칼을 댈 수가 없었을 것이다. 파급 효과에 대한 잘못된 지식이 한 나라의 왕을 죽이는 결과를 빚었던 것이다. 1800년의 일이니까 호랑이 담배 필 적 이야기라고 하겠지만, 그와 유사한 일은 우리에게도 늘 일어날 수 있다.

여자의 돈으로 할 수 있어. 그녀를 죽여 그 돈을 빼앗고 그런 다음에 그 돈으로 전 인류를 위한 봉사와 공공사업에 대한 봉사에 이바지한다. 어떻게 생각해?" (도스토예프스키, 『죄와 벌』)

장교의 말을 라스콜리니코프의 말이라고 가정할 때, 우리는 노파를 살해한 그의 행위가 다음과 같이 재구성되는 논증에 따른 것임을 알 수 있다.

1. 사회적 모순이 존재한다.
   가. 돈 많은 노파가 있는데, 무지하고 우둔하고 무용지물의 사악하고 병적이고, 아무짝에도 쓸모가 없고 오히려 모두에게 해를 주며, 자신도 무엇 때문에 살고 있는지 모르면서 내일이라도 혼자 죽어 갈지 모른다.
   나. 돈이 없어서 빈곤, 부패, 타락, 질병 등의 문제로 좌절하여 무너져 버리는 젊고 신선한 힘이 있다.
2. 나는 사회적 모순을 해결하기 원한다.
3. 가. 만일 노파를 죽여 그 돈을 빼앗아 쓰면, 사회적 모순이 해결된다.
   ∴나. 노파를 죽여 돈을 빼앗는다 해도 결코 양심의 가책을 받지 않을 것이다. (1가, 3가↓)[34]

∴4. 노파를 죽여 돈을 빼앗아 써야 한다.

이 논증에서 상황 인식(1)이나 소망(2)은 별 문제 없다고 할 수 있다. 문제는 수단(3)에 있다. '3나'를 위한 연역추리는 부당하다. 사회적 문제를 해결하기 위하여 노파를 살해하는 일에 양심의 가책을 느끼는 사람이 있을 수 있기 때문이다. 이는 자신이 '편안한 마음으로

34) '(1가, 3가↓)'는 '나'가 '1가'와 '3가'로부터 연역되어 나옴을 뜻한다. 제5장 참조.

노파를 죽일 수 있다'는 것을 뜻할 뿐, 노파 살해 행위를 도덕적으로 정당화시키는 데는 미치지 못한다.

'3나'보다도, '3가'가 더 문제이다. 첫째, 여전히 바람직하지는 않겠지만 노파의 돈을 훔치든지 강탈하는 것을 생각해 볼 수 있을 텐데 굳이 노파를 죽일 생각을 하고 있다.

둘째, '3가' 자체가 정당화되지 않는다. 노파의 돈으로 어느 정도의 사회적 문제를 해결할 수는 있을지라도, 빈곤, 부패, 타락, 질병 등의 엄청난 사회적 문제를 모두 해결할 수는 없을 것이다.

셋째, 사람에 따라서는 사회적 문제를 해결하기 위한 수단으로서 노파의 돈과는 전혀 무관한 다른 수단을 생각해 볼 수도 있을 것이다. 장래에 훌륭한 정치 지도자가 된다든지, 백만장자가 되어 사회적 문제를 근본적으로 해결하는 길을 택할 수도 있을 것이다.

마키아벨리의 논증도 수단에 문제가 있다. "(타인에게 부당한 짓을 할 경우) 만일 보복을 생각할 수 없을 정도로 완전히 짓눌러 놓으면, 보복하지 못한다."는 판단은 역모를 도모한 자의 삼족을 멸하는 옛 왕조의 연좌제를 생각하게 한다. 그러나 이 조건문은 친족만 보복에 가담한다는 전제를 하고 있다. 역사는 오히려 친족이 아니라 좌절된 꿈을 버릴 수 없는 타인들에 의해 보복이 이루어진다는 것을 증언해 준다. "(타인에게 부당한 짓을 할 경우) 만일 보복을 생각할 수 없을 정도로 완전히 짓눌러 놓지 않으면, 보복한다."의 경우도 반드시 옳다고 할 수는 없다.

실천 규범적 명제가 도출되면, 별일이 없는 한 우리의 몸은 규범적 명제가 주문하는 대로 움직이게 된다. 여기서 '별일이 없는 한'이라는 단서는 '몸의 움직임이 일어나지 않도록 하는 내적 외적 장애 요소가 없는 한'의 뜻이다. 아무리 "부지런해야 한다."는 규범적 명제를 받아들인다 해도, 천성이 게으를 경우 몸이 말을 듣지 않는다. 계엄령하의 지식인들은 생각은 많으나 몸이 움직이지 않는다. 또한 아무리 떠나려는 버스를 타기 위해 "빨리 달려야 한다."고 해도, 다리에 이상이 있으면 마음대로 되지 않는다. 어떤 강한 습관에 젖어 있는 사람이나 의지가 박약한 사람도 '별일이 있는' 사람의 경우로 보아야 할 것이다. 일반적으로 이와 같은 내적, 외적 장애가 없는 한, 일단 규범적 명제가 도출되면, 신기하게도 우리의 몸은 움직이도록 되어 있다. 그래서 행위 평가의 마지막 단계는 이러한 점들을 고려하여 실천 여부를 확인하는 일이 된다.

상황 인식에 문제가 없고, 지향심도 받아들일 수 있고, 수단도 최선의 것이고, 규범적 명제도 타당하게 도출되어 있고, 실천까지 잘 되어 있는 행위는 당연히 바람직한 행위이다. 그 외의 경우, 즉 행위논증과 실천의 어떤 부분에 결함이 있을 경우 그 정도에 따라 행위의 바람직함 정도가 평가될 수 있을 것이다.

연습문제

※ 다음 각 논증을 재구성하여 평가하라.

94. "그땐 죽을 수밖엔 없다." 다른 사람들보다 먼저 죽을 것은 사실이겠지만, 그러나 인생이 살 만한 가치가 없다는 것은 누구나 알고 있다. 결국 서른 살에 죽든지 예순 살에 죽든지, 별로 다름이 없다는 것을 나도 모르는 바 아니었다. 그 어떤 경우에든지, 그 뒤엔 다른 남자들, 다른 여자들이 살아갈 것은 마찬가지요, 그리고 수천 년 동안 그럴 것이다. 요컨대 그것은 지극히 명백한 일이었다. 지금이건 20년 후건 나는 죽을 것임엔 다름이 없다. … 죽는 바에야 어떻게 죽든, 언제 죽든, 그런 건 문제가 아니다. 그것은 명백한 일이었다. 그러므로 (그리고 어려운 일은 이 '그러므로'라는 말이 표시하는 모든 추론을 시야로부터 잃어버리지 않도록 하는 것이었다.) 그러므로 나는 나의 상고의 기각을 승인할 수밖에 없었다. (카뮈, 『이방인』)

95. 우리는 이 세계에서 배운 것을 통해서만 다음 세계를 선택하는 거야. 만일 우리가 아무것도 배우지 않는다면 다음의 세계는 이 세계와 똑같은 것이 되거든. 즉 아주 꼭 같은 한계들과 극복해야 할 무거운 짐을 이끌고 가는 그런 세상 말이다. (리처드 바크, 『갈매기의 꿈』, 임선홍 옮김)

96. 사람들은 이제까지 인간 자신에 대해서, 인간은 어떠한 존재이며 어떠한 존재이어야 하느냐에 대해서, 끊임없이 거짓된 견해를 스스로 날조해 왔다. 사람들은 신(神) 또는 정신적 인간 등에 대한 자기네의 생각을 따라서 인간의 관계를 이해하려고 들었다. 사람들은 자기네의 두뇌가 만들어낸 환상의 노예가 되었다. 창조자인 인간이 그들의 창조물 앞에 무릎을 꿇었다. 인간에게 굴레를 씌워서 그들을 괴롭히고 있는 괴물들로부터, 관념과 교조(教條)와 상상적 존재로부터, 인간을 해방하라. (마르크스, 『독일 이데올로기』)

97. 만일 인간의 활동 결과가 전혀 무의미하고 물거품처럼 사라져 버릴 것이라면, 다시 말해서 인간은 마치 다람쥐 쳇바퀴 돌리듯, 아무 의미 없는 삶의 동작을 되풀이하는 것뿐이라면, 무엇 때문에 인간이 자신의 삶과 활동에 열의를 가지겠는가? 현세의 발전을 위해 전력을 다 바쳐 활동하는 사람은 자신의 노력의 공적뿐 아니라, 그 가치도 확신해야 한다. 그는 자신의 노력에 대한 신념을 가져야 한다. (테이야르 드 샤르댕)

98. 철학자들이 여러 나라에서 왕이 되어 통치하든지, 아니면 오늘날 왕이라고 불리고 권력자라고 일컬어지는 사람들이 진실로 철학자가 되지 않는 한, 다시 말해서 정치적 권력과 철학적 정신이 하나가 되지 않는 한, 그리하여 많은 사람들의 소질이 지금처럼 이 두 방향 중의 어느 하나로 흩어져 나가는 것을 강제로 금하지 않는 한, 여러 국가의 불행은 그칠 날이 없을 것이고 그것은 온 인류의 경우에도 마찬가지라고 생각한다. (플라톤, 『국가론』)

99. 결코 죽고야 마는 인생이 왜 생겨났을까? 이렇다 할 목적도 없이 왔다가 까닭도 모르게 가버린다. 맨손으로 왔다가 맨손으로 가니 뜬 구름 같은 이 세상의 삶을 남을 위해 바쳤는가, 나를 위해 살았는가? 아무리 따져 보아도 나는 모를 일이다. 나는 이 순간에도 흘러 죽어 들어간다. 그것으로 그치고 말 것이다. 이렇다면 무엇을 가리켜 산다고 하며 무엇이 나고, 무엇이 살고, 무엇이 죽는 것이냐? 과연 이것뿐인지 아닌지 진실로 알고파 하는 뜻에서 세상살이에 깊이 무상(無常)을 깨달아야 한다. 그렇다면 곧 죽는 인간에게 무엇이 귀한 것인가? 그러므로 나는 생사를 해탈하기 위하여 무엇이나 다 버리고 출가하여 도를 구하고자 할 뿐이며 나 자신은 환멸의 현상계에서 실연한 사람이다. 물거품같이 이 몸 실로 믿을 것이 없으니 하루 속히 도인을 찾아 뵈옵고 도를 배울 일만 남은 것이다. (이청담 · 이혜성, 『선입문(禪入門)』)

2.27 심층 분석

지금까지 우리는 연역논증의 건전성 평가가 어떤 것인지에 대한 '기본'을 연구하였다. 그런데 매사가 그렇듯이, 기본만 가지고는 실전(實戰)에 대처하기 어렵다. 의과대학을 졸업했다고 다 의사 노릇을 할 수 있는 것이 아니다. 우리가 삶의 현장에서 만나는 텍스트들은 기본만 가지고 분석할 수 있을 정도로 단순하지 않기 때문이다. 이제 이 '기본'에 실전적 능력을 더해 보자.

관심사와 의도 논증을 포함한 모든 언어적 표현물(텍스트)이 컴퓨터나 비행기처럼 사람이 어떤 의도를 가지고 만들어낸 작품(인공물)이라는 점을 유의하자. 그래서 모든 텍스트는 행위논증의 틀로 분석되고 평가될 수 있는 것이다. 이 점은 일반적으로 텍스트의 이해가 어떻게 이루어져야 하는지를 짐작할 수 있게 한다. 어떤 텍스트가 그 자체만 가지고는 이해가 잘 되지 않을 경우 다음과 같이 하면 도움이 될 것이다.

> 논자는 무엇(어떤 관심사)에 대하여 어떤 의도(지향심)를 가지고 어떻게 표현하고 있는가?

이 물음은 물론 '적절한 재구성 논증'을 얻기 위한 유의 사항 중 첫 번째에 관한 것으로서, 우리가 앞서 연구한 논증 재구성의 원칙, 즉 '자비의 원칙'에 따라 논자의 입장에 설 수 있기 위해서 중요하다. 논자가 무엇에 대하여 어떤 의도를 가지고 있는지를 알면, 논자가 어떻게 표현할지를 짐작할 수 있는 것이다.

위의 물음은 다음 세 가지 점을 묻고 있다.

1. 논자의 관심사는 무엇인가?
2. 논자는 그 관심사에 대하여 무엇을 하고 싶어 하는가?
3. 논자는 하고 싶은 것을 어떻게 표현하고 있는가?

예를 들어보자. 조선 정조 때에 박지원(朴趾源)은 청나라를 여행하면서 보고 들은 것(1)을 널리 알리고 싶어(2) 『열하일기(熱河日記)』(3)라는 기행문을 썼다. 카뮈는 존재와 삶이 부조리하다고 깨닫고(1), 그 점을 철학적으로 논술하고 싶어(2), 『시지포스 신화』(3)를 쓰기도 했지만, 그 깨달음을 감동적으로 전하고자(2), '뫼르소'라는 인물이 부조리적 삶을 사는 이야기인 『이방인』(3)을 쓴다. 세계의 존재 이유가 알려져 있지 않은데(1), 그 이유를 설명하고 싶어서(2), 형이상학적 이론(3)을 내놓게 된다. 어떤 이론에 오류가 있다는 것을 발견하게 되면(1), 그것을 설득력 있게 지적하고 싶어서(2), 논문(3)을 쓴다. 신문사 논설위원은 어떤 사회적 현상에 간과할 수 없는 문제점이 있다는 것을 간파하고(1), 시정을 촉구하기 위하여(2), 사설(3)을 쓴다.

평가자에게 주어진 것은 텍스트(3)뿐이다. 이 텍스트를 보고 논자의 관심사와 의도를 추정해 낸다. 논자의 관심사는 무엇인가? 그것은 자연현상이나 사회현상일 수도 있고, 다른 사람의 말이나 글일 수도 있으며, 법칙이나 이론일 수 있고, 자신의 마음속에 떠도는 생각이나 이미지 또는 '아무거나'일 수도 있다. 어떻든 논자는 이를 과녁으로 하여 생각을 표현하는 것이다.

논자의 관심사가 파악되면 다음으로 의도를 탐색해 본다. 논자는 자신의 관심사에 대하여 무엇을 하고 싶어 하는가? 그 관심사를 그대로 전달하려는가? 이 경우 텍스트는 비논증적일 것이다. 그 관심사가 어떤 문제점을 가지고 있는가? 이 경우 텍스트는 그 문제점을 드러내고자 하는 연역추리가 될 것이다. 그 관심사가 불가사의하여, 원인을 탐구하고자 하는가? 이 경우 텍스트는 그 불가사의한 관심사를 설명하고자 하는 가설추리일 것이다. 그 관심사가 그 자체만의 현상이라고 보기에는 너무 반복적인가? 이 경우 텍스트는 귀납추리가 될 것이다. 관심사를 알아듣기 쉽게 지적하거나 주장하고자 할 경우 유비추리가 될 것이다.

이처럼 논자의 관심사와 의도를 추정하게 되면, 평가자는 적어도 두 가지 점에서 유리한 위치를 점하게 된다. 첫째, 논자의 관심사와 의도를 가지고 어떻게 논지를 펴나가야 할지 평가자 자신의 입장에서 생각해 봄으로써, 논자의 논증을 조감적(鳥瞰的) 위치에서 분석할 수 있는 여유와 시각을 갖게 된다. 둘째, 논자의 관심사와 의도를 가지고 평가자 스스로 어떤 견해를 가질 수 있게 되면, 논증의 평가가 용이해진다. 논자의 논증과 평가자의 견해가 비교될 수 있고, 만일 비교 결과 중요한 점에서 차이가 발견되면, 바로 그 점을 쟁점으로 하여 평가할 수 있기 때문이다.

구체적으로 예들을 가지고 연구해 보자.

> 내가 보고 행한 모든 것에는 지성의 희미한 빛조차 없었다. 미련함으로 가득 찬 나의 지난 60년을 곰곰 생각해 볼 때, 내게는 세계가 마치

> 구역질나는 썩은 고름 덩어리처럼 여겨진다. 권태와 덧없는 싸움, 이것이 곧 인생이다. 노소(老少)를 불문하고 우리는 헛된 공상이나 할 따름이다. 우리는 운명을 하늘에 맡기고 운명의 손에 떠밀려 다니는 고무풍선들이다. 한번은 대리석에 부딪치고, 한번은 오물에 부딪쳐 한두 번 튀어 오르기도 한다. 그러나 그 다음에는 영원히 끝난다. (볼테르)

볼테르의 관심사는 자신이 경험한 삶이다. 그는 자신이 경험한 삶에 대하여 못마땅한 태도를 가지고 있으나, 그것을 그대로 전할 의도만 가지고 있다. 그래서 텍스트는 비논증적이다. 평가자는 "과연 삶은 볼테르가 말하는 것처럼 부정적이기만 한가?"를 묻고, 구체적인 예를 들어 반론을 제기할 수 있다.

비트겐슈타인과 '부지깽이 사건'으로 알려진 언쟁을 벌였던 포퍼의 다음 글을 분석해 보자.

> 실증주의자들은 형이상학을 전멸시키려고 열망하지만, 이와 함께 자연과학도 전멸시키게 된다. 왜냐하면 과학적 법칙들도 기초적인 경험적 진술로의 논리적 환원이 불가능하기 때문이다. 만약 우리가 비트겐슈타인의 유의미성의 기준을 철저하게 적용한다면 자연법칙들도 무의미한 것으로 배격해야 된다. 그러나 이러한 법칙의 탐구야말로 아인슈타인이 말하는 바와 같이 물리학자의 최고의 과제인 것이다. (포퍼, 『과학적 발견의 논리』)

포퍼의 관심사는 실증주의자들이 형이상학을 전멸시키기 위해 도입한 '유의미성의 기준'이 과연 옳은가이다. 그는 그 기준이 옳지 않다고 생각하고 있고, 그것을 증명할 의도를 가지고 있다. 이처럼 관심사와 의도가 파악되면, 다음과 같이 논증을 재구성하는 일은 어렵지 않게 된다.

1. 형이상학적 진술들뿐만 아니라 자연법칙들도 기초적인 경험적

진술로의 논리적 환원이 불가능하다.

2. 만일 형이상학적 진술들뿐만 아니라 자연법칙들도 기초적인 경험적 진술로의 논리적 환원이 불가능하고, '실증주의자의 유의미성의 기준'이 옳다면, 형이상학적 진술들과 자연법칙들은 무의미한 진술이다.

   실증주의자의 유의미성의 기준 = df. 어떤 진술이든지 기초적인 경험적 진술로 논리적 환원이 가능할 경우 그리고 그 경우에만 유의미하다.

3. 만일 자연법칙들이 무의미한 진술이라면, 자연법칙의 탐구는 물리학자의 최고의 과제일 수 없다.
4. 법칙의 탐구야말로 아인슈타인이 말하는 바와 같이 물리학자의 최고의 과제이다.

∴5. 실증주의자의 유의미성의 기준은 옳지 않다.

연쇄논법을 아는 독자는 이 논증이 타당함을 알 수 있을 것이다. 또한 전제들 모두 적어도 높이 정당화된다. 문제 삼을 수 있는 전제는 3이다. 자연법칙들이 무의미한 진술임에도 불구하고 자연법칙의 탐구가 물리학자의 최고의 과제라고 잘못 인식될 수 있기 때문이다. 그러나 "자연법칙의 탐구는 물리학자의 최고의 과제일 수 없다."는 후건을 "자연법칙의 탐구는 지금까지 성공을 거두지 못했으며, 앞으로도 물리학자의 최고의 과제일 수 없다."는 의미로 이해하고, 4도 이 의미에 맞추어 재서술할 수 있기 때문에, 높이 정당화되는 전제로 인정할 수 있다. 따라서 우리는 "실증주의자의 유의미성의 기준은 옳지 않다."는 포퍼의 결론을 받아들일 수 있다.

정의 의사소통이 가능하기 위해서는 당사자들이 사용하는 말들의 의미를 공유해야 한다. 텍스트의 이해도 마찬가지이다. 텍스트를 구성하는 말들의 의미를 논자와 평가자가 공유하지 않으면, 텍스트의 이해는 이루어질 수 없다. 그러나 이 '공유'는 쉽지 않다. 애매한 말도 많고, 모호한 표현도 많으며, 무엇보다도 무슨 의미인지 불분명한 표현이 많기 때문이다. 따라서 텍스트를 정확하게 이해할 수 있기 위해서는 혼란을 일으키는 말들을 '응징'할 수 있는 민감성과 능력을 가지고 있어야 한다.

'응징'이라는 표현은 적절하다. 눈에 보이는 것은 포장이나 가면일 수 있기 때문이다. 논자는 자신의 논지가 가능하면 그럴 듯하게 보이도록 치장을 하거나 약점에 눈을 돌리지 못하도록 의도적으로 딴청을 부린다. 그래서 논증을 재구성한다는 것은 논증의 '맨 얼굴'을 드러내는 일이기도 하다. 화장발에 속지 않아야 하고, 성형 미인에 홀리지 말아야 한다. '적절한 재구성 논증'의 정의에 "결코 논증의 성격이나 내용을 바꾸어서는 안 된다."는 조건이 있음을 상기하자.

다음 러셀의 논증을 가지고 이 점을 연구해 보자.

> 우리의 경험에 비추어 보면, 책상의 어느 특정한 부분이나 책상 전체를 보더라도 책상이 불변의 고유한 색깔로 분명하게 보이는 곳은 없다는 사실이 명백하게 드러난다. 즉 보는 시점(視點)에 따라 색깔은 다르게 나타난다. 그렇다고 책상의 어떤 부분은 다른 부분보다 더 실제적인 색깔을 가지고 있다고 생각할 이유도 없다. 시점이 고정되어 있다 하더라도, 인위적으로 만들어진 빛 아래에서나 장님이나 푸른 안경을 쓴 사람이 보는 경우에 색깔은 다르게 나타난다. 책상을 만져보거나 소리를 들어보아 책상이라는 대상은 변함이 없을지라도 암흑 속에서는 어떠한 색깔도 나타나지 않는다. 그러므로 색깔의 존재는 책상이라는 사물 속에 내재하고 있는 것이 아니라 책상의 위치나 관찰자, 책상에 빛이 비치는 방식에 따라 좌우되는 것이다. 물론 우리가 보통 일상생활에서 고유한 색깔이라고 이야기할 때는 정상적인 관찰자가 빛의 일반적인 조건과 통상적인 시점에서 볼 때 느끼게 되는 색깔의 종류만을 의미한다.

그러나 이와 다른 조건에서 현상적으로 나타나는 다른 색깔들도 앞서의 색깔과 똑같이 그 대상의 고유한 실제적인 색깔이라고 우리는 간주할 수 있을 것이다. 그러므로 어떤 독단을 피하기 위해서는 우리는 책상 그 자체가 어떤 하나의 고유한 색깔을 가지고 있다는 것을 부정해야만 한다. (러셀, 『철학의 문제들』, 박영태 옮김)

다음은 여러 학생들이 재구성한 것들 중 잘 된 것이다. 제대로 '응징'하고 있는지 생각해 보자.

1. 책상의 색깔은 보는 시점(視點)에 따라 다르게 나타난다.
2. 시점이 고정되어 있더라도, 인위적으로 만들어진 빛 아래에서나 장님 혹은 푸른 안경을 쓴 사람이 보는 경우에 책상의 색깔은 각각 다르게 나타난다.
3. 책상을 만져보거나 소리를 들어보아 '책상'이라는 대상은 변함이 없을지라도 암흑 속에서는 어떠한 색깔도(관찰자에게) 나타나지 않는다.
4. 우리가 보통 일상생활에서 사물의 '고유한 색깔'이라고 부르는 것은 정상적인 관찰자가 빛의 일반적인 조건과 통상적인 시점에서 볼 때 느끼게 되는 색깔의 종류만을 의미하며, 이와 다른 조건에서 현상적으로 나타나는 다른 색깔들도 앞서의 색깔과 똑같이 그 대상의 '고유한 색깔'이라고 부르지 못할 이유가 없다.

∴5. 사물의 색깔은 조건에 따라 제각각 다르게 나타난다. [1, 2, 3, (4)→]

*6. 만일 사물의 색깔이 사물의 '내재적 성질'이라면, 사물의 색깔이 여러 가지 조건에 따라 현상적으로 다르게 나타나지는 않을 것이다.

∴7. 사물의 색깔은 사물의 '내재적 성질'이 아니다. (5, 6↓)

이 재구성 논증은 두 가지 문제점을 가지고 있다. 첫째, 4는 러셀이 결론적으로 주장하고 싶은 내용의 한 부분을 포함하고 있다. 러셀이 이 논증에서 타깃으로 여기는 관심사는 "우리는 보통 책상이 불변의 고유한 색깔을 가지고 있다고 생각한다."는 통념이다. 그리고 그는 이 잘못을 지적하고자 하는 의도를 가지고 있는 것이다. 자, 나라면 어떻게 논지를 펴야 할까? "책상의 고유한 색깔은 있다."는 주장을 어떻게 비판할 것인가? 이 주장에 대한 반증 사례를 들면 된다. 그렇지만 사람들이 흔히 '고유한 색깔'이라고 부르는 것이 있지 않은가? 아, 그거야 그것만을 고유한 색깔이라고 할 이유가 없다고 하면 된다. 이렇게 나 스스로 먼저 방향을 잡고 보면, 러셀이 정확하게 그런 방식으로 논지를 펴고 있음을 알 수 있다. 위의 재구성은 러셀이 의도하는 결론의 반만 반영하고 있는 것이다.

이 재구성의 두 번째 문제점은 판단을 혼란스럽게 하는 표현들을 '응징'하지 못하고 있다는 데에 있다. 러셀의 논증에는 '책상의 색깔', '책상의 고유한 색깔', 그리고 '통상적인 의미의 책상의 고유한 색깔'이라는 표현들이 나오는데, 이 표현들은 논증을 재구성하는 데에 있어서 핵심적인 역할을 한다. 따라서 적어도 이 표현들이 정확하게 무슨 뜻으로 사용되고 있는지 정의해야 한다. 그러나 학생은 이 표현들을 정의하지 않고, 오히려 '내재적 성질'이라는 철학적 용어를 정의 없이 사용하고 있다.

이러한 점들은 바로잡아 러셀의 논증을 재구성하면 다음과 같다.

1. 책상의 색깔은 관찰 위치가 달라짐에 따라 달라진다.
2. 책상의 색깔은 빛의 조건이 달라짐에 따라 달라진다.
3. 책상의 색깔은 관찰자의 조건이 달라짐에 따라 달라진다.

∴4. 책상의 색깔은 관찰 위치, 빛의 조건, 또는 관찰자의 조건이 달라짐에 따라 달라진다. (1-3↓)

책상의 색깔 = df. 관찰자의 눈에 보이는 책상의 색깔

*5. 만일 책상의 고유한 색깔이 있다면, 책상의 색깔은 관찰 위치, 빛의 조건, 또는 관찰자의 조건이 달라짐에 따라 달라지지 않을 것이다.

책상의 고유한 색깔 = df. 책상 자체가 가지고 있는 불변의 색깔

∴6. 책상의 고유한 색깔은 없다. (4-5↓)
*7. 만일 책상의 색깔이 관찰 위치, 빛의 조건, 또는 관찰자의 조건이 달라짐에 따라 달라진다면, 통상적인 의미의 책상의 고유한 색깔만을 불변의 고유한 색깔이라고 할 이유는 없다.

통상적인 의미의 책상의 고유한 색깔 = df. 정상적인 관찰자가 빛의 일반적인 조건과 통상적인 시점에서 볼 때 느끼게 되는 책상의 색깔

∴8. 통상적인 의미의 책상의 고유한 색깔만을 불변의 고유한 색깔이라고 할 이유가 없다. (4, 7↓)
∴9. 책상의 고유한 색깔은 없고, 통상적인 의미의 책상의 고유한 색깔을 책상의 고유한 색깔이라고 할 이유도 없다. (6, 8↓)

이렇게 재구성해 놓고 보면, 평가는 아주 쉬워진다. 혼란을 야기하는 표현을 정의함으로써, 논증의 '맨 얼굴'이 드러나게 되었기 때문이다.

러셀은 5에서 4를 가지고 "책상의 고유한 색깔이 있다."는 통상적인 신념을 반증하려 한다. 그러나 우리는 이 반증 시도가 전혀 성공적이지 못하다는 것을 알 수 있다. 5를 받아들일 수 없기 때문이다. 책

상의 고유한 색깔이 있어도, 관찰자의 눈에 보이는 책상의 색깔이 조건의 변화에 따라 달라 보일 것은 분명하다. 이 점을 무시하고 4와 5로부터 6을 도출하려 하는 것은, 전문적인 용어를 빌리자면, '인식론적 주장'을 근거로 '존재론적 주장'을 도출하는 오류를 범하는 일이다. 4는 인식론적 주장으로서 이를 5에 적용한 후건부정법으로 얻은 결론 6이 존재론적 주장이기 때문이다.

사실 러셀은 5를 다음 5#로 의도하였을 것이다.

5#. 만일 책상의 고유한 색깔이 있다면, 책상의 고유한 색깔은 관찰 위치, 빛의 조건, 또는 관찰자의 조건이 달라짐에 따라 달라지지 않을 것이다.

이 주장은 받아들일 수 있다. 그러나 이 경우에도 반증 시도는 성공할 수 없다. 4를 반증 사례로 사용할 수가 없기 때문이다. 5#의 후건은 '책상의 고유한 색깔'에 대하여 말하고 있는 반면, 4는 관찰자의 눈에 보이는 '책상의 색깔'에 대하여 말하고 있기 때문이다.

7은 받아들일 수 있을 것같이 보이지만, 생각해 볼 점이 있다. 과연 관찰 조건이 달라짐에 따라 책상의 색깔이 달라 보인다면, 어느 특정한 조건에 보이는 색깔을 책상의 고유한 색깔이라고 하는 것은 독단일 것이다. 그러나 그렇다고 해서 우리가 '불변의 고유한 색깔'이라는 표현을 쓰는 것이 잘못일까? 그렇지 않다. 그것은 우리가 '변한다'는 표현을 어떻게 사용하는지를 생각해 보면 알 수 있다. 책상의 색깔이 관찰 조건 1에서는 T1으로 보이고, 관찰 조건 2에서는 T2로 보인다 하자. 이 경우 우리는 "책상의 색깔 자체가 변하였다."고 말하지 않는다. 이렇게 말하는 것이 적절한 경우는 동일한 책상이 관찰 조건 1과 동일한 조건에서 T1으로 보이지 않고 달리 보일 경우이다. 반면에 동일한 책상을 관찰 조건 1과 같은 조건에서 여러 번 관찰해도 T1으로 보일 경우 우리는 "관찰 조건 1에서의 이 책상의 불변의 고유한 색깔은 T1이다."라고 말하고, 또 그렇게 말하지 않는 것은 비합리적이다. 따라서 통상적인 의미의 책상의 고유한 색깔을 '통상적인 관찰 조건에서의 책상의 불변의 고유한 색깔'이라고 할 이유가 있는 것이다. 우리는 바로 이 색깔을 책상의 고유한 색깔이라고 '느슨하게' 말할 뿐이다. 물론 "관찰 조건과는 독립적인 책상 자체의 고유한 색깔이 무엇인지는 알 수 없다."는 입장은 받아들일 수 있다. 그러나 어차피 우리가 책상의 색깔을 말하는 맥락은 언제나 특정한 관찰 조건하에서인 것이다. 따라서 우리는 통상적인 의미의 책상의 고유한 색깔만을 불변의 고유한 색깔이라고 할 이유는 없지만, 통상적인 의미의 책상의 고유한 색깔도 불변의 고유한 색깔이라고 할 이유가 있는 것이다.

재서술 논증 재구성 과정에서 우리는 정의뿐만 아니라 재서술도 잘할 수 있어야 한다. 다음 이야기에서 제기된 문제를 풀어보면서, 재서술의 방법을 연구해 보자.

> 갑돌, 을룡, 그리고 병란이 함께 등반 중 사고가 발생하였다. 병란이 낭떠러지에서 떨어져 늑골이 몇 개 부러졌을 뿐만 아니라, 추락 시 머리가 땅에 부딪치면서 뇌진탕이라도 일어났는지, 의식불명이 되었다. 그래서 갑돌은 즉시 병란을 병원으로 데려갈 것을 제안하였다. 그러나 일행 중 을룡이 가로막고 나서며 병란을 데려갈 필요가 없다고 주장하였다. 그 이유를 물었을 때, 을룡은 다음과 같은 요지의 논증을 제시하였다.
>
> "병란은 죽든지 살든지 할 것이다. 그런데 만일 병란이 죽는다면, 병원에 데려갈 필요가 없다. 어차피 죽을 텐데, 무엇 때문에 돈 들여가며 고생시킨단 말인가? 또 만일 병란이 산다면, 역시 병원에 데려갈 필요가 없다. 어차피 살 텐데, 무엇 때문에 돈 들여가며 고생시킨단 말인가? 따라서 병란은 병원에 데려갈 필요가 없다."
>
> 갑돌은 이 논증이 궤변임에 분명하다고 생각하였다. 논증 자체는 그럴 듯하지만, 결론이 황당무계하기 때문이었다. 그래서 을룡의 말을 싹

무시하고 병란을 병원에 데려가려고 하였다. 그러나 그럴 수도 없었다. 왜냐하면 을룡의 말을 무시할 수는 있었지만, 그의 완력을 이길 수는 없었기 때문이었다.

무슨 방법이 없을까? 이렇게 궁리하고 있을 때, 을룡이 그 방법을 제안하였다: “나의 논증이 잘못되었다는 것을 나에게 설득시킬 수 있으면, 나는 기꺼이 병란을 병원에 데려가는 것을 도울 것이다.”

자, 갑돌은 을룡의 논증을 어떻게 공략해서 병란을 병원에 데려갈 수 있을 것인가?

을룡의 논증을 공략하기 위해서는 무엇보다도 먼저 을룡의 논증을 다음과 같이 재구성할 수 있어야 한다.

1. 병란은 죽든지 살든지 할 것이다.
2. 만일 병란이 죽는다면, 병란을 병원에 데려가 보아야 고생만 시키고 돈만 없앤다.
3. 만일 병란이 산다면, 병란을 병원에 데려가 보아야 고생만 시키고 돈만 없앤다.
4. 만일 병란을 병원에 데려가 보아야 고생만 시키고 돈만 없앤다면, 우리는 병란을 병원에 데려갈 필요가 없다.

∴5. 우리는 병란을 병원에 데려갈 필요가 없다.

이와 같이 재구성된 논증의 논리적 형식은 다음과 같다.

$p \vee q$

$p \supset s$

$q \supset s$

$s \supset r$

---

r

이 논리적 형식은 연역적으로 타당하다. 약식증명법에 의해 조사할 필요도 없이, 단순양도논법과 전건긍정법을 한 번씩 사용한 연쇄논법에 의해 전제들로부터 결론이 도출된다는 것을 한눈으로 알 수 있는 논증 형식이다. 그러나 문제는 건전성이다.

을룡의 논증을 접하고 갑돌은, 그리고 우리는 당황할 수밖에 없다. 그 논증이 타당할 뿐만 아니라 건전하기도 한 것 같은데, 결론을 받아들일 수 없기 때문이다. 타당한 논증의 전제들이 모두 참이면 결론도 참일 수밖에 없지 않은가! 그러나 결론을 받아들이고 병란을 병원에 데려가지 않는다는 것은 어리석은 일이다.

을룡의 논증은 연역적으로 타당하다. 그러나 그 결론을 받아들일 수는 없다. 따라서 전제들 중 적어도 하나가 받아들일 수 없는 것임에 분명하다. 그래서 우리가(갑돌이) 할 일은, 바로 그 받아들일 수 없는 전제의 정체를 밝히는 것이다.

전제 1은 받아들일 수밖에 없는 것 같다. 직관에 의해 완전히 정당화되는 주장으로 여길 수 있기 때문이다. 병란뿐만 아니라 사람은 누구나 그리고 어느 순간에나 죽든지 죽지 않든지(살든지) 할 것이라는 것은 하나마나 한 얘기이다. [그래서 1은 '(p ∨ −p)'처럼 항진 명제로 해석될 수 있을 것 같다.]

전제 2와 3도 별 문제가 없는 것 같다. 병란이 죽는다면, 죽을 사람을 병원에 데려가면서 고생시킬 것이고 돈만 낭비된다. 마찬가지로 병란이 산다면, 역시 어차피 살 사람을 병원에 데려가는 소동을 피우며 고생만 시키고 돈을 낭비할 것이다. 전제 4도 별 문제되지 않는 것 같다. 죽고 사는 것에 전혀 관계없이 환자를 고생만 시키고 돈을 낭비케 한다면, 병원에 데려갈 필요가 없을 것이기 때문이다. 우리는 원점에 돌아온 것이다.

그렇다면 우리는 을룡의 논증을 받아들여야 할까? 그렇지 않다. 결론이 우리의 과거 경험이나 직관이나 상식에 명백하게 반하고, 이 경우 전제들 중 적어도 하나가 잘못임이 분명하기 때문이다. 단지 우리가 그것을 밝혀내지 못할 따름이다. 따라서 좀 더 깊이 분석해 보아야 한다.

곰곰이 다시 살펴보면, 2와 3의 의미가 불투명함을 알 수 있다. 병란을 병원에 데려가 보아야 고생만 시키고 돈만 없앤다고 생각하게 할 수 있는 경우는 어떤 경우일까? 먼저 병란의 부상이 절망적이어서 더 이상 손을 쓸 수도 없고, 써봐야 소용이 없다는 판단을 내릴 수 있는 경우일 것이다. 즉 '백약이 무효'라고 결론이 난 경우이다. 물론 이 경우에도 노력은 해보아야 한다는 생각에 돈 써가며 병란을 고생시킬 수는 있으나, 이때도 그럴 필요가 있어서 그러는 것은 아닌 것이다. 그런데 병란의 부상이 '백약이 무효'인 상태라는 것은 어떤 경우에도 죽을 수밖에 없는 경우일 것이다. 즉 병란의 죽음이 필연적인 경우이다. 따라서 2를 다음과 같이 재서술할 수 있다.

2*. 만일 병란이 필연적으로 죽는다면, 병란을 병원에 데려가 보아야 고생만 시키고 돈만 없앤다.

병란의 죽음이 필연적인 것이라고 하지 않으면, 병란을 병원에 데려가는 것이 돈만 없애며 병란을 고생만 시키는 헛수고라는 것이 이해될 수 없기 때문이다.

다음으로 병란을 병원에 데려가는 것이 돈만 없애면서 병란을 고생시키는 경우는 '무약이 유효'인 경우로서, 전혀 손을 쓰지 않아도 병란의 부상에 대한 염려를 할 필요가 없을 경우이다. 물론 이 경우에도 돈을 없애가면서 병란을 고생시킬 수는 있으나 그럴 필요가 있어서 그러는 것은 아닌 것이다. 따라서 3을 다음과 같이 재서술할 수 있다.

3*. 만일 병란이 필연적으로 산다면, 병란을 병원에 데려가 보아야 고생만 시키고 돈만 없앤다.

병란이 필연적으로 산다는 보장이 없으면, 병란을 병원에 데려가 보아야 돈 들여 고생만 시킬 것이라는 주장이 먹혀들지 않기 때문이다. 그런데 2와 3을 이와 같이 고쳐 쓰면, 논증을 타당하게 만들기 위해서는 1도 다음과 같이 재서술해야 한다.

1*. 병란은 필연적으로 죽든지 필연적으로 살 것이다.

그러나 1*의 의미는 1의 의미와 분명히 다른 점이 있음을 알 수 있다. 병란이 죽든지 살든지 할 것이라는 것은 받아들일 수 있으나, 병란이 필연적으로 죽든지 필연적으로 살든지 할 것이라는 것은 받아들이기 어렵다. 왜 '필연적'인가? 지금 현관문을 노크하는 사람이 남자이든지 여자일 것이라고 하는 것은 받아들일 수 있으나, 그 사람이 필연적으로 남자이든지 필연적으로 여자일 것이라고 하는 것은 받아들일 수 없다.

일반적으로 어떤 주장 C가 묘사하는 현상이 '필연적'이라고 하는 것은 그 현상이 모든 가능한 세계에서 일어난다는 것을 뜻한다. 또는 어떤 주장 C가 모든 가능한 세계에서 참일 경우에 C가 필연적이라 한다. 따라서 "병란은 필연적으로 죽는다."라는 것은 병란은 모든 가능한 세계에서, 즉 상황이 어떻게 변하든, 죽는다는 것이다. 마찬가지로 "병란은 필연적으로 산다."라는 것은 모든 가능한 세계에서, 즉 병란에게 정면에서 직사포를 쏜다 하더라도, 병란은 산다는 것이다. 1에 비해서 1*은 이와 같이 강한 의미를 가지고 있다.

1*이 주장하는 바는 사실 '운명론'을 신봉하는 사람들이나 지지할 수 있을 것이다. 운명론에 의하면 모든 현상은 운명적으로, 즉 필연적으로 일어난다. 따라서 갑돌은 을룡의 궤변을 다음과 같이 공격할 수 있다.

을룡의 논증은 '1, 2, 3, 4 / 5'로 위장하고 있지만, 사실은 '1*,

2*, 3*, 4 / 5'이다. 2와 3을 받아들일 수 있는 주장들로 다시 고쳐 쓰면 2*와 3*이 되며, 논증을 타당하게 만들기 위해서는 1도 1*로 고쳐 써야 되기 때문이다. 그런데 1*은 운명론자의 주장이다. 운명론은 옳다는 사람도 있고, 옳지 않다는 사람도 있다. 즉 운명론에 관한 한 적어도 전문가들의 견해가 일치하지 않는다. 그럼에도 불구하고 을룡은 운명론이 옳은 것으로 전제하고 있고, 그 전제에 대하여 별도의 논증을 전혀 제시하지 않고 있다. 따라서 을룡의 논증은, 1*이 가진 문제점 때문에, 그 결론을 받아들일 이유가 없다. 나는 받아들일 이유가 없는 결론에 따라 병란을 죽게 내버려둘 수는 없다.

우리는 지금까지 연역추리를 평가하는 방법을 연구하였다. 그러나 연역추리를 평가할 줄 안다고 해서 모든 논증을 평가할 줄 안다고 할 수는 없다. 비연역추리의 논증들이 있기 때문이다. 다음 장에서는 우리는 귀납추리, 유비추리, 가설추리 등의 비연역추리를 연구할 것이다.

연습문제

※ 다음 각 논증의 건전성을 평가하라.

100. 불멸의 외침으로 이루어진 사람의 마음과 이성 앞에는 오직 꺼지지 않는 호소와, 호소하는 것의 망상이 있을 뿐이라는 걸 나는 믿는다. 우리의 주위에는 오직 허무라는 말이 있을 뿐이라는 걸 나는 믿고 있다. 그 허무라는 말은 우리의 고독을 해방시키고 우리의 광명을 노출시킨다. 그것은 아무것도 아니다. 그게 우리의 허무함이나 우리의 불행을 의미하는 건 아니고 반대로 우리의 실현과 신화(神化)를 뜻

하는 것이다. 왜냐하면 모든 것은 우리들의 내부에 있기 때문에. (앙리 바르뷔스, 『지옥』, 오현우 옮김)

101. "여기 돌이 한 개 있소. 이 돌은 어느 시기에 가서는 흙이 될 거요. 그리고 거기 풀이 돋아날 거요. 또 그것은 동물도 되고 사람도 될 거요. 전 같으면 나는 이렇게 말했을 거요. 이것은 돌이다. 이것은 아무 가치도 없는 미망의 세계에 속하는 것이다. 그러나 변화의 윤회를 거치는 동안에 돌은 인간도 되고 영혼도 될 터이므로 나는 이 돌의 가치를 인정한다고. 그러나 지금에 와서는 이렇게 생각하오. ─ 이것은 돌이요, 동물이요, 신이요, 부처요, 내가 이 돌을 존경하고 사랑하는 것은 앞으로 그것이 어떤 물건이 된다고 해서가 아니라, 영원히 그리고 언제나 이미 그런 모든 물건으로 있으므로 존중하고 사랑하오." (헤르만 헤세, 『싯다르타』, 송영택 옮김)

102. 우리는 식물 및 무생물을 도덕적인 존재라고 말하지 않는다. 도덕적인 존재란 어떤 일은 마땅히 해야만 하나 다른 일은 해서는 안 되며, 금지된 행위를 하면 그르다 하고, 또한 자신이 한 행위에 책임을 져야만 하며, 올바른 행위에 대해서는 칭찬받지만 그른 행위에 대해서는 질책당하는 존재이다. 그러나 식물이나 무생물에 대해서는 이렇게 말하지 않는다. 왜냐하면 식물이나 무생물들은 자신의 운동을 의도적으로 통제할 수 없고 자기 운동을 통제할 수 없다면 책임을 질 수도, 도덕적으로 평가될 수도 없기 때문이다. 인간의 행위와 식물 및 무생물의 운동 간에 도덕적으로 적절한 차이가 없다는 것이 판정된다면 인간 역시 도덕적 책임을 질 수 없다. (제롬 A. 셰퍼, 『심리철학』)

103. 현대의 노동자들은 산업의 발달을 따라서 형편이 좋아지는 것이 아니라, 그와는 반대로 점점 어려움이 가중하여 그들의 계급 자체의 존속이 위협을 받게 된다. 그들은 극빈자가 되는 것인데, 그들의 가난은 인구의 증가와 산업의 발달보다도 더욱 빠른 속도로 진행한다. 여기서 부르주아가 사회의 지배 계급으로서 더 이상 존속할 자격이 없

다는 것, 그들의 생존 조건을 지배적 원칙으로서 사회에 강요할 수 없다는 것은 명백한 사실이다. 왜냐하면, 지배 계급으로서 적합하기 위해서는 피지배자들의 생존을 보장해야 하는데, 오늘의 부르주아에게는 그 능력이 없는 것이다. … 바꾸어 말하면, 부르주아는 노동자들의 형편을 생존이 어려울 정도에까지 악화시키지 않을 수 없으며, 이러한 부르주아의 지배 아래서는 사회의 존속이 불가능하므로, 그들의 존재는 사회의 존속과 양립할 수 없는 것이다. (마르크스, 「1844년 경제 철학 수고」)

104. 현대사회는 두 층위로 나누어져 있다. 하나는 엘리트 층위이고 다른 하나는 대중 층위인데 엘리트 층위는 통치를 성공적으로 이끌기 위하여 대중의 감정과 충동을 잘 이용해야 한다. 필요한 경우 엘리트는 폭력과 위선을 사용하더라도 대중을 복종시켜야 한다. 민족국가에서는 대중이 이성적 판단에 의하여 지도된다고 믿도록 현혹되어야만 한다. 그러므로 현대사회의 지도자는 반드시 선전과 강제력을 가지고 사람들을 통제할 줄 아는 선동가로부터 배출될 것이다. 대중은 오직 복종할 뿐이고 지도자는 이러한 대중을 잘 이용해서 통치력을 안정시켜야 한다. (파레토)

105. 어떻게 완전한 크리스천이 되는 동시에 완전한 인간의 될 수 있겠는가? 신의 뜻을 따르고 현세의 임무를 이행하기 위해, 과학, 철학, 사회학을 연구하는 것은 아주 필요하다. 그러나 그것만으로는 부족하다. 나는 나의 연구 활동이나 직업이 소중한 것임을 깨닫지 못하거나, 자신을 전적으로 이에 기여할 필요성을 알지 못하거나, 또 나의 노력의 윤리적 가치 때문에가 아니라, 정복욕 때문에, 내가 절대자를 향한 나의 진보에 박차를 가한다는 것을 깨닫지 못하거나, 또 현세가 공적을 남길 기회만이 아니라, 그 이상의 어떤 의미를 가지지 않는다면, 나의 삶은 자연히 미온적이 될 것이고, 세상 사람들은 내가 믿는 종교를 보고 나를 현세 도피자와 미숙한 인간으로 생각할 것이다. 그렇다면 누가 감히 그들의 생각이 전혀 잘못이라고 말할 수 있겠는가? (테이야르 드 샤르댕)

106. 그래서 마침내 아담은 먹어야 했다. 그리고 그가 그 열매를 먹는 순간 에고를 의식하게 되었다. 그는 '나는 …이다'를 알게 되었다. 그러자마자 그는 에덴동산에서 추방되었다.

이는 아름다운 이야기이다. 이 이야기는 정말 모든 비밀의 열쇠이다.

바로 그 앎이 그대를 그대가 살던 기적의 세계에서 추방했다. 이 사건 이전에 아담은 어린이 같았으며 벌거벗고 살았으나 자신이 벌거벗었다는 사실도, 거기에 어떤 죄가 있는지도 몰랐다. 그는 이브를 사랑했으며 그 사랑은 자연스러웠다. 그는 결코 무엇인가가 잘못되고 있다거나 어떤 죄가 있다거나 하는 것들을 몰랐었다.

아담은 어린이 같았으며 이브도 어린이 같았다. 그들은 즐거워했으나 즐거워하는 사람은 없었다. 그들은 이 신비, 이 기적의 일부였다. 배고플 때 먹고 졸릴 때 잤으며 사랑하고 싶을 때 사랑했다. 모든 것은 자연스러웠으며 조작자로서의 마음은 거기에 없었다. 그들은 이 우주의 일부분으로서 강물처럼 흐르고, 나무처럼 꽃피우고, 새처럼 노래했었다.

기억하라. 아담과 이브만이 그 동산에서 태어났던 것이 아니고 모든 어린이는 거기서 태어난다. 그곳이 탄생지이기 때문이다. 그런데 사회가 어린이를 끌어낸다. 우리에게 가능한 유일한 기적은 이 에덴동산에 다시 들어가는 것이며 어린이처럼 되는 것이고 자연의 흐름을 허락하는 것이다. 그것을 막지 말아라. 방해하지 말아라. 밀어내지 말아라. 그것과 함께 흘러라. 그대는 자연이며 그대는 도(道)이다. 그대는 계속 일어나고 있는 연속적인 신비의 한 부분이다. (라즈니쉬, 『세속과 세월』)

제 3 장
비연역추리

사건들의 원인들은 언제나
사건들 자체보다 더 흥미를 끈다.
— 키케로

우리는 지금까지 전제들로부터 결론을 도출해 내는 연역추리를 연구하였다. 우리가 보통 '논리'라 부르는 것은 연역추리를 말한다. 그만큼 연역추리는 우리에게 신뢰감을 준다. 건전한 연역추리는 참된 결론을 도출할 수 있게 해주기 때문이다.

그러나 연역추리는 근본적인 한계를 안고 있다. 연역추리만으로는 연역추리의 전제들을 정당화시킬 수 없는 것이다. 다시 말해서 연역추리만으로는 지식을 확장할 수 없다. 지식의 확장은 귀납추리, 유비추리, 가설추리 등의 비연역추리를 이용하지 않고서는 불가능하다. 왜 그럴까?

우리는 감각 경험을 통해 현상계를 인식한다. 현상계는 다음과 같이 우리의 감각 경험 속에 드러나거나 의식에 나타나는 세계, 즉 우리가 직접 경험을 통해서 알게 되는 개별자들과 특수 사실들의 세계이다.

이 꽃은 빨갛다.
지금 핸드폰이 울리고 있다.
뭔가 타는 냄새가 난다.
이 방은 춥다.
이 감은 떫다.
사랑니가 아프다.
비가 내리고 있다.

개별자는 '이 꽃'처럼 우주의 전 역사 속에서 단 하나인 대상이다. 특수 사실은 개별자가 어떤 속성을 가지고 있음을 말하는 것으로서, 우주의 전 역사 속에서 단 한 번 발생하는 사건이다. 우리가 사는 세계는 개별자들과 특수 사실들로 가득하고, 우리는 경험을 통해서 이러한 개별자들과 특수 사실들을 알게 된다.

개별자들과 특수 사실들에 대한 지식은 그 자체로 중요하다. 그러나 그러한 지식은 아무리 많더라도 기껏해야 최하급의 지식에 불과하다. 돌멩이를 아무리 많이 쌓아 올려도 집이 될 수 없듯이, 특수 사실들을 아무리 많이 모아도 의미 있는 지식이 되지 못한다. 다시 말해서 개별자들과 특수 사실들을 아무리 많이 알아도 자연, 인간, 사회를 이해할 수 없다.

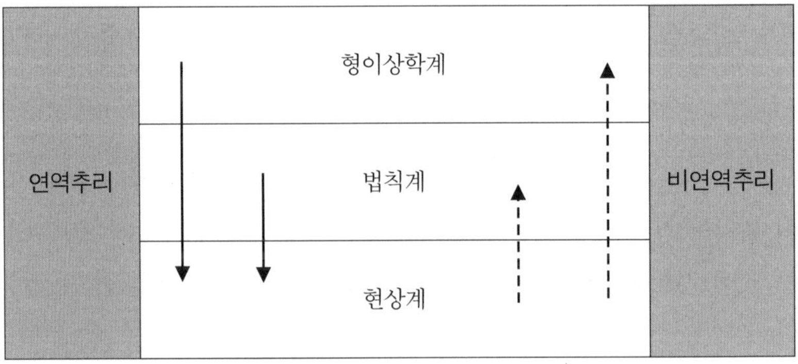

[표 3-1] 연역추리와 비연역추리

우리는 개별자들과 특수 사실들을 아는 데 머물지 않고 이를 '넘어서는' 추리를 한다. 러셀이 말하고 있는 것처럼 "과학은 비록 특수한 것에 대한 관찰로부터 시작하지만 특수한 것이 아니라 일반적인 것에 관심이 있다. 과학에 있어서 하나의 사실은 단순한 사실이 아니라 하나의 사례이다." 우리는 무질서하고 종잡을 수 없는 개별자들과 특수 사실들을 어떤 법칙의 산물로 본다. 분류하고 일반화한다. 무의미한 듯 보이는 세계에 의미를 부여한다. 그래서 자연법칙을 '발견'할 뿐만 아니라 인간 사회를 유의미하게 설명하는 이론들을 개발해 낸다. 이렇게 우리의 지식이 법칙계로 확장됨으로써, 우리는 비로소 세계를 이해할 수 있게 된다.

그러나 세계가 왜 법칙의 산물인지 자체는 법칙적으로 설명되지 않는다. 현상계와 법칙계에 관한 지식만으로는 존재와 삶에 관한 지식이 완결되지 않는 것이다. 이 미완의 지식 체계가 형이상학적 사유를 요청한다. 과연 우리의 지식을 형이상학계까지 확장시킬 수 있는가? 이 의심은 정당하다. 그러나 적어도 세 가지 점에서 형이상학적 탐구를 외면할 수 없다. 첫째, 형이상학에 대한 도전 자체가 형이상학적이다. 둘째, 우리는 존재 전체에 대한 전체적, 총체적, 정합적, 근본적, 궁극적 설명을 원한다. 셋째, 우리가 살아가는 동안에 어떤 형식으로든 형이상학적 입장을 취하지 않을 수 없다. 따라서 우리는 형이상학적 탐구의 유의미성을 의심하면서도 형이상학적 성찰의 장을 열어 놓을 수밖에 없다.35)

그러나 문제는 이제부터이다. 어떻게 해야 법칙계와 형이상학계에 대해 알 수 있는가? 감각 경험을 통해서 알 수 있는 세계는 기껏해야 현상계에 국한되고, 현상계에 대한 지식으로부터 법칙계와 형이상학

35) 현상계, 법칙계, 형이상학계에 대한 구분은 우리의 지식의 계보를 이해하는 데 유용하다. 그러나 이 구분에 따라 세계 자체가 세 층위로 구성되어 있다고 생각하는 것은 잘못이다. 우리는 하나의 세계에 살고 있거나, 적어도 세계 자체가 어떻게 되어 있는지에 대해서는 알 수 없다.

계에 대한 지식을 연역해 낼 수도 없다. 법칙계와 형이상학계는 원칙적으로 미지의 세계인 것이다. 가장 견고한 지식의 원천으로 생각하는 물리학, 화학, 생물학 등 소위 '엄밀 과학'의 탐구 대상도 관찰 불가능한 법칙의 세계이다. 하물며 엄밀 과학과는 거리가 있는 소위 '인문과학'이나 '사회과학'의 명제들에 대해서는 더 말할 나위가 없다. 존재하는 모든 것에 대한 포괄적이고 총체적인 설명을 꾀하는 형이상학적 이론들의 명제들이 말할 수 없는 것들임은 자명하다. 종교적 명제들, 윤리적 명제들도 모두 인식의 한계 밖에 있다는 점에서는 같다. 이 주장들이 담고 있는 '사실'에 접한 일이 없으며, 우리가 접한 '사실'로부터 이 주장들을 연역해 낼 수도 없기 때문이다. 일반적으로 지금까지 우리가 논증을 요구하지 않고 받아들이기로 한 기초적 주장들의 대부분이 우리가 주장할 수 있는 것들보다 더 많은 것을 주장하고 있는 것이다.

그러나 이 모든 주장들을, 그리고 이와 유사한 모든 주장들을, '지식'의 체계 밖에 놓아두고서는 살아갈 수 없다. 내일 해가 뜬다는 것을 믿지 않고서 잠자리에 드는 사람은 없을 것이다. 자연과학의 법칙들을 받아들이지 않았더라면, 인간은 원시인으로 남아 있었을 것이다. 그래서 자동차, 비행기, 전기, 컴퓨터 등의 문명의 이기들이 없는 매우 불편한 삶을 살고 있을 것이다. 흑사병, 천연두 등의 전염병에 속수무책일 것이고, 살아남는 사람들도 얼마 안 되는 먹이를 차지하기 위해서 서로 죽이고 죽임을 당하는 고통스럽고 위험한 삶을 살고 있을 것이다.

그럼 어떻게 해야 법칙계와 형이상학계에 관한 '지식'을 얻을 수 있을까? 경험과 연역추리로만으로는 불가능하지만, 경험과 연역추리를 이용한 비연역추리가 이를 가능하게 한다.

우리는 자연의 제일성(齊一性)에 대한 신념을 가지고 있다. 세계는 변화하는 것들로 가득하지만, 그 가운데는 변하지 않는 속성들도 있다는 것을 믿는다. 우리는 또한 라이프니츠의 충족이유율(充足理由

律)에 대한 신념을 가지고 있다. 우주 속에서 일어나는 사건들은 모두 그렇게 일어날 만한 합리적이고 충분한 원인이나 이유가 있다고 믿는다. 그래서 세계가 이러한 충분한 원인이나 이유로부터 연역적으로 도출되는 구조를 갖는 것으로 이해한다. 또한 우리는 세계를 하나의 정합적(整合的) 체계로 본다. 적어도 우리의 이성은 지식의 체계가 정합적이기를 요구한다. 다양한 지식은 서로 잘 어울려 세계를 더 잘 이해하고 설명할 수 있어야 한다. 적어도 지식의 체계는 모순을 포함해서는 안 된다.

자연의 제일성, 충족이유율, 지식 체계의 정합성 등에 대한 신념들은 우리가 합리성의 원칙에 따라 사고하고 판단할 수 있게 하는 대전제들이다. 물론 이 대전제들은 모두 철학적 논의의 대상이다.[36] 그러나 이 대전제들을 받아들이지 않는 것은 우리가 걸터앉아 있는 나뭇가지를 자르는 일과 같다. 이 대전제들을 문제 삼는 일 자체가 이 대전제들의 기반 위에서 이루어지기 때문이다.

이러한 대전제들을 받아들이면, 세계 탐구의 실마리가 풀린다. 우리는 형이상학계로부터 법칙계가, 그리고 형이상학계와 법칙계로부터 현상계가 연역적으로 도출될 수 있도록 형이상학계와 법칙계를 구상한다. 현상계가 연역적으로 도출될 수 있게 하자면, 법칙계와 형이상학계는 어떤 원리로 되어 있어야 할까? 이렇게 묻고, 현상계를 연역적으로 설명하는 가설들을 추리하여 그 중에서 최선의 것을 택하는 방식으로 경험 너머의 세계에 대한 지식의 확장이 이루어진다.

이번 장에서 우리는 지식을 확장시키는 추리들, 즉 동일한 대상(사건)들의 일반적 속성을 알아내기 위한 귀납추리, 동일하지는 않지만 유사한 대상(사건)들의 속성을 알아내기 위한 유비추리, 그리고 특수 사실이나 일반적 사실의 존재 이유나 원인을 추정하는 가설추리 등의

---

36) 이 대전제들은 대체로 이성주의의 입장에서 주장될 수 있는 것들이다. 따라서 예컨대 낭만주의의 입장에 서게 되면, 이 대전제들은 모두 문제될 수 있다. 물론 이러한 논의는 구도자 수준의 비판적 사고를 통해서 이루어진다.

비연역추리를 연구할 것이다.[37)]

3.1 귀납추리(歸納推理, Induction)

지식을 확장하는 방법으로서 우리에게 가장 친숙한 것은 귀납추리이다. 우리가 특수 사실들을 관찰하는 방식은 특이하다. 우리는 특수 사실들을 특수 사실들로만 보지 않고, 어떤 일반적 사실의 사례들로 본다. 수(數)들이 다음과 같이 제시되었다고 하자.

1, 3, …

이 경우 우리는 곧 다음에 5가 나올 것으로 생각한다. 이 수열을 2n－1의 형식이 예화된 것으로 일반화하기 때문이다. 그러나 다음에 5가 나오지 않고 7이 나왔다고 하자. 일반화는 실패하였다. 그렇다고 해서 우리는 일반화를 그만두는가? 그렇지 않다. 우리는 다음 수를 기다린다. 7에 이어 15가 나온다. 그러면 우리는 무릎을 치고 다음에 31이 나올 것으로 예상한다. '2^n-1'이라는 형식에 따른 수열이라 일반화하기 때문이다.

우리는 왜 그렇게 생각할까? 후기 비트겐슈타인은 이를 우리가 가진 '일반화의 열망' 때문인 것으로 보고 비판하였다. 세계는 이 열망을 뒷받침하도록 되어 있지 않은데, 일반화의 열망을 가지고 세계를 본질주의적으로 설명하려 한다는 것이었다. 비트겐슈타인의 생각대로 세계는 일반화할 수 있는 본질 같은 것이 없는데 단지 우리가 일반화의 열망만을 가지고 있는 것일까? 여기서 우리는 비트겐슈타인이 옳

37) 앞의 그림은 연역추리와 비연역추리의 다른 점을 어느 정도 보여주고 있다. 우리는 확립된 지식을 전제로 연역추리를 한다. 실선 화살표는 연역추리의 증명적인 성격을 말해주기 위한 것이다. 반면에 비연역추리는 점선 화살표로 나타내었다. 미지의 세계에 대한 비연역추리가 비증명적이라는 것을 보여주기 위해서이다.

은지를 논의하지는 않을 것이다. 그러나 확실한 것은 우리가 일반화의 열망을 가지고 있고, 이 열망은 세상을 귀납추리로 넘치게 하고, 따라서 비판적 사고를 통해 옥석을 가릴 줄 알아야 한다는 것이다.

부당성 귀납추리는 다음과 같이 어떤 집합의 일부가 가진 속성을 관찰하고, 그 속성을 집합 전체에 일반화하는 추리이다.

이 나무의 키는 100m가 못 된다.
저 나무의 키도 100m가 못 된다.
저 다른 나무의 키도 100m가 못 된다.
―――――――――――――――――
모든 나무의 키는 100m가 못 된다.

갑돌이는 오른손잡이이다.
을순이는 오른손잡이이다.
병태는 왼손잡이이다.
정순은 오른손잡이이다.
―――――――――――――――――
모든 사람의 75%는 오른손잡이이다.

모든 사람은 죽는다.
모든 나무는 죽는다.
모든 곤충은 죽는다.
―――――――――――――
모든 생명체는 죽는다.[38)]

38) 귀납추리는 특수 사실들로부터 일반적 사실을 알아내고자 하는 추리이다. 그러나 이 예가 보여주는 것처럼 낮은 수준의 일반적 사실들로부터 더 높은 수준의 일반적 사실을 귀납추리할 수도 있다.

이 예들이 보여주는 것처럼 귀납추리는 다음과 같은 형식으로 되어 있다.

관찰된 S 중 x %가 P이다.

---

x %의 S는 P이다.

전제는 집합 S의 일부가 관찰되었는데 그 중 x %가 속성 P를 가지고 있다는 것을 말하고 있다. 그리고 결론은 S 전체의 x %가 P를 가지고 있다는 것을 말하고 있다.

명백히 귀납추리는 전제에서 주장된 것보다 더 많은 것을 결론으로 주장함으로써 지식의 확장을 가능하게 한다. 그러나 문제는 귀납추리가 부당한 추리라는 것이다. 어떻게 S의 일부가 P라는 것을 관찰하고 모든 S가 P라고 주장할 수 있다는 말인가? 관찰하지 못한 S의 다른 부분이 P가 아닐 수도 있지 않은가? 러셀은 이러한 귀납추리의 문제점을 설명하기 위해 닭의 귀납추리를 소개한다. 닭은 일생 동안 매일 아침 주인이 모이를 주었기 때문에, 언제나 주인이 모이를 줄 것으로 생각한다. 그러나 어느 날 주인의 손은 모이를 주는 대신 닭의 목을 비튼다.

그렇지만 부당한 추리라고 해서 귀납추리의 무용론을 주장하는 것은 잘못이다. 목을 비틀어 닭을 잡는 것도 과거에 그렇게 닭을 잡았던 경험을 일반화할 수 있었기에 가능한 한 행위였다. 문제는 어떻게 하면 좋은 귀납추리를 할 수 있는가에 있다. 어떻게 잡다하고 변화무쌍한 현상계에서 불변하는 일반성을 발견할 수 있을까? 라이헨바하는 귀납추리를 망망대해에서 고기를 잡으려는 것에 비유하고 있다.

> 귀납추리를 하는 사람은 고기가 어디 있는지도 모르고 바다에 그물을 던지는 어부와 비교될 수 있다. 고기를 잡게 될지 그는 알지 못한다. 그

러나 만일 그가 고기를 잡고자 한다면, 그물을 던져야 한다는 것을 안다.[39)]

물론 귀납추리를 잘할 수 있게 하는 비법이나 '기계적' 방법 같은 것은 없다. 그러나 라이헨바하가 우려하는 것처럼 그렇게 막연한 추리만도 아니다. 사실 어부들은 아무 데나 그물을 던지지 않는다. 성공이 보장된 것은 아니지만, 어부들은 성공의 개연성(蓋然性 probability)이 높다고 판단할 수 있는 이유가 있는 곳에 그물을 던진다. 귀납추리도 마찬가지이다. 좋은 귀납추리의 전제는 결론을 받아들이게 할 만한 훌륭한 이유가 된다.

관찰 사례 관찰은 귀납추리의 기반이다. 그래서 대체로 관찰 사례가 많을수록 일반화는 개연성이 높아지고, 관찰 사례가 적을수록 개연성이 낮아진다. 콩이 가득히 담긴 통에서 작은 구멍으로 콩이 하나씩 나온다고 생각해 보자. 검은 콩(B)이 하나 나오는 것을 보고 "이 통 안의 모든 콩은 검다."라고 일반화하는 것은 성급한 일일 것이다. 두 번째도 검은 콩이다. 이 경우는? 성급하기는 마찬가지이다. 그러나 처음 경우보다는 개연성이 높다고 기대할 수 있다. 일반적으로 적은 관찰 사례에 따른 일반화는 '성급한 일반화의 오류'를 범하는 일이다.

물론 단 한 번의 관찰 사례로 족한 경우도 있다. "벌은 쏜다."는 것을 알기 위해 여러 번 벌에 쏘일 필요는 없다. "상한 음식을 먹으면 식중독에 걸린다."는 것을 알기 위해서 상한 음식을 여러 번 먹어볼 필요는 없다. 이 경우는 관찰 사례가 많은 것이 더욱 문제될 수 있다. 사실 가능하다면, 적은 관찰 사례를 일반화하는 것이 더 효율적이고 창의적이다. 추곡 수매장에서 검사원들은 볏가마니에서 쇠꼬챙이로 샘플을 채취하여 가마니 속의 벼가 몇 등급인지를 판정한다. 이때 꼬

39) Hans Reichenbach, *The Rise of Scientific Philosophy*(Berkeley: UC Press, 1975), pp.245-246.

챙이를 여러 번 찔러 볼수록 판단의 개연성이 높아지겠지만, 단 한 번 찔러 같은 평가를 할 수 있으면, 더 유능한 검사원으로 인정받을 것이다.

또한 관찰 사례가 많으면 오히려 이상한 경우도 있다. 주사위를 던져서 열 번이나 연속적으로 6이 나올 수 있는데, 이 경우 “이 주사위는 언제나 6이 나온다.”라고 일반화하는 것은 어리석은 일이다. 오히려 열 번이나 6이 연속적으로 나오는 것은 1/6의 수학적 확률이 우연히 열 번 계속된 것인데, 어떻게 이런 일이 있을 수 있는지에 놀라고, 이러한 우연의 반복이 어떤 다른 이유 때문인지 생각해 보아야 할 것이다.

그러나 일반적으로 관찰 사례가 많지 않으면 성급한 일반화의 오류를 범하게 된다. 그럼 어느 정도 관찰해야 할까? 세 번째는 노란 콩(Y)이 나왔다. “이 통 안의 모든 콩은 검다.”는 일반적 주장에 대한 반증례가 나온 것이다. 따라서 이 일반적 주장은 폐기된다. 일반적 주장은 단 하나의 반증례만 있어도 거짓이기 때문이다. 그럼 “이 통 안의 콩 66.666…%는 검고 33.333…%는 노랗다.”라고 할 수 있을까? 이렇게 일반화하는 것 역시 성급하다. 좀 더 관찰한 결과 콩이 다음과 같이 나왔다고 생각해 보자.

BBYYBYYBBBYBYY

이 경우 “이 통 안의 콩 50%는 검고 50%는 노랗다.”라고 일반화할 수 있는데, 이 일반화는 앞의 경우들에 비해 개연성이 높다. 다음에 어떤 콩이 나오든 이 일반화가 반증된다고 생각하기보다는, 관찰 사례가 증가할수록 오히려 이 일반화의 개연성이 높아질 것이라고 기대할 수 있기 때문이다. 그러나 이러한 기대는 통 안의 콩들이 어떻게 섞여 있는 것으로 전제하는가에 따라 달라진다.

표본의 대표성 통 안의 콩들에 대한 일반화는 콩들이 골고루 섞여 있다고 전제해야 성립한다. 일반적으로 귀납추리는 일반화되는 속성의 편재성(遍在性)을 전제한다. 편재성이 의심될 수 있을 경우에는 이 의심을 상쇄시킬 수 있도록 표본을 다양화해야 한다. 그래서 관찰된 표본(標本)이 모집단(母集團) 전체를 대표할 수 있도록 해야 한다.

표본의 대표성은 관찰 사례가 많을수록 높아질 수 있지만, 반드시 그런 것은 아니다. 많은 관찰 사례들이 공교롭게도 모집단의 성격을 왜곡하는 것일 수 있기 때문이다. 그래서 표본의 대표성에 대한 판단을 내리기 위해서는 "표본의 대표성을 의심할 이유가 있는가?"를 물어야 한다. 사과 상자 위에 좋은 사과가 있는 것을 보고 샀다가 낭패를 본 경험이 있는 사람은 다음번에 사과를 살 때 밑바닥까지 들춰보게 되는데, 이는 위에 보이는 좋은 사과의 표본으로서의 대표성을 의심할 이유가 있기 때문이다. 모집단이 성격이 다른 여러 하위 집단으로 이루어졌을 경우 표본이 하위 집단들의 특성을 고루 반영하는지 물어야 한다. 예컨대 어떤 사안에 대한 국민 전체의 의견을 알아보기 위해서 인터넷으로 설문조사를 하는 것은 적절하지 않을 수 있다. 인터넷은 주로 젊은 세대가 사용하는 것이기 때문이다.

마음의 눈 귀납추리는 육체의 눈으로 특수 사실들을 보면서 마음의 눈으로는 일반적 사실을 '보는' 추리라 할 수 있다. 검은 콩과 노란 콩을 한 통에 넣어 흔들면 점점 골고루 섞이게 되고, 아무리 오래 흔들어도 결코 검은 콩들과 노란 콩들이 따로 분리되지 않는다. 물 컵에 잉크 방울을 떨어뜨리면, 잉크 방울은 잠시 후 물 컵 전체로 퍼져나가고, 아무리 오래 두어도 결코 원래의 잉크 방울로 돌아오지 않는다. 이러한 관찰은 "자연에서 일어나는 모든 현상은 항상 무질서해지는 방향으로 진행한다."라고 일반화할 수 있는데, 바로 열역학 제2법칙(엔트로피 법칙)이다.

이 예가 보여주는 것처럼, 귀납추리의 전제는 결론의 사례이다. 즉,

귀납추리의 전제는 결론을 보여줄 수 있는 있는 것이어야 한다. 이 점을 연역추리의 경우와 비교해 보면 재미있다. 연역추리는 전제 속에 결론이 형식적으로나 내용적으로 포함되어 있다. 귀납추리는 전제 속에 결론이 분유(分有) 또는 예화(例化)되어 있다.

"자라 보고 놀란 가슴 솥뚜껑 보고 놀란다."는 말은 마음의 눈으로 분유된 속성을 발견하는 일이 쉽지 않음을 시사하고 있다. 윌리엄 블레이크는 "한 알의 모래 속에서 세계를 보고, 한 송이 들꽃 속에서 천국을 본다."고 노래하였지만, 눈 뜬 장님도 많다. 또한 육체의 눈이 사람마다 다르듯이, 아니 그 이상으로, 마음의 눈은 사람마다 다르다. 다음 예를 보자.

> 전쟁 때의 어느 날이 떠오르는군, 우리는 어떤 죽어가는 사람 둘레에 모여 있었지. 아무도 그가 누군지 알아보지 못했네. 그 사내는 폭격당한 야전 병원의 잔해들 속에서 발견됐었네. … 그 사내의 얼굴은 훼손되어 있었네. 그가 누군지는 아무도 알 수 없었네.
>
> 말할 수 있는 거라곤 고작 그가 양편 군대의 어느 쪽엔가 소속되어 있다는 것뿐이었지. 그는 신음하고 울고 으르렁거리고 할 수 있는 모든 무서운 고함은 다 지르고 있었네. 그가 지르는 단말마 속에서 최소한 그의 국적이라도 전해 줄 수 있을 한 마디 말, 어떤 억양이라도 알아내려고 애썼지. 하지만, 알아낼 수 없었네. … 그가 잠잠해질 때까지 우리는 눈으로 그를 뒤쫓았고, 귀 기울여 그의 소리를 들었었지. 그가 죽고 그래서 우리의 떨림도 멈췄을 때 – 한순간에 나는 보고 깨달았네. (바르뷔스, 『지옥』)

무엇을 깨달았을까? "전쟁은 비극이다." "전쟁은 많은 사람을 죽음으로 몰아넣는다." 이런 점들을 보는 것은 누구에게나 쉽다. 그러나 다음과 같은 점을 보기는 쉽지 않다.

> 그 사람이 자기의 막연한 동포들보다도 인간에 더욱 뿌리 박혀 있다

는 걸 나는 가슴 깊이 깨달았네.

이처럼 다른 사람이 보지 못하는 것을 보는 귀납추리는 문학적 감동을 넘어서서 큰 깨달음을 준다. 위대한 작품은 대부분 상식과 편견과 고정관념의 틀로부터 우리를 해방시켜 세계 이해의 새로운 지평을 보여주는 일반화를 시도하고 있다. 오늘날 우리의 삶을 인도하고 있는 지식과 지혜의 창안자들인 인류의 위대한 스승들과 탐구자들은 다름 아닌 다른 사람들이 볼 수 없는 것을 본 사람들이라 할 수 있다. 그러나 어떤 경우에든 전제에서 볼 수 없는 것을 일반화해서는 안 된다. 또한 관찰된 속성을 과장되게 일반화하거나 축소하여 일반화하는 것도 잘못이다.

분류 마음의 눈으로 일반성을 발견하고자 하는 귀납추리는 분류 행위와 깊은 관계를 가지고 있다. 우리는 잡다하고 무질서하게 널브러져 있는 개별자들과 특수 사실들을 어떤 기준에 따라 분류해서 본다. 일반적으로 분류는 "개별자들 a, b, c, …, n은 속성 P를 가지고 있다."의 형식으로 이루어지고, 이렇게 분류된 개별자들은 하나의 집합을 이루게 된다. 소크라테스, 황진이, 케네디…는 '사람임'의 속성을 가지고 있고, 그런 점에서 '사람'의 집합을 이룬다. 귀납추리는 어떤 속성을 가진 대상들이 다른 속성도 가지고 있다고 분류하는 행위임을 알 수 있다. '사람임'의 속성을 가지고 있는 개별자들이 '죽는다'의 속성도 가지고 있다는 것을 관찰하고, "모든 사람은 죽는다."고 일반화하는 것이다.

이제 우리는 귀납추리의 문제를 "과연 P라는 속성을 가진 것들이 또한 S라는 속성을 가진 것으로 분류해도 되는가?"의 문제로 볼 수 있음을 알 수 있다. 분류는 다양하고 복합적이고 중층적으로 이루어질 수 있고, 모든 분류가 적절한 것은 아니기 때문이다. 개별자들은 어떤 속성을 기준으로 하는가에 따라 이 집합, 저 집합으로 이합집산

(離合集散)한다. 소크라테스는 '사람'의 집합, '남자'의 집합, '철학자'의 집합에도 속할 수 있고, '악처에게 시달린 사람'의 집합이나 '들창코'의 집합에도 속할 수 있다. 여기까지는 좋다. 문제는 집합들 역시 다양하게 이합집산한다는 데에 있다. 철학자 집합은 사람의 집합에 속한다. 그래서 "모든 철학자는 사람이다."라는 일반화가 성립한다. 그러나 "모든 철학자는 악처에게 시달리는 사람이다."라든지 "악처에게 시달리는 사람은 철학자이다."라고 할 수 있을까?

로마인들은 사람이 사용하는 도구를 수레나 삽처럼 소리를 내지 못하는 도구, 소나 말처럼 소리를 내는 도구, 그리고 노예처럼 말하는 도구 세 가지로 분류했는데, 우리는 이러한 분류가 어딘지 잘못되었다고 느낀다. 왜 그럴까? 일반적으로 어떤 기준에서 분류해야 될지 생각해 보자.

본질적, 인과적 관계 귀납추리를 통해서 우리가 하고자 하는 것은 특수하고 잡다한 대상들과 사건들 속에서 불변하는 요소를 발견하기 위해서이다. 이 소망은 "세계는 우연한 것들로 가득하지만, 필연적인 것들도 많다."는 본질주의적 직관을 반영한다.[40] 예컨대 어떤 사람이 여행 중에 사기를 당하는 것은 우연한 일로 볼 수 있지만, 사기를 당하여 고민하던 끝에 탈모 현상이 발생하는 것도 우연으로 보기는 어렵다. 스트레스와 탈모 간에는 우연하게만 여길 수 없는 뭔가 필연적인 상관관계가 있는 것 같기 때문이다. 그래서 "여행하면 사기를 당한다."라고 하지는 않지만, "스트레스를 받으면 탈모증에 걸린다."는

40) 앞에서 후기 비트겐슈타인의 입장에 대한 언급이 있었지만, 현대 철학의 경향은 대체로 반본질주의적이다. 세계 속에 본질적이거나 필연적인 것은 없으며, 모든 것은 우연의 산물이라는 것이다. 그러나 이러한 철학적 경향과는 관계없이, 우리의 삶 속에서 본질주의적인 견해가 유통되고 있음을 부인할 수는 없다. 예컨대 과학적 탐구는 본질주의적 자연관을 전제하지 않으면 성립할 수 없다. 그러나 구도자 수준의 비판적 사고에서는 이 전제 자체의 정당성이 도전받는다.

말을 하는 것이다. 그런데 이렇게 말할 수 있는 것은 사물이 가진 본질에 기인한다.

"S는 a의 본질이다."라는 말은 "S를 결여한 것은 a일 수 없다."를 뜻한다. 예컨대 단맛은 설탕의 본질이다. 달지 않으면 설탕일 수 없기 때문이다. 반면에 '육면체임'은 설탕의 본질이 아니다. 육면체가 아니라고 해서 설탕이 아닌 것은 아니다. 설탕이 육면체의 모양으로 있든 가루의 모양으로 있든 그것은 우연한 일이다. 설탕은 본질적으로 달지만 우연하게 육면체인 것이다.

우리는 귀납적 일반화를 통해서 대상들의 본질적 속성을 드러내고자 한다. 따라서 본질적 속성이 아닌 우연적 속성을 일반화하지 않도록 할 필요가 있다. 우리는 사람들이 죽는 것을 보고 "모든 사람은 죽는다."는 일반화를 할 수 있다. 그러나 몇몇 멕시코 남자들이 콧수염을 하고 있는 것을 보고 "모든 멕시코 남자들은 콧수염을 하고 있다."고 일반화하는 것을 잘못이다. '콧수염을 하고 있음'은 멕시코 남자들의 본질적 속성이라 할 수 없기 때문이다.

본질적 관계는 대상과 속성의 사이뿐만 아니라, 사건들 사이에도 존재한다. 사건들은 우연히 관계될 수도 있지만, 인과적으로도 관계될 수 있다. 예컨대 "까마귀 날자 배 떨어진다."의 경우 까마귀가 나는 사건과 배가 떨어지는 사건은 우연히 선후관계에 놓였을 뿐이다. 반면 "태풍이 몰아치면, 배가 떨어진다."의 경우는 사건들이 원인과 결과의 관계를 이루고 있는데 이는 사건들의 본질적 속성, 즉 인과법칙으로 인한 것이다. 인과관계는 인과법칙을 함의한다. 사건들 간에 인과관계가 이루어졌으면, 그 사건들을 인과관계로 맺어주는(예화하는) 인과법칙이 존재하는 것이다. 따라서 인과법칙의 산물이 아닌 단순한 전후 관계를 인과관계로 보지 않도록 해야 한다.

기술(記述) 인과관계의 기술은 정확할수록 좋다. 그래서 인과관계에 대한 이상적인 기술은 인과법칙을 드러내게 된다. 인과관계가 인과법칙을 함의하지만, 모든 인과관계에 관한 기술이 인과법칙을 기술하는 것은 아니다. 예컨대 홍수로 인해 마을이 파괴되었을 경우 우리는 그 사건을 일으킨 물리 법칙이 존재한다는 것을 확신한다. 이 경우 "홍수는 마을을 파괴시킨다."는 일반적 주장은 문제의 현상을 설명하는 물리 법칙이 되지 못한다. 사물의 본질과 사건들의 인과관계에 관한 기술은 엄밀하고 결정론적인 법칙으로 기술될 경우에만 이상적인 법칙적 기술이 되기 때문이다.

어떤 사건 N이 일어나지 않고서는 다른 사건 E가 일어나지 않을 경우, N을 E에 대한 '인과적 필요조건'이라 하고, 어떤 사건 S가 일어나기만 하면 다른 사건 E가 일어날 경우 S를 E에 대한 '인과적 충분조건'이라 할 때, 어떤 사건에 대한 '이상적인 원인'은 그 사건에 대한 인과적 필요충분조건이다. TV가 작동하기 위한 필요조건은 중요 부속품들 하나하나가 정상적으로 작동하는 것이며, 그 필요조건들의 총체가 충분조건이 된다.

이러한 점들에 비추어 보면, 우리가 흔히 제시하는 일상적인 의미의 원인은 이상적 원인과는 상당한 거리가 있다는 것을 알 수 있다. 극단적으로 말하자면, 우리는 대부분의 경우 이상적 원인을 결코 가려낼 수 없을지 모른다. 그래서 이상적인 원인의 발견은 과학의 목표로서나 적합할 수 있다.

그렇다고 해서 비전문가인 보통 사람들이 자연현상에 관한 일반화를 해서는 안 된다는 것은 아니다. 보통 사람들의 자연현상에 관한 일반화는 느슨할 수밖에 없고, 따라서 그만큼 개연성이 떨어지겠지만, 삶의 지혜로서 훌륭한 역할을 하는 것들도 많이 있다. 예컨대 식용 동물이나 식물을 알게 된 것은 과학자들이 아니라 보통 사람들이 귀납추리를 한 결과였다.

자연현상 · 인간현상 본질적, 인과적 관계 여부를 판단할 수 있기 위해서는 자연현상과 인간현상을 구분해서 생각하는 것이 좋다. 위에서 언급한 것처럼 자연현상은 자연법칙을 예화하는 것으로서, 만일 우리가 성공적인 귀납추리를 하면, 자연법칙을 발견할 수 있다는 희망을 가져볼 수 있다. 자연의 제일성과 편재성에 대한 믿음이 확고하기 때문이다. 그래서 자연현상의 경우 개연성을 높이기 위해 관찰 사례를 증가시킬 필요가 없을 수 있다. 예컨대 "두 물체를 마찰하면 열이 발생한다."의 개연성은 새로운 두 물체가 마찰되어 열을 발생시킬 때마다 높아지는 것이 아니다.

반면에 인간현상은 자연법칙을 예화하는 것이 아니라 인간의 의지, 의도, 목적의 산물이다. 인간은 주어진 조건에 기계적으로 반응하는 것이 아니라, 고유의 세계관과 가치관을 가진 자유로운 주체가 자신의 방식으로 문제 상황을 인식하여 자신의 입장에서 가장 합리적이라고 판단되는 행위를 함으로써 삶, 사회, 역사, 문화 등을 창출한다. 이러한 인간현상은 일반화하기에는 너무 복잡하다. 그러나 인간현상이라고 해서 아무렇게나 발생하는 무법칙적인 현상인 것은 아니다. 무엇보다도 인간은 이성적 존재이기 때문이다. 엄밀하고 결정론적인 법칙으로 일반화할 수는 없지만, 인간현상도 약한 수준의 일반성을 인정할 수 있는 원리, 원칙의 산물이다. 따라서 우리는 역으로 인간현상을 관찰하고 귀납적 일반화를 할 수 있다. 예컨대 "가는 말이 고와야 오는 말이 곱다."와 같은 속담들 대부분은 인간현상에 대한 일반화의 산물이다. 당연히 자연법칙은 예외를 허용하지 않지만, 인간현상의 일반화는 얼마든지 예외를 허용한다. 따라서 인간현상의 일반화를 받아들이는 데는 각별히 신중해야 한다.

개연성 일반화의 개연성을 높이는 방법에는 두 가지가 있다. 하나는 전제를 강화시키는 것이다. 위에서 논의된 것들을 두루 고려한 끝에 '모든 합리적인 의심의 여지가 없이(beyond all reasonable doubt)' 시도되었다고 인정될수록 개연성은 그만큼 높아진다. 관찰 사례가 많을수록 일반화의 개연성은 높아지지만, 합리적인 의심으로부터 자유롭지 못한 일반화는 실패를 면하기 어렵다. 예컨대 환갑을 맞은 할아버지가 10세 손자에게 "너보다는 내가 오래 살 개연성이 더 높다."라고 말하는 것은 '근시안적 귀납의 오류'를 범하는 일반화이다. 오래 살 개연성을 판단하는 일은 오래 살아본 경험이 아닌 다른 요소들을 고려해야 하는데 이 점을 의심해 보지 않은 것이다.

개연성을 높이는 다른 방법은 결론을 약화시키는 것이다. 결론을 약화시키는 방법에는 두 가지가 있다. 첫째, 일반화의 범위를 좁힘으로써 결론을 약화시킬 수 있다. 개미들은 개미, 곤충, 동물, 생명체, 존재자 등 여러 집합에 속할 수 있다. 그래서 개미들의 행태를 관찰하고 나서, "모든 개미는 부지런하다."라고 일반화할 수도 있지만, 상위 집합을 선택하여 "모든 생명체는 부지런하다."라고 일반화할 수도 있다. 이 경우 전자와 같이 일반화의 범위를 좁혀 결론의 개연성을 높일 수 있지만, 그만큼 덜 매력적이다. 일반화는 범위가 넓을수록 매력적이고 좁을수록 덜 매력적이기 때문이다. 과학 법칙은 가능하면 넓은 범위의 일반화를 지향한다. 법칙은 일반화의 범위가 넓을수록 반증될 수 있는 가능성이 많아진다. 그럼에도 불구하고 반증되지 않는 것일 경우 법칙으로서의 위상이 공고해지는 것이다. 이렇게 일반화의 범위가 넓으면서도 개연성이 높은 일반적 진술이 아닌 한 법칙으로서의 가치를 인정받기 어렵다.

결론을 약화시켜 개연성을 높이는 다른 방법은 일반성의 정도를 약화시키는 것이다. '모든' 대신 '대부분', '언제나' 대신 '흔히', '어디나' 대신 '많은 곳에서'와 같은 표현을 쓰면 일반성의 정도가 약화된다. '확실히'라든지 '틀림없이' 대신, '아마도'라든지 '…일(할) 수 있다'와 같은 표현을 써서 일반성의 정도를 약화시키기도 한다. 일반성의 정도를 약화시키는 '조심스러운' 표현을 쓰면 개연성은 높아지지만, 그만큼 일반화로서의 매력은 감소한다. 그러나 높아진 개연성 자체가 더 인상적일 경우가 많다. 탈무드에 "아침에 늦게 일어나고 낮에는 술을 마시며, 저녁에 쓸데없는 이야기를 하고 있으면 인간은 일생을 간단히 헛되게 만들 수 있다."는 말이 나온다. '…만든다'라고 하지 않고 '…만들 수 있다'고 일반성을 약화시키고 있다. 그러나 개연성이 높아짐으로써 이 주장은 무시할 수 없는 호소력을 갖는다.

귀납적 일반화는 동일한 유형의 대상들이 가지고 있는 속성의 일반화이다. 그런데 우리는 동일하지 않은 유형의 대상들이 가지고 있는 속성들의 유사성에 근거하여 추리를 진행시키기도 한다. '유비추리'가 그것이다.

연습문제

※ 다음 각 논증을 재구성하여 평가하라.

1. 인류의 미래는 낙관적이다. 인류의 역사를 끊임없이 질곡으로 끌고 가려는 세력이 있다는 것은 사실이다. 그러나 그런 사람들보다도 소크라테스, 예수, 공자, 석가와 같은 성현들이 한 역할을 주목해야 한다.

2. 어느 날 아침 나는 나무등걸에 붙어 있는 나비집을 발견했다. 나비는 그때 마침 집에서 나오려고 고치에 구멍을 내고 있는 참이었다. 나는 한참 기다렸다. 하지만 집을 뚫고 나오는 것이 너무 더디어 참기가 힘들었다. 나는 허리를 굽히고 입김으로 그것을 덥히기 시작했다. 힘을 다하여 급히 나비집을 따뜻하게 만들어주었더니 바로 내 눈앞에서 생명의 속도보다 빠른 기적이 일어나기 시작했다. 집이 열리고 나비가 엉금엉금 기어 나왔다. 나는 그때 뒤로 붙은 채 구겨진 그 날개를 본 순간의 공포를 잊을 수가 없다. 불쌍한 나비는 전신을 부르르 떨면서 날개들을 펴보려고 기를 썼다. 나는 그놈 위에 얼굴을 가까이 가져가서 입김으로 날개 펴는 것을 도우려고 들었다. 부질없는 노릇이었다. 나비는 참을성 있게 부화되기를 기다렸어야 했다. 그리고 날개를 편다는 일은 태양 아래서 천천히 진행되는 작업이어야만 했다. 이제 만사

는 너무 늦었다. 나의 입김이, 나비로 하여금 온통 구겨진 채, 나올 시간보다 앞당겨 나오도록 강요한 셈이다. 나비는 필사적으로 바동거렸지만 몇 초 후 나의 손바닥 위에서 죽고 말았다.

그 작은 시체는 내 양심에 가장 큰 무게로 남아 여태껏 나를 괴롭히고 있다고 믿어진다. 왜냐하면 오늘 나는 자연의 위대한 법칙을 어긴다는 것이 얼마나 큰 죄악인가를 깨달은 것이다. 우리는 덤비면 안 된다. 우리는 성급하게 굴어도 안 된다. 우리는 영원의 리듬을 굳게 믿고 따라야만 하는 것이다. (카잔차키스, 『그리스인 조르바』)

3. 우리나라의 크고 작은 어느 시장 하나 게으름을 팔고 사는 시장 아닌 것이 없다. 폭주하는 뉴패밀리의 젊은 주부들은 가사에 약하다. 이 약점을 파고들어 씻은 봉지쌀, 1회용 물걸레며 기저귀, 냄비 겸 그릇, 토스트와 계란 프라이 등 두 가지를 만드는 제품들 그 다양한 인스턴트 식품이며 물만 부으면 피어나는 즉석꽃에 이르기까지 온통 게으름 시장이다. 게으름은 이제 악이 아닌 가치로서 자리매김하고 있음을 실감하게 된다. (이규태, 「게으름뱅이 회의」, 『조선일보』)

4. 그는 정답게 흘러가는 강기슭에서 수정과 같이 투명하고 신비로운 물결을 물끄러미 들여다보았다. 빛나는 진주가 깊숙한 물속에서 솟아오르고, 물방울이 조용히 떠오르는 거울 같은 수면에는 조용히 푸른 하늘이 비치고 있었다. 강은 여러 가지 눈초리로 그를 바라보고 있었다. 푸른 눈, 흰 눈, 혹은 수정 같은 눈, 혹은 하늘빛 같은 눈으로 보고 있었다. … 그는 그 강물의 가르침을 배우기 위해 귀를 기울였다. 이 흐르는 강물을 이해하는 사람은 다른 모든 인생의 비밀을 이해할 수 있을 것 같았다.

그는 물과 물의 많은 비밀 가운데서 오늘 그의 영혼을 붙잡는 오직 하나의 비밀을 엿보았다. 이 물과 물은 꾸준히 흐르고 있으나 항상 그곳에 머물러 있음을 보았다. 그리고 항상 그곳에 있어 언제나 같은 물로 보이지만 순간마다 새로운 물임을 보았다. (헤르만 헤세, 『싯다르타』)

5. 유전자가 인간에게 얼마나 큰 영향을 미치는가에 대한 교과서적인 예가 미네소타 대학에서 수행되었던 일란성 쌍둥이 비교연구이다. 이 분석의 대상이었던 일란성 쌍둥이 남자 형제는 생후 4주 만에 서로 다른 가정에 입양되었다가 39세 때 처음으로 만났다. 따라서 자라난 환경도 상당히 달랐고, 함께 자라지 않았기 때문에 형제간의 상호 작용도 거의 없었다. 그러나 이들은 놀랍게도 너무도 비슷하게 성장했다. 이들은 둘 다 소방 계통에서 일을 했고, 플로리다에서 휴가를 보냈다. 또 GM에서 만든 시보레 차를 몰고 있었으며, 둘 다 개를 길렀는데 이름이 똑같이 토이였다. 두 사람 다 이혼 후 재혼했는데 첫 부인들의 이름이 모두 린다, 두 번째 부인은 베티였고, 아들 이름은 각각 '알렌'과 '알란'이었다. 두 사람 다 손톱을 바싹 깎는 습관이 있고 비슷한 흡연, 음주 버릇을 가졌고 취미로 목수 일을 즐겼다. 또 생애 중 비슷한 시기에 4.5kg정도 체중이 증가한 사실이 나타났다.

물론 이 형제는 극단적인 경우이지만 다른 일란성 쌍둥이 형제들도 여러 행동 유형에서 우연으로 보기에는 어려울 정도로 유사성이 높다. 이에 따라 "유전자가 같은 형제들은 유사한 환경을 추구하는 경향이 있다."는 가설까지 만들어졌다. 즉 일란성 쌍둥이는 다른 환경에서 자라더라도 같은 환경을 추구하려는 성향이 있어 이들은 서로 비슷해진다는 것이다.

6. 이념! 그 알쏭달쏭한 추상론을 제대로 터득하고 살아가는 사람이 지구상에 얼마나 될까?

더운 곳의 사람들은 게으름이 행복이고 남미인(南美人)은 놀기 위해 일하며, 북방인(北方人)들은 일하는 보람으로 산다고 했다. 이같이 서로 딴판인 풍토 위에 같은 이념, 체제를 적용했다 해서 결과도 같게 나올 수 있을까?

독일의 강점은 게르만 정신이고, 일본의 경제력은 일본주의적 특성 때문이다. 대만(臺灣)의 튼튼한 균부(均富) 체질은 삼민주의(三民主義: 民族 · 民權 · 民生)의 이념으로 다진 것이다. 덴마크의 낙원 건설은 그룬드비히의 혈통 정신에서, 스위스의 풍요는 페스탈로치의 교육 정신에서 빚어진 것으로 본다. 이념보다 국민 개성이 더 중요하다는

얘기다. (엄일영, 「최상의 이데올로기」, 『인간시대』 59호)

7. 평화로운 시대에 있어서 시인의 존재는 가장 비싼 문화의 장식일 수도 있는 것이다. 그러나 시인이 처하여 있는 국가가 비운에 빠졌거나 통일을 잃었거나 하는 때에 있어서 시인은 비싼 문화의 장식을 떠나, 혹은 예언자로, 또는 민족혼을 불러일으키는 선구자적 지위에 놓일 수도 있는 것이다.

   예를 들면, 정부도 군대도 가지지 못하고 제정 러시아의 가혹한 탄압 아래 있던 폴란드 인에게는 시인의 존재가 오직 국민의 재생을 예언하며, 굴욕된 정신생활을 격려하는 크나큰 축도를 드리는 예언자로 생각하였으며, 당시 통일된 국가를 가지지 못하고 이산되어 있었던 이탈리아 사람들에게 시성 단테는 오로지 유일한 '이탈리아'로 숭앙되어 왔으며, 제1차 세계대전 때에 독일군의 잔혹한 압제하에 있었던 벨기에 인에게 있어서 베르하렌은 조국의 한 시인 영(靈)으로 추앙되었다. (이헌구, 「시인의 사명」, 권영민, 『고등학교 작문』)

8. 우리가 생각이 있는 백성이라면 해방이 되던 날 곧 잿물로 몸을 씻고, 불의로 얻은 살이 다 빠지도록 단식을 하고 새 님을, 정말 우리 님을 맞을 준비를 했어야 할 것이다. 더구나 만주에는, 이 핏기 없는 갈보가 진통에 거의 숨이 끊어지려는 뒤에서 아기가 나기만 하면 삼키려고 엎디어 기다리는 흉악한 곰이 있음에서일까? 그러나 이 민족은 그런 생각을 하지 않았다. 해방이 된 이튿날 길가에 나가 '사꾸라' 나무를 찍는 씨알은 무지는 하지만 그대로 감정은 살아 있다 할 수 있는데, 이 잘 산다는 층은 어림이 없었다. 아직도 '왜식' 맛을 못 잊어 입을 다신다. 그러다가는 또 미국 사람이 들어오기가 바쁘게 껌을 씹고, 로스케가 오기가 바쁘게 해바라기 씨를 깠다. 이것이 민족이냐? 국민이냐? 갈보, 참 더러운 갈보 아니냐? (함석헌, 『뜻으로 본 한국역사』)

9. 1953년 아인슈타인은 한 채식주의자에게 다음과 같은 편지를 썼다: "만일 당신이 양배추와 사과나무를 심기 위해 자그마한 물웅덩이 땅

을 구입하면 당신은 우선 그 땅을 적당히 건조시켜야 할 것입니다. 물웅덩이 땅을 건조시키게 되면 당신은 수생 생물계를 파괴하게 되는 것입니다. 그리고 나서도 당신은 당신이 가꾸는 작물들을 뜯어먹는 애벌레들을 죽여야 될 것입니다. 만일 이런 모든 일을 하지 않으려면 당신은 그 땅을 포기해야 할 것이고 그 땅에 살던 생물들은 제각기 계속 살아가게 될 것입니다. 윤리적 교훈과 관련하여 누구나 인간의 존재가 필요하지만 쉽게 결정하기 어려운 타협을 필요로 한다는 점을 인정해야 합니다. 어떤 경우에건 사람은 윤리적 분노만으로 그 같은 타협에 이를 수는 없습니다." (에이브러햄 페이스, 『신화는 계속되고: 아인슈타인의 삶과 사상』, 이용원 옮김)

10. 인생의 최상의 상태에 있는 장년에 대하여 말하자면, 그들이 청년과 노인의 중간적인, 즉 양 극단으로부터 자유로운 성격을 지니고 있음을 우리는 명백히 알 것이다. 그들은 무모함에 빠지는 지나친 자신감이나 또 지나친 소심함을 지니고 있지 않으며 오히려 이 양자의 적절한 분량을 지니고 있다. 그들은 모든 사람을 다 믿지는 않으나 또 그렇다고 모든 사람들을 불신하지 않고, 사람들을 정확하게 판단한다. 그들의 삶은 오로지 고결한 것을 고려함에 의하여 인도된다거나, 유용한 것에 의해서만 인도되지 않고 이 양자에 의하여 인도된다. 다시 말하자면 극도의 절약이나 낭비라는 어느 하나의 극단에 의해서가 아니라 적당하며 올바른 것에 의해 인도된다.

분노나 욕구에 관하여도 역시 마찬가지이다. 그들은 온화할 뿐만 아니라 용감하며, 또 용감하면서도 온화하다. 이러한 덕들은 젊은이와 늙은 사람들의 경우에서는 분리되어 있다. 즉, 젊은 사람들은 용감하지만 온화하지 못하며, 반대로 늙은 사람들은 온화하지만 용감하지 못하다. 이것을 일반적으로 말하자면, 모든 도덕적인 특징이 젊은이와 늙은 사람들의 경우에서는 분리되어 있지만 장년에게는 통일되어 있으며, 또 한편으로는 이러한 도덕적인 특성의 지나침과 부족함이 장년에게서는 적절함과 적당함으로 대치된다. 신체상으로는 장년의 시기는 30에서 35세까지이며 정신적으로 30에서 49세까지이다. (아리스토텔레스, 『수사학』)

11. 모든 사건들은 다 묘하게 얽혀서 결국은 최선의 상태를 만들어내기 마련이거든. 자네는 내 말을 믿지 않으려고 하겠지. 그러나 이 세상이 비록 비참해 보이고 악이 도처에 널려 있지만, 결국은 모든 것이 잘 어울려서 가장 아름다운 세상을 만들어내게 되어 있어. 한 번 잘 생각해 봐. 자네가 큐네공 아가씨에 대한 연정으로 말미암아 얻어맞게 되고 그 아름다운 성으로부터 쫓겨나지 않았더라면 결국 어떻게 될 뻔했는지. 그리고 비록 고생은 했지만 종교재판소에 의해서 체포되지 않았더라면 어떻게 될 뻔했겠는지를. 그리고 또한 걸어서 미국 대륙을 방황하지 않았더라면 어떻게 될 뻔했겠나. 그리고 또 생각해 봐. 자네가 그 공작을 칼로 베지 않았더라면 어떻게 되었겠는가. 그리고 자네가 엘도라도의 땅에서 자네의 모든 양들을 한꺼번에 잃지 않았더라면 어쩔 뻔했겠는가. 그런 우여곡절이 없었더라면 어떻게 자네가 여기에서 이렇게 좋은 음식을 먹으면서 한가롭게 지낼 수 있겠는가. (볼테르, 『캉디드』에서 팡글로스 박사가 캉디드에게 한 말)

※ 다음 각 글 속의 사실들을 일반화해 보자.

12. 록펠러는 암에 걸려 1년 시한부 인생을 통고받았다. 록펠러의 어머니가 아들에게 이렇게 말했다. "아들아, 곧 세상을 떠날 텐데 네 마음껏 자선사업이나 하고 가렴." 록펠러는 그때부터 자선사업을 시작했다. 가난한 사람들에게 돈을 아낌없이 주니 가슴이 확 트이면서 마냥 행복해졌다. 결국 록펠러는 의사의 선고에도 불구하고 그 후로 무려 40년이나 더 살았다. (최윤희, 『멋진 노후를 예약하라』)

13. 나폴리 북부의 약 50km 지점에 있는 볼투르노(Volturno)라는 강의 오른편에 사는 사람들은 '아니오'를 표현하기 위해 고개를 좌우로 흔드는 반면, 왼편에 사는 사람들은 고개를 앞뒤로 끄덕인다. '예'를 표현하기 위해 남유럽에서는 고개를 좌우로, 북유럽에서는 앞뒤로 흔든다. (데스몬드 모리스)

14. 파키스탄 펀자브주 정부의 한 여성 장관이 20일 히잡(머리를 가리는

스카프)을 쓰지 않았다는 이유로 살해됐다. 현지 경찰은 "범인인 무하마드 사와르가 얼굴과 머리까지 가리는 이슬람 여성 옷차림을 하지 않았다는 이유로 우스만 장관을 살해했다."고 밝혔다. 사와르는 "알라는 여자가 통치자 자리에 있어서는 안 된다고 가르쳤다."며 "다시 풀려나더라도 잘못된 길을 가는 모든 여자를 처단하겠다."고 말했다.

※ 다음 각 일반적 주장을 뒷받침하는 경험적 사실들을 전제로 제시해 보자.

15. 적당한 스트레스는 건강에 좋다.
16. 역사는 발전한다.
17. 갈등은 발전의 원동력이다.
18. "아는 것이 힘이다."라는 베이컨의 말은 옛말이 되었다. 이제는 "논리가 힘이다."

3.2 유비추리(類比推理, inference by analogy)

우리는 흔히 비유(比喩)를 들어 말한다. 그래서 "나의 마음은 저녁노을 같았다."와 같은 직유(直喩, simile)를 사용하기도 하고, "가슴에 돋는 칼로 슬픔을 자르고"와 같은 은유(隱喩, metaphor)를 사용하기도 한다.

적절하고 성공적인 비유는 매우 유용하다. 표현을 비옥하게 하고 강한 정서적 반응을 고취시키며, 무엇보다도 이해를 증진시킨다. 예수가 제자를 '사람을 낚는 어부'라 부른 경우라든지, 한 사람의 고독하고 험난한 인생살이를 '험한 바다에서 풍랑을 만난 조각배의 운명'이라고 묘사한 경우를 직설적으로 표현한 경우와 비교해 보면 알 수 있다. 이러한 비유의 사용은 일종의 수사적 기법이라 할 수 있다.

반면에 비유는 새로운 사실을 정당화시키기 위해 사용될 수 있다. 돌턴은 원자 구조를 관찰하지 않고서도 원자핵과 그 주위를 돌고 있는 전자(들)로 구성되어 있다는 이론을 내놓았는데, 이는 태양계를 모델로 한 것이었다. 또한 다윈이 『종의 기원』에서 적자생존의 원칙을 설득력 있게 설명할 수 있었던 것은, 어떻게 자연선택이 이루어질 수 있었던가를, 좋은 품종의 가축만이 주인의 사랑을 받고 살아남을 수 있는 점에 비유하였기 때문이었다. 이러한 비유를 이용한 추리가 유비추리이다.

일반적으로 유비추리는 다음 형식을 취하고 있다.

x와 y는 (다르지만) P라는 속성을 가진 점에서 유사하다.
x는 Q라는 속성을 가지고 있다.
―――――――――――――――――――――――――――
y도 Q라는 속성을 가지고 있다.

유비추리는 서로 다른 대상이나 현상의 유사성을 근거로 한 추리로서, 본질적으로 부당한 추리이다. 그러나 (1) 서로 다른 대상들인 x와 y가 공유하고 있는 속성 P가 x와 y의 본질적 속성(Q와 유관한 속성)이고, (2) Q가 x의 본질적 속성일 경우, 결론의 참이 높게 정당화될 수 있는 비증명적 논증이다.

예를 들어, 우리는 인간이면 누구나 마음을 가지고 있다는 것을 의심의 여지가 없는 사실로 받아들이고 있다. 그러나 지금 나와 대화를 나누고 있는 친구가 마음을 가지고 있다는 것을 어떻게 아는가? 내가 마음을 가지고 있다는 것은 나의 내적인 관찰을 통해 안다. 그러나 내가 친구의 마음을 관찰할 수 있는 길은 없다. 그럼에도 불구하고 나는 친구가 마음을 가지고 있다고 생각한다. 그 근거는 무엇인가? 다음과 같은 유비추리를 내가 받아들이기 때문이다.

1. 나와 친구는 (다르지만) 사람으로서의 외형적 특징을 가지고 있고, 언어를 사용하여 의사를 소통하며, 행위를 하는 등의 속성을 가진 점에서 유사하다.
2. 나는 마음을 가지고 있다.

∴3. 친구도 마음을 가지고 있다.

만일 지금이 인간공학이 대단히 발달한 미래의 어느 때라면, 이러한 추리를 할 수 없을지 모른다. 겉보기에는 사람과 구분이 안 되지만 마음이 없는 인조인간이 있다는 것을 알고 있을 경우, 겉모습의 유사성으로부터 마음의 존재를 유추할 수 없을 것이기 때문이다. 그러나 현재의 입장에서는 "친구도 마음을 가지고 있다."는 가설은 최선의 설명으로 받아들일 수 있다. 나와 내 친구가 공유하고 있는 속성들이 본질적인 속성들이고, 내가 마음을 가지고 있다는 것도 나의 본질적 속성이기 때문이다.

이와 같이 서로 다른 대상들이 공유한 속성들이 본질적으로 중요하고 유관한 속성들을 공유하고 있다면, 그 외의 속성들도 비슷할 것이라 생각하는 것이 그렇지 않을 것이라 생각하는 것보다 더 합리적이다. 그러나 이 조건을 만족시키지 못하게 되면, '잘못된 유비추리의 오류'를 범하게 된다. 일반적으로 유비추리를 평가하기 위해서는 다음과 같은 세 가지 점에 유의해야 한다.

(1) 가정된 유사성을 조사한다. 가정된 유사성이 참이 아닐 수도 있고, 유사성의 근거로 제시된 속성들이 우연하고 비본질적인 것들일 수 있다. 또한 두 대상은 세 가지 점에서는 유사하지만 다른 열 가지 점에서는 다를 수 있다.

(2) 두 대상 중 한 대상이 가지고 있다고 제시된 속성이 그 대상의 우연한 속성이거나 그 대상에게만 적용될 수 있는 속성인지 조사한다.

(3) 가정된 유사성을 그대로 받아들일 경우, 그 유사성을 받아들임으로써 받아들이지 않을 수 없는 어리석고 우스꽝스러운 다른 속성이 있는지 조사한다. 그러한 속성이 발견되면, 제시된 유비추리에 대한 반례가 발견된 것이다.

예를 들어보자. 독재자들이 내세우는 국가론인 유기체론에 의하면, 국가는 유기체에 비유된다.

1. 개인의 국가에 대한 관계는 한 유기체의 부분과 전체의 관계와 유사하다.
2. 한 유기체의 부분은 전체에 예속적이다. 즉, 부분은 전체의 건강에 도움이 되는 한에서 그 존재 가치를 부여받는다. 그래서 만일 다리가 썩으면, 유기체 전체를 위해서 잘라버려야 한다.

∴3. 마찬가지로 개인의 이익은 국가의 이익에 예속적이다. 즉, 개인의 이익은 전체의 이익에 도움이 되는 한에서 정당화된다. 그래서 만일 개인의 이익이 국가의 이익에 부합되지 않으면, 개인의 이익은 희생되어야 한다.

2는 옳다 하더라도, 1은 어떤가? 물론 여러 면에서 국가는 유기체와 비슷하다 하겠다. 시작이 있고 끝이 있으며, 전체와 부분이 있고, 머리에 해당하는 중요한 부분과 지체에 해당하는 덜 중요한 부분이 있다. 그러나 양자는 다른 면도 많다. 유기체의 부분은 전체에서 분리되었을 경우에 살 수 없지만, 개인은 국가 없이도 존재할 수 있다. 로빈슨 크루소처럼 외딴 섬에 살 수도 있고, 외국으로 이민을 갈 수도 있다. 개인은 국가에 저항하여 국가의 성격 자체를 바꿀 수도 있지만, 유기체의 경우 그러한 일은 일어나지 않는다.

또한 유기체와 국가의 유사성을 받아들이게 되면, 유기체론자가 받아들일 수 없는 점도 받아들여야 한다. 유기체의 경우, 뇌가 고장이

나면, 유기체 전체의 건강을 위해, 뇌수술을 받아야 한다. 마찬가지로 국가의 수뇌가 독재를 하게 되면, 국가 전체를 위해 수뇌부를 수술해야 하는 것이다. 독재를 정당화시키려 한 유비추리가 독재 타도를 정당화시켜 주는 결과를 초래한 것이다.

어떤 경우에나 우연적 속성들의 유사성에 근거해서 추리하는 것은 오류추리가 된다. 다음 예를 보자.

1. 나와 친구는 다르지만, 같은 하숙방을 쓰고 있고, 같은 종류의 구두를 신고 있고, 같은 미장원에서 머리를 깎는다.
2. 나는 오늘 점심으로 자장면을 먹었다.

∴3. 친구도 오늘 점심으로 자장면을 먹었다.

나와 친구의 유사성을 뒷받침하는 것으로 제시된 하숙방, 구두, 미장원 등은 모두 나와 친구에게 우연적으로 관계된 것들이다. 또한 내가 오늘 점심으로 자장면을 먹었다는 것도 우연적인 일이다. 따라서 친구도 오늘 점심으로 자장면을 먹었다는 결론은 어떤 개연성도 부여받지 못한다.

연습문제

※ 다음 각 유비추리를 평가하라.

19. 컴퓨터와 사람은 유사한 점이 많다. 정보 처리 방법이 인간의 합리적 사고의 형식과 꼭 같다. 그리고 기억과 계산의 능력에 관한 한 사람은 컴퓨터를 따라갈 수 없을 정도이다. 컴퓨터도 마음을 가지고 있음에 분명하다.

20. 크고 보람 있는 일을 도모하는 사람은 불가피하게 어떤 장애에 부딪치게 되는데, 그는 그것을 담대하게 돌파할 수 있어야 한다. 병아리는 그 껍질을 깨지 않고서는 세상에 나올 수 없는 것이다.

21. 똑같은 소금도 대상에 따라 효과는 완전히 달라진다. 미역에 뿌리면 팔팔 살아나고, 배추에 뿌리면 시들시들 죽어 버린다. 인생도 마찬가지다. 즐겁게 사는 사람에겐 즐거울 낙(樂), 불평하며 사는 사람에겐 괴로울 고(苦). (최윤희, 『행복사전』)

22. 우리는 무슨 일이 잘될 때, "손발이 잘 맞는다."는 말을 한다. 사람이 걸을 때에는 오른손과 왼발, 왼손과 오른발이 함께 나가야 한다. 이렇게 손발이 맞아야 제대로 걸을 수 있는 것처럼, 같은 사회 구성원끼리 서로 마음이 맞으면 일을 쉽게 할 수 있다. 무거운 피아노를 두 사람이 들고 움직일 수 있는 것도 호흡이 잘 맞기 때문이다. 이처럼, 우리는 다른 사람들과 호흡을 맞추며 살아가야 한다. (『초등학교 국어 6-1』)

23. 인생이란 두려움으로 대하거나 방어적으로 다루면 아주 위험해질 수 있다. 마이클 조던은 자신이 부상을 잘 입지 않는 이유는, 절대로 속도를 줄여서 경기를 하지 않기 때문이라고 고백했다. 인생은 전속력으로 부딪치는 사람에게만 아름다운 보상을 해준다. 전속력으로 부딪치며 사는 것이 더 재미있을 뿐만 아니라, 훨씬 안전하다. (로저 로젠블라트, 『유쾌하게 나이 드는 법』)

24. 의사는 의사에 의하여 평가되어야 하는 것처럼, 사람은 일반적으로 동등한 사람에 의해 평가되어야 한다. 올바른 선거는 지식이 있는 사람에 의해서만 가능하다. 예를 들면 기하학자는 기하학자에 관해서만, 물길 안내인은 물길 안내인에 대해서만 올바르게 선거할 것이다. … 그러므로 장관을 선거하는 일이나 그들의 책임을 묻는 일도 다수자에게 맡겨서는 안 된다. (아리스토텔레스)

25. 옛날 어떤 부잣집 머슴이 주인에게 돈 버는 비결을 가르쳐 달라고 청

했다. 주인은 머슴을 뜰 밖으로 데리고 나갔다. 그곳에는 깊은 우물이 있었고, 그 옆에는 능수버들이 늘어져 있었다. 주인은 머슴에게 그 버드나무로 올라가라고 했다. 머슴은 좀 무서운 생각이 들었으나 돈 버는 방법을 알고 싶은 욕심에 주인이 하라는 대로 그 버드나무를 타고 올라갔다. 그러자 주인은 머슴에게 그 버드나무 가지에 매어 달리라고 했다. 두 손으로 버드나무 가지를 꼭 잡고 늘어진 머슴에게 이번엔 버드나무 가지에서 한 손을 떼라고 했다. 머슴은 시키는 대로 했다. 조금 있다가 주인은 나머지 한 손도 떼라고 했다. 머슴은 그것만은 알 수 없었다. 그렇게 하면 영락없이 우물에 떨어지고 말 테니까 말이다. 주인은 그제야 다음과 같이 말했다: "여보게, 돈을 벌려거든 돈을 잘 쓸 줄 알아야 하는데, 돈을 쓸 때마다 지금 버드나무 가지를 잡은 마지막 손을 뗄 때의 조심스러운 태도, 바로 그대로 해야 하네."

26. 그러나 만일 대기(大氣)의 압력이 우리에게서 제거되면 우리의 신체가 완전히 파열되어 버리는 것과 마찬가지로 인간의 생활이 결핍과 고역, 역경과 좌절의 압박에서 해방되면 그는 오만한 마음이 부풀어 올라 비록 파열은 모면한다 해도 걷잡을 수 없이 어리석은 짓을 할 것이다. 아니, 아주 미쳐 버릴는지 모른다. 그러므로 어느 정도의 걱정이나 고통이나 고난은 언제나 어느 인간에게나 필요하다. 바닥에 짐이 없는 배는 자꾸 흔들려서 도저히 곧게 나아갈 수 없다. (쇼펜하우어, 『철학적 소고』)

27. 마지막으로 들쥐에서도 일부일처인 놈들과 일부다처(일처다부)인 놈들의 뇌의 구조가 다르다고 한다. 특히 성과 같은 본능적인 것을 맡고 있는 대뇌의 아래 부위인 변연계에 차이가 난다고 하니 사람도 원래 바람기가 있는 사람들의 뇌는 보통 사람의 것과 분명히 다르지 않을까 싶다. (권오길, 『바다를 건너는 달팽이』)

28. 연탄재 함부로 발로 차지 마라 / 너는 / 누구에게 한 번이라도 뜨거운 사람이었느냐? (안도현, 「너에게 묻는다」)

3.3 가설추리

연역추리, 귀납추리, 유비추리만으로는 우리의 지식 체계를 확장할 수 없다. 예컨대 귀납추리를 통해서 우리는 "상한 음식을 먹으면 배탈이 난다."는 것을 알고 상한 음식을 먹지 않는다. 물론 이 정도만 해도 훌륭하다. 그러나 우리의 지적 호기심은 여기에 멈추지 않는다. 왜 상한 음식을 먹으면 배탈이 나는 것일까? 우리는 현상의 일반화에 만족하지 않고, 현상의 원인 또는 이유를 더 알고 싶어 한다. 그런데 이 원인 또는 이유는 관찰되지도 않고 귀납추리나 유비추리로 알아낼 수도 없다. 어떻게 해야 할까? 가설추리가 유일한 활로이다.

약속 시간에 늦은 적이 없던 친구가 한 시간 넘게 약속 장소에 나타나지 않는다. 몇 번을 연락해 보았지만, 핸드폰도 받지 않는다. 이러한 경우 우리는 "이 친구에게 무슨 일이 있음이 분명해. 혹 교통사고를 당한 게 아닐까?" 이렇게 생각해 본다. 아침에 자동차 시동이 걸리지 않으면, "배터리가 나갔나?"라고 추측해 본다. 혼자서만 좋아하며 속을 태우고 있었던 남자 친구가 데이트 신청을 해오면, "나를 좋아하고 있었구나!"라고 기뻐한다. 이러한 생각이나 추측은 우리가 하루에도 수없이 하는 것으로서 바로 가설추리이다.

가설추리의 일반적 형식은 다음과 같다.

현상

———

가설

'현상(*phainomenon*)'이란 '나타나다(to appear)'를 뜻하는 *phainesthai*와 '보여주다(to show)'를 뜻하는 *phainein*에서 온 말로서, 감각 경험 속에 드러난 것이나 의식에 나타난 것을 가리키는 말이다. 꽃이 피고, 비바람이 불고, 별똥별이 떨어지고, 나무를 심고, 사랑하고, 투표하고, 시를 쓰고, 맨몸으로 탱크를 막아서고…, 피사의 사탑이 기울어져 있다는 생각을 하고, 주가가 오르기를 바라고, 건강검진의 결과가 나쁘지 않을지 두려워하고… 이 모든 것들이 현상이다. 그리고 가설은 이러한 현상이 왜 발생하는지를 설명하기 위해 제시된 주장이다. 가설은 설명항이고 현상은 피설명항인 것이다. 그러나 '피설명항'을 넓은 의미로 이해할 필요가 있다. 우리는 감각 경험이나 의식에 드러나는 현상만 설명을 요하는 것이 아니라, 일반적 주장은 물론 가설까지도 피설명항으로 놓고 가설추리를 하기 때문이다. '현상'이라는 말은 철학적으로 다의적이다. 우리는 어떤 특정한 철학적 입장을 따르지 않고, '설명의 대상이 되는 사실 또는 사실로 가정되는 것'의 의미로 이 말을 쓰기로 한다.

현상을 설명하는 가설은 여러 개 있을 수 있다. 그래서 가설추리는 현상을 설명하는 것으로 추정되는 여러 개의 원인 또는 이유 중에서 어느 하나를 가설로 제안하는 추리인 것이다. 명백하게 가설추리는 연역적으로 부당하다. 현상이 참이라 할지라도, 그 현상을 설명하는 여러 가설들 중에서 어느 하나가 참이라고 단언하는 것은 타당하지 않기 때문이다.

그렇지만 귀납추리와 유비추리의 경우처럼, 가설추리 역시 부당한 추리라는 이유로 무시되거나 비하되어서는 안 된다. 다른 추리들처럼 가설추리도 지식의 확장을 가능하게 하는 비증명적 논증을 산출하기 때문이다. 예컨대 성인은 외국어를 배우기 위해 많은 시간과 에너지를 들여도 잘 안 되는 반면, 어린아이는 의식적 노력이나 훈련 없이 태어난 지 몇 년 만에 거의 완벽한 모국어를 구사할 수 있다. 그 이유는 무엇일까? 그것은 어린아이가 자신에게 주어지는 수많은 자극에 대해 끊임없이 가설을 던지고, 그 가설을 검증 또는 반증해 가면서, 어른들의 언어 놀이를 습득하기 때문인 것이다.[41)42)]

---

41) 이러한 견해 역시 가설추리(촘스키의 '변형생성문법')의 산물임을 주목하자.

42) 우리가 연구하는 가설추리는 기본적으로 퍼스가 'abduction(가설추리법, 가추

3.31 최선의 설명

민주화 운동이 한창이던 1989년에 일어난 한 사건을 놓고 가설추리를 연구해 보자. 일부의 자료가 편집되었으며, 당시에 발표되었던 것과 정확하게 일치하지 않을 수 있음을 밝혀둔다.43)

[인식 상황 1] 1989년 5월 10일, 11시 30분경, K시 제4수원지에서, 과거(1986. 5. 12.)에 K고법에서 국가보안법 위반으로 징역 3년, 자격정지 3년의 선고를 받고 형을 살다가 지난 해 출감하여, C대학교 교지의 북한 동조 논문 게재와 관련되어 수배 중이던, 교지편집위원 이상규(전자공학과 4년, 가명)군이 변사체로 발견되었다. 발견 당시, 이군의 배는 부르지 않았고, 왼쪽 눈이 3cm 가량 튀어나와 있었으며, 밤색 구두를 신고 있고, 입술은 피를 흘린 듯한 상처가 나 있었고 부풀어 있었으며, 겨드랑이와 팔에 결박자국이 있었고, 얼굴은 유난히 검었다.

이와 같은 변사 사건이 알려지자 사람들의 관심은 "이군의 사망 원인은 무엇이었을까?"에 집중되었다. 많은 사람들은 즉각적으로 이군이 수사 당국에 의해 고문을 당하던 중 사망하여 수원지에 버려졌을 것이라고 생각하였다. 물론 아무도 고문 현장을 목격한 사람은 없었다. (고문사가 사실이라면, 고문한 사람들이 고문 현장을 목격한 사람들이다. 그러나 적어도 고문 현장을 보았다고 하는 사람은 아무도 없었다.) 그럼에도 불구하고 어떻게 사람들은 이군이 고문사하였다고 생각할 수 있었을까? 사람들은 다음과 같은 가설추리를 하였던 것이다.

법)'이라 부른 것이다. 이 방법은 본질적으로 오늘날 과학적 탐구에서 '현상에 대한 최선의 설명'으로서의 가설을 추리하기 위한 가설-연역법(hypothetico-deductive method)과 같다. 우리는 이를 과학적 설명은 물론 합리적 설명과 형이상학적 설명 등에까지도 적용하는 법을 연구할 것이다.

43) 이 사건을 예로 들어 연구하면서, 삼가 고인의 명복을 빈다.

[고문설]

e : 이군이 문제의 수원지에서 묘사된 바와 같은 변사체로 떠올랐다.

H1 : 이군은 수사 당국에 의해 고문 중 사망하여 수원지에 버려졌다.

앞서 지적한 대로 이 추리는 부당하다. 그런데도 이 추리는 본질적으로 부당한 추리와는 달리 호소력이 있다. 왜 그럴까? 그것은 가설 H1이 현상 e에 대한 설명력이 있기 때문이다.

설명력 가설은 설명력이 있어야 한다. 일반적으로 어떤 가설 H는 적어도 높이 정당화되는 보조전제들과 함께 문제의 현상 e를 연역적으로 타당하게 도출시킬 경우 그리고 그 경우에만 e에 대한 설명력을 가진다고 한다. 특히 보조전제가 완전히 정당화될 경우 H는 e에 대하여 강한 설명력을 가진다고 한다.

H

H ⊃ e

---

e

이 형식은 전건긍정법으로서 연역적으로 타당하다. 따라서 전제들이 모두 참이라면, 결론도 참일 수밖에 없다. H는 참인 것으로 추정된 가설이다. 따라서 e가 정당화되는 정도는 보조전제 'H ⊃ e'가 정당화되는 정도에 달려 있다. 이 보조전제가 완전히 정당화되면, e도 완전히 정당화되고, 이 보조전제가 정당화되지 않으면, e도 정당화되지 않는다. 다시 말해서 이 보조전제가 정당화되는 정도에 따라 H의 설명력이 결정된다. 이 보조전제가 완전히 정당화되면, H는 강한 설명력이 있고, 이 보조전제가 정당화되지 않으면, H는 설명력이 없고, 따라서 가설로서의 자격을 상실한다.

사람들이 고문설을 수군대었던 것은 고문설이 설명력이 있었기 때문이었다.

H1 : 이군은 수사 당국에 의해 고문 중 사망하여 수원지에 버려졌다.
a : 만일 이군이 수사 당국에 의해 고문 중 사망하여 수원지에 버려졌다면, 이군은 문제의 수원지에서 묘사된 바와 같은 변사체로 떠올랐을 것이다.

---

e : 이군이 문제의 수원지에서 묘사된 바와 같은 변사체로 떠올랐다.

a는 적어도 높이 정당화되는 보조전제이다. 따라서 우리는 H1이 e에 대해 높은 설명력을 가지고 있다는 것을 알 수 있다.

이군의 사망 원인에 대하여, 다음과 같이 "이군은 정의감이 투철하였다."는 가설이 제시되었다고 생각해 보자.

[정의감설]

e : 이군이 문제의 수원지에서 묘사된 바와 같은 변사체로 떠올랐다.

H2 : 이군은 정의감이 투철하였다.

H2는 설명력이 없다. 가설과 현상을 연결시키는 보조전제 'H2 ⊃ e'를 받아들일 수 없기 때문이다. 따라서 H2는 문제의 현상을 설명하는 가설로 인정되지 못한다.

정합성(整合性, coherence) 우리는 흔히 설명력이 있다는 것만으로 가설을 받아들인다. 그러나 이는 '가설과 사실을 혼동하는 오류' 또는 '가정망각의 오류'에 해당한다. 설명력은 어떤 주장이 가설로 인정되기 위한 필요조건일 뿐이다. 예컨대 고문설 외에 다음과 같은 가설도 있다.

실족설 : 이군은 실족하여 수원지에 빠져 익사하였다.
수영설 : 이군은 수영으로 수원지를 건너던 중 심장마비로 사망하였다.
귀신설 : 수원지의 물귀신이 이군을 홀려 익사케 하였다.

귀신의 존재를 믿지 않는 사람은 귀신설의 설명력을 의심할 수 있다. 그러나 이 의심은 빗나갔다. "만일 수원지의 물귀신이 이군을 홀려 익사케 하였다면, 이군은 문제의 수원지에서 묘사된 바와 같은 변사체로 떠올랐을 것이다."는 보조전제가, 물귀신의 존재 여부와 관계없이 받아들일 수 있는 조건문이기 때문이다.

그럼에도 불구하고 우리는 귀신설을 가설로 인정하는 것에 대해 거부감을 느낀다. 이는 귀신설의 설명력이 아니라 정합성에 문제가 있기 때문이다. 가설은 정합성이 있어야 한다. 어떤 가설 H가 정합성이 있다는 것은 H가 확립된 지식의 체계 내의 진술들과 양립가능하다는 것을 말한다. 그래서 귀신설은, 비록 설명력은 있지만, 현대인의 지식 체계와 양립하지 않기 때문에 폐기된다.

예민한 독자는 가설의 정합성 요건이 미묘한 문제를 안고 있음을 간파할 수 있을 것이다. 만일 어떤 가설이든지 이미 확립된 지식의 체계와 어울리지 않고서는 살아남지 못할 경우, 기존의 지식 체계에 새로운 가설이 뚫고 들어갈 길이 없지 않을까? 지동설 이전에는 천동설이 확립된 지식의 체계를 이루고 있었고, 지동설은 천동설과 양립할 수 없으므로, 지동설은 천동설을 이기기는 고사하고, 하나의 가설로조차 인정받을 수 없었을 것이다. 이 경우 지동설은 폐기될 것이고, 계속 천동설을 믿고 있을 수밖에 없었을 것이다. 그러나 이러한 결과는 사실에 반한다. 따라서 정합성 요건은 불합리하지 않은가.

그렇지만 이러한 반론은 확립된 지식의 체계에 결함이 없다는 것을 전제한다. 일반적으로 우리의 지식 체계는, 비록 결함이 있을지라도, 강한 보수성을 띤다. 그래서 기존의 지식 체계와 양립할 수 없는 새로운 이론이 나타나면, 기존의 지식 체계 내에 일단 거부 반응이 일어난다. 기존의 지식 체계는 그 체계를 계속 유지시키려는 방향으로 새로운 지식의 도전에 대처하게 된다. 이 경우 대립하는 이론들은 사활을 건 싸움을 하게 된다. 그래서 지동설이 천동설을 밀어낸 것처럼, 승자가 패자를 밀어내고 지식의 체계에 편입된다.

일반적으로 어떤 이론이든지 확립된 지식 체계의 '시민권'을 획득하려면, 그 체계와 양립하든지, 아니면 기존의 체계가 잘못되었다는 것을 보여줄 수 있어야 한다. 전자의 경우는 새로운 지식을 얻게 하고, 후자의 경우는 새로운 지식으로 옛 지식을 대치하는 일종의 지식 혁명이 일어나게 한다. 정합성 요건은 새로운 지식을 편입시키기도 하고 결함이 있는 이론을 새로운 이론으로 대체하게 함으로써 지식 체계를 강화시키는 것이다.

그래서 우리는 가설의 정합성 요건을 확장된 의미로 이해할 필요가 있다. 어떤 가설 H는 확립된 지식 체계 안의 진술들과 양립가능할 경우 최소한의 정합성 요건을 만족시킨다. H가 이 최소한의 정합성 요건을 만족시키면서 확립된 지식의 체계를 강화시킬 경우 H는 높은 정합성을 인정받는다. 일반적으로 기존의 지식 체계에 질서와 통일성을 부여하는 새로운 이론은 정합성을 높이는 이론으로 크게 환영을 받는다. 반면 기존의 지식 체계를 흔들어 질서와 통일성을 위협하는 이론은 정합성을 해치는 이론으로 환영받지 못한다.

가설은 설명력과 정합성이 있어야 한다. 그러나 어떤 가설이 '과학적 가설'이 되기 위해서는 두 가지 요건을 더 갖추어야 한다.

검증가능성(verifiability) 과학적 가설은 검증가능해야 한다. 가설은 본질적으로 인식의 한계 밖에 존재한다고 믿어지는 사태에 대한 주장이지만, 참인 주장으로 의도된 것이기 때문에, 어떤 형식으로든 적어도 높이 정당화될 수 있는 길이 열려 있어야 한다.

'검증가능성'이란 '원칙적인 검증가능성'을 의미한다. 예를 들어, "외계에 생명체가 존재한다."는 주장은 현재의 시점에서는 기술적으로 검증가능한 주장이 아니다. 그러나 이 주장은 원칙적으로 검증가능하다. 우주 구석구석을 탐사하는 것이 원칙적으로 가능한 일이기 때문이다.

과학자들이 제시하는 과학 이론은 가설의 체계로서, 실험 상황을 허용해야 한다. 뉴턴의 물리학 이론이 나온 것은 1687년이었다. 그러나 만일 그 이론을 검증해 볼 수 있는 길이 없었다면, 이론으로서의 가치를 전혀 인정받을 수 없었을 것이다.

그런데 1695년 젊은 천문학자 핼리(Edmond Halley)가 뉴턴의 이론을 혜성들의 운동에 적용하기 시작했다. 그는 1682년에 나타난 혜성의 진로와 운동에 관한 기록에 뉴턴의 이론을 적용시켜 혜성이 76년 주기로 나타난다는 계산을 해내었다. 그리고 실제로 혜성은 1758년 12월에 다시 나타났다. 물론 핼리는 혜성이 다시 나타나기 15년 전에 죽고 없었다. 핼리가 1705년 혜성에 관한 자신의 연구 결과를 발표했을 때는 무관심했던 유럽의 지성은 적어도 두 번 놀랐다. 핼리의 예측이 맞아서 놀랐으며, 핼리의 예측이 맞음으로 해서 뉴턴의 이론이 검증되었기 때문에 놀랐던 것이다. 만일 뉴턴의 이론이 검증가능하지 않았더라면, 어떻게 되었을까? 두말할 필요도 없이 그의 이론은 전혀 과학 이론으로서의 가치를 인정받을 수 없었을 것이다.

이와 같이 좋은 가설은 이미 일어난 일을 설명할 뿐만 아니라 앞으로 일어날 일을 예측하게 하는 힘이 있다. 설명의 논리적 형식과 예측의 논리적 형식이 기본적으로 같기 때문이다. 과학적 가설들이 법칙으로서의 자격을 갖게 되는 큰 이유 중 하나는 과학적 가설들이 현상을 설명할 뿐만 아니라 실험을 통해 검증될 수 있고 더 나아가 미래에 일어날 현상을 예측하는 힘을 가지고 있기 때문이다.

반면에 지진의 발생과 화산의 분화를 설명하고자 하는 "에트나 산 밑에 생매장되어 있는 거신들이 자유의 몸이 되고 싶어서 버둥거린다."는 가설은 검증가능하지 않다. 가설을 검증할 수 있는 실험 상황을 생각해 볼 수 없기 때문이다. 따라서 이 신화에 나오는 가설은 과학적 가설로서의 자격이 없다.

어떤 가설이 검증되었다는 것은 그 가설이 참인 것으로 드러났다는 것을 뜻하지는 않는다. 핼리가 혜성의 출현을 예측한 논증을 다음과 같이 단순화시켜 생각해 보자.

뉴턴의 이론44)

1682년에 나타난 혜성의 진로와 운동에 관한 자료

만일 뉴턴의 이론이 옳고 1682년에 나타난 혜성의 진로와 운동에 관한 자료가 모두 옳다면, 혜성은 76년 주기로 출현할 것이다.

만일 혜성이 76년 주기로 출현한다면, 혜성은 1758년에 다시 출현할 것이다.

혜성은 1758년에 다시 출현할 것이다.

혜성은 이 논증의 결론이 예측한 바대로 나타났다. 그러나 이 사실은 뉴턴의 이론이 참이라는 것을 증명하는 데는 미치지 못한다. 타당한 연역논증의 성질상 결론이 참이라고 해서 전제들이 모두 참이라고 단언할 수는 없기 때문이다.

반증가능성(falsifiability) 과학적 가설은 반증가능해야 한다. 우리는 흔히 상식, 통념, 신념, 이념, 이론들 중 많은 부분이 잘못되었음에

44) '이론'은 가설의 체계이다. 우리가 '법칙'이라는 이름으로 큰 신뢰를 부여하고 있는 주장들도 가설에 지나지 않는다. 물리학을 비롯한 자연과학의 법칙들은 더 좋은 가설들이 나오기까지 '현재의 챔피언' 노릇을 하는 가설인 것이다.

도 불구하고, 우리의 지식 체계로는 반증할 수 없기 때문에 받아들이는 경향이 많이 있다. "반증되지 않는 것은 검증된 것이다."라고 생각하는, '무지에의 호소'라는 오류를 범하는 것이다. 그러나 우리의 지식 체계에 의해서 반증될 수 없다는 것은 어떤 가설이나 이론의 장점이 아니라 치명적인 단점이 된다.

어떤 가설이 반증가능하지 않다는 것은 무슨 뜻일까? 그것은 세계 속에 어떤 일이 일어나든 그 가설이 거짓될 수 있는 가능성이 없다는 뜻이다. 그리고 세계가 어떻게 변하든 거짓될 수 없는 가설은 모든 가능세계 속에서 참인 가설, 즉 필연적으로 참인 가설이다.

그러나 필연적으로 참인 가설은 어떤 가설일까? 그것은 세계에 관해서 아무것도 말하지 않는 '동어반복적 가설(tautologous hypothesis)'이다. 그리고 세계에 대해서 아무것도 말하지 않는 동어반복적 가설은 가설로서의 자격이 없다. 동어반복적 가설은 정보력이 없기 때문이다. 가설은 세계 속에 일어나는 현상에 대한 설명으로 제시된 것이기에 정보력이 있어야 한다.

뉴턴의 물리학 이론은 반증가능하다. 뉴턴의 물리학 이론에 따라 핼리가 계산한 혜성의 출현 주기는 76년이었다. 그러나 실제로 혜성이 76년 주기로 나타나지 않으면 위 논증의 결론이 부정된다. 그리고 우리는 이 경우 전제들 중 적어도 하나가 거짓이라는 것을 안다. 그런데 보조전제들은 모두 적어도 높이 정당화된다. (그렇게 가정할 수 있다.) 따라서 의심되는 것은 뉴턴의 이론이다. 즉 뉴턴의 이론은 반증가능한 이론으로서 과학적 가설의 체계로서 인정될 수 있는 것이다.

운명론에 의하면 인간의 운명은 결정되어 있다. 사람이 무슨 일을 하든지 그것은 이미 정해진 운명에 의해 어쩔 수 없이 일어나는 일일 뿐이다. 그래서 만일 어떤 사람이 불우한 운명을 극복하고자 발버둥친다면, 그 행위도 운명적으로 결정되었기 때문에 일어난다. 따라서 운명론은 반증불가능하다. 어떤 사건이 일어나든 그것은 '운명적으로' 일어나기 때문이다. 이러한 이론을 과학적 이론이라 할 수는 없다.[45]

운명론은 형이상학적 가설들 중의 하나이다. 그리고 형이상학적 가설들은 운명론의 경우처럼 과학적 가설을 평가하는 잣대에 의해서 평가할 경우 가설의 지위마저 확보할 수 없게 된다. 볼테르의 말을 빌리자면 "형이상학은 의혹의 장이고 영혼의 소설이다." 만일 우리가 과학적 가설의 요건을 형이상학적 가설의 요건으로 삼게 되면, 형이상학은 불가능하게 되는 것이다.

그러나 필자는 우리가 불가피하게 형이상학적 가설들에 둘러싸여 살고 있고 그래서 적어도 이 가설들을 평가하면서 살아야 한다는 점을 감안하여 형이상학적 가설을 평가하는 방법도 연구하게 될 것이다.[46)]

지금까지 논의된 것을 정리해 보자.

> 가설의 자격 요건 : (1) 가설은 설명력을 가지고 있어야 한다. (2) 가설은 확립된 지식 체계와 정합해야 한다. 그러나 확립된 지식 체계는 완성되지 않았으며 적어도 결함이 있을 수 있기 때문에, 지식 체계를 강화시키는 가설은 높은 정합성을 부여받는다. (3) 과학적 가설은 검증가능하고 반증가능해야 한다.

문제의 현상을 설명하는 가설로서의 자격을 갖춘 것이 단 하나일 경우 그 가설이 가능한 최선의 설명이 될 수 있다. 그러나 남은 가설들이 둘 이상 있을 경우에는 가설들의 경쟁이 시작된다. 어떤 가설이 가장 개연성이 높은가? 이렇게 물으며, 문제의 현상에 대한 가능한 최선의 설명을 찾는다.

이군의 변사 사건을 설명하는 가설들 중 귀신설은 정합성에 문제가

---

45) 가설이나 이론이 반증가능해야 한다는 것은 포퍼가 처음 지적한 것이다. 다음을 참조하라: K. R. Popper, *The Logic of Scientific Discovery*(London: Hutchinson, 1968), pp.312ff.

46) 앞으로 가설을 평가하는 데 있어서 특별히 문제되는 경우 외에는 굳이 검증가능성과 반증가능성을 조사하는 번거로움을 피할 것이다.

있어 제거되었고,[47] 남은 가설들은 다음과 같다.

고문설 : 이군은 수사 당국에 의해 고문 중 사망하여 수원지에 버려졌다.

실족설 : 이군은 실족하여 수원지에 빠져 익사하였다.

수영설 : 이군은 수영으로 수원지를 건너던 중 심장마비로 사망하였다.

이들 중 어느 가설이 최선일까? 어떤 이유로? 이제 이 문제를 연구해 보자.

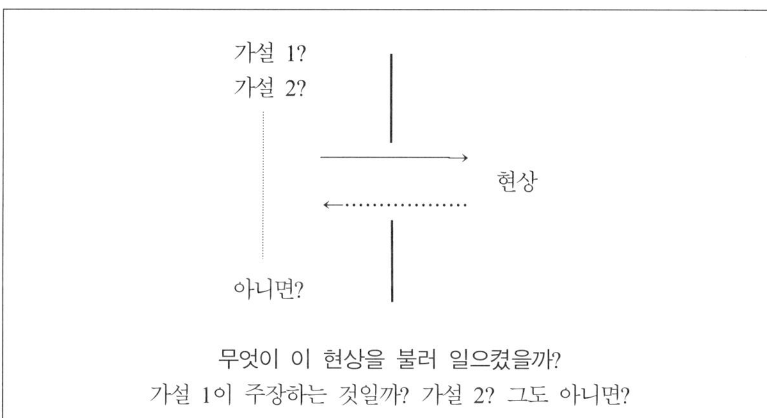

[표 3-2] 현상과 가설

증거력(evidence) 가설은 그 가설이 옳다는 증거가 많고 옳지 않다는 증거가 적을수록 좋은 가설이 된다. 어떤 가설 H가 어떤 현상 d를 설명할 경우, d를 H에 대한 '긍정적 증거(positive evidence)'라고 하고, H가 −d를 설명할 경우, d를 H에 대한 '부정적 증거(negative

---

47) 변사 사건은 과학수사의 대상이다. 따라서 귀신설은 검증가능성과 반증가능성의 요건을 충족시키지 못하는 것으로도 제외될 수 있다.

evidence)'라고 한다. 그리고 가설은 긍정적 증거가 많고 부정적 증거가 적을수록 좋은 가설이 된다.

[인식 상황 1]의 단계에서 이군의 변사 사건에 관하여 알려진 자료들 중에는, 이군이 변사체로 떠올랐다는 것 외에, 다음과 같은 것들이 있었다.

3cm : 이군의 눈이 3cm 가량 튀어나와 있었다.
입술 : 입술은 피를 흘린 듯한 상처가 나 있었고 부풀어 있었으며, 겨드랑이와 팔에 결박자국이 있었다.
구두 : 이군은 (밤색) 구두를 신고 있었다.

왜 이 자료들만 증거인가? "이군은 국가보안법을 위반하여 복역한 운동권 학생이었다."는 사실도 증거가 아닌가!? 그러나 이렇게 생각하는 것은 잘못이다. 이 사실은 '정황적 증거'에 불과하기 때문이다. 정황적 증거는 어떤 가설의 개연성을 암시해 주지만 직접적 증거가 되지 못한다. 문제의 가설에 의해 설명될 수 있는 증거만 직접적 증거가 된다.

이 자료들은 가설들의 위상에 영향을 미치는 직접적 증거이다. 예컨대 '3cm'와 '입술'은 고문설에 긍정적 증거가 된다. 고문설이 이 자료들을 다음과 같이 설명하기 때문이다.

고문설
고문설 ⊃ (3cm · 입술)
____
3cm · 입술

여기서 보조전제 '고문설 ⊃ (3cm · 입술)'은 완전히 정당화되지는 않는다. 이군이 고문사했다 하더라도, 반드시 눈이 3cm 가량 튀어나와야 하는 것도 아니고 반드시 입술 등에 그러한 종류의 외상이 생겨야 하는 것도 아니기 때문이다. 그러나 이군의 눈이 3cm 가량 튀어나와 있으며, 입술 등에 그러한 외상이 있다는 사실을 알고 있는 인식 상황에서, 바로 그러한 흉측한 상처들이 고문에 의해 생긴 것이라고 생각하는 것을 막을 수는 없다. 따라서 우리는 '고문설 ⊃ (3cm · 입술)'을 완전히 정당화되지는 않지만, 높이 정당화되는 주장으로 받아들일 수 있다. 따라서 '3cm' 및 '입술'은 고문설에 대한 증거(긍정적 증거)로 인정된다.

반면에 '3cm' 및 '입술'은 예컨대 실족설에 대한 부정적 증거가 된다. 실족설이 다음과 같이 ' 3cm' 와 '−입술'을 설명하기 때문이다.

실족설
실족설 ⊃ (−3cm · −입술)
―――――――――――――
−3cm · −입술

여기서도 '실족설 ⊃ (−3cm · −입술)'은 완전히 정당화되지는 못하고 높이 정당화될 뿐이다. 만일 이 조건문이 완전히 정당화된다면, 어떻게 될까? 이군이 실족사할 경우 눈이 그렇게 튀어나오는 일이 절대로 일어날 수 없다면? 그럴 경우에는 실족설이 폐기되어야 한다. 일반적으로 어떤 가설이든지 부정적 증거를 가지고 있으면, 그것이 정당화되는 정도에 따라서 폐기될 수도 있는 것이다.

치명적인 부정적 증거 : 만일 어떤 가설 H가 보조전제(들) a와 함께 −d를 설명하고, d와 a가 완전히 정당화된다면, d는 H에 대한 '치명적인(결정적인) 부정적 증거'가 되고, H는 폐기된다.

치명적인 부정적 증거를 가진 가설이 폐기될 수밖에 없다는 것은 다음과 같은 타당한 연역추리의 성질상 명백하다.

H

H ⊃ −d

———————

−d

는 연역적으로 타당한 논증이다. 따라서 만일 결론이 거짓이면 전제들 중 적어도 하나는 반드시 거짓이다. 따라서 만일 d가 완전히 정당화되고, 'H ⊃ −d'가 완전히 정당화된다면, H의 거짓이 완전히 정당화되는 것이다.

그러나 '실족설 ⊃ (−3cm · −입술)'은 완전히 정당화되지는 않고, 높이 정당화될 뿐이다. 따라서 실족설은 폐기되지 않고 남아 있을 수 있다.

그럼 이군이 밤색 구두를 신고 있었다는 사실은 어떤가? 구두가 어떤 색인지는 관계가 없다. 그러나 구두를 신고 있었다는 사실은 단순히 수영설에 대한 부정적 증거가 아니라, 치명적인 부정적 증거가 될 수 있다. '수영설 ⊃ −구두'가 완전히 정당화되기 때문이다. 아무도 구두를 신은 채 수영으로 수원지를 건너려 할 리가 없는 것이다.

그런가 하면 '구두'는 실족설에 대한 긍정적 증거가 된다. 실족하여 익사하였다면, 신발을 신지 않고 있는 일은 없을 것이기 때문이다. 그럼 '구두'는 고문설에 대하여 어떤 증거가 되는가? 이군이 고문사했을 경우 구두를 신은 채 버려졌을 수도 있고, 구두를 벗은 채 버려졌을 수도 있기 때문에, 고문설에 대한 어떤 증거가 된다고 하기는 어렵다. 만일 '구두'를 고문설에 대한 긍정적 증거로 채택하고자 한다면, "실족을 가장하기 위하여 구두를 신겨서 버렸다."라는 또 하나의 가설을 끌어들여야 한다. 따라서 이 가설이 최선이라는 결론이 나기 전에는 '구두'를 고문설에 대한 증거로 채택할 수 없다. (그러나 다른 증거에 의해 고문설이 유력해지면, 이 가설의 개연성도 높아질 것이다.)

이군의 변사에 관한 [인식 상황 1]은 가설들의 위상에 영향을 미치는 여러 증거들을 포함하고 있다. 이러한 증거들은 사건 해결의 열쇠가 될 수 있다. 수사관들이 증거 수집에 열을 올리는 이유도 여기에 있다. 이처럼 "여러 가설들 중 적어도 하나의 가설에 대한 긍정적 증거 또는 부정적 증거가 되는 자료를 문제의 현상을 설명하기 위한 가설들의 '데이터베이스(data base)'에 속한다."고 한다. 그래서 '3cm', '입술', '구두'는 이군의 변사 사건을 설명하기 위한 가설들의 데이터베이스에 속한다는 것을 알 수 있다. 물론

이군은 전자공학과 4학년에 재학 중이었다.

는 주장은 데이터베이스에 속하지 않는다. 구두가 밤색이라는 것도 마찬가지이다. 이들은 가설들 중 어느 것에 대해서도 아무 증거가 되지 못하기 때문이다.

이제 [인식 상황 1]의 데이터베이스에 속하는 자료들을 놓고 각 가설의 위상을 판단해 보자. ('+'는 긍정적 증거, '−'는 부정적 증거를 뜻한다.)

	3cm	입술	구두	판단
고문설	+	+		유력
실족설	−	−	+	
수영설	−	−	−	폐기

고문설은 '3cm'와 '입술'이라는 긍정적 증거를 가지고 있다. 수영설은 폐기되었다. 실족설은 긍정적 증거와 부정적 증거를 다 가지고 있다. 따라서 우리는 고문설이 유력한 가설임을 알 수 있다.

보완가설(補完假說, supplemental hypothesis) 어떤 가설이 가지고 있는 부정적 증거는 그 가설이 최선의 설명으로서 채택되는 길을 가

로막는 커다란 장애가 된다. 그래서 적어도 부정적 증거를 가지고 있는 어떤 가설이 가설로서나마 명맥을 유지하려면, 그 부정적 증거를 어떤 방식으로든 처리하지 않으면 안 된다. 바로 이러한 목적으로 제시되는 것이 보완가설이다.

> 보완가설 : 만일 d가 어떤 가설 H의 부정적 증거라면, (가) SH가 H와 양립가능하고, (나) 만일 SH가 참이라면, d나 보조전제가 높이 정당화되지 않을 경우, SH를 H의 '보완가설'이라고 한다. 나아가 (다) SH가 d를 설명하거나, (라) SH가 (H와는 독립적인 근거에 의해) ~d를 높이 정당화할 경우에, SH를 '강한 보완가설'이라고 한다.

이군이 고문사했을 것이라는 가설에 대응하여 당국에서는 실족설을 들고 나왔다. 그러나 고문설이 긍정적 증거만 가지고 있는 반면, 실족설은 부정적 증거를 가지고 있다는 것이 문제였다. 다음 인식 상황에서 이 문제가 어떻게 다루어지는지 보자.

> [인식 상황 2] 다음날 검찰과 경찰 합동수사본부는 부검을 실시하고, 장기 내 플랑크톤의 존재 여부 등 시간이 걸리는 것을 제외한, 부검 결과를 발표하였다. 발표에 따르면, 외상은 확인되었으나 경부 압박 또는 전기 고문에 의한 화상 등 사망의 직접 원인이 될 만한 외상은 발견되지 않았으며, 왼쪽 눈이 3cm 가량 튀어나온 것도 사체가 부패 시 생긴 가스의 압력 때문이고, 폐와 위에서 물이 발견되지 않았다는 것이었다. 한편, K시의 한 택시 기사가 신고해 오기를, "지난 3일쯤, 밤 10시 전후해서, 이군으로 보이는 청년을 태우고 사체 발견 장소 부근에 도달하였는데, 경찰들의 검문을 받았으며, 청년은 검문 도중 차에서 내려 달아났다."는 것이었다. 경찰은 이러한 신고가 있기까지, 신고된 문제의 검문에 관하여 보고한 바 없었으며, 이러한 신고를 접하고서야 그러한 검문 사실이 있다는 것을 인정하였다. 검문 경찰에 따르면, 검문 도중 도주한 청년을 추적하였으나 놓치고 말았다는 것이었다.

"경부 압박 또는 전기 고문에 의한 화상 등 사망의 직접 원인이 될 만한 외상이 발견되지 않았다."(－외상)는 사실은 고문설에 대한 긍정적 증거 중 '입술'을 제거한다. '입술'과 '－외상'은 모두 높이 정당화되지만, '입술'이 관찰에 의한 주장인 반면, '－외상'은 검찰과 경찰 합동수사본수의 검시 결과 제시된 전문가의 주장이기 때문이다. 그뿐만 아니라 '－외상'은 고문설에 대한 부정적 증거가 된다. 왜냐하면 만일 이군이 고문사했다면, 전기 고문에 의한 화상 등 사망의 직접 원인이 될 만한 외상이 남아 있을 것이기 때문이다.

나아가 수사 당국은 왼쪽 눈이 3cm 가량 튀어나온 것도 사체가 부패 시 생긴 가스의 압력 때문이라고 설명하였다. "사체가 부패 시에는 가스가 생겨 압력이 발생한다."는 주장은 법의학 전문가의 주장으로서 완전히 또는 높이 정당화되는 기초적 주장이다. 이 전문가의 주장을 전제하여 수사 당국은 실족설의 부정적 증거인 '3cm'를 해소시키는 보완가설을 제시한 것이다.

압력설 : 사체 부패시 발생하는 가스 압력이 이군의 왼쪽 눈을 3cm 가량 튀어나오게 하였다.

압력설은 실족설과 양립가능하고, '3cm'를 설명한다. 따라서 압력설은 실족설의 부정적 증거인 '3cm'를 해소시키는 보완가설이 된다. 그러나 압력설은 고문설과도 양립가능하다. 따라서 '3cm'는 고문사와 실족설 모두에 의해 설명되는, 그래서 어느 편도 일방적으로 지지하지 않는 자료로 변한다.

"폐와 위에서 물이 발견되지 않았다."('－물')는 것은 고문설에 대한 긍정적 증거가 되고, 실족설에 대한 부정적 증거가 된다. 이군이 고문사하여 죽은 상태에서 저수지에 던져졌다면, 물을 마시지 않았을 것이므로 폐와 위에서 물이 검출되지 않을 것이다. 그리고 이군이 실족하여 익사하였다면, 물을 마시다가 호흡이 정지되었을 것이므로 당연히 폐와 위에서 물이 검출될 것이다.

택시 기사의 신고 내용은 경찰 측에 불리하게 작용하기는 하지만, 데이터베이스에 속할 만한 구체적인 자료는 아니다. "검문 도중 도주한 청년을 추적하였으나 놓치고 말았다."는 경찰의 주장은 관찰에 의한 기초적 주장이나 신뢰할 수 없다. 경찰이 거짓 증언할 이유가 있기 때문이다.

이제 [인식 상황 2]에서 판단해 보자.

	3cm	입술	구두	-외상	-물	판단
고문설				−	+	
실족설			+	+	−	

보완가설인 압력설로 인해 '3cm'는 증거력을 상실하였다. '-외상'은 '입술'의 증거력을 압도하며, 새롭게 고문설의 부정적 증거이면서 실족설의 긍정적 증거로 부상하였다. '-물'은 고문설의 긍정적 증거이고 실족설의 부정적 증거이다. 여전히 구두를 신은 채 실족했을 것이라는 생각이 든다. 자, 어느 가설이 유력한가? 증거의 면에서 실족설이 조금 우위를 점하고 있지만, 이 단계에서 어떤 판단을 내리는 것은 경솔한 일일 것이다.

[인식 상황 3] 5월 12일, 국회조사단은 5명의 검문 경찰을 조사하였다. 검문 경찰들은, 문제의 밤에 도주한 청년을 놓치고 돌아왔을 때, 수원지 경비경찰이 다리 근처에서 '풍덩' 소리와 함께 허우적거리는 소리가 들렸다고 해 플래시로 비춰 보았으나 인적을 찾지 못했다고 말했으며, 검문 중 도주하는 일은 흔히 있는 일이어서 보고하지 않았을 뿐이라고 하였다.

다리 근처에서 '풍덩' 소리와 함께 허우적거리는 소리가 들렸다는 것이 사실이라면, 실족설이 그럴 듯해진다. 그러나 이 자료는 높이 살 수 없다. 고문설과 경쟁하는 상황에서 실족설을 부각시키기 위해 경찰이 위증할 가능성이 높기 때문이다. 그뿐만 아니라 검문 중 도주한 청년이 있었고, 다리 근처에서 '풍덩' 소리가 들리고 허우적거리는 소리가 들렸다면, 철저히 조사했어야 했는데도 단순히 플래시로 비춰 보는 데 그쳤다는 것은 납득하기 어렵다. 그러나 실족설이 유력한 가설로 인정될 경우 이 자료도 실족설을 뒷받침하는 것으로 재고될 수 있다.

그러나 다음 인식 상황은 다르다.

> [인식 상황 4] 5월 16일, 국립과학수사연구소는 이군의 사체 부검 결과를 최종 발표하였다. 발표에 의하면, 폐, 심장, 비장, 신장, 간장 등 7개 장기 조직에서 수원지의 것과 동일한 종류인 '시나드라(Synadra)'라는 플랑크톤이 다량 발견되었다는 것이었다. 발표자는 "익사 시에는 플랑크톤을 함유한 물이 폐를 통해 혈액 내로 들어가 혈류를 타고 신체 각 장기로 스며들게 된다."고 덧붙였다.

이 인식 상황은 다음과 같은 중요한 주장들을 담고 있다.

플 : 폐, 심장, 비장, 신장, 간장 등 7개 장기 조직에서 수원지의 것과 동일한 '시나드라'라는 플랑크톤이 다량 발견되었다.

스 : 익사 시에는 플랑크톤을 함유한 물이 폐를 통해 혈액 내로 들어가 혈류를 타고 신체 각 장기로 스며들게 된다.

'플'은 완전히 정당화되는 주장이다. 국립과학수사연구소의 사체 부검 결과 밝혀진 사실로서, 그와 필적할 만한 다른 전문기관에서 '플'에 대한 이의를 제기하지 않았던 것이다. 또한 '스'도 의학계에서 모두 인정하고 있는, 완전히 정당화되는 전문가의 주장이다.

위 두 주장들을 완전히 정당화되는 것으로 여기게 되면, 이군의 사망 원인 판단에 급진전을 보게 된다. '플'이 다음과 같이, 실족설에 강력한 긍정적 증거로 작용하기 때문이다.

실족설
스
(실족설 · 스) ⊃ 플
―――――――――
플

이군이 실족사했다면, 물이 폐로 흡입되었을 것이고, 이 물에 함유된 플랑크톤이 혈액 내로 흡수되어 7개의 장기로 스며들었을 것이다.

반면에 '플'은 다음과 같이 고문설의 부정적 증거가 된다.

고문설
고문설 ⊃ –플
―――――――
–플

이군이 고문사했다면, 물이 폐로 흡입되지도 않았을 것이고, 설사 폐로 물이 들어갔다 하더라도 혈류가 정지되었을 것이므로, 플랑크톤이 7개의 장기로 스며들 수는 없었을 것이다. 예컨대 혈류를 타지 않고서는 플랑크톤이 심장에 스며들 수는 없다.

[인식 상황 4]에서 어느 가설이 유력한지는 명백하다. 전문가의 주장 '플'로 인하여 실족설이 단연 우위를 점하게 된다. 남은 문제는 위와 허파에서 물이 발견되지 않았다는 부정적 증거('–물')의 처리이다. '플'과 '–물'은 양립하지 못하는 것 같기 때문이다. 따라서 '–물'을 해소시켜 '플'을 유지시킬 수 있는 길을 찾아야 한다. 이러한 경우 실족설을 지지하는 측에서는 다음과 같은 보완가설을 제시할 수 있다.

소량의 물이 폐와 위에 들어가 장기에 흡수되었다.

이 보완가설이 참이라면, '-물'이 설명된다. 따라서 '플'은 실족설을 강력하게 뒷받침하는 긍정적 증거의 자리를 굳힐 수 있다. 이러한 보완가설을 특히 '애드 호크 보완가설'이라 한다.

> 애드 호크 보완가설 : 어떤 가설 H에 대한 보완가설 SH는, (가) SH에 대한 부정적 증거가 없고, (나) 만일 SH가 제시되지 않는다면 H가 부정적 증거로 인해 폐기되리라는 사실 이외에 다른 긍정적 증거를 가지고 있지 않을 경우, '애드 호크(임기응변적, 미봉적, 궁여지책의) 보완가설(ad hoc supplemental hypothesis)'이라고 한다.

어떤 가설을 옹호하다가 궁지에 몰리게 되면, 애드 호크 보완가설에 의존할 수 있다. 그러나 이는 도움이 되지 않는다. 다음은 애드 호크 보완가설이 어떤 것인지를 보여주는 전형적인 예이다.

> 이 예는 17세기에 아리스토텔레스의 이론을 지지하는 과학자와 갈릴레이 사이에 실제로 있었던 사건에 근거하고 있다. 새롭게 발명한 망원경으로 달을 주의 깊게 관찰한 갈릴레이는 달의 표면은 평평하지 않고 그 표면에는 산맥과 분화구가 많이 있다는 보고를 할 수 있었다. 아리스토텔레스 이론을 신봉하던 과학자들은 스스로 반복된 관찰을 해보고 나서 갈릴레이의 주장을 인정할 수밖에 없었다. 그러나 이러한 관찰은 아리스토텔레스 이론을 추종하는 많은 과학자들이 기본적인 원리로 삼고 있는 원리 곧 모든 천체는 완전한 구형이라는 원리를 위협하게 되었다. 갈릴레이의 경쟁자들은 명백한 반증에 직면하여 그들의 이론을 옹호하기 위해 애드 호크 수정을 제시했다. 그는 눈에는 보이지 않는 어떤 물질이 달 표면에 있는 산들을 덮고 분화구를 메우고 있어 달의 표면은 완전히 둥글다는 주장을 내세웠다. 보이지 않는 물체가 존재한다

는 것을 어떻게 탐지할 수 있는가 하는 물음을 제기했을 때, 그는 어떠한 방법으로도 그것은 탐지될 수 없다고 대답했다. 의심할 여지없이 수정된 이론에서는 새롭게 테스트할 수 있는 언명을 유도해 낼 수 없으며, 반증주의자는 이렇게 수정된 이론을 받아들이지 않을 것이다. 노한 갈릴레이는 상대자의 입장이 부당함을 그 특유의 재치 있는 방법으로 공격하였다. 그는 보이지 않고 탐지될 수 없는 물체가 달에 존재한다는 사실을 받아들일 용의가 있음을 공언하고, 그러한 물체는 그의 상대자가 주장하는 방식으로 존재하는 것이 아니라 사실은 그러한 물체가 산의 꼭대기를 덮고 있기 때문에 오히려 산의 실제 높이는 망원경을 통해 볼 수 있는 것보다 몇 배 더 높다고 주장했다. 이론을 보호하기 위해 애드 호크 가설을 만들어낸 소득 없는 놀이에서 갈릴레이는 그의 경쟁자의 허를 찌를 수 있었다. (앨런 차머스, 『현대의 과학철학』)

우리는 흔히 부정적 증거에 대한 보완가설이 제시되면, 그 가설의 지위가 높아지는 것으로 생각한다. 그러나 이는 잘못이다. 특히 제시된 보완가설이 애드 호크가 아닌지 살필 필요가 있다. 애드 호크 보완가설은 경쟁 가설들 중 마지막 남은 하나를 구제하기 위한 경우 외에는 인정되지 않는다.

이 단계에서 우리는 실족설이 유력하다는 가설추리를 할 수 있는데, 이를 재구성해 보면 다음과 같다.

1. 이군이 문제의 수원지에서 묘사된 바와 같은 변사체로 떠올랐다.
2. 이군은 변사체로 발견될 당시 구두를 신고 있었다.
3. 경부 압박 또는 전기 고문에 의한 화상 등 사망의 직접 원인이 될 만한 외상이 발견되지 않았다.
4. 폐, 심장, 비장, 신장, 간장 등 7개 장기 조직에서 수원지의 것과 동일한 '시나드라'라는 플랑크톤이 다량 발견되었다.
5. 문제의 밤에 수원지 경비경찰이 다리 근처에서 '풍덩' 소리와 함께 허우적거리는 소리를 들었다.

∴6. 이군은 실족하여 수원지에 빠져 익사하였다.

1은 현상(이군의 변사)이고, 6은 이 현상을 설명하기 위한 가설(실족설)로서, 애초에는 이 가설을 받아들일 이유가 없었다. 오히려 여론은 고문설에 무게를 두고 있었다. 그러나 수사 과정에서 2-5가 자료로 확보되었다. 2-5는 모두 완전히 또는 적어도 높이 정당화되는 주장들로서 실족설을 뒷받침하는 증거가 되고, 특히 3(-외상)과 4(플)는 고문설을 폐기시킬 정도의 강력한 부정적 증거가 된다. 따라서 고문설이 폐기되고 실족설이 가능한 최선의 가설로 인정되게 되었다.

	구두	-외상	플	풍덩	판단
고문설		−	−		
실족설	+	+	+	+	최선의 가설

인과적 필요충분조건으로서의 가설 이 단계에서 실족설이 참이라는 결론을 내릴 수 있을까? 그렇지 않다. 가설의 논리적 성격과 관계된 의구심 때문이다. 가설은 현상에 대한 충분조건으로서의 원인을 말한다. 그러나 엄밀한 의미에서의 원인 또는 이상적 원인은, 앞서 지적한 대로, 인과적 필요충분조건이다. 그래서 어떤 가설을 최선의 설명으로 받아들이기 전에 다음과 같이 물어보는 것이 좋다.

만일 지금까지의 증거들이 우리가 확보할 수 있는 모든 것이라면, 이 가설이 거짓일 경우 현상이 발생하지 않을 수도 있는가?

이 물음에 대해서 "그렇다."는 답을 할 수 있으면, 가설은 최선의 설명으로 인정될 수 있다. 그러나 실제로는 이렇게 확답을 하기 어렵다. 가설들은 우리가 인식할 수 있는 한계 너머에서 일어났다고 추정되는 일에 대하여 말하고 있기 때문이다. 우리가 한 일은 단지 우리에게 노출된 세계 속에서 우리에게 감추어진 현상과 인과적으로 연결되어 있다고 생각되는 자료들을 수집하여, 그 자료들과 가장 잘 연결된다고 생각되는 가설을 낙점하는 데 불과하다. 인과적으로 연결되어 있다고 생각된 사건들이 사실은 아무 관계도 갖지 않을 수 있다. 미처 눈여겨보지 못한 자료들 중 사건의 해석을 전혀 달리하게 할 수 있는 것이 있을 수도 있다. 제시된 증거들도 모두 조작일 수 있다. 그래서 고문설이 진실일 수 있다. 심지어는 다음 가설이 맞을 수도 있다.

음모설 : 이군은 5 · 18 광주민주화항쟁의 기념일을 기점으로 하여 정부 당국을 결정적인 수세에 몰아넣기 위해 운동권 내에서 꾸민 음모로 희생되어 수원지에 버려졌다.

이 가설도 설명력이 있다. 그러나 우리가 인식의 한계 너머를 기웃거려 볼 수 있게 하는 유일한 발판은 우리에게 알려진 것들 중에서 찾을 수밖에 없다. 알려진 자료들이 모두 실족설을 지지하고 있는 마당에 고문설이나 음모설에 매달릴 수는 없다. 예컨대 7개의 장기에서 수원지의 것과 같은 플랑크톤이 발견되었다는 것은 고문설에 대한 치명적인 부정적 증거가 되기 때문에, 고문설을 지지하는 측에서는 사체 부검 시 부검의들이 장갑을 갈아 끼지 않았다는 사실을 지적하였다. 그러나 국립과학수사연구소는 부검의 결과를 의심할 만한 이유가 없다고 이 지적을 일축하였다. 만일 외국의 전문 기관에서 재부검을 실시하였더라면, 전혀 다른 결과가 나오지 않았을까? 혹시 국과수에서 조작한 것이 아닐까? 정부 당국의 압력에 의해 국과수가 위증하지는 않았을까? 특히 박종철 군의 고문사 사건 이후 수사기관 일반에 대한 불신이 팽배해 있었기 때문에, 시국 사건에 관한 한 이러한 의심들을 떨쳐버릴 수는 없었을 것이다. 그러나 이러한 의심들은 고문설을 유지하기 위해 국과수의 신뢰성을 의심하는 보완가설(또는 전혀 새로운 가설)을 내놓는 것에 해당하고, 이 경우에 입증책임은 그러한 가설을 내놓는 측에 돌아간다. 그리고 이러한 입증책임을 다하지 않은 한, 제기된 가설도 공연한 주장으로 치부된다.

최선의 가설을 선택하는 마지막 단계에서 묻는 위의 물음에 대해 "아마도 그렇다." 정도로 수긍할 수 있으면 족할 것이다. 이군의 변사를 설명하는 가설로 실족설만이 남았다. 만일 [인식 상황 4]까지의 증거들이 우리가 알 수 있는 모든 것이라면, 실족설이 거짓일 경우 이군이 수원지에서 변사체로 떠오르지 않을 수도 있었는가? 고문설은 폐기되었다. 자살할 이유도 없고, 그런 곳에서 수영을 할 이유도 없으며, 같은 운동권 학생들에 의해 희생되었다고 생각하게 할 만한 이유도 없다. 만일 실족사하지 않았더라면, 멀쩡한 사람이 그런 변사체로 떠오르는 일은 아마도 없었을 것이다. 물론 이군은 우리가 알지 못하는 원인으로 죽을 수 있다. 그러나 [인식 상황 4]까지의 증거에 국한해 볼 때, 실족사 외에 다른 가설은 생각해 볼 수 없다. 따라서 우리는 실족사를 이군의 변사를 가장 잘 설명하는 가설로 인정할 수밖에 없는 것이다.

단순성(simplicity) 설명력, 정합성, 증거력 외에 가설의 평가에서 중요하게 고려되는 것으로 단순성의 원칙이 있다. 이 원칙은 "현상을 설명하기 위하여 사용된 존재자의 수는 필요 이상으로 증가되어서는 안 된다."고 하는 '오캄의 면도날(Occam's Razor)'로 알려진 것이다. 단순성의 원칙은 세계가 경제성의 원칙에 따라 존재한다는 것을 전제한다 우리는 가능하면 멀리 돌아가기보다는 지름길을 가고자 한다. 천 원짜리 물건을 만 원 주고 사지 않는다. 빈대 잡자고 초가삼간을 태우지 않는다. 마찬가지로 우리는 자연현상도 그러할 것이라 생각한다. 한 송이 패랭이꽃이 피게 하기 위해서는 그 꽃이 피게 할 수 있는 최소한의 원리가 있으면 된다. 자연은 패랭이꽃이 피게 하기 위해서 굳이 복잡한 과정이나 원칙을 적용하지는 않을 것이다. 우리는 이렇게 생각한다. 그래서 일반적으로 우리는 현상을 단순하게 설명하는 가설을 선호한다.

고대 천문학자 프톨레마이오스의 천동설과 16세기 코페르니쿠스의 지동설은 모두 설명력이 있었으며, 증거력의 면에서도 우열을 가릴 수 없었다. 그러나 정합성의 면에서는 천동설이 우위에 섰는데, 그럼에도 불구하고 지동설이 채택되게 된 것은 이 이론이 천동설에 비해 월등하게 단순한 방법으로 천체의 운행을 설명하였기 때문이었다.

이군의 변사를 설명하기 위한 귀신설은 정합성도 없고, 검증가능성과 반증가능성도 없지만, 단순성의 원칙에도 어긋난다. '귀신'이라는 실체 없는 대상의 존재를 가정하기 때문이다. 음모설도 단순성의 원칙에 반한다. 음모설은 "음모에 의해 이군이 고문사한 것처럼 희생되었다."는 것으로서, 일종의 복합 가설이다.

그러나 단순성의 원칙을 적용할 경우에는 신중해야 한다. 실제로 사건은 복잡한 방식으로 전개되었을 수 있기 때문이다. 나아가 단순성의 원칙에 집착하면, 과학의 발전이 더디어질 수 있다. 과학적 가설을 수립할 때는 새로운 어휘를 도입해야 할 경우가 많은데, 새로운 어휘는 새로운 대상의 존재를 가정하기 때문이다. 물론 가장 타격을 입는 것은 형이상학이다. 오캄의 면도날은 기실 형이상학적 존재자들을 제거하기 위해 제시된 것이었다.

연습문제

※ 다음 각 주장들 중 현상(피설명항)과 가설(설명항)을 지적해 보자.

29. 죽음의 병 에이즈가 번지고 있다. 인간은 신의 저주를 받은 것이다.

30. 내가 진리를 말하는데도 왜 나를 믿지 않느냐? 하나님께 속한 사람은 하나님의 말씀을 듣는다. 그러나 너희가 듣지 않는 것은 하나님에게

속하지 않았기 때문이다. (「요한복음」)

31. 우리는 여러 번 우연히 만났습니다. 전철을 타고 가다가도 만나고, 길거리에서도 만났으며, 심지어는 지리산 등반길에서도 우연히 만났습니다. 우리의 만남은 운명입니다.

32. 제우스의 형제가 거신족(巨神族)을 쳐부숴서 지옥으로 추방하자, 이번에는 새로운 적이 생겨났습니다. 그 적이란 튀폰과 브리아레오스, 엔켈라도스와 같은 거신들인데, 그들 중에는 백 개의 손을 가진 자도, 또 불을 뿜는 자도 있었습니다. 그들은 마침내 정복되어 에트나 산 밑에 생매장되었습니다. 그들은 지금도 이 산 밑에서, 때에 따라서는 어떻게 해서든 자유의 몸이 되고 싶어서 버둥거리어 지진을 일으켜서는 그 섬(시켈리아 섬)을 진동시키는 일이 있습니다. 이 거신들의 숨결이 에트나 산을 꿰뚫고 피어오릅니다. 사람들은 그것을 보고 화산이 분화한다고 말합니다. (토머스 불핀치, 『그리스 로마 신화』)

33. 왜 달이 한동안 없어지는가? 고대 사람들은 월식을 마귀들이 주문을 외우기 때문에 생기는 현상이라고 믿었다. 그래서 그들은 마귀들의 주문 소리를 막고 월식이 예고해 주는 불행한 사건들을 피하기 위해 종, 나팔, 트럼펫 등을 마구 울려 큰 소음을 내는 것이 관습이었다.

34. 플로티노스는 육체로서 존재한다는 것을 몹시 부끄럽게 여긴 철학자였다. 그래서 플로티노스가 죽었을 때 그의 제자들은 그의 불멸의 영혼이 육체를 벗어 던지고 해방된 것으로 이해하였는데, 그 증거로서 제자들은 그가 숨을 거두는 순간 한 마리의 뱀이 담 틈바구니로 사라져 버린 사실을 제시하였다. (W. 바이셰델, 『철학의 뒤안길』)

35. 한니발의 주목할 만한 활동 중에는 다음과 같은 것이 들어가야 한다. 그는 타국에서 싸우고 있는, 온갖 나라의 사나이들로 구성된 거대한 군대를 가지고 있었지만, 운이 좋을 때든 나쁠 때든 그들 사이에서나 군주에 대하여 알력이 생겨난 적이 한 번도 없었다. 이것은 그의 비인

간적인 잔인성이 아닌 그 무엇에도 기인할 수 없었을 것이다. 이것이 그의 무한한 다른 덕들과 함께, 그를 병사들의 눈에 존경스럽고도 무시무시한 인물로 보이도록 만들었으며, 이것 없이 그의 다른 덕들만 가지고는 그러한 결과를 낳기에 족하지 못했을 것이다. (마키아벨리, 『군주론』)

※ 다음 각 현상을 가장 잘 설명한다고 생각되는 가설을 제시하고, 그 이유를 말하라.

36. 한 사람이 겨우 들어갈까 싶은 마술사의 술통에서 미녀 다섯이 나왔다.

37. 뇌의 일정한 부분에 전기 자극을 주면, 잊혀졌던 옛날 기억이 되살아난다.

38. 우리나라와는 달리 미국 대도시에는 거지들이 많다.

39. 니체의 『차라투스트라는 이렇게 말했다』가 나온 것은 1883년이었다. 따라서 "신은 죽었다."고 니체가 선언한 지도 벌써 한 세기가 더 지난 셈이다. 그럼에도 불구하고 종교는 조금도 위축되지 않고 있다.

40. 두 탐험가가 수풀이 무성한 정글을 탐사하던 중 매우 이상한 장소를 하나 발견하였다. 문명사회의 공원에서나 볼 수 있는 아름다운 정원이 나타난 것이다. 잡초 하나 없는 화단에는 여러 가지 꽃들이 만발하여 있었고, 화단 앞에는 잔디밭까지 있었다. 그 정글에는 사람이 살고 있지 않았다.

※ 다음 각 가설추리를 재구성하여 평가하라.

41. 왜 화가들은 순수미의 추구를 위해 여성의 나체를 선택했을까? 비단 일본뿐 아니라 중세 근세의 제국주의에서 여성 누드가 많은 까닭은 국가가 장려했기 때문이다. 화가가 여성의 신체와 에로티시즘에 집중

하면 회화로부터 현실 비판을 제거하기 쉽다. 자신들의 공통 관심사인 여성의 신체에서 친밀감을 나눈 남성은 정신적인 남성 동맹을 결성하고, 군사체제는 바로 그 남성동맹 위에 구축된다. 그들은 국내의 타자인 여성의 신체를 영유하는 것과 같은 사고방식으로 국외 타자를 침략, 살육, 강간, 납치했던 것이다. (아카쿠와 미도리, 「근 · 현대 일본회화에 있어서 누드의 정치성」)

42. 그러면 사람은 왜 여러 사람과 더불어 살면서 남에게 손해를 끼치고 고통을 가하는가? 그것은 말할 것도 없이 인간의 이기심(利己心) 때문이다. 사람들은 모두 각자의 능력을 최대한으로 계발하여 풍요롭고 행복하게 살아가려고 한다. 그렇게 살아가기 위하여 필요한 재산, 권력, 지위, 기회 등은 충분히 주어져 있지 않다. 그래서 모든 사회에서 이런 재화는 항상 부족할 수밖에 없으며, 개인들 간에 경쟁은 불가피해진다.

힘이나 기회를 가진 사람은 그런 것을 못 가진 사람에게 손해를 끼치고 고통을 주면서까지 자기의 욕심을 채우려고 한다. 모든 인간은 이러한 이기적 심성을 가지고 있으며, 그대로 이를 방치하게 되면 약육강식(弱肉强食)의 무질서로 인하여 사회 전체가 마비되고 만다. 따라서 약자는 항상 강자에 의하여 희생이 되고, 강자는 그보다 더 강한 자에 의하여 손해를 보게 되므로, 공동생활뿐만 아니라 종족의 생존까지도 불가능해진다. (서울대학교 사범대학 『도덕 · 윤리』 연구개발위원회, 『고등학교 윤리』)

43. 인간은 한 개의 갈대에 지나지 않는다. 자연 중에서 가장 약한 갈대이다. 그러나 인간은 생각하는 갈대이다. 그를 부수는 데는 온 우주가 무장하지 않아도 된다. 한 줄기의 증기, 한 방울의 물을 가지고도 그를 죽이기에 충분하다. 그러나 우주가 그를 부순다고 해도 인간은 자기를 죽이는 자보다 존귀할 것이다. 인간은 자기가 반드시 죽어야 한다는 사실과 우주가 자기보다 힘이 세다는 사실을 알고 있지만 우주는 그것은 전혀 모르고 있는 것이다. 그러므로 우리의 모든 존엄성은 사고에 있다. (파스칼, 『팡세』)

44. 그러나 실제 유럽의 기독교 문명은 그런 길을 밟지는 않았다. 낙원의 상실은 곧 복수하는 신으로 이어졌다. 그리고 이런 내면의 의식은 어떻게 해서든 지상의 낙원을 찾고 그곳에 들어가야 한다는 강박증을 낳았다. 무엇엔가 내몰리는 사람처럼 끊임없이 찾아 헤매고 무엇인가를 향해 전진해야 하는 문명의 성격, 아시아로, 또 아메리카로 공격해 들어가서 땅을 빼앗고 사람을 짓밟았던 역사…. 이런 흐름의 저 깊은 뿌리에는 낙원의 상실과 지옥의 공포라는 근원적인 갈등이 있었다. (주경철, 『문화로 읽는 세계사』)

3.32 과학적 가설

만일 우리가 관찰한 것을 기술하는 데 있어서 기존의 어휘에만 의존한다면, 우리는 곧 일반성의 상한선에 도달하고 만다. 종이를 불에 태우면, 종이는 재로 변한다. 이 경우 우리는 "종이가 재로 변하게 하는 원인은 불이다."라는 일반성을 귀납적으로 추리할 수 있다. 쇠를 공기 속에 놓아두면 녹이 슨다. 그래서 우리는 "쇠를 공기 속에 놓아두는 것은 쇠가 녹슬게 하는 원인이 된다."고 귀납추리 할 수 있다. 그러나 왜 불은 종이를 재로 변하게 하며, 왜 공기는 쇠를 녹슬게 하는 것일까? 기존의 어휘들만으로는 이러한 물음들에 답할 수 없다. 기존의 어휘들만으로는 우리가 획득할 수 있는 일반성의 상한선에 부딪치게 되기 때문이다. 그래서 과학은 새로운 어휘, 새로운 개념을 도입하여 문제의 현상에 대한 설명을 도모하게 되는데, 이 경우 과학이 추리하려는 것을 '설명적 일반 가설'이라고 한다. 과학 발전의 핵심은 바로 이 설명적 일반 가설의 추리에 있다.[48)]

18세기 초, 과학자들은 종이가 타고 쇠가 녹스는 두 가지 현상을

48) 이 점은 귀납추리와 가설추리의 차이를 알 수 있게 한다. 귀납추리는 기존의 어휘들에 의한 기술적(記述的) 일반화인 반면, 가설추리는 새로운 어휘에 의한 설명적 일반화인 것이다.

함께 설명할 수 있는 설명적 일반 가설을 정립시키기 위해 격론을 벌였다. '플로지스톤(Phlogiston) 이론'과 '산소 이론'의 대결을 간단히 살펴보자.

> 플로지스톤 이론 : 종이와 쇠는 다 같이 '플로지스톤'이라고 하는 물질을 함유하고 있다. 종이는 타는 과정에서 이 플로지스톤이 분리되어 재로 변한다. 쇠가 공기 속에 있을 때 이 플로지스톤이 쇠를 떠나기 때문에 쇠는 녹이 슨다.

> 산소 이론 : 공기 속에는 '산소'라는 물질이 함유되어 있다. 이 산소가 물질과 결합함으로써 종이는 타서 재가 되고 금속은 녹이 슨다.

여러 가지 실험 끝에 라부아지에의 산소 이론이 플로지스톤 이론보다 더 좋은 것으로 판명이 났다. 중요한 실험들 중의 하나는 다음과 같은 것이었다.

> [실험] 밀폐된 곳에서 수은을 가열하였다. 그 결과 수은 찌꺼기가 형성되었는데, (가) 그 수은 찌꺼기의 무게는 본래 수은의 무게보다 더 무거웠으며, (나) 밀폐된 곳의 공기의 무게는 실험 전의 무게보다 가벼워졌다.

이 실험의 결과는 다음과 같이 산소 이론에 대한 긍정적 증거가 되었다.

(1) 산소 이론
(2) 밀폐된 곳에서 수은을 가열한다.
(3) 만일 산소 이론이 옳다면, 밀폐된 곳에서 수은을 가열할 경우,

수은 찌꺼기의 무게는 본래 수은의 무게보다 더 무거울 것이며 밀폐된 곳의 공기의 무게는 실험 전의 무게보다 가벼워질 것이다.

∴(4) 수은 찌꺼기의 무게가 본래 수은의 무게보다 더 무거워지고 밀폐된 곳의 공기의 무게는 실험 전의 무게보다 가벼워질 것이다.

실험의 결과는 산소 이론이 예측하는 바를 정확하게 나타내었던 것이다. 반면에 이 결과는 다음과 같이 플로지스톤 이론에 대한 부정적 증거가 되었다.

(1) 플로지스톤 이론
(2) 밀폐된 곳에서 수은을 가열한다.
(3) 만일 플로지스톤 이론이 옳다면, 밀폐된 곳에서 수은을 가열할 경우, 수은 찌꺼기의 무게는 본래 수은의 무게보다 더 가벼워질 것이며 밀폐된 곳의 공기의 무게는 실험 전의 무게보다 무거워질 것이다.
∴(4) 수은 찌꺼기의 무게가 본래 수은의 무게보다 더 가벼워지고 밀폐된 곳의 공기의 무게는 실험 전의 무게보다 무거워질 것이다.

실험의 결과는 이 (4)가 거짓이라는 것을 분명히 보여주었다. 플로지스톤 이론에 대한 강력한 부정적 증거가 제시된 것이다. 플로지스톤 이론을 지지하는 측에서는 이 부정적 증거를 해소시키기 위해 다음과 같은 보완가설을 내 놓았다.

[보완가설] 플로지스톤은 음(−)의 무게를 가지고 있어서, 플로지스톤을 가진 어떤 물질로부터 플로지스톤이 제거되면, 그 물질은

더 무거워지고, 어떤 물질에 플로지스톤이 첨가되면, 그 물질은 더 가벼워진다.

그러나 이 보완가설은 애드 호크 보완가설에 지나지 않는 것으로 평가되었다. 그 보완가설을 받아들이게 할 만한 어떤 이유도 없는 상태에서, '음(−)의 무게'라는 개념이 우리가 받아들이고 있는 '무게'라는 개념과 정합하지 못하였기 때문이었다.

이 이야기는 가설추리가 세계에 대한 우리의 이해를 얼마나 넓혀줄 수 있는가를 알려주는 작은 예에 불과하다. 그러나 이 예가 보여주는 것은 일반적으로 참되다. 즉 기존의 개념을 사용한 귀납추리는 곧 일반성의 상한선에 부딪치게 되고, 우리의 세계를 새로운 개념들과 이 새로운 개념들이 도입하는 새로운 요소들로 다시 생각해 봄으로써만 이 세계를 더 잘 설명하고 이해할 수 있게 되는 것이다. 이 새로운 어휘로 현상을 설명하는 가운데, 우리는 현상의 비밀스러운 '근저'에 접근한다고 기대할 수 있는 것이다.49)

그럼에도 불구하고 과학 법칙들은 우리의 근본적 호기심을 만족시키지는 못한다. 우리는 자연적 현상과 인위적 현상 모두를 망라한 우주 안의 모든 것이 존재하고 변화하는 이유를 알고 싶어 하기 때문이다. 우주의 기원, 존재하는 것들의 존재 원칙, 우주 속에서의 인간의 좌표와 운명, 인간의 역사, 사회, 문화, 문명 등은 물론 먼지 한 알의 존재 의미까지도 놓치지 않고 설명하는 이야기, 즉 형이상학적 이론을 원하는 것이다.

---

49) 그러나 새로운 이론이 우리의 관찰에 의한 일상적 개념들과는 전혀 다른 새로운 개념과 어휘들로 이루어져 있다면, 관찰에 호소해서 어떻게 새로운 이론을 정당화할 수 있을 것인가? 새로운 이론의 한 가지 특징은, 일단의 설명적 일반 가설들이 전혀 새로운 어휘들로 이루어진 반면, 어떤 것들은 새로운 어휘들을 일상적 관찰 어휘와 관계시킨다는 것이다. 새로운 어휘들로 이루어진 이론이 관찰된 현상에 대한 가장 좋은 설명으로서 정당화되는 것은 바로 이러한 '교량법칙'들을 통해서인 것이다.

우리의 가설추리 방법으로 그러한 형이상학적 이론까지도 다룰 수 있을지는 의문이다. 그러나 도대체 형이상학적 이론을 수립하고 또 평가해야 한다면, 우리가 지금까지 연구한 방법 외에 다른 것이 있을 수 없다는 것이 필자의 생각이다.

연습문제

※ 다음을 읽고 물음에 답하라.

1950년대에 생물학자들과 심리학자들은 기억에 관한 '화학 물질설'을 연구하기 시작하였다. 즉 기억이란 뇌 안의 어떤 화학 물질을 변화시키고 저장함으로써 발생하는 현상이라는 생각이었다. 1960년대에 들어서서 미시간 대학의 심리학자들은, 만일 기억이 저장된 화학 물질의 작용이라면, 한 뇌에서 다른 뇌로 화학 물질을 이전시킴으로써 한 유기체에서 다른 유기체로 기억을 이전시킬 수 있을 것이라는 생각을 하게 되었다.

벌레들과 쥐들을 이용하여 실험이 실시되었다. 쥐의 실험에서는 한 무리의 쥐들에게 맞은편 케이지에 들어 있는 우유를 자기들 쪽의 레버를 누름으로써 조금씩 마시는 훈련을 시켰다. 쥐들이 이 방법을 배우기는 어려워서 대체적으로 25시간이 소요되었다.

그런 다음 훈련된 쥐들의 뇌에서 화학 물질을 채취하여 훈련되지 않은 쥐들의 뇌에 주입시켰다. 동시에 훈련되지 않은 쥐들의 뇌에서도 화학 물질을 채취하여 역시 훈련되지 않은 쥐들의 뇌에 주입시켰다. 실험자들은 훈련된 쥐들에게서 화학 물질을 받은 쥐들이 우유 얻는 법을 빨리 터득할 것이라고 추측하였다.

훈련된 쥐들로부터 화학 물질을 받은 쥐들이 우유 얻는 법을 터득하는 데는 평균 3시간밖에 걸리지 않았다. 반면 훈련되지 않은 쥐들에게서 화학 물질을 받은 쥐들은 평균 25시간이 걸려서야 그 기술을 습득하였다.

45. '화학 물질설'은 귀납적 일반화가 아니라 설명적 일반화이다. 그 이유

는 무엇인가?

46. '화학 물질설'은 과학적 가설이다. 그 이유는 무엇인가?
47. 실험의 결과가 '화학 물질설'에 어떤 영향을 미치는가?
48. '화학 물질설'에 대한 경쟁가설이 있으면 말해 보자.

※ 다음 각 가설추리를 재구성하여 평가하라.

49. 벌레들은 자기들을 주둥이로 쪼아 먹는 새들을 최대의 적으로 생각한다. 이런 자연 속의 적을 속여 넘기기 위해 벌레는 죽은 시늉을 한다. 이렇게 죽은 시늉을 하면 새들도 먹고 싶은 마음이 사라져, 마침내 벌레는 생명을 건질 수 있는 것이다. (파브르, 『곤충기』)

50. 나비와 비슷한 나방 중에는 날개가 없는 것이 있다. 겨울자나방은 수컷만 날개가 있고 암컷은 없다. 이 부류는 겨울에 번데기에서 나와 성충이 된다. 추운 겨울에 날개가 있으면 그만큼 체온을 더 많이 빼앗긴다. 때문에 암컷은 불필요한 에너지 소모를 줄여 그만큼 알을 더 만들려고 결국 날개가 없어진 것으로 보인다. 겨울자나방이 활동하는 겨울에는 천적이 없어 날개를 이용해 도망칠 필요가 없다. (「특이한 생존 전략」, 『중앙일보』)

51. 무슨 신비로운 장비를 가졌기에 저 철새들은 따뜻한 곳을 찾아 들었다가 귀신같이 제자리로 되찾아 가는 것일까? 주위 환경인 온도나 일조시간이 조절하는 것일까? 일부 알려진 바로는 별자리를 이용하거나 지구의 자력을 이용하기도 한다지만 그것도 정답은 아니라는 것이다. … 여기 몇 가지 실험의 결과를 보자. 같은 종류의 철새를 일정한 온도에 12시간 일조시간(빛을 비춘다)을 준 것들과 자연 상태와 유사한 큰 유리방에 둔 것, 또 자연에 살고 있는 것들의 행동을 관찰해 보았더니 온도나 일조시간과 무관하게 일정한 때에 털갈이를 하고 날아가야 할 곳으로 반응을 한다는 것이다. 그뿐 아니라 새끼를 부화기에서 깨워 키워 봐도 1년 주기로 똑같이 일정한 반응을 일으키니 새들의 이동이 부모 새에게 배운 것이 아니라는 것이다. … 내생(內生)의 어

떤 그 무엇이(아직도 모른다) 1년 주기로 리듬이 생겨서 새를 그렇게 날게 하는 것이다. 새는 뭣도 모르고 그것의 주력(呪力)에 끌려 날 뿐이다. 그 주력의 정체를 찾느라 오늘도 뭇 조류학자들이 땀을 흘리고 있다. (권오길, 『바다를 건너는 달팽이』)

52. 영국의 맨체스터 공업 지대에 있는 후추나방은 1845년에 조사한 바에 의하면 99%가 흰색이었고, 1%는 검은색이었다. 그러나 50년 후에는 검은색 나방이 훨씬 증가하여 전체의 99%를 차지하였다고 한다. 그 원인을 조사해 본 결과 공업화로 나무껍질이 검게 변하였기 때문에 … 흰색 나방은 새의 눈에 쉽게 띄어 많은 수가 잡혀 먹혔기 때문이라는 사실을 알게 되었다. (송인명 외, 『중학교 과학 3』)

53. 1964년 뉴욕에서 제노비스라는 여성이 집 앞에서 끔찍하게 살해당했다. 목격자가 38명이나 됐지만 누구도 신고조차 하지 않았다. 이 사건에 충격을 받은 심리학자 존 달리와 빕 라네티는 각기 다른 방에 피실험자들을 들여보내고 그 중 한 사람이 간질 발작으로 고통받는 상황에 빠진 것처럼 꾸몄다. 고통을 호소하는 간질 환자의 목소리를 들은 피실험자들 가운데 70%는 아무 조치도 취하지 않았다. 다만 자신과 간질 환자 단 둘만 있다고 믿었을 때는 피실험자들의 85%가 3분 안에 조치를 취했다.

집단 규모가 클수록 위험을 무릅쓰고 남을 도울 가능성이 높다고 생각하기 쉽지만, 실험 결과는 그 반대였다. 남을 돕지 않는 것은 무관심 때문이 아니라 구경꾼의 존재 때문이었던 것이다. 책임감 분산 효과라고 할 이 결과는 군국주의 세력에 너무도 순순히 따랐던 일본인들이나 나치즘의 광기에 홀려버렸던 독일인들의 심리를 설명하는데 유용한 듯하다. (「로렌 슬레이터, 『스키너의 심리상자 열기』 서평」, 『중앙일보』)

3.33 합리적 설명

등산 중 길을 잃고 헤매다가 폐가에서 하룻밤을 자게 되었는데, 어둡고 적막한 한밤중에 문에서 삐걱거리는 소리가 난다고 생각해 보자. 대부분 모골이 송연해질 것이다. 귀신이 나타난 게 아닐까? 숨을 죽이고 기다린다. 더 이상 아무 기척이 없다. 문이 잘 닫히지 않았다는 생각이 든다. 아! 억지로 닫은 문이 압력에서 벗어나며 내는 소리구나! 비로소 안도의 한숨을 내쉰다.

이 예는 인류 역사에서 대표적인 두 가지 다른 설명 방식을 보여주고 있다. 옛 사람들은 모든 현상을 어떤 영적, 정신적 존재가 모종의 목적을 가지고 일으키는 일로 생각하였다. 땅에는 지신, 산에는 산신령, 바다에는 해신이 있었다. 그리고 귀신은 공동묘지에만 있는 것이 아니라 흉가에도 있고 비바람 부는 날이면 아무데나 나타났다. 이 '신'들은 지진도 일으키고, 태풍도 일으키고, 해와 달과 별을 부리고, 인간의 운명을 좌지우지 하였다. 간 약한 사람들은 도깨비에게 홀리는 일이 흔하였다. 철학자들은 신화보다는 좀 더 세련된 이야기가 필요하였다. 세계는 거대한 목적의 체계로서, 모든 사건은 체계 전체의 어떤 목적과 관계되었다고 생각하였다. 그들은 세계에 대한 '목적론적 설명'을 하고자 한 것이다.

목적론적 설명은 근세에 들어 인과적 설명의 도전을 받는다. 갈릴레이, 코페르니쿠스, 뉴턴 등의 기계론적 세계관은 자연현상을 이해하는 데에 있어서 어떤 정신적 존재의 의도나 목적을 거론할 필요가 없이 인과적 설명만으로 족하다는 것을 보여주었다. 그리고 그 이후의 지성사는 자연현상뿐만 아니라 인간의 삶, 사회, 역사 등을 포함한 모든 현상을 인과적으로 설명하는 경향으로 전개되었다. 조금 단순화시켜서 말하자면, 인류의 지성사는 세계를 목적이나 의도로 설명하려는 경향으로부터 인과적으로 설명하려는 경향으로 변천해 온 역사, 또는 존재계로부터 정신적인 요소를 제거해 온 역사로 볼 수 있다.

그렇다고 해서 목적론적 설명이 잘못되었다고 생각하는 것은 경솔한 일이다. 어떤 설명 방식을 택하는가는 형이상학적 결단의 문제이기 때문이다.[50] 더구나 목적론적 설명이 쓸모없게 되었다고 생각하는 것은 잘못이다. 적어도 인간현상이 있기 때문이다.

마음 읽기 목적론적 설명의 전형(典型)은 합리적 설명이다.[51] 합리적 설명은 인간의 행위를 행위논증의 틀로 설명하는 것이다. 우리는 타인의 행위를 보고 마음 읽기를 한다. 마음 읽기는 타인의 표정, 말, 몸짓 등 겉으로 드러난 부분을 가장 합리적으로 설명하는 것으로 추정되는 타인의 마음 상태를 행위논증의 틀로 가설추리하는 일이다.[52] 다음 예를 가지고 연구해 보자.

> 교통이 대단히 혼잡한 교차로에서의 일이다. 직진 신호가 아직 켜 있는데 직진하는 차들의 꼬리가 교차로의 중간에 멈춰 서 있다. 이때 뒤따르는 차들 중 몇 대는 멈춰 서 있는 차들의 꼬리를 물고 진입하는데, 교차로에 진입하지 않고 멈춰 서는 차들도 있다. (이 차들의 뒤에서는 경적 소리가 요란하게 마련이다.) 곧 신호가 빨강으로 바뀐다. 그런데 교차로에 멈춰 서 있는 차들은 아직 움직이지 못한다. 따라서 직진 신호를 받고 진행하려는 좌우 차들을 가로막고 서 있게 된다. 교차로는 차들이 뒤엉켜 서로가 오도 가도 못한다.

거리에 나서면 하루에도 몇 번씩 목격하는 장면으로서, 우리는 여기에 적어도 다음과 같은 두 유형의 차들이 있음을 알 수 있다.

진행형 : 교차로 가운데 멈춰 서 있는 차들의 꼬리를 물고 진입하는

50) 형이상학적 가설의 평가는 다음 절에서 연구한다.

51) 세계에 대한 목적론적 설명을 비판하는 철학자들은 목적론적 설명이 인간 행위에 대한 합리적 설명의 연장선상에서 이루어진 것이라고 본다.

52) 자폐증 환자는 전형적으로 마음 읽기를 하지 못한다.

차들

대기형 : 교차로 가운데 멈춰 서 있는 차들의 꼬리를 물고 진입하지 않고, 교차로 밖에 멈춰서 기다리는 차들

차들을 이와 같이 두 유형으로 나누는 기준은 물론 그 차들을 운전하는 사람들의 행위이다. 두 유형의 행위에 따라 차들을 분류한 것이다.

이처럼 혼잡한 교차로에서 대기형의 사람들을 발견할 때 우리는 새삼스럽게 그들을 다시 쳐다보게 된다. 그들의 행위가 사려 깊고 성숙한 민주 시민의 자세를 보여주는 것 같기 때문이다. 뒤에서 빵빵거리며 욕을 퍼붓는데도 의연히 기다리는 것이 더욱 마음에 들기도 한다. 옳은 일에 대한 확신에 차 있는 당당한 모습 같기 때문이다. 그런가 하면 진행형의 사람들에 대해서는 매우 신랄한 비판을 한다. 사려 깊지 못하다든지, 참을성이 없다든지, 민주 시민의 자세를 갖지 못했다든지, 비합리적이라는 평가를 하는 것이다.

자, 그런데 어떻게 이와 같이 대기형의 행위를 높게 평가하고 진행형의 행위를 낮게 평가할 수 있을까? 우리가 대기형의 행위를 높게 평가하는 이유는 대기형의 행위가 다음과 같은 구조를 가지고 있다고 추리하고, 그 구조 속에 드러난 행위의 전제들을 흔쾌히 받아들이기 때문이다.

1. 상황 인식
   가. 앞의 차들이 교차로 가운데 멈춰 서 있다.
   나. 지금은 직진 신호가 켜 있다.
   다. 만일 내가 직진 신호가 켜 있는 동안 앞차의 꼬리를 물고 진행하면, 앞 차들이 빠져 주지 않는 한 나의 차는 서 있는 차들의 꼬리에 멈춰 설 것이다
   라. 만일 앞 차들이 빠지지 않은 상태에서 신호가 바뀌고 나의

차가 서 있는 차들의 꼬리에 멈춰 서 있으면, 나의 차는 좌우 방향 차들의 진로를 막을 것이다.

2. 나는 나의 차가 좌우 방향 차들의 진로를 막는 것을 원하지 않는다. (지향심)
3. 만일 기다렸다가 앞 차들이 빠지는 것을 확인하고 진행하면, 나의 차가 좌우 방향 차들의 진로를 막는 일은 일어나지 않을 것이다. (수단 고려)

∴4. 나는 지금 직진 신호가 켜 있는 동안 앞차의 꼬리를 물고 진행해서는 안 되고, 기다렸다가 차들이 빠지는 것을 확인하고 진행해야 한다. (규범적 명제 도출)

대기형의 사람들을 치하하는 이유는 그들의 행위가 위와 같은 전제들로부터 도출된다고 생각하기 때문이다. 그런데 이와 같은 생각에는 두 가지 중요한 점들이 있음을 알 수 있다.

먼저, 대기형의 행위를 위와 같은 구조의 산물로 보는 것은 그 행위를 위와 같은 구조로 설명하려는 가설추리라는 것이다. 차들이 교차로 가운데 멈춰 서 있고 직진 신호가 켜 있는 상황에서 왜 그들은 진행하지 않고 교차로 밖에 멈춰 선 것일까? 이렇게 묻고, 이 물음에 답하기 위해서 다음과 같은 가설추리를 한 것이다.

1. 저 차는 진행하지 않고 교차로 밖에 멈춰 서 있다.
2. 앞의 차들이 교차로 가운데 멈춰 서 있다.
3. 지금은 직진 신호가 켜 있다.

∴4. 저 차의 운전자는 위의 행위논증 1-4와 같은 구조의 추리를 하였다. [1(2, 3)↑][53)]

---

53) '[1(2, 3)↑]'는 다음을 뜻한다: '4는 2와 3의 도움을 받아 1을 설명하는 가설이다.' 이 표기법에 대해서는 제5장 참조.

물론 문제의 행위를 설명하는 다른 가설들이 있을 수 있다. 반사 작용이나 충동에 의해서 또는 신의 계시나 운명의 장난에 의해서 그들이 멈춰 선 것으로 볼 수도 있는 것이다. 그러나 우리는 이러한 가설들보다는 위의 가설을 문제의 행위에 대한 가장 최선의 설명으로 판단한 것이다.

이러한 가설추리가 맞다고 할 경우 대기형의 행위는 성숙한 민주 시민으로서의 사려 깊은 행위라고 할 수 있다. 현재의 상황만 고려하지 않고 미래의 상황까지 고려하고 있고, 지금 진행 신호가 켜 있다고 해서 자신의 진로를 차지하는 데 급급하지 않고, 앞으로 빨간 신호가 켜질 때 타인의 진로를 방해하지 않도록 해야 한다는 생각이 바람직한 공동체 의식을 반영하기 때문이다.

대기형의 행위를 이와 같이 높이 평가하는 반면, 진행형의 행위에 대하여 우리는 신랄한 비판을 가한다. 사려 깊지 못하다든지, 성급하다든지, 민주 시민의 자세를 갖추지 못했다든지, 이기적이라는 평가를 하게 된다. 진행형의 행위를 이와 같이 여러 가지로 평가하는 것은 그 행위를 설명하기 위한 가설이 여러 가지이기 때문이다.

일반적으로 어떤 행위를 평가하기 위해서는 반드시 행위의 전제들을 알아야 한다. 그러나 타인의 행위는 그 전제들이 감추어져 있다. 따라서 어쩔 수 없이 타인의 마음을 읽도록 해야 한다. 어떤 신념과 소망을 가지고 문제의 행위를 했을까? 주어진 증거에 따라 가설추리를 한다. 아마 이런 생각을 했겠지. 아마 이런 계획을 가졌겠지. 아마 이런 저의를 품고 있었을 거야. 이런 뜻을 가진 게 분명해. 그러나 분명한 것은 없다. 이러한 가설은 문자 그대로 가설이라는 점을 명심해야 한다. 타인의 마음속을 우리는 알 수 없다. 나의 마음이 나만의 세계인 것처럼, 타인의 마음도 그만의 세계인 것이다.

연습문제

54. 다음은 사무엘 베케트의 『고도를 기다리며』 중 뽀조가 럭키의 행위를 설명하고 있는 부분이다. 럭키의 행위가 어떤 구조를 가지고 있는지 재구성해 보자.

에스트라공 : (힘을 주어) 짐! (그는 손가락으로 럭키를 가리킨다.) 왜 늘 짐을 지고 있는 거지? (그는 숨을 헐떡이며 등을 굽히는 사람의 흉내를 낸다.) 어째서 내려놓지 않는지. (그는 두 손을 벌리고는 안도의 숨을 내쉬며 다시 일어선다.) 어째 그럴까?

뽀조 : 난 알고 있지. 좀 일찍 그런 이야기를 하시지. 어째 그가 좀 편한 자세를 취하지 않는지. 주의해서 검토해 봅시다. 그는 그럴 권리를 가지고 있지 않습니까? 물론 가졌습니다. 그런즉 그가 땅에 내려놓지 않는 것은 그가 그것을 원하지 않으니까 그런 거지요? 이거야말로 합당한 대답입니다. 그러면 어째서 그가 그걸 원치 않느냐고요? (잠시 후에) 여러분, 그 까닭을 말씀드리지요.

블라디미르 : 잘 들어보게!

뽀조 : 저놈 속셈은 나한테 감탄을 자아내게 하여 나로 하여금 저를 데리고 있게 하려는 것이지요.

에스트라공 : 어떻다고요?

뽀조 : 아마 내 설명이 명확하지 않았던 것 같군요. 저놈은 나로 하여금 자기의 처지를 동정하게끔 해서 내가 저를 떼어놓는 것을 포기하게 하도록 하자는 겁니다.

55. 18-19세기는 유럽 사람들이 역사상 가장 못 먹은 시기 중 하나였는데, 『걸리버 여행기』의 저자인 조너선 스위프트가 다음과 같은 '겸손한 제안'을 발표하였다. 스위프트가 왜 이런 제안을 하였는지 마음 읽기를 해보자.

"나는 런던에 살고 있는 아주 박식한 내 미국인 친구한테서 분명하게 다음과 같은 이야기를 들은 바 있다. 곧, 잘 양육되고 어리고 건강한 한 살배기 어린아이는 스튜로 요리하건, 오븐에 굽건, 찌건, 끓이건 간에 아주 맛있고 영양가 많고 건강에 유익한 훌륭한 식품이 된다는 사실이다. …

따라서 나는 공동 대중들의 고려 대상으로 다음 제안을 겸손하게 제시하는 바이다. 먼저, 앞서 이미 계산했던 12만 명의 아이들 중에서 2만 명은 번식용으로 남겨 놓자는 것이다. 그런데 이 번식용 아이들 중 남자아이는 4분의 1만 남겨 놓으면 된다. 그 이유는, 우리나라의 천박한 평민들이 별로 신경을 쓰지도 않는 형편이긴 하지만, 이 아이들이 결혼의 산물인 경우가 별로 없기 때문이다. 따라서 남자 한 명이면 여자 네 명은 족히 감당할 수 있을 것이다. 그런 다음 나머지 10만 명의 아이들은 한 살이 되었을 때 전국에 있는 높은 지위와 재산을 지닌 인사들에게 판매용으로 제공할 수 있을 것이다. … 아기 한 명이면 친구들을 위한 접대용으로 두 접시의 요리는 충당할 수 있을 것이다. 그리고 가족들끼리만 식사할 때에는 앞다리나 뒷다리 하나면 꽤 괜찮은 요리를 만들 수 있을 것이다. …

나는 이 식품이 어느 정도 고가라는 점은 나도 인정한다. 따라서 이것은 지주들에게 아주 적합한 식품일 거라고 생각한다. 이미 이 아기들의 부모들을 게걸스럽게 집어삼켜 먹어치우고 있는 이들 지주야말로 이 아기들을 먹어치우기에 가장 높은 자격을 지닌 자들로 보인다. …" (조너선 스위프트, 「아일랜드 빈민층 아이들이 부모나 국가에 부담이 되는 것을 막고 그들을 대중들에게 유익한 존재로 만들기 위한 제안」, 1929. 주경철, 『문화로 읽은 세계사』에서 재인용.)

3.34 형이상학적 가설

데카르트는 그의 『철학원리』 서문에서 '지혜의 탐구'로서의 철학을 나무에 빗대어 설명하고 있다.

철학 전체는 나무와 같다. 뿌리는 형이상학이요, 줄기는 물리적 학문이며, 줄기로부터 뻗어 나간 가지들은 의학, 공학, 도덕과 같은 세 가지

> 주요 분야로 환원되는 다른 모든 학문 분야들이다.[54]

데카르트 때만 해도 철학은 모든 학문의 총칭이었다. 그래서 물리적 학문(자연학)을 비롯한 여러 분과 학문들을 철학의 범주에 넣은 것을 문제 삼을 필요는 없다. 그렇지만 그가 형이상학을 모든 학문의 뿌리로 여겼다는 점은 주목해 보아야 한다. 그것은 형이상학이 중요하고, 다른 학문들이 덜 중요하다는 것이 아니다. 지혜의 나무는 형이상학이 영양을 공급하고, 이를 물리적 학문이 가지로 보내, 의학, 공학, 도덕 등 삶에 밀착된 분야에서 열매를 맺는다는 것이다.[55)]

'지혜의 나무' 유비가 형이상학에 대하여 함의하는 것은 명백하다. 형이상학이 제대로 정립되지 않고서는 지혜의 열매를 기대할 수 없다는 것이다. 그러나 유비로 형이상학의 의의를 정립시키는 것은 석연치 않다. 테일러는 이 문제를 이성적 존재로서의 인간의 본질에 비추어 푼다.

> 형이상학 없이는 완전한 이성적인 인간으로 살아갈 수가 없다.[56]

인간 이성은 존재하는 모든 것이 이성적으로 납득할 수 있는 것이기를 요구한다. 그래서 인간은 자연과학을 꽃 피운다. 그러나 자연과학의 성과에 만족하면, 아직 '완전한 이성적인 인간'이 되지 못한다. 자연과학적 설명은 총체적 설명으로서 미완이기 때문이다. 과연 자연법칙이 실재하는가? 만일 자연법칙이 실재한다면, 그것은 어디서 왔는가? 자연법칙은 필연적인가 아니면 우연적인가? 필연성은 논리의 세계에만 있는가 아니면 자연 속에도 있는가? 적어도 이러한 물음들

---

54) Rene Descartes, *Principles of Philosophy*(1644), in Cottingham, John et al. (ed.), *The Philosophical Writings of Descartes*, Vol. I(1985), p.186.

55) 이러한 형이상학관은 물론 아리스토텔레스의 유산이다. 그는 형이상학을 '제일철학'으로 여겼다.

56) 리처드 테일러, 『형이상학』(엄정식 옮김, 종로서적), 13쪽.

이 대답되어야 하는데, 이 물음들은 모두 형이상학의 문제의식을 표출한다.

삶에서 도덕성은 대단히 중요하다. 그런데 도덕성은 인간이 자유의지를 가지고 있어야 성립한다. 그러나 만일 결정론이 참이라면, 자유의지는 환상일 수 있다. 과연 인간은 자유의지를 가지고 있는가? 자유의지를 포기하면, 도덕성의 기반이 무너진다. 그렇다고 결정론을 거부하면, 과학적 세계관을 부인하게 된다. 자유의지와 결정론은 양립할 수 없는가? 이러한 물음들 역시 형이상학에 속한다.

인간은 이성적 존재로서, 다른 존재와는 달리, 자신의 신념과 소망(지향심)에 따라 행위를 선택한다. 그래서 자신의 삶, 사회, 역사, 문화를 창출한다. 바로 이 점에서 인간은 스스로 존엄한 존재라고 자부한다. 그러나 유물론에 의하면 모든 것은 물질에 불과하다. 인간의 마음을 포함한 모든 것이 물리 법칙의 산물인 것이다. 과연 인간은 이성적 존재인가? '이성'이 무엇인가? 인간의 본질은 물질인가, 아니면 정신인가? 도대체 인간은 어떤 존재인가? 유물론은 옳은가? 이러한 물음들도 모두 형이상학적 답을 요구하고 있다.

세상에는 변화하는 것들도 많지만, 변화 속에 변하지 않는 것들도 있다. 그래서 콩 심은 데 콩 나고, 팥 심은 데 팥 난다. 바로 이 콩은 사라지겠지만, 콩을 콩으로 나게 하는 것은 사라지지 않고 계속해서 새로운 콩을 나게 하는 것 같다. 일반적으로 존재하는 모든 것에는 불변하는 본질 또는 형상 같은 것이 있지 않을까? 과학적 탐구의 목표도 이 본질을 찾고자 하는 것이 아닐까? 이 본질은 신이 처음부터 완성된 상태로 창조한 것일까, 아니면 물질이 진화하는 과정에서 우연히 생겨난 것일까? 신은 존재하는가? 형이상학적 물음은 끝날 줄을 모른다.

이러한 형이상학적 물음들은 모두 우리의 이성이 미완의 지식 체계를 완성하고자 하는 데서 불가피하게 묻는 것들이다. 형이상학적 탐구는 마치 아이들의 조각그림 맞추기(퍼즐놀이)와 같다. 아이들은 조금씩 모양이 다른 조각을 이리 맞추고 저리 맞추면서 그림을 완성해 간다. 인간이 지식의 체계를 완성해 가는 것도 유사하다. 현상계에 관한 경험을 통해 얻은 자료들로 '지식'이라는 조각그림 맞추기를 한다. 그런데 놀이를 위한 조각그림 맞추기와 지식을 위한 조각그림 맞추기는 중요한 점에서 다르다.

첫째, 놀이 조각들과는 달리 지식 조각들은 주어지지 않은 것들이 많다. 그래서 주어지지 않은 조각들의 자리에 들어갈 조각들을 비연역추리를 통해 생각해 내야 하는 문제가 발생하는데, 과학적 가설들과 형이상학적 가설들은 중요한 조각들이 된다.

둘째, 놀이를 위한 조각그림 맞추기와 지식을 위한 조각그림 맞추기는 더 본질적인 점에서 다르다. 전자의 그림은 주어져 있으나, 후자의 그림은 주어져 있지 않다. 그래서 어린이들과는 달리 우리는 완성된 지식의 체계가 어떤 모양인지 모르는 상태에서 그림을 '완성'해야 하는 불가사의한 상황에 처해 있는 것이다.

형이상학적 탐구가 지식 조각그림 맞추기에 해당한다는 점은 형이상학적 가설을 정립하거나 평가하는 일이 지극히 어려울 수밖에 없다는 것을 함의한다. 데카르트는 의심의 여지가 없는 '제일원리'로부터 형이상학적 명제를 연역해 낼 수 있다고 생각하였다. 형이상학적 명제들이 증명될 수 있는 성질의 것이라고 생각한 것이다.

우리는 과학적 명제도 증명될 성질의 것이 아니라는 것을 안다. 그러니 형이상학적 명제는 두말할 필요 없다. 형이상학적 명제는 기껏해야 가설추리를 통해 정당화되어야 할 가설인 것이다. 그런데 과학적 가설과는 달리 형이상학적 가설은 검증도 반증도 가능하지 않다. 다시 말해서 형이상학적 명제는 사실임을 말할 수 있는 길이 없다. 그럼 형이상학적 탐구를 어떻게 할 것인가? 먼저 형이상학적 가설의 성격을 잘 알아보자.

이야기 형이상학적 가설은 진위 판단의 대상이 아니다. 형이상학적 가설은 지식 체계 전체를 어떤 모양으로 만들어 갈지에 대한 심미적 취향을 반영한다. 그래서 형이상학의 체계는 존재와 삶에 관한 사실 보고서가 아니라 한 편의 아름답고 거대한 이야기라 할 수 있다. 이 이야기의 씨앗은 경험적 자료이고, 이로부터 연역추리 및 비연역추리를 통해서 얻은 것들이 부차적 자료가 되며, 나머지 부분은 형이상학적 상상으로 메워진다.

형이상학이 이야기라고 해서 참일 가능성이 없다고 생각하는 것은 잘못이다. 존재와 삶은 있는 그대로 있고, 형이상학은 있는 그대로의 존재와 삶에 관한 '진리'를 추구하는 것이다. 진리에 대한 열망을 가진 탐구자는 형이상학적 탐구를 포함한 여러 탐구 활동을 통해서 우리가 진리에 가까이 갈 수 있고 또 가고 있다고 믿는다.

형이상학적 가설은 어떤 것이든 기초적 주장이 되지 못한다. 형이상학적 가설은, 만일 정당화된다면, 전문가의 주장으로 정당화될 수 있는 것인데, 철학자들 간에 이견이 있을 수 없는 형이상학적 가설을 제안할 수 있는 길이 원칙적으로 없다. 적어도 철학자들이 어떤 형이상학적 가설에 대하여 동일한 심미적 취향을 갖는다는 것을 기대할 수 없기 때문이다. 따라서 모든 형이상학적 주장은, 받아들일지 여부를 판단하기 위하여, 논증이 필요하다. 물론 자신이 입증책임을 지는 조건으로 특정한 형이상학적 가설을 받아들일 수는 있지만, 필요하다면 언제라도 논증으로 정당화할 수 있어야 한다. ([표 2-4] 참조)

정합성 비록 형이상학적 가설이 진위 판단의 대상이 아닌 이야기의 성격을 띠고 있을지라도, 받아들이거나 거부하기 위해서는 어떤 이유가 있어야 한다. 이야기도 다 같은 이야기가 아니다. 형이상학적 이야기도 본질적으로 존재와 삶을 총체적으로 설명하기 위한 가설의 체계이기 때문에, 설명력, 정합성, 증거력 등 가능한 모든 면을 검토해야 한다.

형이상학적 탐구에서는 정합성의 비중이 가장 크다. 경쟁하는 가설들 간에 다른 요건에서의 차이가 크지 않기 때문이다. 그래서 과학적 가설만 아니라 형이상학적 가설도 평가할 수 있도록 다음과 같이 정합성 요건을 수정할 필요가 있다.

> 확립된 지식의 체계(사실) 및 우리가 공유하는 소망 체계의 정합성을 높이는 가설이 좋은 가설이다.

가설의 정합성 요건에 소망을 포함하는 것은 우리의 지식 체계를 노골적으로 인간화하는 일이 아닌가!? 이러한 우려는 당연하다. 그러나 과학적 가설도 인간의 소망을 반영한다. 예컨대 물리학자들의 소망은 우주에 존재한다고 생각되는 네 가지 힘, 즉 중력, 전자기력, 강력, 약력을 단일한 힘의 원리로 설명하고자 하는 것이다. 그런데 "세계는 단일한 힘의 원리로 설명된다."는 것은 형이상학적 가설로서 물리학자들의 소망을 반영하는 것이다.

가설 H의 최소한의 정합성 요건은 H가 확립된 지식의 체계 및 우리가 공유하는 소망의 체계와 양립해야 한다는 것이다. 그래서 H는 우리가 알고 소망하는 것들과 상충해서는 안 된다. 만일 H가 최소한의 정합성 요건을 만족시킬 뿐만 아니라 확립된 지식의 체계 및 우리가 공유하는 소망 체계와 잘 어울리고 그 체계를 강화하면, H는 높은 정합성을 부여받는다.

소망 우리는 혼자 사는 것이 아니라 함께 산다. 그래서 우리의 형이상학은 우리가 함께 사는 삶을 위하여 공유할 수 있는 소망과 정합하는 것이어야 한다. 또한 우리의 형이상학은 단순히 우리가 바라는 것이 아니라 '진리이길 바라는 것'이다. 단순한 소망과 진리에 대한 소망은 다르다. 전자는 진리와 무관할 수 있고, 후자는 진리에 대한 그리움을 간직하고 있다. 전자는 이성에 대한 기대를 저버릴 수 있지만, 후자는 여전히 삶을 이성적으로 바라보고 있다. 그래서 전자는 우리를 지적 무정부주의로 나아가게 하지만, 후자는 우리를 구도자의 길로 안내한다.

우리가 바라는 것은 어떤 것일까? 우리는 삶을 무의미하고 무가치하게 전락시키기보다는 의미 있고 보람되게 승화시키기를 바랄 것이다. 죽음보다는 생명으로 인도하고, 불행보다는 행복을 증진시키고, 퇴보보다는 진보를 가져오고, 일부만이 아니라 모두가 잘 살도록 하고, 세상을 추하고 고통스럽게 만들기보다는 아름답고 즐겁게 만들기를 바랄 것이다. 우리가 몸담고 있는 지구 환경을 보존하고, 전쟁을 종식시키고, 질병으로부터 해방되고, 수준 높은 문화를 창출하고, 품위 있게 살다가 품위 있게 죽기를 바랄 것이다. 그래서 만일 신이 존재한다면, 그리고 신이 세상을 아름답고 살기 좋은 곳으로 만들기로 한다면 그럴 것처럼, 우리 세상을 만들어 가고, 그런 의미에서 인간으로서 누릴 수 있는 최고의 자부심과 존엄성을 향유할 수 있기를 바랄 것이다.

이제 고전적 의미의 형이상학 비판을 딛고 어떻게 우리가 더 성숙한 방식으로 형이상학을 할 수 있을지 로티의 다음 견해를 가지고 연구해 보자.

> 그러나 만일에 대부분의 실재는 그것에 대한 우리의 서술과는 무관하다는 관념과, 인간의 자아는 한 어휘 속에 적합하거나 부적합하게 표현되기보다는 오히려 한 어휘를 사용함으로써 창안된다는 관념에 만족할 수 있다면, 우리는 진리는 발견되기보다는 만들어진다는 낭만주의의 관념 속에 담겨 있었던 진리에 마침내 동화될 것이다. 그 주장에서 참인 것은 바로 언어란 발견되는 것이 아니라 만들어진다는 것 그리고 진리란 언어적 단위체, 즉 문장의 한 속성이라는 점이다.[57)]

57) 리처드 로티, 『우연성 아이러니 연대성』(김동식 · 이유선 옮김, 민음사, 1996), 35-36쪽.

우리는 흔히 진리를 세계의 속성이라 생각한다. 그래서 진리를 사모하고 탐구하고 발견하기 위하여 세계를 바라본다. 그러나 로티에 의하면 진리는 세계의 속성이 아니라 언어의 속성이다. 그래서 우리가 말하는 '진리'라는 것은 발견되는 것이 아니라 만들어지는 것이다. 그의 견해를 재구성하면 다음과 같다.

1. 우리는 세계가 어떠어떠하다고 말한다.
2. 세계(실재)는 그것에 대한 우리의 서술과는 무관하다.
3. 인간의 자아는 한 어휘 속에 적합하거나 부적합하게 표현되기보다는 오히려 한 어휘를 사용함으로써 창안된다.
4. 만일 2와 3이라면, 인간의 자아를 포함한 세계(실재)에 대한 '진리'라는 것은 세계의 속성이 아니라 문장의 속성이다.
5. 만일 인간의 자아를 포함한 세계(실재)에 대한 '진리'라는 것이 세계의 속성이 아니라 문장의 속성이라면, '진리'라는 것은 발견되는 것이 아니다.

∴6. '진리'라는 것은 발견되는 것이 아니다. (2-5↓)

∴7. '진리'라는 것은 만들어진다. [1(6)↑][58]

우리는 흔히 존재의 비밀, 삶의 의미와 목적, 이성, 자아, 당위, 자연법칙 등에 대하여 알고 싶어 하고, 탐구하고, 말한다. 이러한 현상은 진리가 발견되는 것이라는 점을 전제해야 정당화될 수 있는데, 이 전제는 '실재론(實在論)'이라는 입장에 해당한다. 그런데 로티는 이 입장을 2-6으로 거부하고, 우리가 세계에 대하여 이렇게 또는 저렇게 말하는 현상(1)을 " '진리'라는 것은 만들어진다."는 '유명론(唯名論)'으로 설명하고 있다. 우리가 '진리'라고 하는 것은 세계를 탐구함으로

58) '2-5↓'는 6이 2-5로부터 연역추리에 의해 도출된다는 것을 뜻한다. '1(6)↑'는 7이 6의 도움을 받아 1을 설명하는 가설임을 뜻한다. 이 표기법에 대해서는 제5장 참조.

써 발견할 수 있는 성질의 것이 아니라, 인간의 창작물이라는 것이다.

우선 로티는 이 논증으로 의도하는 것을 이룰 수 없다는 것을 알 수 있다. 그의 의도는 형이상학인 실재론을 유명론으로 대치함으로써 형이상학적 탐구를 원칙적으로 무의미한 것으로 만드는 것이었다. 그러나 진리 자체를 언어의 속성으로 보는 유명론을 받아들이면 형이상학으로부터 자유롭게 되는 것일까? 아니다. 유명론도 형이상학적 가설이기 때문이다. 위의 재구성 논증에서 실재론을 반박하는 연역추리의 전제들 중 2와 3 역시 형이상학적 주장이다. "진리는 존재의 속성이다."가 그런 것처럼 "진리는 문장의 속성이다." 역시 형이상학적인 가설인 것이다.

또한 유명론이 말하는 대로 진리가 세계의 속성이 아니라 언어의 속성이라고 가정해 보자. 그럼 우리가 세계를 묘사하고 설명하기 위해서 사용하는 말들은 세계와는 아무 관계가 없다. 그래서 세계에 관해서 말하는 진술이 참인지를 알기 위해서 세계를 조사할 필요가 없다. 세계는 우리에게 아무 것도 말해 주지 않기 때문이다. 그럼 어떤 진술이 참이라는 말을 하는 것 자체가 무의미한가? 그렇지는 않다. 어떤 진술이 참이라고 하는 것은 세계가 그 진술이 말하는 모습으로 되어 있기 때문이 아니라, 우리가 그 진술을 참으로 여기는 방식으로 언어를 창안하였기 때문이다.

이러한 유명론은 해방적인 요소를 가지고 있다. 단지 언어가 실재론적 형이상학으로부터 해방되는 것이 아니라, 우리의 삶 자체가 우리 자신의 자유로운 창조물이 되기 때문이다. 삶은 어떤 '진리'의 틀에 따라 규범적, 정형적으로 사는 것이 아니라, 자유로운 결단과 선택에 의해 살 수 있는 비규범적이고 무정형의 예술작품이 되는 것이다. 인간의 삶을 인간에게 돌려준다는 점에서 유명론은 매력적이라는 평가를 받을 수 있다.

그러나 유명론은 대답하기 어려운 중요한 문제점들을 가지고 있다. 우선 우리는, 모두가 아니라면 대부분이, 실재론자이다. 우리가 사용하는 말들 중에는 그 의미와 진위가 세계에 의해 결정되는 것은 아닌 것들이 있을 것이다. 그러나 우리는 우리가 사용하는 말들의 상당 부분이 세계에 의해 의미와 진위가 결정된다고 전제하고 언어 행위를 한다. 일상적 맥락에서의 언어 행위는 차치하고라도, 과학적 탐구는 실재론을 전제하지 않으면 이루어질 수 없다. 로티에 의하면 과학자들도 시인이 시적 메타포를 창안하듯이 자연법칙을 메타포로 창안할 뿐이다. 그리고 사실 이 문제는 과학철학에서 중요한 논쟁거리이다. 그러나 과학철학자들이 아니라 과학자들이 현미경으로 들여다보는 것은 무엇인가? '언어'가 아니라 '세계'이다. 그들은 세계를 관찰하면서, 관찰되는 현상을 가장 잘 설명한다고 여겨지는 가설을 던진다. 물론 과학자의 가설은 허구일 수 있다. 그러나 여기서 중요한 것은 정설로 인정되는 가설도 있으며, 어떤 가설이 정설로 인정될 수 있다면, 그것은 호감을 가진 동료 과학자들이 무턱대고 박수를 쳐서가 아니라, 문제의 가설이 말하는 대로 세계가 되어 있는지를 객관적으로 검토한 결과라는 것이다.

로티의 견해에 따르면 삶은 맹목적인 우연의 산물이다. 발전도 없고 진보도 없다. 발전이나 진보는 그 방향이 있다는 것을 전제해야 하는데, 로티는 이를 부인하기 때문이다. 그러나 삶의 맥락에서 생각해 보자. 과연 발전이나 진보가 없는가?

> 한 나라의 제왕일지라도 종기 때문에 죽어야 했던 인류는 오늘날 거의 모든 전염병으로부터 해방되었다. 우주 탄생 시에 발생한 것으로 여겨지는 우주파를 감지하여 우주 탄생의 드라마를 추리해 내고, 유전자를 조작하여 손상 받은 장기를 재생시킨다. 교통수단의 발달로 세계는 하루 생활권으로 좁아지고, 컴퓨터는 철학자들이나 생각했던 가능 세계를 적어도 화상으로 실현시켜 준다. 과거와는 달리 인간은 모두 천부인권을 가지고 있으며, 인종이나 성별이나 그 어떤 이유에 의해서도 천부인권을 박탈당해서는 안 된다는 것을 안다. 질병, 가난, 장애 등의 이유로 고통받고 있는 사람들을 도와야 한다는 생각이 보편화되었으며, 환

경을 보존하고 복원하는 일에는 국경을 초월한 협조가 필요하다는 것을 누구나 알게 되었다. 서로 다른 문화를 존중할 줄도 알게 되었으며, 다른 종교를 용인할 줄도 알게 되었다. 그리고 우리는 반본질주의 철학자들의 덕으로 어떤 견해를 '진리'라고 주장하는 것은 독단이라는 것도 알게 되었다.

이러한 변화를 경험하며 우리는 역사가 발전한다고 느낀다. 그리고 확신할 수는 없지만 우리가 '진리'에 가까이 접근하고 있다는 느낌도 갖게 된다.[59]

로티의 견해는 이처럼 여러 면에서 정합성이 약하다. 따라서 그의 견해는 받아들이기 어렵다. 물론 유명론은 참일 수 있다. 그래서 우리는 진리가 단지 언어의 속성일 수 있다는 점을 마음 한 구석에 간직할 필요가 있다. 이러한 자세는 실재론에 대한 절대적 신뢰가 독단일 수 있다고 깨닫게 하고 세계를 새로운 시각에서 볼 수 있게 한다. 그만큼 형이상학적 지혜가 성숙하게 된 것이다.

철저한 이성적 존재는 형이상학적 탐구를 하지 않을 수 없다. 존재와 삶에 대한 멋진 이야기 속에서 자신의 실존적 좌표를 발견하지 않고서는 안정할 수 없기 때문이다. 물론 이 탐구는 우리에게 새로운 지식을 더해 주지는 않는다. 그러나 적어도 두 가지 열매를 거둘 수 있게 한다. 소극적 열매와 적극적 열매가 그것이다.

우리는 형이상학적 탐구를 통해서 '형이상학적 쓰레기' 또는 '형이상학적 종양'이라고 할 수 있는 많은 가설들로부터 자유로워질 수 있다. 그래서 우리가 독단, 맹신, 미신, 편견, 고정관념의 볼모가 되는 것을 막을 수 있다. 우리가 집착하고 마음을 쓰고 괴로워하는 것들의 실상을 깨닫는 것만으로도 마음의 평온을 얻을 수 있을 것이며, 가상(假相)에 홀릴 가능성을 줄일 수 있을 것이다. 나아가 여전히 형이상학적 쓰레기를 안고 사는 타인들에 대해 관용의 덕을 베풀 수도 있을 것이

59) 필자, 『둥근 사각형의 꿈』, 178쪽.

다. 관용은 명백한 잘못에 눈 감는 것이 아니라 동병상련의 덕이다. 우리 모두가 형이상학적 쓰레기로 몸살을 앓고 있는 마당에, 우리와 다른 형이상학적 입장에 서 있다고 해서 참을 수 없어 하거나 매도하는 것은 자기모순을 범하는 일이다.

나아가 우리는 적극적으로 '우리의 형이상학'을 만들어 갈 수도 있다. 우리가 동의할 수 있는 방식으로 받아들일 수 있는 형이상학적 명제들을 정립해 갈 수 있을 것이다. 세계에 갈등과 분쟁이 끊이지 않는 이유는 결코 단순하지 않겠지만, 양립할 수 없는 형이상학적 신념들, 예컨대 종교적 신념들의 충돌로 인한 경우가 많다는 것을 우리 자신의 경험과 역사가 증언해 준다. 따라서 만일 형이상학적으로 대립하는 당사자들이 서로 동의할 수 있는 형이상학 탐구 방법에 따라 머리를 맞대고 진지하게 문제를 검토하는 가운데, 그들을 갈라놓는 신념의 차이가 허구일 수 있다는 점을 깨달을 수 있고, 어쩌면 서로 공유할 수 있는 형이상학적 입장에 도달할 수도 있을 것이다. 이 경우 그 열매는 기대 이상일 수 있다. 형이상학의 충돌로 인한 재앙을 모면할 수도 있을 것이기 때문이다.

연습문제

56. 나에게 세계는 무엇인가? 세계는 시작도 없고 끝도 없는 무지한 활력을 가진 괴물－써도 닳아 없어지지 않고 단지 변형되기만 하는 활력의 괴물－이다. 그 자신의 한계가 아니면 '무'로 둘러싸여 있다. 그 자체 내에서 폭풍우를 일으키고 휩쓸어 버리는 힘의 바다, 가장 단순한 형태에서부터 가장 다양한 형태로 흩어지게 하며 밀물과 썰물로서 영원히 도로 흘러 들어오는 바다, 가장 견고하고 가장 차가운 것에서부터 가장 거칠고 가장 자기 자신에 모순되는 것으로 흩어지는 바다. 그러고 나서는 풍부함에서 다시 단단함으로 귀향하고, 모순의 게임에서

다시 조화의 기쁨으로 귀향하는, 충족을 모르고 피곤을 모르는 생성－영원히 자기 자신을 창조하고 영원히 자기 자신을 파괴하는 이 나의 디오니소스적 세계－너희들은 이 세계의 이름을 알기를 원하는가? 이 세계는 힘에의 의지이다.－그 밖의 아무것도 아니다. 그리고 너희들도 또한 이 힘에의 의지이다.－그 밖의 아무것도 아니다. (니체)

57. 인간 문화는, 이를 하나의 전체로 볼 때, 인간의 점차적 자기 해방의 과정이라 할 수 있다. 언어, 예술, 종교, 과학은 이 과정의 갖가지 국면이다. 이것들 모두에 있어서 인간은 하나의 새로운 힘을 발견하고 증명한다. 그것은 인간이 그 자신의 세계, 하나의 '이상적' 세계를 건설하는 힘이다. (카시러, 『인간이란 무엇인가』)

58. 인간이 숙명 속에서 내적으로 자기 자신의 위치를 고수할 때, 죽음 속에서도 꿋꿋하게 견뎌낼 때, 이것을 그 혼자의 힘으로는 할 수 없다. 여기서 그를 도와주는 것은 세계 안에 있는 그 모든 도움과는 다른 종류의 도움이다. 그가 자기 자신을 견뎌낼 수 있는 것은, 파악할 수는 없지만 그 자신의 자유 안에서 느낄 수 있는 초월의 덕분이다. (야스퍼스)

59. 기(氣)가 뭉쳐 형체를 이루고, 축적되어 빛을 발하며, 구멍이 있는 곳으로부터 소리가 나게 되니, 이들 모두는 기(氣)인 것이다. 그러나 응집되지 않고 빛이나 소리를 내지 않는 상태로 존재하는 기(氣)가 오히려 더 많으니, 그런 까닭에 개략적으로 기(氣), 형(形), 광(光), 성(聲)을 네 가지의 기틀로 꼽는 것이다. [방이지(方以智)]

60. 인간은 힘이나 다른 신체적 기능에 있어 많은 짐승들보다 훨씬 열등하다는 것은 명백하니, 어떻게 짐승들은 사람을 부리지 못하는데 사람은 많은 짐승들을 부릴 만큼 … 우월한지 말해다오. … 우리가 짐승들보다 우월한 것은 영혼 속에 있는 무엇 때문임에 틀림없다. 살아 있는 영혼을 가지고 있다는 것이, 우리를 죽은 짐승들보다 우월하게 해줄 것이기 때문이다. 짐승들 역시 살아 있는 피조물이다. 그러나 그들의

영혼 속에는 무엇인가가 결여되어 있어, 그 때문에 우리에게 지배를 받는 것이며 우리의 영혼 속에는 우리를 그들보다 나은 것으로 만들어주는 무엇인가가 있다. 이제 아무도 그것이 사소한 것이라고는 생각할 수 없으며, 나는 그것에 대해 이성이라는 낱말보다 더 정확한 낱말을 모르겠다. (성 아우구스티누스, 『자유의지론』)

61. 모든 미완성을 괴롭게 여기지 말라. 미완성에서 완성을 도달하려는 노력이 필요하기 때문에 신(神)이 일부러 인간에게 수많은 미완성을 내려주신 것이다. (아놀드)

62. 우리가 태어날 때부터 보편자에 대한 지식을 소유한다는 것은 이상한 일이다. 왜냐하면 그것은 우리가 증명을 통해서보다 더욱 정확하게 파악할 수 있으면서도 그것을 발견하지 못한다는 것을 의미하기 때문이다. 반면에 우리가 그것을 선천적으로 소유하지 않고 후천적으로 습득한다면, 기초 지식에 의존치 않으면서 어떻게 그것을 습득할 수 있을까? …

이러한 지식의 상태는 그 결정적인 형식에서 선천적인 것도 아니고 다른 상위 지식으로부터 도출된 것도 아니라, 감각 지각으로부터 온 것이라는 결론이 나온다. … 우리의 영혼은 이러한 과정을 밟을 수 있도록 구성되어 있다. (아리스토텔레스, 『아리스토텔레스 전집』, 99b 26-100a)

63. "즉 우리들은 같은 하나의 이름을 많은 사물에 사용할 때, 그렇게 불리는 많은 사물의 집단에다 무언가 하나의 형상(이데아)을 주고 있네. 내 말의 뜻을 알아듣겠나?

"네, 알겠습니다."

"그렇다면 일상생활에서 아무거나 예를 들어보기로 하세. 가령 이런 예는 어떻겠나, 세상에는 침대나 책상이 많이 있네."

"그렇습니다."

"그러나 그와 같은 많은 것에 대한 이데아는 오직 둘밖에 없네. 침대라는 이데아와 책상이라는 이데아 말일세."

"네, 그렇습니다."

"그리고 이러한 이데아에 따라, 어떤 목공은 침대를 만들고 어떤 목공은 책상을 만들어 우리에게 제공하네. 이것은 다른 어떤 사물에 있어서나 모두 마찬가지일세. 왜냐하면 어떤 직공도 이데아 그 자체를 만들어낼 수는 없으니 말일세. 어떻게 그런 일을 할 수가 있겠나?"

"옳은 말씀입니다."

…

"따라서 만약 그가 침대 그 자체로서의 이데아를 만들 수 있다면, 그는 정말로 존재하는 것을 만드는 게 아니라 어떤 존재하는 것과 비슷하긴 하나, 정말로 존재하고 있지는 않는 것을 만들고 있는 게 될걸세. 그러므로 누군가가, 침대를 만드는 직공이나 그 밖의 직공들이 만든 물건이 실제로 존재하고 있는 것이라고 주장한다면, 그것은 진실을 말하고 있는 게 아니네."

"네, 그렇습니다. 적어도 철학자의 안목으로 본다면 그렇게 말할 수 있겠지요." …

"신은 … 개개의 침대를 만드는 직공이 되지 않고, 진실로 존재하는 침대의 참다운 제작자가 되기를 희망하여, 진실의 세계에 단 한 개만의 침대를 만들어 놓은 것일세."

"그런 것 같습니다."

"따라서 우리는 신을 본성의 제작자라고 부르기로 하세. 자네 생각에는 어떤가?"

"그것이 올바른 호칭일 것입니다." 하고 그[글라우콘]는 말했다. "침대뿐만 아니라 그 밖의 모든 것도, 신의 제작은 본연적으로 행하여지고 있으니까요." (플라톤, 『국가』, 10권)

3.35 밀의 원인 발견법[60)]

밀은 경험적으로 원인을 발견하는 다섯 가지 방법을 제시하였다. 그는 자신의 방법이 '현상의 원인을 발견하고 증명하는 완전한 방법'이라고 주장하였다. 이 주장과는 달리 그의 방법은 원인을 발견하는 완전한 방법도 아니요 더구나 원인을 증명하는 방법도 아니라는 비판을 받아왔다. 그러나 '발견'이라든지 '증명'이라는 표현을 문제 삼아 그의 방법을 외면하는 것은 현명하지 못하다. 우리는 그의 방법을 최선의 설명으로서의 원인을 추정하는 가설추리의 틀 안에서 사용할 수 있기 때문이다.

밀의 방법은 다음 두 가지의 가정하에 성립한다. 첫째, "동일한 유형인 결과의 원인은 동일한 유형이다."는 가정을 해야 한다. 인과관계는 특수한 사건들 간의 관계이지만, 이를 유형들 간의 관계로 보아야 한다는 것이다. 둘째, "만일 결과가 나타나 있으면, 원인도 나타나 있을 것이고, 만일 원인이 나타나 있으면 결과도 나타나 있을 것이다."는 가정을 해야 한다. 그렇지 않으면 원인을 찾으려 애쓸 이유가 없을 것이다. 이러한 가정하에서 밀은 일치법, 차이법, 일치차이법, 공변법 그리고 잉여법을 제시한다. 이 방법은 결과 발견법으로도 활용될 수 있다.

일치법(一致法, Method of Agreement) 일치법은 어떤 현상(결과) E가 나타난 사례가 둘 이상 있을 경우에 적용된다. E의 원인은 반드시 그 선행 요소들 중에 나타나 있을 것이다. 따라서 E가 발생한 사례들에 어떤 공통된 선행 요소가 있을 경우 그것을 원인으로 추정하는

60) John Stuart Mill, *A System of Logic: Ratiocinative and Inductive*(1843)에 소개된 방법으로, 우리가 일상적으로 하는 원인 추리의 방법을 체계화한 것이다. Mill 이전에 있었던 원인 규명법에 대한 연구로는 David Hume, *A Treatise of Human Nature*(1739) 및 Francis Bacon, *Novum Organum*(1620)을 들 수 있다.

방법이다. 선행 요소들과 결과가 다음과 같을 경우, 사건 E에 대한 원인은 무엇일까?

선행 요소	결과
ABCD	E
DFGH	E

일치법에 의하면, 결과 E의 원인은 D이다. 그들 두 사람은 왜 식중독에 걸렸을까? 그 직전에 먹은 여러 가지 음식들을 알아본 결과, 두 사람이 공통되게 먹은 유일한 음식이 복어알이라는 사실을 발견하였다. 이 경우, 식중독의 원인이 복어알을 먹었기 때문이라고 추리하는 방법이다.

일치법은 우리가 일상적으로 많이 사용하는 원인 식별 방법이지만, 기계적으로 사용하면, 정확한 원인을 가려낼 수 없게 된다. 예를 들어, 선행 요소들과 결과가 다음과 같은 경우, 숙취의 원인은 무엇일까?

선행 요소	결과
막걸리, 사이다	숙취(10월 1일)
소주, 사이다	숙취(10월 3일)
맥주, 사이다	숙취(10월 9일)
포도주, 사이다	숙취(10월 12일)

일치법에 의하면, 사이다가 숙취의 원인인 셈이다. 이는 선행 요소를 잘못 기술하여 공통되지 않는 요소를 제거할 때, 원인의 '수레'를 제거해 버린 것이다. 다음 분석을 보자:

선행 요소	결과
알코올1, 사이다	숙취(10월 1일)
알코올2, 사이다	숙취(10월 3일)
알코올3, 사이다	숙취(10월 9일)
알코올4, 사이다	숙취(10월 12일)
알코올5, 콜라	숙취(10월 20일)
알코올6, 주스	숙취(10월 26일)

이제 사이다는 제거되고, 알코올이 숙취의 원인이라고 할 수 있게 된다. 그러나 알코올이 숙취의 원인이라고 단정할 수 있을까? 그렇지 않다. 이러한 판단은 주어진 데이터에 근거한 최선의 설명으로 제시된 가설일 뿐이기 때문이다. 숙취의 사례들을 완전히 열거할 수도 없고, 숙취와 관련된 선행 요소들을 완전히 열거할 수도 없으며, 요소들을 충분히 분석해야 하는 문제와 복합적 원인의 문제들이 있다. 예컨대 알코올 자체가 아니라, 술에 넣는 향료가 문제일 수 있고, 알코올의 양이 문제일 수도 있다. 술집의 환경, 안주, 흡연, 함께 마신 친구, 또 자신의 건강 등 고려해야 할 것들이 너무나 많은 것이다.

차이법(差異法, Method of Difference) 차이법은 결과가 나타난 사례와 나타나지 않는 사례가 있을 때 적용할 수 있다. 결과 E가 나타난 사례와 나타나지 않는 사례 사이에 존재하는 유일한 차이가 전자의 선행 조건 중 C가 존재하는 것일 경우 C를 원인으로 추정하는 방법이다. 선행 요소와 결과가 다음과 같을 때, 원인이 무엇일지 생각해 보자:

선행 요소	결과
ABCD	E
ABC	–

차이법에 의하면 D가 E의 원인이라고 추정할 수 있다. 두 사람이 함께 음식을 먹었는데 왜 한 사람이 식중독에 걸렸는가? 두 사람이 먹은 음식을 조사해 본 결과 드러난 유일한 차이가 복어알을 먹은 사람은 식중독에 걸렸고, 복어알을 먹지 않은 사람은 식중독에 걸리지 않았다는 사실이 밝혀졌다. 이 경우 우리는 차이법에 의해 식중독의 원인이 복어알을 먹은 데 있다고 추리할 수 있는 것이다.

이 방법 역시 일상적으로 많이 사용하는 원인 식별 방법이고, 특히 과학자들이 어떤 현상의 원인 또는 결과를 밝히기 위해 애용하는 '실험실 방법'이다. 그러나 기계적으로 사용하는 것은 경솔한 일이다. 아침 출근길에 차 앞을 검은 고양이가 가로질러 갔고, 그날 오후에 교통사고를 당하였다고 하자. 다른 날은 고양이가 차 앞을 가로질러 가는 일도 없었고, 교통사고도 나지 않았다. 차이법에 의하면, 고양이가 차 앞을 가로질러 간 것이 교통사고의 원인이라고 해야 한다. 그러나 이렇게 추리하는 것은 원인 오판의 오류인 것이다.

일치차이법(一致差異法, Joint Method of Agreement and Difference) 일치법과 차이법을 결합한 방법이다. 선행 요소가 다음과 같을 때, 원인이 무엇일지 생각해 보자.

선행 요소	결과
ACG	E
BCG	E
ABC	—

일치차이법에 의하면 G가 E의 원인이라고 판단할 수 있다. 어떤 주사를 맞은 사람들은 전염병에 걸리지 않고, 그 주사를 맞지 않은 사람은 전염병에 걸릴 경우, 전염병에 걸리지 않게 하는 원인은 그 주사를 맞는 것이라는 추리를 할 수 있게 하는 방법이다. 이 방법은 일치법과

차이법이 가진 난점을 다 가지고 있으나 그 난점들을 비교적 최소화하는 방법이다.

공변법(共變法, Method of Concomitant Variation) 선행 요소와 결과와의 관계가 변화를 포함하고 있을 경우 사용할 수 있는 방법이다. (가) E의 선행 조건들 중 C의 정도가 변화하는 것이 E의 정도가 변화하는 것과 일치한다면, 이 현상은 C가 E의 원인이라는 가설에 대한 긍정적 증거가 되며, (나) E의 선행 조건들 중 R의 정도가 변화하는 것이 E의 정도가 변화하는 것과 일치하지 않는다면, 이 현상은 R이 E의 원인이라는 가설에 대한 부정적 증거가 된다. 선행 요소와 결과가 다음과 같을 때, 원인은 무엇일까?

선행 요소	결과
A1 B1 C2 D3	E1
A2 B2 C1 D1	E2
A3 B1 C3 D2	E3

공변법에 의하면, A가 E의 원인이라고 판단할 수 있다. 페달의 압력이 증가할수록 자전거의 속도는 증가하고, 음주의 양이 증가할수록 숙취의 정도도 증가하며, 일광욕을 많이 할수록 피부가 그을리는 정도도 증가하는데, 이러한 공변 현상을 보고 원인을 추리하는 방법이다. 다음 경우도 살펴보자:

선행 요소	결과
A1 B1 C2 D1	E1
A2 B3 C1 D1	E2
A3 B2 C2 D1	E1

우리는 C가 E의 원인이라고 추리할 수 있다. C의 정도의 변화가 E의 정도의 변화와 반비례하고 있기 때문이다. 저항과 속도, TV 보는 정도와 공부의 정도, 인구의 증가와 분배 몫과 같은 관계를 놓고 원인을 추리할 수 있게 하는 방법이다.

이 방법도 난점이 있다. (가) 정도 변화의 요인이 하나가 아닐 수 있으며, (나) 원인으로 지목된 선행 조건이 우연적인 정도의 변화의 일치를 보여주는 것일 수 있고, (다) 변화의 일치와 불일치의 한계 설정이 어려울 수 있는 것이다. 운동과 건강, 시비(施肥)와 수확, 이자율의 감소와 주가의 상승과 같은 관계를 보면 이러한 문제점을 짐작할 수 있다. 또한 (라) 원인과 결과의 식별이 어려울 수 있다. 원인과 결과가 상호 작용할 수 있는 것이다. 체온과 체온계 눈금의 관계는 공변적이지만, 어린이의 경우 체온계를 몸에 대는 것에 놀라 체온이 변할 수 있는 것이다. 과식하면 살이 찌게 되고, 살이 찌면 과식하며, 기체의 압력이 높아지면 온도가 올라가지만, 온도가 상승하여 기체의 압력이 높아질 수도 있다. 마지막으로 (마) 원인과 결과의 상호 변화가 제3의 원인 때문일 수 있다. 체력과 스피드는 공변적이지만, 이는 사실 계획성 있는 훈련의 결과일 수 있는 것이다.

잉여법(剩餘法, Method of Residue) 이 방법은 다음과 같은 형식으로 표현될 수 있다:

AB는 ab의 선행 요소이다

A는 a의 원인으로 알려져 있다.

B는 b의 원인이다.

저울로 딸기의 무게를 달 때처럼, 한 근 나가는 그릇에 딸기를 담아 무게를 달았을 경우 저울눈이 두 근을 가리키면, 잉여법에 의해 딸기의 무게가 한 근이라고 추리할 수 있다.

잉여법은 앞의 네 경우와는 다른 점이 있다. 앞의 네 경우는 원인을 추리할 수 있게 하는 데이터가 둘 이상이어야 하는 반면, 잉여법은 단 한 가지만 있어도 된다. 또한 다른 네 가지 방법들은 전제 속에 인과적 진술이 포함되어 있지 않지만, 잉여법은 인과적 진술(위 논증의 두 번째 전제)을 포함하고 있다.

이 방법은 다른 방법들과는 달리 전제가 결론에 대한 강한 이유를 제공하는 듯하다. 그럼에도 불구하고 이러한 추리를 증명적 논증으로 여기는 것은 잘못이다. 전제가 모두 참이라 할지라도 결론이 잘못될 수 있는 길은 얼마든지 있을 수 있기 때문이다.

연습문제

※ 밀의 원인 발견법을 적용한 다음 각 논증을 재구성하여 평가하라.

64. 갑순, 을녀, 병란은 같은 나이의 여성들이다. 그들은 같은 도시에 살면서 같은 수돗물을 사용하고 있고, 부엌일, 세탁 등의 집안일도 거의 같은 정도로 한다. 갑순과 을녀는 쑥비누를 사용하고 있고, 병란은 보통 비누를 사용하고 있다. 그런데 갑순과 을녀의 손은 부드럽고 아름다우며, 병란의 손은 붉고 거칠다. 역시 쑥비누가 좋기는 좋은 모양이다.

65. 나의 신통력을 의심하는 사람들은 이 사실을 알아둘 필요가 있어. 내 말대로 손 없는 날에 이사한 사람들은 이사하고 다들 별 일이 없었어. 그런데 내 말을 듣지 않고 자기 멋대로 자기들 편리한 날에 이사한 사람들은 이사하고 도둑을 맞거나 교통사고를 당했거든. 철학을 하려거든 이렇게 하라고들 해.

66. 모기에 물린 사람들은 말라리아에 걸리고, 모기에 물리지 않은 사람들은 말라리아에 걸리지 않았다. 따라서 모기에 물리는 것이 말라리아에 걸리는 원인이다.

67. 휘발유의 판매량과 교통사고의 건수는 지난 10년간의 통계를 볼 때 비례한다는 것을 알 수 있다. 따라서 교통사고를 줄이려면 휘발유의 판매량을 줄이는 조치를 취해야 할 것이다.

68. 양계장에서 음악과 산란의 관계에 대한 실험을 하였다. 실험자들은 부화일, 산란의 정도, 건강 상태 등 여러 면에서 조건이 동일한 닭들을 골라 다른 두 곳에 두고, 사료, 물, 일조량 등 모든 조건을 동일하게 하되, 한 쪽은 여러 가지 즐거운 음악을 들려주고 다른 쪽은 음악을 들려주지 않았다. 이러기를 2주쯤 했을 때 두 그룹 사이에 차이가 나기 시작하였다. 음악을 들려준 그룹의 닭들은 음악을 들려주지 않은 닭들보다 20% 정도 산란율이 높아졌던 것이다. 실험자들은 음악이 산란율을 높이는 원인이라는 결론을 내렸다.

3.36 여러 가지 설명들

우리는 지금까지 가설추리를 '현상을 설명하는 여러 개의 원인 또는 이유 중에서 최선의 것을 가설로 추정하는 추리'라고 정의하고, 그 방법을 연구하였다. 그러나 '원인 또는 이유'라는 표현은 다양한 설명들의 특징을 드러내기에 빈약하다. '설명'이라고 하면 독자들은 곧 다음 형식을 떠올릴 것이다.

$$\begin{array}{l} H \\ H \supset e \\ \hline e \end{array}$$

이 형식에서, H는 가설이고, 이 가설과 현상 e를 연결시켜 주는 조건문인 'H ⊃ e'가 정당화되는 정도에 따라 가설의 설명력이 결정된다. 그리고 이러한 설명 방식을 **'가설-연역적 설명'**이라고 한다. '가설로부터 현상을 연역해 내는 설명'이라는 뜻이다. 가설추리는 본질적으로 이 가설-연역적 설명의 방식으로 현상을 가장 잘 설명하는 가설을 추정해 내는 추리의 방법이다.

모든 설명은 기본적으로 위의 형식을 따른다. 위의 형식에서 H의 자리에 어떤 종류의 설명항이 들어가는가에 따라 설명의 방식이 달라질 뿐이다. 예를 들어 "박정희는 왜 죽었는가?"라는 물음에 대하여, 다음과 같은 여러 가지 설명항을 생각해 볼 수 있을 것이다.

(1) 신이 박정희의 독재 정치를 심판하였다.
(2) 한국 사회의 진화 과정에서 박정희가 도태되었다.
(3) 박정희의 운이 다했다.
(4) 김재규가 박정희의 독재 정치에 종지부를 찍고자 하였다.
(5) 김재규의 성격이 과격하였다.
(6) 심장 및 두개골에 총알이 관통하였다.
(7) 박정희의 대뇌 및 심장 기능이 정지하였다.
(8) 우주를 지배하는 물리 법칙들이 박정희 사망 직전의 물리적 상황에 작용하였다.

동일한 현상이지만 이처럼 다양하게 설명된다. 그리고 이 다양한 설명은 세계를 보는 다양한 시각을 반영한다. (1)-(3)은 **형이상학적 설명**이다. 박정희의 사망을 신, 사회적 진화, 운명 등 검증이나 반증이 가능하지 않은 형이상학적 주장으로 설명하고 있다. 반면에 (6)-(8)은 **과학적 설명**이다. 검증가능하고 반증가능한 물리적 사건들의 인과관계를 이용한 설명이다.

같은 형이상학적 설명이지만, (1)은 정신적 존재, 특히 신, 절대자,

우주적 이성과 같은 존재가 가진 목적, 뜻, 의도, 소망, 호오(好惡) 등 무언가를 지향하는 지향심을 빌려 설명하는 **목적론적 설명**이다. (2)는 사회를 하나의 유기체로 보는 **기능적 설명**이다. (3)은 (1)과 (2)의 중간쯤 되는 것으로 볼 수 있다.

목적론적 설명과 기능적 설명에 대비되는 것은 (6)-(8)과 같은 **기계론적 설명**이다.[61] '기계론적 설명'은 사건들을 순수하게 물리적 사건들 간의 인과관계로 설명한다.

같은 기계론적 설명도 서로 다르다. (6)은 거시적 물리 사건들의 인과관계를 말하는 **거시적 설명**이고, (8)은 미시적 물리 사건들의 인과관계를 말하는 **미시적 설명**이다. 거시적 설명으로는 일상언어로 표현되는 느슨한 일반성 이상을 기대할 수 없는 반면, 미시적 설명은 적어도 엄밀하고 결정론적인 일반적 법칙의 발견을 목표로 한다.

(7) 역시 기능적 설명이지만 (2)와는 다르다. (2)는 사회를 기능적 자율성의 단위로 여기는 반면, (7)은 박정희의 몸을 기능적 자율성의 단위로 여기고 있다.

(4)와 (5)는 **심리학적 설명**이다. 특히 (4)는 인간의 지향심을 빌려 설명하는 **합리적 설명**이다. 합리적 설명은 인간의 행위를 신념과 소망의 산물로 여기고 행위논증의 틀로 마음 읽기를 하는 방법이다.[62] (5)는 인간의 정신 활동을 거시 물리적 사건들의 인과 법칙적 현상이라고 보는 **행동주의적 설명**이다. 행동주의적 설명은 인간의 소망과 신념까지도 행동 및 행동 성향을 나타내는 물리적 표현들로 번역함으로써 심리학의 과학화를 꾀한다.

기능적 설명과 합리적 설명은 일종의 목적론적 설명이다. 모두 목

---

61) '기계론적 설명'이라는 표현 대신 '인과적 설명'이라는 표현을 쓰기도 한다. 그러나 목적론적 설명 등 다른 설명도 넓은 의미에서는 인과적 설명이라는 견해가 있기 때문에, '좁은 의미의 인과적 설명'이라는 뜻을 담기 위해 '기계론적 설명'이라는 표현을 쓰기로 한다.

62) 통속심리학(folk psychology)에서는 이를 'DBA(desire-belief-action) 모델'이라고 한다.

적 지향적인 설명 방식이기 때문이다. 역으로 목적론적 설명을 합리적 설명으로 여길 수도 있다. 신과 인간은, 비록 큰 차이가 있겠지만, 다 같이 정신적인 존재이기 때문이다. 그리고 합리적 설명은 사회 현상을 기능적으로 설명하지 않고 인간 개개인의 신념과 소망의 산물로 볼 경우 **개인주의적 설명**이 된다.

가설추리가 '현상의 원인이나 이유를 추정하는 추리'라고 말할 때, '원인'과 '이유'는 존재하는 모든 현상을 자연적인 것과 인위적인 것으로 구분하는 이분법을 염두에 둔 것이다. 이 이분법에 의하면, 자연현상은 인과적 현상이기에 현상을 설명하기 위한 가설추리는 원인을 찾는 일이고, 인간현상은 논리적 현상이기에 인간현상을 설명하는 가설추리는 이유를 찾는 일이다. 그러나 이 이분법에 큰 무게를 두지 않는 것이 좋다. 이유도 원인이라는 견해가 있을 뿐만 아니라, 이 이분법 자체가 가설적이기 때문이다. 이 이분법을 받아들이는 것은 행동주의나 유물론처럼 존재하는 현상을 모두 물리적인 것으로 보는 견해를 일방적으로 배제하는 일이다. 이러한 문제점들을 알고 있는 상태에서 가설추리를 '현상의 원인이나 이유를 추정하는 추리'라고 느슨하게 정의하는 것은 용인될 수 있겠다. 이분법은 모든 논의의 단초인 상식인의 세계관이기 때문이다.

설명은 기본적으로 우리가 가설-연역적 설명의 방법을 통해서 최선의 가설을 추정해 내는 가설추리의 기본이요 핵심이다. 그런데 설명은 또한 단순한 설명의 역할을 할 수 있다. 어떤 과학적 일반 가설이 정설로 인정되게 되면, '가설'이라는 딱지가 '법칙'으로 바뀐다. 그리고 이 법칙을 이용한 설명은 가설을 추리하기 위한 것이 아니라, 세계를 설명하고, 이해하고, 미래를 예측하기 위한 **법칙-연역적 설명**이다.

그러나 법칙-연역적 설명이 모두 단순한 설명이라고 생각하는 것은 경솔한 일이다. 이 생각은 문제의 법칙이 문제의 현상에 대한 절대적이고 유일한 설명일 경우에만 유효하다. 사실 어떤 법칙이 절대적이고 유일한 설명으로 인정되기는 쉽지 않다. 그럼에도 불구하고 조금

느슨한 의미에서 우리는 어떤 법칙을 절대적이고 유일한 설명으로 인정할 수 있고, 이 경우 법칙-연역적 설명은 단순한 설명으로 인정될 수 있을 것이다.

문제는 절대적이고 유일한 법칙을 이용한 법칙-연역적 설명이 아닌데도 단순한 설명으로 여기는 일이 흔하다는 것이다. 예컨대 의사가 환자의 병을 진단하는 일을 생각해 보자. 고열에 대한 법칙-연역적 설명은 많다. 독감일 수도 있고, 장티푸스일 수도 있고, 복막염일 수도 있다. 따라서 고열을 어느 하나의 병으로 단순하게 설명하는 것은 잘못이고, 이 경우 위험하기까지 하다. 물론 의사는 선택지를 줄여가기 위해 몇 가지 검사를 할 것이다. 그리고 '바로 이것'이라고 판단되는 병명으로 진단할 것이다. 그러나 오진으로 인한 의료사고가 적지 않다는 점을 유의하자. 더구나 전혀 새로운 병일 가능성도 있는 것이다.

이러한 관찰의 귀추는 명백하다. 어떤 현상을 설명하는 법칙이 둘 이상일 경우 그 중 어느 법칙으로 문제의 현상을 설명하는 법칙-연역적 설명은 단순한 설명이 아니라 일종의 가설추리로 분류해야 한다는 것이다. 다수의 법칙들 중 어느 하나를 선택하는 것도 가설추리이기 때문이다.

3.37 가설의 탑

이 장에서 우리는 귀납추리, 유비추리, 가설추리 등의 비연역추리를 연구하였다. 예민한 독자는 이 시점에서 이렇게 물을 수 있다. "도대체 우리가 '진리'라고 확신할 수 있는 것은 무엇인가?" 우리가 경험과 교육을 통해서 얻은 지식이 모두 가설적인 듯싶기 때문이다. 엄밀히 따져보면, 사실이 그렇다. 그래서 우리가 알고 있다고 생각하는 것들은 허구의 파편들로 이루어진 가설의 탑에 불과할 수 있다. 이 경우 우리가 의사소통에 성공하고 삶의 조건을 개선할 수 있다면, 그것은 우리가 진리를 발견해서가 아니라 순전히 행운일 것이다.

그러나 너무 의기소침해 할 필요는 없다. 이러한 문제 상황 자체가 비판적 사고의 대상이기 때문이다. 우리는 참을성 있게 구도자의 입장에 설 필요가 있다. 그리고 구도자의 입장에서 우리의 문제를 풀어갈 때 비판적 사고 연구는 그런 대로 쓸모가 있을 것이다.

연습문제

※ 다음 각 가설추리를 평가하라.

69. 열성적이고 성실한 페일리의 주장은 당대 최고 수준의 생물학 지식에 의거하였지만 잘못된 것이었다. 그것도 완전히 틀린 주장이었다. 망원경과 눈을 비교하는 것, 그리고 시계와 생명체를 비교하는 것은 오류이다. 비록 매우 특별한 방법으로 그 과정을 전개하였지만 모든 자연현상을 창조한 유일한 '시계공'은 맹목적인 물리학적 힘이다. 실제의 시계공은 앞을 내다볼 수 있다. 그는 마음의 눈으로 미래의 결과를 내다보면서, 톱니바퀴와 용수철을 설계하고 그것들의 조립 방법을 생각한다. 다윈이 발견했고, 현재 우리가 알고 있는 맹목적이고 무의식적이며 자동적인 과정인 자연선택은 확실히 어떤 용도를 위해 만들어진 모든 생명체의 형태와 그들의 존재에 대한 설명이며, 거기에는 미리 계획한 의도 따위는 들어 있지 않다. 그것은 마음도, 마음의 눈도 갖고 있지 않으며 통찰력도 없고 전혀 앞을 보지 못한다. 만약 그것이 자연의 시계공 노릇을 한다면, 그것은 '눈먼' 시계공이다. (리처드 도킨스, 『눈먼 시계공』)

70. 나는 내 영혼이 눈을 뜨던, 말하자면 무한한 존재에게 나아가던, 언덕 꼭대기에서의 그 날 밤을 기억하고 있다. 두 세계, 곧 내적 세계와 외적 세계가 동시에 밀어닥친 순간이었다. 그것은 나 자신의 투쟁을 통해서, 별들의 세계 저 밖에 있는 깊이를 헤아릴 길이 없는 깊고 깊은 곳에 응답함으로써 열린, 심연에로의 부름이었다. 나는 나를 그리고

세계의 아름다움, 사랑, 슬픔, 유혹 등등을 만든 그와 함께 홀로 있었다. 나는 그를 찾는 것이 아니라 나의 정신과 그의 정신이 완전하게 합일함을 느꼈다. 나의 주위에 있는 일상적인 감각은 사라졌다. 그 순간에 남아 있었던 것이라고는 형언할 수 없는 기쁨과 환희뿐이었다. 그런 경험을 기술하는 것은 전혀 불가능하다. 그것은 서로 다른 선율이 청중의 영혼에 흘러 넘쳐 가슴에 벅찬 감동을 일으키는 것 외의 그 어떤 것도 의식하게 내버려두지 않고 고결한 조화로 승화시키는 장엄한 관현악의 연주와도 같았다. 그 날 밤의 완전한 정적은 더욱 장엄한 침묵으로 인하여 온몸에 스며들었다. 그의 존재는 보이지 않았으므로 어둠이 그 존재를 한층 더 느껴지게 했다. 나는 내가 거기에 있었음을 의심할 수 없는 것처럼 그가 거기에 있었음을 의심할 수 없었다. 오히려 내가 그보다 덜 실재적이었다고 느낄 수 있을 정도였다. (윌리엄 제임스, 『신비 체험의 다양성』)

71. 우리가, 현대사회의 세 계급인 봉건 귀족과 부르주아와 프롤레타리아 각각이 그들 나름의 특수한 도덕을 가지고 있다는 것을 볼 때, 우리는 인간이 의식적으로든 무의식적으로든 그들의 도덕적 관념을, 궁극적으로는 그들의 계급적 위치가 그 위에 기초하고 있는 실제적인 관계들로부터 — 그 속에서 그들이 생산과 교환을 수행하는 경제적 관계들로부터 — 유도해 내고 있다는 결론밖에 끌어낼 수가 없다. (프리드리히 엥겔스, 『반뒤링론』)

72. 전통적인 세계관에 따르면, 사람은 자기 주위의 세계를 감지하고, 감지되는 대상들을 선정하며, 그들 중 어떤 것은 좋다고 판단하고 또 어떤 것은 나쁘다고 판단하여, 상황을 좀 더 좋게 (또는 그가 부주의하다면, 좀 더 나쁘게) 만들도록 변화시키며, 그러한 그의 행위에 대하여 책임을 지고, 결과가 어떤가에 따라 정당한 보상을 받든지 벌을 받게 되어 있었다. 그러나 과학적 세계관에 따르면, 사람은 적자생존의 진화 과정 속에서 우연히 생겨난 종의 하나일 뿐이다. 사람의 행위는 자기가 살고 있는 환경의 지배를 받으며, 자신과 수백만의 타인들이 문화의 진화 과정 속에서 이루었고 유지시켜 왔던 사회적 환경의 지

배를 주로 받는다. 지배 관계의 방향이 역전된 것이다. 즉, 사람이 세계에 작용하는 것이 아니라, 세계가 사람에게 작용하는 것이다. (B. F. 스키너, 『자유와 위엄을 넘어서』)

73. 내가 대표하는 무신론적 실존주의는 그 논지가 한층 일관하고 있다. 설령 신이 존재하지 않더라도, 실존이 본질에 앞서고 있는 존재, 어떠한 개념에 의해서 정의되기 이전에 실존하고 있는 존재가 적어도 하나 있다. 그 존재란 바로 인간이며, 하이데거가 말하는 인간적 현실인 것이라고, 무신론적 실존주의는 선언하는 것이다. 실존이 본질에 앞선다고 하는 것은 이 경우에 무엇을 의미하는 것인가. 그것은 인간이 우선 앞서 실존하며, 세계 내에서 마주쳐지고, 세계 내에 급박히 모습을 나타내어, 그 연후에야 정의되는 것이라는 것을 의미하는 것이다. 실존주의가 생각하는 인간이 불가능한 것은, 인간이 최초에는 아무것도 아니기 때문이다. 인간은 후에 이르러서 비로소 인간으로 되는 것이고, 인간은 그 자신이 만드는 것으로 되는 것이다. 이와 같이 인간의 본성은 존재하지 않는다. 그 본성을 생각하는 신이 존재하지 않기 때문이다. 인간은 그 자신이 자신을 생각하는 바의 것일 뿐만 아니라, 그 자신이 바라는 바의 것이고, 실존한 연후에 자신이 생각하는 바의 것, 실존에의 비약의 연후에 자신이 바라는 바의 것인데 지나지 못한 것이다. 인간은 그 자신을 만드는 것 이외의 다른 아무런 것도 아니다. (사르트르, 『실존주의와 인간의 정서』)

74. 모든 어린 생명이 다 생존하는 것은 아니며 더욱 늙어서 죽는 것이 아니다. 자연도태의 원칙에 있어 생존에 적합한 종은 생존경쟁에서 살아남게 되고 부적합한 종은 멸종한다. 예를 들면 기린은 살아남기 위하여 목이 그처럼 길게 발달되었으며 카멜레온은 피부색을 바꾸는 생체조직을 개발하였다. 아주 조그마한 생체조직의 변화가 있어 생존경쟁에서 살아남은 종은 계속 그 생체조직을 발전시켜 수 세대에 걸쳐 이러한 변화가 지속되면 낡은 형태는 소멸되고 새로운 형질이 나타나서 새로운 종을 이룬다.

지구가 처음 생성될 때 존재하였던 종이 현존하는 것은 극히 드물고 현존하는 종은 원형으로부터 형질이 변화하여 현재에 생존하는 데 유리하도록 바뀐 것들이다. 인간도 이와 같은 자연의 법칙으로 진화되어 오늘의 모습에 이르렀다. (다윈)

※ 다음 각 현상을 가장 잘 설명하는 가설을 제시해 보자.

75. 당신이 마지막 입었던 옷을 허수아비에게 입혀 놓고 그 옆에 알몸으로 서 있어 보라. 그러면 허수아비에게 인사하지 당신에게 인사할 사람이 누가 있겠는가? (소로, 『월든』)

76. 지구에는 3천 여 종의 매미가 서식한다. 주로 아프리카의 사하라 사막 북쪽과 아시아 온대 지역에 많이 분포한다. 우리나라에 많은 참매미와 유자매미는 5년을 주기로 지상에 나온다. 우리나라 매미 유충에 비해 17년 매미가 땅 속에서 보내는 시간은 매우 길다. 놀라운 사실은 정확히 17년을 채운다는 사실이다. 빨리 자란 애벌레라도 절대 먼저 땅 위로 올라오는 법이 없다.

미국의 남부에는 13년을 주기로 성충이 되는 '13년 매미'와 7년을 주기로 하는 '7년 매미'도 있다. 오랜 시간마다 한 번 등장하는 주기 매미들만 살고 있어서 미국 사람들은 매미 소리에 익숙하지 않다. 하지만 이들의 기간이 정확히 13년, 17년이기 때문에 다음에 언제 어디서 발생할지 정확히 예측할 수 있다.

5년, 7년, 13년, 17년의 주기를 보니 어떤 공통점을 찾을 수 있을 것 같지 않은가. 이들 숫자는 모두 소수(素數)다. 여기서 소수란, '1과 자기 자신으로 나누어지는 수'를 뜻한다. 매미에게 14, 15, 16, 18 주기는 없다. 메미는 왜 소수를 주기로 등장해서 사람들을 놀라게 할까? 매미의 이 전략은 종족 보존을 위해서이다. 매미가 13년, 17년이라는 정확한 주기를 지키는 것은 일종의 인해전술이다. 매미의 천적은 너무나 많다. 새, 다람쥐, 거북, 거미, 고양이, 개 심지어 물고기까지 매미를 잡아먹는다. 이들 천적에 맞선 대응은 '남겨진 자의 생존'이라는 방식이다. 비록 천적에게 잡아먹히더라도 수십억 마리나 되는 매미를 한꺼번에 다 잡아먹을 수 없다는 계산에서 인고의 세월을 견디다 모든 매미가 물밀듯 동시에 세상에 등장하는 것이다.

또 천적으로부터 생명을 지키기 위해서는 자신의 성장 패턴을 천적의 성장 패턴과 달리해야 했다. 13년, 17년 같은 소수를 주기로 하면 천적과 마주칠 기회가 적어진다. 예를 들어 매미의 주기가 5년이고 천적의 주기가 2년이면 천적과 만날 기회는 10년마다 온다. 매미의 주기가 17년이고 천적의 주기가 3년이라면 51년이 돼야 만날 수 있다. 주기가 소수인 중요한 이유가 있는 것이다.

처음에는 주기가 짧았다가 점점 길어져 현재의 17년이 됐을 가능성이 높다. 우리나라 매미처럼 처음에는 주기가 3년이었다가 천적과 만나자 5년, 7년으로 주기를 늘렸을 것이다. 그것도 부족해지자 다시 13년, 17년으로 주기를 늘렸을 가능성이 높다. 아마 17년이라는 숫자도 더 이상 안전하지 않게 된다면 19년 매미가 나오게 될 것이다. 결국 천적의 수명이 몇 년이건 간에 소수로 이루어진 성장 사이클이 안전장치로 놓인다. (김형자, 「매미는 왜 땅속에서 17년을 기다릴까?」『과학향기』 제621호)

제 4 장
오류 분석

나에게 그 사람을 주시오,
격정의 노예가 아닌 그 사람을.
그럼 나는 그를 입으리라,
내 마음 깊이에 내 마음의 마음속에.
— 셰익스피어, 『햄릿』

일상적으로 '오류'는 상궤를 벗어난 현상을 가리키는 말로 두루 쓰이고 있다. 그래서 어떤 진술이 거짓이라는 것을 말하기 위해서 '오류'라는 말을 쓰기도 하고, 어떤 행위가 잘못되었다는 것을 말하기 위해서도 '오류'라는 말을 쓴다. 우리가 이 장에서 연구할 것은 이러한 일상적 의미에서의 '오류'가 아니라 오류추리이다.

오류추리는 원칙적으로 부당한 논증이다. 그러나 부당한 논증이라고 해서 다 오류추리는 아니다. 우리가 어떤 논증에 '오류'라는 딱지를 특별히 붙이는 것은, 그 논증이 부당할 뿐만 아니라, 우리의 일상생활 속에서 늘 접할 수 있는 유형이기 때문이다.

어떤 논증이 부당하면서도 우리의 일상 속에서 늘 접할 수 있는 유형으로 굳어진 이유는 무엇일까? 대답은 간단하다. 그 유형의 (부당한) 논증이 겉보기에는 그럴 듯할 뿐만 아니라, 일종의 호소력을 가지고 있기 때문이다.

오류의 이와 같은 성질들 때문에, 우리는 흔히 부지불식간에 원하지 않는 오류에 빠진다. 이런 오류에 대비하는 방법은 없을까? 기계적인 방법은 없다. 그러나 일찍이 쇼펜하우어가 술회한 바와 같이, "만일 속임수마다 어떤 짧고 적당한 이름을 붙여서, 사람들이 속임수를 사용할 때 즉시 꾸짖어 줄 수 있으면 대단히 좋을 것이다." 즉 오류의 유형별로 딱지를 붙여 익혀 두면, 오류의 식별에 큰 도움이 된다.

어떤 논증이 오류추리라면, 다음 네 단계를 거쳐 그 실상이 드러난다.

제1단계 : 논증의 구조 확인

제시된 논증의 결론(논지, 요지, 핵심)이 무엇인지 먼저 확인한 후, 그 결론을 뒷받침하기 위해 어떤 전제(이유, 근거)가 제시되었는지 확인하여 논증을 재구성한다.

제2단계 : 논증의 건전성 조사

재구성된 논증의 건전성을 조사한다. 건전성 조사 결과 문제의 논증이 건전한 것으로 드러나면 오류 분석이 이 단계에서 끝나고, 그 논증은 오류가 아닌 것으로 판정될 수 있다. 만일 논증이 건전하지 않은 것으로 드러나면, 다음 단계로 간다.

제3단계 : 오류 여부 진단

만일 논증이 건전하지 않으면, 그 형식이 앞으로 소개되는 여러 오류들 중 어떤 유형과 같은가를 확인한다. 만일 문제의 논증이 어떤 오류의 유형과도 일치하지 않으면, 그 논증은 단순히 부당한 논증으로서 일반적인 논증 평가의 방식대로 평가한다. 만일 그 논증이 어떤 오류의 유형과 일치하면, 다음 단계로 진행된다.

제4단계 : 오류의 평가

어떤 논증을 오류라고 평가하는 것은 그 자체가 논증의 형식을 취하고 있어야 한다. 즉 문제의 논증이 오류라고 단순히 주장하는 것이 아니고, 그 논증이 오류라는 것을 증명해야 한다. 그 증명은 대략 다음 형식으로 진행된다.

> 당신은 지금 'X'라는 이름의 오류를 범하고 있습니다. 당신이 주장하는 요점은 'p이기 때문에 q'라는 것인데, 이는 받아들일 수 없습니다. 이를 받아들인다면, 'r이기 때문에 s'라는 어리석은 경우도 받아들여야 합니다. ('r이기 때문에 s'라는 어리석은 경우는 여러 가지 유형의 오류 중 하나로서, 상대의 논증에 대한 반증례로 제시되는 것이다.)

예를 들어 다음 논증을 평가해 보자.

> 유다가 예수를 배신했다고 비난하는데 이는 잘못이다. 유다의 배신은 궁극적으로 예수의 십자가를 통한 인류의 구원에 기여했기 때문이다.

이 논증을 재구성하면 다음과 같다.

1. 유다는 의도적으로 예수를 배신하였다.
2. 유다의 배신으로 인하여 예수는 십자가에 매달렸다.
3. 예수가 십자가에 매달림으로써 인류가 구원받았다.
4. 만일 1-3이면, 유다의 배신은 궁극적으로 예수의 십자가를 통한 인류의 구원에 기여했다.

∴5. 유다의 배신은 궁극적으로 예수의 십자가를 통한 인류의 구원에 기여했다.

6. 만일 5라면, 유다가 예수를 배신했다고 비난하는 것은 잘못이다.

∴7. 유다가 예수를 배신했다고 비난하는 것은 잘못이다.

이렇게 재구성된 논증을 놓고 볼 때 4가 문제된다는 것을 알 수 있다. 유다가 배신함으로써 예수가 십자가에 매달리고, 예수가 십자가에 매달림으로써 인류가 구원되는 길이 열렸다는 것을 인정할지라도, 그렇다고 해서 유다의 배신이 구원에 기여했다고 말하는 것은 잘못이다. 그렇게 말하는 것은 유다가 의도적으로 예수를 배신할 때 동시에 예수가 인류를 구원하도록 의도하였다고 말하는 것으로서 '의도 확대의 오류'에 해당한다.

그는 예수를 배신할 의도를 가졌을지언정 인류 구원의 의도는 가지고 있지 않았다. 따라서 비록 그의 배신이 인류 구원으로 이어졌을지라도 그의 배신이 인류 구원에 기여했다고 할 수는 없다. 칼을 만드는 사람들은 칼을 만들 의도만 가지고 칼을 만든다. 그런데 칼은 살인의 도구로 사용된다. 그렇다고 해서 칼을 만드는 사람들에게 살인죄를 뒤집어씌우는 것은 어리석은 일인 것이다.

이처럼 본격적인 분석이 적합하지 않은 상황에서는 다음과 같이 간단히 평가할 수 있을 것이다.

당신은(이 논증의 논자는) 의도 확대의 오류를 범하고 있다. 당신은 유다가 배신함으로써 예수가 십자가에 매달리고, 예수가 십자가에 매달림으로써 인류가 구원되는 길이 열렸기 때문에 유다의 배신이 결과적으로 인류의 구원에 기여했고, 따라서 유다의 배신을 비난해서는 안 된다고 주장한다. 그러나 이는 "유다가 배신할 때 인류 구원의 의도도 가지고 있었다."고 유다의 의도를 확대 해석하는 것으로서 받아들일 수 없는 견해이다. 칼을 만드는 사람들은 칼을 만들 의도를 가지고 칼을 만든다. 그런데 칼은 살인의 도구로 사용

된다. 그렇다고 해서 칼을 만드는 사람들에게 살인죄를 뒤집어씌울 수는 없는 것이다.63)

이 오류의 평가 방법이 시사하는 바와 같이 오류를 잘 평가하기 위해서는 적절한 반증례를 들 수 있어야 한다. 그런데 앞으로 연구되는 예들은 모두 반증례로 사용될 수 있는 것들이다. 유형별로 적어도 하나의 쉬운 예를 알아두면 도움이 될 것이다.

아리스토텔레스는 오류의 종류를 언어적인 것과 비언어적인 것으로 양분하였다. 그러나 많은 오류가 새로이 등장함에 따라, 아리스토텔레스의 양분법으로는 적합하지 않게 되었다. 오류를 정확하게 분류하려는 노력 자체에 회의적인 드모르간 같은 논리학자가 있기는 하지만, 어느 정도 정확하게는 분류할 수 있으며, 이러한 분류가 오류의 이해에 도움이 된다는 것이 대체로 받아들여지고 있는 견해이다.

51개나 되는 오류를 분류, 소개, 설명하고 있는 펀사이드와 홀서는 오류를 크게 자료적 오류, 심리적 오류, 논리적 오류의 셋으로 분류하고 있다.64) 반면, 모리스 엥겔은 비형식적 오류를 애매성의 오류, 추측의 오류, 유관성의 오류로 분류한다.65)

---

63) 킹 목사는 '의도 확대의 오류'를 잘 알고 있었다: "우리의 행동이 평화적이긴 하였지만 그것이 폭력을 조장하기에 이르렀다고 하여 당신은 우리가 욕을 먹어야 마땅하다고 하셨습니다. 그것은, 사람이 돈을 가지고 있었기에 강도당한 것이라고 돈 잃은 사람을 욕하는 것과 같지 않습니까? 그것은, 소크라테스의 진리에 대한 확고한 신념과 철학에 대한 연구가 잘못된 사람들로 하여금 그에게 독(毒)당근 즙을 마시게 만들었다고 해서 소크라테스를 욕하는 것과 같지 않습니까? 또한 그것은, 예수의 하느님에 대한 독특한 의식과 무한의 헌신이 그 흉악한 십자가의 못박힘을 조장하였다고 예수를 욕하는 것과 같지 않습니까?"(M. L. 킹, 1963. 3.「옥중에서 '나의 친애하는 동료 목사님'에게 부친 편지」)

64) W. Ward Fearnside and William B. Holther, *Fallacy: The Counterfeit Argument*(Englewood cliffs, N.J.: Prentice Hall, 1959).

65) S. Morris Engel, *With Good Reason: An Introduction to Informal Fallacies* (New York: St. Martin's Press, 1982).

이들의 저서를 검토해 보면 각각 오류의 분류 자체를 조금씩 다르게 하고 있을 뿐만 아니라, 소개되고 있는 오류의 종류도 상당 부분이 다르다. 특히 최근 발행된 엥겔의 저서에는 아리스토텔레스의 논리학에서 유래하고 있는 형식적 오류가 하나도 소개되지 않고 있다.

필자가 검토한 국내 논리학 저서들도 오류의 종류와 분류방법이 서로 다르다. 어느 것은 너무 빈약하고, 또 어느 것은 중요한 것을 빠뜨린 반면, 중요하지 않은 것이 필요 이상의 지면을 차지하고 있기도 하다. 이러한 점들을 고려하여, 오류를 새롭게 분류하고 새로운 오류들도 소개해 보았다. 모든 종류의 오류를 열거하는 대신, 필자가 생각하기에 우리 주변에서 흔히 발견되는 것들만을 분류의 대상에 넣어 보았다.

(1) 형식적 오류

(가) 타당한 형식의 오류	1) 선결문제요구의 오류(순환논리)
	2) 자기모순(자가당착)의 오류
(나) 부당한 형식의 오류	3) 전건부정의 오류
	4) 후건긍정의 오류
	5) 선언지긍정의 오류

(2) 비형식적 오류

(가) 심리적 오류	6) 동정(연민)에 호소하는 오류
	7) 공포(위험, 위협)에 호소하는 오류
	8) 증오(분노)에 호소하는 오류
	9) 성적 쾌락(로맨스)에 호소하는 오류
	10) 유머(농담)에 호소하는 오류
	11) 아첨에 호소하는 오류
	12) 사적 관계에 호소하는 오류
	13) 대중에 호소하는 오류

14) 부적합한 권위에 호소하는 오류
15) 인신공격의 오류
16) 정황에 호소하는 오류
17) 피장파장의 오류
18) 우물에 독 뿌리는 오류

(나) 자료적 오류

19) 성급한 일반화의 오류
20) 근시안적 귀납의 오류
21) 원인 오판의 오류
22) 수레를 말 앞에 놓는 오류
23) 도박사의 오류
24) 합성의 오류
25) 분할의 오류
26) 발생적 오류
27) 우연의 오류
28) 원칙 혼동의 오류
29) 의도 확대의 오류
30) 무지에 호소하는 오류
31) 잘못된 유비추리의 오류
32) 흑백사고의 오류
33) 거짓 딜레마의 오류
34) 허수아비 공격의 오류
35) 복합질문의 오류
36) 목욕물을 버리면서 어린애까지 버리는 오류
37) 가정 망각의 오류
38) 가설과 사실을 혼동하는 오류
39) 유용성의 오류
40) 논점 일탈의 오류(무관한 결론의 오류)

(다) 언어적 오류

41) 애매어의 오류
42) 은밀한 재정의의 오류
43) 애매문의 오류
44) 정의에 의한 존재 강요의 오류

45) 실재화의 오류
46) 술어를 실체어로 여기는 오류
47) 강조의 오류
48) 사용과 언급을 혼동하는 오류
49) 범주오류

4.1 형식적 오류

형식적 오류는 잘못된 논리적 형식으로 인한 오류로서 '논리적 오류'라고도 한다. 타당한 논증 형식과, 부당한 논증 형식으로 나눌 수 있다.

4.11 타당한 형식의 오류

앞에서 오류는 원칙적으로 부당한 논증의 일종이라 하였다. 여기서 '원칙적으로'라는 표현은 논리적 형식상으로는 타당하다고 할 수 있는 오류가 있기 때문에 붙여진 것이다. 이들이 형식적 타당성에도 불구하고 오류로 분류될 수밖에 없는 이유를 생각해 보면, 수긍할 수 있을 것이다.

1) 선결문제요구(先決問題要求)의 오류(순환논리, *petitio principi*, begging the question, circular argument). 이 오류는 다음 형식에서 보는 바와 같이 결론에서 주장하고자 하는 바를 전제로 제시하는 오류이다.

$$\frac{p}{p}$$

따라서 이 오류는, 정확하게 말하자면, 없는 전제로부터 결론을 도출하려는 시도라고 볼 수 있다. "성경에 적힌 것은 진리이다. 성경에 그렇게 적혀 있기 때문이다." 성경 말씀이 진리인 이유가 성경 말씀은 진리라고 성경에 씌어 있기 때문이라는 것은, 사실상 결론을 뒷받침하기 위한 전제를 제시하지 않은 것이다.

많은 경우에 이 오류는 교묘하게 위장되어 있기 때문에 주의를 요한다. 즉 위의 예에서 보는 바와 같이 명백하게 결론을 전제하는 것이 아니라, 결론을 표현만 바꾸어 전제로 내세우는 경우가 허다하다.

험프리(Hubert Humphrey) 상원의원이 일리노이주 선거에서 패배했을 때 기자들이 물었다.

"왜 선거에서 졌지요?"

험프리가 답했다.

"그야 지지표를 충분히 못 얻었기 때문이지."

이 대답을 듣고 기자들은 웃음보를 터뜨렸다. 험프리는 물론 선결문제요구의 오류를 이용하여 농담으로 대답하였고, 기자들은 그 농담을 이해하고 웃었던 것이다. '지지표를 충분히 얻지 못했다'는 것은 '선거에서 졌다'는 말의 다른 말일 뿐이다. 기자들은 왜 선거에서 졌는가, 즉 왜 지지표를 충분히 얻지 못했는가를 묻고 있었는데, 험프리는 지지표를 충분히 얻지 못했다는 답을 했던 것이다.

노동 쟁의에서 흔히 나오는 말로서 이런 것이 있다.

> 무노동 무임금 제도는 철폐되어야 한다. 무노동 무임금 제도는 나쁜 제도이기 때문이다.

이 논증은 다음과 같이 재구성된다.

1. 무노동 무임금 제도는 나쁜 제도이다.
2. 만일 무노동 무임금 제도가 나쁜 제도라면, 무노동 무임금 제

도는 철폐되어야 한다.

∴3. 무노동 무임금 제도는 철폐되어야 한다.

이 재구성을 놓고 볼 때 문제되는 것은 1이다. 이 전제의 정당성에 대하여 근로자 측과 고용주 측이 견해를 달리할 것이기 때문이다. 근로자 측에서는 이 전제를 받아들일 것이다. 따라서 근로자 측에서는 이 논증을 건전하다고 판단할 것이다. 반면에 고용주 측에서는 이 전제를 받아들이지 않을 것이고, 따라서 이 논증을 건전하지 않다고 판단할 것이다.

특히 고용주 측에서는 이 논증을 단순히 건전하지 않다고 하는 데 그치지 않고, 이 논증이 선결문제요구의 오류를 범하고 있다고 평가할 수 있다. '나쁜 제도'라는 표현은 '철폐되어야 할 제도'라는 표현으로 대치될 수 있기 때문이다.

이처럼 근로자의 논증이 선결문제요구의 오류를 범하고 있다는 비난을 받지 않기 위해서 근로자 측에서는 무노동 무임금 제도가 왜 나쁜 제도인지, 즉 왜 철폐되어야 할 제도인지에 대한 이유를 제시해야 한다. 이 이유를 제시하지 않고 '나쁜 제도'와 같은 평가적 표현을 사용함으로써 이 제도의 철폐를 정당화시킬 수 있다고 생각하는 것은 오류이다. 즉 이 제도의 존폐를 논하기에 앞서 이 제도가 나쁜지 여부가 선결되어야 할 과제이고, 이 과제가 선결되지 않은 채 논증을 제시할 경우 선결문제요구의 오류를 범하게 된다.

2) 자기모순의 오류(fallacy of self-contradiction)[자가당착(自家撞着)에 빠지는 오류, 비정합성(非整合性)의 오류(fallacy of incoherence), 자기부정의 오류(fallacy of self-refutation), 비일관성(非一貫性)의 오류(fallacy of inconsistency)]. 논증에 모순되는 주장들을 포함할 경우 범하는 오류이다. 모순된 전제들로부터는 어떤 결론이라도 도출되기 때문에, 그러한 전제들에 근거하여 어떤 특정한 결론을 주장할 의미

가 없어진다. 다른 한편 전제와 결론이 모순관계에 있을 경우 결론은 전제에 의해 지지를 받기보다는 오히려 부정된다.

사월 팔일 날 어느 절에서 늙은 스님이 신라 때 순교자 이차돈의 죽음에 대해서 신도들에게 설법을 하고 있었다.

"여러분, 무릇 중생들은 부처님의 놀라우신 행적에 다만 고개가 수그러질 따름입니다. 이차돈 님은 비록 목이 떨어졌건만 십리를 자신의 머리를 들고 걸으셨다는 사실만 보더라도…."

이때, 청중 가운데서 한 사람이 불쑥 나서서 늙은 스님에게 물었다.

"그렇지만 확실히 이차돈 님께선 양손이 묶였을 텐데 어떻게 자신의 목을 들고 걸을 수가 있었는지요?"

"아, 그야 이빨로 물었던 것이죠."

하고 스님은 즉석에서 대답하였다. 스님은 순간 자기모순의 오류를 범한 것이다.

4.12 부당한 형식의 오류

논리적 형식이 부당하지만, 우리가 흔히 타당한 것으로 착각하는 논증들이 이에 속한다. 간단한 타당성 조사법에 의해 그 부당성이 즉각 밝혀질 수 있는 초보적인 오류이기 때문에, 오류에 대해 조금이라도 아는 사람이 범할 경우, 치명적인 과오가 된다.

3) 전건부정(前件否定)의 오류(fallacy of denying the antecedent). "내가 철학에서 A를 따지 못하면 철학은 엉터리야."라고 말했던 학생이 철학에서 A를 땄다는 것을 알고 "역시 철학은 엉터리가 아니야." 라고 할 경우, 이 학생은 전건부정의 오류를 범하고 있다. 이 오류는 조건문 '만일 p이면, q이다'의 전건을 부정하여, 후건을 부정한 것을 결론으로 도출해 내는 것으로, 부당한 논증 형식이다.

이 오류는 조건문을 쌍조건문으로 착각하는 데서 범해질 수도 있다.

즉 "내가 철학에서 A를 따지 못하면 철학은 엉터리야."라는 조건문을 "내가 철학에서 A를 딸 경우 그리고 이 경우에만 철학은 엉터리가 아니다."라는 쌍조건문으로 여기는 것이다. 물론 조건문 대신 쌍조건문을 대치하면 논증은 타당하지만(조건문을 참이라 가정하더라도), 대치된 쌍조건문은 거짓일 수 있기 때문에 그러한 대치는 도움이 되지 않는다.

4) 후건긍정(後件肯定)의 오류(fallacy of affirming the consequent). "만일 비가 오면, 땅이 젖는다. 땅이 젖어 있다. 따라서 비가 왔다."라는 논증은 조건문의 후건을 긍정해서 전건을 결론으로 도출하는 오류추리이다. 반드시 비가 와야만 땅이 젖는 것은 아니다. 살수차가 지나가도 땅은 젖는다. 이 오류 역시 조건문을 쌍조건문으로 착각할 경우 범해질 수 있다.

이 오류는 가설추리를 연역추리로 여길 경우에도 범해질 수 있다. "땅이 젖어 있다. 따라서 비가 왔다."는 가설추리이다. 땅이 젖어 있는 현상을 비가 왔기 때문인 것으로 설명하고 있는 것이다. 이 추리는 물론 오류가 아니다. 이러한 가설추리를 연역추리로 여겨 마치 비가 온 것이 증명된 것처럼 생각할 경우에 오류가 발생하는 것이다.

5) 선언지긍정(選言肢肯定)의 오류(fallacy of confusing the inclusive 'or' and the exclusive 'or'). "그는 기독교 신자이든지 마르크스주의자일 것이다. 그런데 그는 기독교 신자이다. 따라서 그는 마르크스주의자가 아니다." 이러한 형식의 추리가 타당하지 않다는 것은 다음의 반증례가 잘 보여주고 있다.

그를 유혹한 여인은 미인이든지 두뇌가 우수할 것이다.
그를 유혹한 여인은 미인이다.

따라서 그를 유혹한 여인은 두뇌가 우수하지 않다.

'그'를 유혹한 여인은 미인이면서 동시에 우수한 두뇌를 가지고 있을 수 있기 때문에, 그 여인은 미인이라고 해서 두뇌가 우수하지 않다는 결론은 나오지 않는다.

일반적으로 이러한 형식의 오류는 포괄적 의미의 '또는'과 배타적 의미의 '또는'을 혼동한 결과로 범해진다. 'p 또는 q'에서 '또는'이 포괄적 의미로 사용되었을 경우에는 'p' 또는 'q' 중 적어도 하나가 참이면 참이 된다. 그러나 '또는'이 배타적으로 사용되었을 경우에는 'p'나 'q' 중에서 반드시 하나만 참이어야 참이 된다. "그는 서울에 있든지 서울 밖에 있든지 할 것이다."의 경우, 그가 서울 안과 밖에 동시에 있을 수는 없다. 이러한 배타적 의미의 선언문은, 선언지의 어느 하나를 긍정하면 다른 하나의 부정이 도출된다. 그러나 문제의 선언문이 배타적 선언문이라는 확신이 없는 한 이러한 추리를 하는 것은 오류가 된다. '2.11'에서 밝힌 것처럼, 논리학에서는 포괄적 의미의 선언문을 사용하기 때문이다.

연습문제

※ 다음 각 논증이 어떤 오류인지 지적하고, 그 이유를 말해 보자.

1. 만일 농부들이 조직적으로 협조하게 되면, 그들은 농산물 가격을 유리하게 유지시킬 수 있을 것이다. 그러나 농부들이 도대체 어떤 일에 힘을 합한 적이 있는가? 그들은 어쩔 수 없이 사태를 대국적으로 볼 수 없는 촌사람들인 것이다. 따라서 그들은 결국 농산물 가격을 유리하게 유지시킬 수 없을 것이다.

2. 사람들은 자기가 실제로 하는 일을 할 수밖에 없다. 왜냐하면 사람들은 가장 강한 동기에 따라 행동하기 때문이다. 여기서 '가장 강한 동기'라

는 것은 사람들이 실제로 하는 행동을 하게 하는 동기를 말한다.

3. 그 후보는 악당이든지 바보일 것이다. 그런데 그는 상대방 후보의 이름으로 금품을 돌려 상대방 후보에게 선거법 위반 혐의를 뒤집어씌우는 등 갖은 악랄한 짓을 다한다. 따라서 우리는 그가 바보이기는커녕 대단히 교활한 자라는 것을 알 수 있다.

4. 어떤 사나이가 딸을 시집보내면서 타일렀다.

   "부부라고 하는 것은 억세게 운이 좋지 않는 한 오래도록 같이 살 수 있는 게 아니다. 운이 없으면 이혼을 당하게 될는지도 몰라. 그러니 시집가거든 반드시 남편 모르게 주머니 하나를 더 차고 있어야 하는 거다."

   시집간 딸은 아버지가 시킨 대로 딴 주머니를 하나 더 차고 돈을 모았다. 그러다가 그 사실을 시어머니에게 들켜서 마침내 이혼당하고 말았다.

   친정에 쫓겨 온 딸은 꽤 많은 돈을 가지고 있었다. 아버지는 그것을 보고 말했다.

   "역시 내가 한 말이 틀림없으렷다. 돈 한 푼 없이 이혼당했더라면 어떻게 할 뻔했니?" (중국 우화)

5. 사물은 왜 낙하하는가? 사물은 아래로 떨어지려는 성질을 가지고 있기 때문이다.

6. 한 부잣집 아들이 유산으로 받은 돈을 모두 탕진하고 이제는 외투 하나밖에 남은 것이 없게 되었습니다. 그런데 그는 철 이르게 날아온 제비를 보고 이제는 봄이 되었다고 생각하고 마지막 남은 그 외투마저 팔아버렸습니다. 그러자 다시 겨울날의 추위가 몰려와 그 제비가 얼어 죽은 것을 본 그는 그 제비에게 말하였습니다.

   "제비야, 너는 나까지도 파멸시켰어!" (이솝 우화)

4.2 비형식적 오류

잘못 제시된 근거의 성질이 논리적 형식보다는 형식 외적인 특징에 있는 오류들을 '비형식적 오류'라 한다. 특징에 따라 심리적인 것, 자료적(인식론적)인 것, 언어적인 것으로 나눌 수 있다.

4.21 심리적 오류

어떤 논지를 객관적으로(논리적으로) 설득되어서가 아니라 주관적으로(심리적으로) 영향을 받아 받아들일 경우 심리적 오류가 범해진다. 동정, 공포, 증오, 사랑 등의 심리적인 요인이 발생하며, 그 심리적인 요인은 어떤 사실 판단을 유발시킬 수 있다. 즉 심리적인 요인이 인과적으로 사실 판단을 불러일으킬 수 있다.

동정, 사랑, 공포, 증오 등의 심리적 요인
⇓
'p'라는 판단

이러한 현상은 자연스럽고 또 반드시 나쁘다고 볼 수도 없다. 그러나 심리적인 요인과 사실 판단의 인과관계를, 다음과 같이 심리적인 요인으로부터 사실 판단이 도출되는 논증으로 생각하는 것이 오류이다

동정, 사랑, 공포, 증오 등의 심리적 요인
―――――――――――――――――
p

흄(David Hume)은 이성을 감성의 시녀라 선언하였다. 동물적 속성

이라 할 감성의 굴레에서 벗어나 이성의 원칙에 따라 사는 것이 인간의 존엄성과 본질을 고양시키는 일이라는 생각을 무색케 하는 선언이다. 흄의 견해가 옳은지 여부는 여기서 논할 바가 아니다. 그러나 흄이 옳다고 할 수 있는 다소간의 이유를 여러 가지의 심리적 오류들을 통해서 발견할 수 있다. 이성적(합리적)으로는 어떤 논지를 받아들일 이유가 없음에도 불구하고, 그 논지를 받아들이는 것이 좋겠다는 방향으로 마음이 움직이면, 그것을 받아들이는 것이 합리적이라는 방향으로 견강부회(牽强附會)를 한다. 감성이 앞서 가고 이성이 감성의 뒤치다꺼리를 하는 셈이다.

그러나 어떤 논지를 받아들이는 것과, 그 논지를 타당한 이유 때문에 받아들일 수밖에 없다고 하는 것과는 전혀 다른 문제이다. 따라서 어떤 논지를 심리적 이유 때문에 받아들이는 것은 자신의 마음에 달려 있지만, 그 논지를 심리적 이유 때문에 받아들이면서 타당한 이유 때문에 받아들인다고 하는 것은 심리적 이유를 논리적 이유로 혼동하는 오류이다. 이성이 게으름을 부리는 사이에 감성이 주도권을 행사할 수 있다. 그러나 이성적인 것이 감성적인 것을 대치할 수 없는 것처럼, 감성적인 것이 이성적인 것을 대치할 수는 없다.

6) 동정(연민)에 호소하는 오류(fallacy of *argumentum ad misericordiam*; fallacy of appeal to pity). 동정이나 연민 때문에 어떤 논지를 받아들일 경우 이 오류가 범해진다. 전과 8범의 강도 용의자를 위해 국선 변호사가 재판관에게 호소한다.

> 재판관님, 피고는 일할 능력이 없는 노부모와 어린 8남매의 자식을 거느리고 있는 가난한 막벌이 노동자인데 부인마저 가출한 상태입니다. 이 사람이 하루라도 벌지 않으면 온 식구가 굶어 죽을 판입니다. 따라서 검사의 논고대로 피고를 3년 징역에 처하는 것은 피고의 의지할 데 없는 가족에게 사형선고를 내리는 것과 같습니다. 피고는 마땅히 벌을

받아야 합니다. 그러나 피고의 노부모와 8남매의 눈물과 고통을 외면할 수는 없습니다. 따라서 피고를 훈방하시는 것이 마땅하다고 사료되옵니다.

피고의 사정이 동정을 사기에 충분하지만, 그렇다고 해서 그의 죄가 훈방될 성질의 것인가는 전혀 다른 문제이다. 그런데도 동정에 못 이겨 그의 죄가 훈방될 성질의 것이라고 판단하면 '동정에의 호소'라는 오류를 범하게 된다. 만일 피고가 크게 반성하고 있다든지 범행의 동기가 이해할 만한 성질의 것이라면, 물론 정상 참작이 될 것이다. 그러나 위의 변론은 그러한 점들을 지적하고 있지 않다.

7) 공포(위험, 위협)에 호소하는 오류(fallacy of *argumentum ad baculum*; argument from power or force; appeal to threat, fear, power, force, danger or concern). 어떤 논지를 공포, 위험, 공갈, 협박, 근심, 걱정, 불안 등의 이유로 받아들일 경우 이 오류를 범하게 된다.

"우리의 요구를 받아들이지 않으면, 엄청난 사태가 벌어질 것입니다. 그리고 그 사태에 대한 책임은 모두 당신들에게 있습니다." 요구를 받아들여야만 할 이유는 제시하지 않고, 요구가 받아들여지지 않았을 경우에 일어날 어떤 '엄청난' 사태를 암시함으로써, 공포감을 일으켜 요구의 관철을 꾀하고 있다.

학교 당국에서 "이번 제2차 등록 기간 중에 등록하지 않으면, 미등록 사유로 인하여 제적되게 되어 있음을 양지하기 바람"이라는 공고를 하였을 경우, 학교 당국이 미등록 학생들에게 협박하고 있는 것으로 보는 것은 잘못이다. "어떤 사태 p가 발생하면 다른 사태 q가 발생한다."는 것이 자연법칙이거나 법률, 규칙 등일 경우에 이를 알려주는 것은, 사람에 따라 공포감을 느낄 수는 있으나 협박은 아니다. 칼을 가지고 노는 어린아이에게 "칼 가지고 놀면 손 벤다."라고 어머니가 말할 경우에, 어머니가 아이에게 협박하는 것이 아니다. 그러한 사실을 알려주는 친절한 행위인 것이다.

반면에 "어떤 사태 p가 발생하면, 어떤 좋지 않은 사태 q가 발생한다."는 것이 법칙적인 것이 아니라 인위적인 경우에 협박이 될 수 있다. 은행 강도가 "돈을 내놓지 않으면, 방아쇠를 당길 것이다."라고 하는 것은 협박이다. 돈을 내놓지 않을 경우 방아쇠를 당긴다는 것이 법칙이어서 은행 강도가 이를 친절하게 알려주고 있는 것이 아니라, 은행 강도가 의도적으로 방아쇠를 당기는 것이기 때문이다.

8) 증오(분노)에 호소하는 오류(fallacy of appeal to hate and indignation). "홧김에 서방질한다."는 말이 있다. 증오나 분노는 이성을 잃게 하는 강렬한 감정으로, 어떤 논지 'p'를 증오나 분노로 인해 받아들일 경우 이 오류가 범해진다.

> 공산주의자들은 자신의 견해와 의도를 감추는 것을 경멸받을 일로 간주한다. 공산주의자들은 자신들의 목적이 현존하는 모든 사회 질서를 폭력적으로 타도함으로써만 달성될 수 있다는 것을 공공연하게 선언한다. 지배 계급들로 하여금 공산주의 혁명 앞에서 벌벌 떨게 하라. 프롤레타리아 혁명 속에서 잃을 것이라고는 쇠사슬뿐이요, 얻을 것은 세계 전체이다. 전 세계의 프롤레타리아여, 단결하라! (『공산당 선언』)

프롤레타리아가 가진 것은 없다. 모두 지배 계급이 가지고 있다. 그래서 잃을 것이 있다면, 그것은 지배 계급에의 굴종과 예속을 뜻하는 쇠사슬뿐이다… 라는 내용의 호소를 들은 프롤레타리아는 지배 계급에 대한 증오심에 불탈 것이다. 그래서 단결하여 폭력적으로 지배 계급을 타도하여야 한다는 논지를 받아들일 수 있다. 그러나 이 증오심을 폭력 혁명에 대한 타당한 근거로 여기는 것은 '증오(분노)에 호소하는 오류'이다.

일반적으로 증오나 분노 속에서 이루어진 판단이나 행위는 잘못될 가능성이 매우 높다. 토론에서 화내는 측이 지게 되는 이유도 바로 이 때문이다. 자신에게 불리하게 진행되는 토론을 역전시키기 위해서 상대를 화나게 하는 것도 하나의 방법일 수는 있다. 단지 순진한 토론자만이 이러한 술수에 넘어가는 것은 아니기 때문에 주의할 필요가 있다.

9) 성적 쾌락(로맨스)에 호소하는 오류(fallacy of appeal to sex or romance). 사랑은 이성의 눈을 멀게 하는 감정 중에서도 가장 으뜸을 차지할 것이다. 그렇다고 해서 사랑이 나쁘다는 것은 물론 아니다. 단지 어떤 논지를 성적 쾌락, 로맨스, 사랑 등의 이유로 받아들이면서 타당한 이유라고 착각하는 것이 오류인 것이다.

차는 마음에 드는데 가격이 생각보다 비싸서 결단을 내지지 못하고 있는 고객에게 세일즈맨이 말한다.

> 이 스포츠카를 가지고 있으면 젊은 여성들과의 데이트는 누워서 떡먹기지요. 젊은 여성이라면 모두들 이 차를 타보고 싶어 하거든요.

이 말을 듣고 고객의 마음은 변할 수 있다. 이 경우 젊은 여성들과의 로맨스에 대한 기대와 차의 구매 결심과의 관계는 심리적 인과관계이지 논리적 관계가 아니다. 고객은 논리적으로 설득된 것이 아니라 심리적으로 영향을 받은 것이다. 물론 로맨스를 즐길 의도를 가지고 그 의도에 맞는 차를 구입하는 것은 오류가 아니다.

미인계는 사실 이 오류를 이용하여 어려운 일을 성사시키고자 하는 계략이다. 텔레비전 등의 광고에 미모의 여성을 등장시키는 것도 거의 대부분 이 오류를 이용하여 매출을 높이려는 것으로 보아 무방하다.

열뜬 사랑의 감정에 빠져 있을 경우에는 판단력이 흐려진다. 그래서 상대의 약점이 보이지 않을 뿐만 아니라 그 약점이 오히려 연민의 정을 불러일으키기도 한다. 사랑이 눈을 멀게 한다는 것도 이 오류의 위력을 말해 준다.

10) 유머(농담)에 호소하는 오류(fallacy of appeal to humor). "나에게 밤낮으로 덮치는 가공할 긴장 속에서, 웃을 줄을 몰랐다면 나는 아마 죽게 되었을 것이다."라고 링컨(Abraham Lincoln)은 말했다. 그리고 간디(Mahatma Gandhi)도 "만일 내가 유머 감각이 없었다면, 나는 진즉 자살했을 것이다."라고 고백하였다. 그만큼 유머나 농담이 삶에서 비중이 크다는 얘기일 것이다. 사실 "웃을 수 있는 자는 아직 가난한 것은 아니다."라는 말처럼, 최악의 경우에도 웃을 수 있는 여유를 가질 수 있는 사람은 삶의 지혜 이상의 축복을 받은 사람이라 할 수 있을 것이다.

그러나 어떤 논지를 단지 유머나 농담으로 인하여 타당한 뒷받침 있는 것으로 받아들이게 되면 오류추리가 된다. 다윈(Darwin)의 『종의 기원』이 온 세상을 떠들썩하게 하고 있을 때 윌버포스(Wilberforce) 주교와 토머스 헉슬리(Thomas Huxley)가 대중 앞에서 공개토론을 하고 있었다. 주교는 과학 이론을 심각하게 검토하지 않은 채 능란한 말솜씨로 토론을 이끌어 가고 있었다. 주교가 헉슬리를 향해 미소를 지으며 물었다.

"당신이 원숭이를 조상으로 가지고 있다고 하는 그 주장은 할아버지로부터 물려받았나요, 아니면 할머니로부터 물려받았나요?"

주교의 말이 끝나자 대중은 웃음을 터뜨리게 되었다. 주교는 헉슬리의 입장을 논리적으로 공격하지는 않았지만, 적어도 웃음거리로 만드는 데는 성공하여 토론을 유리하게 끌고 갈 수 있었다. 대중은 자연스럽게 '유머에 호소하는 오류'를 범하고 있었던 것이다.

11) 아첨에 호소하는 오류(fallacy of appeal to flattery). "아첨은 바보의 식량이다."라는 말이 있듯이, 아첨을 진정한 칭찬이라고 생각하

고 우쭐해 하거나 기뻐하는 것은 어리석기 짝이 없는 일일 것이다. 아첨의 해독이 의외로 크기 때문이다.

평소에 우쭐한 성격으로 엉뚱한 짓을 잘하는 장군에게 부하들이 찾아와 말한다.

"장군님 아니면 이 나라를 위기에서 구할 수 없습니다."

"그런 말 함부로 하는 게 아냐."

"아닙니다. 이 나라에 장군님만한 인물이 어디 있습니까? 정치가들이 서로 세력 다툼만 하고 학생들은 데모만 하고 있는 동안 피해를 보는 것은 국민입니다. 언제까지 우리가 강 건너 불구경하듯이 손발을 묶고 있어야 합니까? 장군님은 인격과 덕망과 학식 면에서 출중하실 뿐만 아니라 그 동안 지휘자로서 쌓은 경륜은 어느 누구도 따를 수 없습니다. 장군님이야말로 하늘이 내리신 지도자입니다. 장군님이 나서지 않으면 누가 나서겠습니까?"

이런 식의 아첨에 우쭐하여 행동한 사람들로 인하여 역사는 많은 비극을 연출하였다. 일반적으로 어떤 주장을 아첨에 혹하여 받아들일 경우 '아첨에 호소하는 오류'를 범하게 된다.

안티스테네스(Antisthenes)의 다음 경구를 명심할 필요가 있다.

> 아첨꾼들 가운데 있는 것보다 까마귀 가운데 있는 편이 훨씬 낫다. 까마귀들은 죽은 자만을 먹어치우지만, 아첨꾼들은 산 자를 먹어치우기 때문이다.

12) 사적 관계에 호소하는 오류(fallacy of appeal to private relation). 가족, 친구, 동창, 동향, 종씨, '내 편' 등의 관계에 있는 사람들 사이의 문제는 많은 경우 정으로 해결된다. 그리고 이러한 현상은 당연하고, 또 긍정적인 측면이 많이 있다. 그러나 이 '사적 관계'는 정적(情的) 관계로서, 우리의 이성을 흐리게 하여 그릇된 판단이나 추리를 하게 하는 부정적인 면도 가지고 있다.

사적인 관계 때문에 어떤 주장(논지)의 정당성을 옹호할 경우 '사적 관계에 호소하는 오류'를 범하게 된다. 학교에 너무 가까워서 술집 영업 허가가 날 수 없는데도, 술집 주인과 담당 공무원이 고등학교 동기 동창이기 때문에 허가가 날 경우, '사적 관계에 호소하는 오류'가 발생한다. 총선이나 대선에서 후보들의 자질이나 능력과는 관계없이 무조건 자기 지역 출신이라는 점 때문에 표를 던지는 유권자들도 모두 이 오류를 범하는 것이다. 정치적 맥락이 아니더라도, "우리가 남인가?"라는 말은 어리석은 사람들을 손쉽게 이 오류의 희생자로 만든다.

13) 대중에 호소하는 오류(fallacy of *argumentum ad populum*, fallacy of argument to the people, fallacy of appeal to the majority, bandwagon effect). (가) 대중의 편견, 감정, 군중심리, 열광에 호소하여 어떤 주장의 정당성을 옹호하거나, (나) 많은 사람들이 그 주장을 받아들인다는 이유로 그 주장의 정당성을 옹호할 경우에 범해지는 오류이다. (가)에 대한 예로는, 시저의 주검을 놓고 부르터스와 안토니가 각각 서로 다른 대중의 동의를 얻어내기 위해 행한 연설들을 들 수 있고, (나)에 대한 예로는, 상품 광고에 많이 사용되는 수법으로, "이 상품을 선택한 백만 고객이 그 품질을 보증합니다."와 같은 것을 들 수 있다. "사람들이 저렇게 모여 있는 것을 보니 무슨 재미있는 일이 있나 보다."라고 생각하는 것도 바로 이 오류추리의 결과이다. 재미있는 일이 있어서 사람들이 모여 있는 것이 아니라, 할 일 없는 사람들이 잠시 걸음을 멈추고 있을 수 있는 것이다.

정치인들은 "민심은 천심이다."는 말을 좋아한다. 그래서 유권자들의 지지를 얻기 위해 안간힘을 다한다. 여론조사 기관에서는 중요 이슈가 터질 때마다 여론조사 결과를 발표함으로써, 정책 결정에 영향을 미친다. 방송 매체들은 시청률을 높이기 위하여 각종 기발한 프로들을 개발한다. 배우들은 인기스타가 되는 것이 꿈이다. 이들은 모두 대중에 호소하는 현상인데, 오류라고 하는 것은 잘못 아닐까? 대중이 좋아하는 방향으로 행동하는 것이 오류가 아니라, 대중이 좋아하는 것이 옳다고 생각하는 것이 오류인 것이다.

14) 부적합한 권위에 호소하는 오류(fallacy of *argumentum ad verecundiam*, fallacy of appeal to illegitimate authority or to veneration). 우리가 받아들이는 주장들 중에서 전문가나 권위자의 증언에 따른 것들이 많이 있다. "열은 분자 운동이다."라는 주장의 경우, 우리 자신은 그 주장을 정당화할 수 없지만, 현대 물리학과 화학 분야의 전문가(과학자)들이 오랜 연구와 실험 끝에 참인 주장으로 증언하는 것이기 때문에, 이 주장에 대한 우리의 믿음이 정당화되는 것이다.

그러나 문제는 우리가 무심코 부적합한 권위에 호소할 수가 있다는 것이다. 이러한 잘못은 어떤 특정한 분야에 대한 전문가나 권위자를 다른 분야에 대한 전문가나 권위자로 착각하는 데서 빚어진다. 다음은 과학사에서 발견되는 많은 예들 중의 하나로, 태양계의 운동에 관하여 코페르니쿠스의 이론보다 프톨레마이오스의 이론을 지지하는 가운데 '부적합한 권위에의 호소'라는 오류가 범해지는 것을 잘 보여주고 있다.

> 프톨레마이오스의 이론을 따라야 할지, 아니면 코페르니쿠스의 이론을 따라야 할지에 대하여 사람들은 확신을 가지고 있지 못하는 것 같다. 두 이론이 다 같이 관찰되는 현상에 맞아떨어지기 때문이다. 그러나 코페르니쿠스가 의존한 원리들은 어리석은 주장들을 많이 포함하고 있다. 예를 들어, 그는 지구가 삼중의 운동을 한다고 가정하였는데, 나는 이 점을 이해할 수 없다. 왜냐하면, 철학자들에 의하면, 지구와 같은 단순한 대상은 단일한 운동만을 할 수 있기 때문이다. 따라서 코페르니쿠스의 지동설보다 프톨레마이오스의 천동설을 받아들여야 하는 것이다. (클라우비우스, 1581)

이 논증은, 태양계의 운동에 관한 이론들의 우열을 가리는 데 있어서, 철학자들의 견해에 크게 의존하고 있다. 그러나 철학자는 그 분야의 전문가가 아니기 때문에, 위의 논증은 '부적합한 권위에 호소하는 오류'를 범하고 있는 것이다.

이 오류는 특정한 대상을 권위로 잘못 판단하는 경우에만 해당하는 것은 아니다. 사회적 통념, 관습, 전통, 제도, 선택된 소수의 견해 등에 호소하여 어떤 믿음을 정당화하려 할 경우에도 이 오류가 범해질 수 있다. 그러나 이러한 것들은 시대가 변하는 데 따라 변한다. 따라서 이러한 것들로부터 실용적 정당성 이상의 정당성을 기대하지 않도록 해야 할 것이다.

15) 인신공격(人身攻擊)의 오류(fallacy of *argumentum ad hominem* [abusive]). 어떤 주장을 그 근거가 부실하다는 이유로 비판하는 것이 아니라, 그 주장을 하는 사람의 인품, 성격, 직업, 정황, 과거의 행적 등에서 부정적인 것을 트집 잡아 비판할 경우에, '사람에의 호소'라는 오류를 범하게 된다. 사람에의 호소에는 인신공격의 오류, 정황에의 호소, 피장파장의 오류, 우물에 독 뿌리는 오류 등이 있는데, '인신공격의 오류'는 특히 사람의 인품이나 성격을 비난함으로써 그 사람의 주장이 잘못되었다고 하는 오류이다. "그 친구 요즘 사회 정의니 인권이니 하며 떠들고 다니는데, 다 헛소리야. 성추행 전력을 가지고 있거든." 어떤 사람이 성추행 전력을 가졌다고 해서 사회 정의와 인권에 관한 그의 주장이 거짓 되는 것은 아니다. 그가 개과천선할 수 있다는 점을 고려하지 않더라도, 그가 하는 주장의 정당성이 그의 사람됨에 의해 좌우되는 것은 아니다.

16) 정황(情況)에 호소하는 오류(fallacy of *argumentum ad hominem* [circumstantial]). 직업, 직책, 직위, 처지, 과거의 행적 등 어떤 사람이 처한 정황을 트집 잡아 그 사람이 하는 주장을 비판하는 오류이다. "정부 정책에 대한 박 의원의 비판은 들어 보나마나이다. 그는

야당 의원 아닌가." 박 의원이 야당 의원이라는 정황 때문에, 그가 하는 대정부 비판이 항상 비판을 위한 비판인 것으로 여겨지고 있다. 그러나 박 의원의 비판은 그 자체가 평가되어야 하는 것이지, 박 의원이 야당 의원이라는 정황에 의해 평가되어서는 안 된다.

17) 피장파장의 오류(fallacy of *argumentum ad hominem* [*tu quoque*; you also]). 이솝우화에 게 어머니가 아들을 타이르는 이야기가 있다.

> 게 어머니가 아들에게 말했다.
> "옆으로 기어 다니면 안 된다. 또 옆 배를 축축한 바위에 비벼대면 안 된다."
> 그러자 아들이 어머니에게 대꾸했다.
> "엄마가 나를 가르치려면 엄마부터 똑바로 걸어 다니세요."

이러한 예는 우리 주변에 흔하다. "자네 음주운전 하지 말게." 이렇게 충고하는 친구에게 "사돈 남 말하지 말라고. 자네도 지난번에 음주운전 하지 않았나!"라고 반박하는 것은 피장파장의 오류를 범하는 것이다. 내가 음주운전 하는 것이 상대가 지난번에 음주운전 했다는 사실에 의해 정당화되는 것은 아니다.

18) 우물에 독 뿌리는 오류(fallacy of poisoning the well). 어떤 특정한 논지에 대한 반론이 일어날 수 있는 유일한 원천(우물)을 비판함(독 뿌림)으로써 반론의 제기 자체를 불능케 하여 자신의 논지를 옹호하고자 하는 불공정한 전략이다.

> 내가 "인간은 타락하였다."라고 할 때 나에게 동의하지 않는 자들은 자신들이 이미 타락하였다는 것을 증명하고 있는 것이다.

니체(Friedrich Nietzsche)의 말이다. 그는 이 논증에서 “인간은 타락하였다.”라고 하는 자신의 논지에 대한 반론의 가능성을 원천적으로 봉쇄하는 전략을 쓰고 있다. 반론을 제기하면 할수록 오히려 그의 논지가 옹호되는 결과가 되기 때문이다.

연습문제

※ 다음은 각각 하나 이상의 오류를 포함하고 있다. 오류의 이름을 지적하고, 왜 그 이름의 오류를 범하고 있는지 논하라.

7. 이 기사를 보도하는 것은 귀 신문사의 자유이고 권한입니다. 그러나 우리가 일 년에 얼마만큼의 광고비를 귀사에 지불할 것인가를 결정하는 것은 우리의 자유이고 권한입니다.

8. 늑대가 양떼 속에서 한 마리 양을 훔쳐 물고 운반하고 있었습니다. 그런데 불행하게도 도중에 사자와 마주쳐 그만 사냥한 양을 뺏기고 말았습니다.
   화가 난 늑대는 사자와 멀리 떨어지자,
   “남의 것을 뺏는 것은 부정이오!”
   하고 소리쳤습니다. 그러자 사자는 웃으면서 말하였습니다.
   “그럼 너는 이 양을 정당하게 얻었다는 말이냐?” (이솝우화)

9. 에이즈 치료법에 대한 새로운 이론을 내놓은 사람은 수술 가위를 환자의 뱃속에 넣어 둔 채 배를 꿰맨 적이 있는 의사입니다. 우리가 왜 이렇게 부주의한 의사의 이론에 관심을 가져야 하는지 모르겠습니다.

10. 교수님은 주로 나에게 심부름을 시키고, 가끔 격려도 해주시는 등 나에게 관심을 보이셨는데, 지난 학기에 C학점을 주셨다. 반면에 그 교수님의 흉을 보고 다니던 친구에게는 A를 주셨다. 나는 그러한 교수

님을 이해할 수 없다.

11. 그는 그 KK단의 일원이 아니라고 잡아뗀다. 그러나 우리는 KK단의 단원들이 어떤 경우에나 KK단의 일원이 아니라고 잡아떼도록 세뇌되었다는 사실을 주목해야 한다.

12. 영국 의회에 토머스 매시-매시(Thomas Massey-Messey)라는 이름의 의원이 있었는데, 그는 언젠가 '크리스마스(Christmas)'라는 이름을 '크리스타이드(Christ-tide)'로 바꾸는 안을 의회에 제출하였다. 그는 'mass'가 가톨릭 용어이기 때문에 주로 신교도인 영국에서 사용하는 것이 적합하지 않다는 근거를 제시하였다. 그러자 어떤 의원이 반대 의견을 내놓았다. "아마 크리스마스는 이름이 바뀌는 것을 원하지 않을 것입니다. 어때요? 당신은 'Thomas Massey-Messey'라는 당신의 이름을 'Thotide Tidey-Tidey'로 바꾸면 좋아하겠습니까?" 의회는 웃음바다가 되었고, 그 안은 더 이상 논의되지 않았다.

13. "이 화장품은 당신 같은 미모의 여성에게나 어울립니다."
"어머, 그래요? 하나 주세요."

14. 아버님, 제 성적이 나쁘다고 너무 나무라지 말아 주시기 바랍니다. 대학 1학년은 공부하지 않고 그럭저럭 보내는 것이 정상적이라고 선배들이 다 말하고 있다는 사실을 아버님께서도 참고해 주셨으면 좋겠습니다.

15. "어제, 1941년 12월 7일, 치욕의 그 날, 미합중국은 일본제국의 해군과 공군에 의해 돌연하고 의도적인 공격을 받았습니다." (루즈벨트 대통령이 전쟁을 선포하면서)

4.22 자료적 오류

자료에 대한 그릇된 판단에 근거하여 결론을 도출해 내는 오류를 '자료적 오류'라고 한다. 자료에 대한 그릇된 판단은 주어진 자료를 과대평가하는 데서 빚어지기도 하고 과소평가하는 데서도 빚어진다. 자연스럽게 일어나는 감정으로 인해서 빚어지는 심리적 오류와는 달리, 자료적 오류는 지적(知的) 오류이다.

19) 성급한 일반화의 오류(fallacy of hasty generalization, fallacy of hasty induction). 지식의 본질은 일반화에 있다. 불은 뜨겁고 얼음은 차가우며, 마찰은 열을 발생시킨다 등의 일상적 일반화에서부터, 'F = ma'와 같은 과학적 일반화에 이르기까지, 일반화 없이는 지식도 없고 삶을 영위할 수도 없을 정도로 일반화는 우리의 삶에 있어서 중요한 위치를 차지하고 있다. 그러나 일반화의 근거는 특수한 사태들이기 때문에 많은 문제들이 있다. 철학적 난제들 중의 하나인 귀납의 문제를 제쳐두고라도 실제적인 문제들이 많이 있지만, 그 중에서 '성급한 일반화의 오류'는 일상인이 늘 경험하는 문제이다. 우리는 흔히 제한된 정보, 부적합한 증거(데이터), 대표성을 결여한 사례들에 근거하여 성급하게 일반화한다. "잔인하게 한 가족을 살해한 저 범인은 X도 사람이야. X도 사람들은 모두 잔인해."라고 추리하는가 하면, 어떤 사람이 회의에 한두 번 지각한 것을 보고, "그 친구와 시간 약속할 일이 아니야."라고 한다. 꼭 그렇게 생각해야 할 다른 이유가 없는데도 불구하고, '몇 사람'을 '모든 사람'으로, '한두 번'을 '항상'으로, 또는 '몇몇 장소'를 '모든 장소'로 성급하게 일반화하는 것은 오류이다.

20) 근시안적 귀납의 오류(fallacy of myopic induction; 사실 외면의 오류[fallacy of disregarding the fact]). 이미 알려진 사실을 망각 또는 외면하거나, 여러 가능한 자료를 폭넓게 조사하지 않은 채 어떤

결론에 도달하려 할 때 범해지는 오류이다. 몇 해 동안 미세한 눈금을 가진 줄자로 다리의 길이를 재어 본 결과 여름에나 겨울에 다리의 길이가 변하지 않는 것을 관찰하고, 온도의 변화에 따라 물체가 수축, 팽창한다는 것이 잘못된 것이라고 결론을 내리는 것은 잘못이다. 왜냐하면 길이를 재기 위한 자 자체도 온도의 변화에 따라 수축 또는 팽창할 것이기 때문이다.

21) 원인 오판의 오류(fallacy of *post Hoc ergo propter hoc*; fallacy of false cause). 단순한 사건의 선후관계를 인과관계로 오인하는 오류이다. "검은 고양이가 내 앞을 가로질러 갔다. 그리고 5분 후에 나는 자동차 사고를 당했다. 따라서 내가 자동차 사고를 당한 것은 그 고양이 때문이다." 원인과 결과의 관계는 일반적으로 선후의 관계를 가지고 있는 것은 사실이다. 그러나 선후의 관계를 가지고 있다고 해서 항상 원인과 결과의 관계는 아닌 것이다. 까마귀 날자 배가 떨어지는 수는 있지만, 까마귀가 날면 항상 배가 떨어지는 것은 아니다.

22) 수레를 말 앞에 놓는 오류(fallacy of putting the cart before the horse; 본말전도[本末顚倒]의 오류). 매사는 먼저 할 일이 있고 나중에 할 일이 있는데, 그 일의 순서를 혼동함으로써 저지르는 오류이다.

> 컴퓨터는 인간의 활동을 크게 돕는다는 뜻에서 긍정적인 면이 있다. 그러나 이 점을 강조하면 할수록 인간의 존엄성이 훼손된다는 점을 간과해서는 안 된다. 컴퓨터가 인간의 정신 활동을 모델로 하여 만들어졌지만, 전자기적 물리 법칙에 따라 작동되는 기계에 불과하기 때문에, 컴퓨터의 능력이 증대될수록 인간의 정신도 한낱 기계에 불과하다는 사실이 더욱 부각되기 때문이다.

컴퓨터의 능력이 증대됨에 따라 인간의 존엄성이 훼손된다고 생각하는 사람은, 인간의 정신 활동을 모델로 하여 컴퓨터를 만들었다는 사실을 뒤집어 생각하는 사람이다. 즉 컴퓨터의 기계적 기능을 모델로 하여 인간의 정신 활동을 보려는 것이다. 학문적으로는 그런 가능성을 배제하지 않고 연구할 수 있을 것이다. 그러나 일반적으로 일이 진행된 순서를 혼동하는 것은 마치 수레를 말 앞에 놓고 마차를 몰려 하는 것과 같은 어리석은 일이다. 꼭 같은 뜻으로 사용되지는 않지만, 우리나라 속담으로 '나루 건너 배 타기'도 비슷한 종류의 어리석음을 꼬집는 말이다. '신발에 발 맞추기', '침대에 키 맞추기' 등도 비슷한 것으로 볼 수 있다.

23) 도박사의 오류(gambler's fallacy; Monte Carlo fallacy). 이 오류는, "모든 사건은 앞에서 일어난 사건과 독립되어 있다."라는 확률 이론의 가정을 받아들이지 않는 데서 범해진다. 동전 던지기에서 앞면이 나올 확률은 1/2이다. 그러나 세 번을 던졌는데 모두 앞면이 나왔다면, 다음번에는 뒷면이 나올 확률이 훨씬 많을 것이라 추리하기 쉬운데, 이러한 추리를 '도박사의 오류'라 한다. 네 번째 역시 앞면(또는 뒷면)이 나올 확률은 1/2이기 때문이다.

24) 합성의 오류(fallacy of composition). 어떤 대상의 부분들이 가지고 있는 속성을 그 대상 자체도 가지고 있다고 생각하는 오류이다. 어떤 축구팀의 선수 하나하나가 결혼했다고 해서 그 축구팀 자체도 결혼했다고 할 수는 없다. 일류 성악가들만으로 합창단을 구성하면 일류가 될 것이라고 생각하는 것은 오류이다. 그 합창단은 오히려 삼류 성악가들로 이루어진 합창단보다 못할 수 있다.

25) 분할의 오류(fallacy of division). 어떤 대상이 가지고 있는 속성을 그 대상의 부분들도 가지고 있다고 생각하는 오류이다. 국내 최고의 기업체라고 해서 그 직원들이 모두 국내 최고의 능력을 가지고

있는 것은 아닌 것이다. 대다수 직원들의 개인적 능력은 오히려 평범할 수 있지만, 일부 간부들의 창의력이 뛰어나고, 사장의 대정부 로비가 효과적이고, 사장부터 청소원에 이르기까지 가족적인 분위기 속에서 협력하고 노력하는 것이 그 기업체가 국내 최고의 자리를 차지한 이유일 수 있는 것이다. 마르쿠스 아우렐리우스는 그의 유명한 『명상록』에서 다음과 같이 말한다.

> 죽는다고 해서 이 세상에서 완전히 없어져 버리는 것은 아니다. 죽은 뒤에도 본질은 여전히 남아 있다. 그것은 다만 변화하여 이 우주의 구성 원소이며, 네 자신을 구성하는 원소이기도 한 본래의 원소로 분해될 뿐이다. 이와 같이 분해된 원소는 또 다른 원소로 변신하지만, 그들은 결코 변화를 불평하지 않는다.

이 견해는 인간의 본질이 그 구성 요소에 분할되어 있다는 것을 전제한다. 그러나 이 전제는 분할의 오류를 범하는 것이다.

26) 발생적 오류(genetic fallacy). 어떤 이념(사상, 이론)의 기원(원천)이 갖는 속성을 그 이념도 가지고 있다고 추리하는 오류이다. "종교란 일종의 주술(마술)에 지나지 않아. 원시 종교가 주술(마술)적 요소를 가지고 있었거든." "분석철학은 영미 제국주의의 철학이다. 따라서 제국주의적 사상에 물들기를 원하지 않는 한 분석철학을 배워서는 안 된다." 기원이 나쁘다고(좋다고) 해서 그 기원에서 유래한 것도 나쁘다고(좋다고) 한다면, 쓰레기동에서 장미꽃이 피는 일은 없을 것이다. 부잣집 자손은 항상 부자가 될 것이고 가난뱅이 자손은 항상 가난뱅이가 될 것이다.

27) 우연의 오류(fallacy of accident). 어떤 원칙이든지 적용될 수 있는 일정한 조건들이 있게 마련이다. 그러나 원칙 자체에는 그러한

조건들이 명시되지 않은 경우가 많아, 원칙을 잘못 적용하는 수가 있다. “물은 섭씨 100도에 끓는다.”는 것이 물리학적 원칙이다. 그러나 이 원칙을 무차별적으로 적용할 수 있는 것은 아니다. 지구의 해면에 가해지는 대기 압력의 상태에서만 그렇지 높은 산에서는 달라진다. 그럼에도 불구하고, 높은 산에서 100도까지 가열하기도 전에 끓는다고 그 액체가 물이 아니라고 하는 것은 ‘우연의 오류’를 범하는 일이다. (이 오류로 분류된 것들 중 인간의 행위에 관련된 것들을 필자는 아래에서 ‘원칙 혼동의 오류’로 분류한다.)

28) 원칙 혼동의 오류(fallacy of applying a wrong principle). 인간은 어떤 행위를 하든지, 의식적이든 무의식적이든 어떤 원칙을 적용한다. 문제는 주어진 상황에 여러 가지의 원칙이 적용가능할 때, 어떤 것을 택하는가이다. 원칙의 선택에 따라 행위도 달라지고, 행위에 대한 평가도 달라지기 때문이다. 플라톤의 『공화국(*Republic*)』에 나오는 문제 하나를 살펴보자.

> 어떤 친구가 나에게 무기를 맡기었는데, 그때는 정신이 말짱하였다. 그런데 나중에 맡긴 무기를 찾으러 왔을 때 보니 제정신이 아니었다. 나는 그에게 무기를 돌려주어야 하는가, 돌려주지 않아야 하는가?[66]

이러한 상황에 부딪쳐 적어도 어떻게 해야 할지 고민하는 사람은, “맡긴 물건은 주인이 원할 때 돌려주어야 한다.”는 원칙 외에 다른 원칙이 적용될 수 있다고 생각하고, 그 두 원칙 중 어떤 원칙을 적용하

66) 코피(Irving M. Copi)는 그의 『논리학개론(*Introduction to Logic*)』에서 이 예를 ‘우연의 오류(fallacy of accident)’를 설명하기 위한 예로 사용하고 있다. 보관한 물건을 주인이 원할 때 돌려주어야 한다는 원칙을 적용할 수 없게 하는 우연한 요소(주인이 제정신이 아닌 점)가 있음에도 불구하고 돌려주면 ‘우연의 오류’를 범한다는 것이다. 그러나 이 분석은 오류의 구조를 선명하게 드러내지 못한다. 반면 여러 원칙들 중 최선의 것을 적용하지 못한 행위를 ‘원칙 혼동의 오류’로 보면, 오류의 구조가 더욱 선명히 드러난다.

는 것이 바람직한가에 대한 고민을 한다고 볼 수 있다. 즉 "올바른 정신 상태에 있지 않은 사람에게 (무기와 같은) 위험한 것을 주어서는 안 된다."라는 또 하나의 원칙이 있는 것이다. 이 경우 앞의 원칙을 적용하여 무기를 돌려주게 되면, 원칙 혼동의 오류를 범했다고 한다. 일반적으로,

> 어떤 사람이 처해 있는 어떤 특정한 상황 속에서 적용될 수 있는 원칙들 P1과 P2가 있고, P1을 적용하는 것이 P2를 적용하는 것보다 적합하거나 바람직함에도 불구하고 P2를 적용할 경우, 그 사람은 '원칙 혼동의 오류'를 범했다고 한다.

보관한 물건을 주인이 원할 때 돌려주어야 하는 원칙보다는, 제정신이 아닌 사람에게 위험한 물건을 주어서는 안 된다는 원칙을 따르는 것이 더 바람직하기 때문에, 위 예의 경우, 무기를 돌려주는 것은 원칙 혼동의 오류를 범하는 행위가 된다.

물론 이 오류를 정확하게 적용하기 위해서는, 주어진 상황에 적용될 수 있는 원칙들이 어떤 것들인가를 알고, 그 중에서 가장 적절한 것을 선택할 수 있어야 한다. 따라서 적어도 두 가지의 문제점이 제기될 수 있다. 첫째, 주어진 상황에 적용될 수 있는 모든 원칙들을 알고 있다고 할 수는 없기 때문에, 원칙적으로 이 오류를 범하는지 자체도 알 수 없지 않은가? 둘째, 주어진 상황에 적용될 수 있는 원칙들을 모두 안다 하더라도, 어떤 원칙이 상위 원칙 또는 적절한 원칙으로서 적용되어야 하는지를 어떻게 알 수 있을까?

첫째 물음은 인간 인식의 한계에 관한 근본적인 물음으로, 여기에서 논의할 성질의 것이 아니고, 논의된다 하더라도 만족할 만한 답을 기대하기는 어려울 것이다. 그러나 이러한 근본적인 물음을 남겨놓고 있는 상황에서도 우리는 끊임없이 결단하고 행동해야 하기 때문에, '주어진 인식 상황'에 의존할 수밖에 없게 된다. 물론 이 주어진 인식

상황이라는 것도 사람에 따라 다를 수 있겠지만, 이 문제는 지적 능력의 차이에서 발생하는 일반적인 문제 외에 특별히 고려되어야 할 것은 없다.

둘째 물음은 여러 원칙들 간의 우선순위 또는 적합성의 결정 기준에 관한 물음이다. 어떤 상황 S에 적용될 수 있는 원칙들이 P1과 P2라 할 때, 그리고 P1과 P2가 각각 A1과 A2라는 다른 행위를 불러일으킨다고 할 때, P1을 선택하여 A1을 행하느냐, 또는 P2를 선택하여 A2를 행하느냐 하는 것을 어떤 원칙에 따라 결정하는가?

필자의 소견으로는, 이 '제3의 원칙'을 결정하는 일은 행위자의 세계관, 인생관, 종교관, 가치관, 이념, 지적 능력 및 수준, 취미, 성격 등 여러 배경 조건들에 따라 이루어진다. 따라서 여러 원칙들 간의 우선순위를 모든 사람들에게 적용될 수 있는 방식으로 일반화시키는 것은 불가능할지도 모른다. 사람마다 세계관 등이 모두 다를 것이기 때문이다. 예를 들어 우리는 언제나 생명과 건강을 보존하는 방식으로 살아야 하는 것이 대원칙일 것이다. 그래서 김유정의 「소나기」에 나오는 춘호에게는 먹고살기 위해서 마누라를 예쁘게 단장시켜 외간 남자에게 보내는 일이 불가피할 수도 있을 것이다. 그러나 때로는 생명을 내걸고 지켜야 할 가치도 있을 것이다. 역사상 수많은 순교자들의 죽음을 생각해 보면 알 수 있다.

29) 의도 확대의 오류(intentional fallacy). 의도된 행위는 인과 계열의 어느 단계에서는 전혀 의도하지 않은 결과를 낳게 된다. 예를 들어 보자.

> 어떤 사람이 갑자기 올림픽대로에 뛰어 들었다. 급브레이크를 밟는 소리가 나고 덤프트럭이 뛰어든 사람을 피해 강변 쪽으로 튕겨 나가더니 강물 속으로 사라졌다. 그리고 나타나지 않았다. 운전사와 동승한 운전사의 아버지는 익사하고, 길에 뛰어들었던 사람은 도로교통법 위반으

로 벌금 몇 만 원을 물고 풀려 나왔다. 두 사람은 생명을 잃고, 두 사람의 생명을 잃게 한 자는 버젓이 활보하다니! 이런 판결이 있을 수 없다. 그 자는 마땅히 중벌에 처해졌어야 했다.

이 논증은 다음과 같은 구조를 가지고 있다.

1. 어떤 사람 H가 차들이 질주하는 강변 고속도로에 뛰어들었다.
2. H의 행위는 마침 그 곳을 지나가던 덤프트럭의 운전사와 아버지가 익사하는 결과를 낳았다.
3. 만일 1과 2라면, H는 도로교통법 위반으로 벌금 몇 만 원을 물게 할 것이 아니라 중벌에 처해져야 한다.

∴4. H는 도로교통법 위반으로 벌금 몇 만 원을 물게 할 것이 아니라 중벌에 처해져야 한다.

이 논증은 형식적으로는 타당하지만 3이 받아들일 수 없는 전제이기 때문에 건전하지 않다. (또는 이 이유로 3을 제외하면, 이 논증은 부당하게 된다.) H의 행위가 다른 사람의 사망의 원인이 되었다고 해서, 반드시 중벌에 처해져야 하는 것은 아니기 때문이다. H가 고속도로에 뛰어드는 행위는 그가 의도한 바일 수 있다. 그러나 지나는 차가 강물에 빠지도록 의도하고, 또 그 차의 탑승자들이 익사하도록 의도하였다고 볼 수는 없다. (물론 특별한 이유가 있어서 그런 의도를 가지고 행동할 수도 있다. 이 경우에 대한 분석은 달라질 것이다. 여기에서는 그러한 특별한 이유가 없는 것으로 가정한다.) 따라서 고속도로에 뛰어든 것은 의도했지만 두 사람의 익사를 의도한 것은 아니라고 할 때, H가 고속도로에 뛰어든 부분에 대해서는 책임을 물어야 하고, 두 사람의 익사 부분에 대하여는 책임을 물을 필요가 없게 된다. 일반적으로 우리는 의도된 행위에 대하여 책임을 묻는다. 미친 사람이 살인을 한 경우, 살인죄를 적용하여 감옥에 보내는 대신 정신병원에 보낸다. 그가 범의를 가지고 살인을 한 것이 아니기 때문에 책임을 묻지 않는 것이다.

이 오류추리는 일반적으로 다음과 같은 형식을 가지고 있다.

A는 어떤 사람 H가 의도한 행위이다.
B는 A의 결과이다.
―――――――――――――――
B도 H가 의도한 행위이다.

"너는 담배를 피우고 싶어 한다. 그런데 담배는 폐암의 원인이 된다고 하지 않는가! 네가 폐암에 걸리고 싶어 한다는 것은 도저히 납득할 수가 없어."라고 친구를 윽박지르는 것도 의도 확대의 오류를 범한 예이다.

로마 가톨릭은 어떤 경우의 인공임신중절도 금하고 있다. 그러나 자궁암에 걸린 임부의 자궁암 수술 결과 태아가 사망하거나 제거될 수밖에 없는 경우는 허용하고 있다. 소위 '이중효과의 원리(principle of double effect)'가 그것이다. 자궁암을 제거할 의도를 가지고 있고, 이 수술이 태아를 사망케 할 것이 예측되지만, 태아의 사망을 의도한 것은 아니기 때문에, 자궁암 수술로 인한 태아의 제거를 인공임신중절의 경우로 볼 수 없다는 것이다. 이러한 로마 가톨릭의 입장에 반하여, 그러한 경우의 태아 제거도 인공임신중절로 보아야 한다 하면 의도 확대의 오류를 범하게 된다.

30) 무지에 호소하는 오류(fallacy of *argumentum ad ignorantiam*; argument from ignorance). 어떤 주장이 사실임이 경험 또는 증명되지 못했기 때문에 참이라고 추리하는 오류이다. "아무도 신이 존재하지 않는다는 것을 증명한 일이 없다. 따라서 신은 존재한다." 신의 존재 증명이 이런 논리적 형식으로 달성될 수는 없다. 왜냐하면, 이런 형식

은 신의 부존재 증명도 가능케 하기 때문이다: "아무도 신이 존재한다는 것을 증명한 일이 없다. 따라서 신은 존재하지 않는다."

31) 잘못된 유비추리의 오류(fallacy of false analogy). 유비추리가 받아들여지기 위해서는, 비교되는 대상들의 속성들이 본질적으로 중요하고 유관한 것들이어야 한다. 이 조건이 지켜지지 않으면, 유비추리는 오류에 빠지게 된다. "시계가 빨리 간다고 좋은 시계인 것은 아니다. 마찬가지로 남보다 부지런히, 한 발 앞서 사는 것은 바람직하지 못하다." 이 논증은 시계와 사람이 비슷한 점이 있고, 시계가 빨리 가는 것이 좋지 않다는 사실에 근거하여, 사람도 부지런히, 한 발 앞서 사는 것이 바람직하지 않다는 결론을 내리고 있다. 그러나 시계의 본질과 사람의 본질은 비슷한 점보다는 다른 점이 더 많다. 따라서 시계와 사람이 본질적으로 유사하다는 전제하에 전개되는 유비추리는 오류이다.

32) 흑백사고(黑白思考)의 오류(black-and-white fallacy). 원소가 셋 이상인 어떤 종류(집합)의 원소가 단 2개밖에 없다고 여기고 추리하는 오류이다. 어떤 대상의 색깔이 하얗지 않다는 전제에서 그 대상이 검다는 결론을 내리는 것은, 그 대상이 가질 수 있는 색이 하얀색과 검은색의 둘뿐이라는 가정을 하고 있는 것으로, 두 가지 색 외에 다른 많은 색이 있다는 것을 간과하는 오류를 범하고 있다. "신의 존재를 믿지 않는다고요? 그럼 당신은 무신론자군요." 유신론자가 아니라고 해서 무신론자라는 결론은 나오지 않는다. 불가지론자일 수도 있다. 일반적으로 이 오류는 선언지제거법의 형식을 취하고 있다. 따라서 논증의 형식 자체는 타당하지만, 선언지가 둘에 그치지 않은 경우를 둘에 그친다고 생각하는 데서 오류가 발생한다.

1948년 러셀이 주장하였다: "우리는 러시아가 원자탄을 가지기 전에 러시아와 전쟁을 하든지, 그렇지 않으면 우리는 가만히 앉아서 러시아가 우리를 지배하게 내버려두게 될 것이다.” 이 문제를 놓고 한편에서는 “적화되기보다는 죽음을 달라!(Better dead than red!)”고 외쳤고, 다른 한편에서는 “죽기보다는 적화되자!(Better red than dead!)”고 외쳤다. 그들은 모두 흑백사고의 오류를 범하고 있었던 것이다. 죽지도 않고 적화되지도 않는 제3의 경우가 있기 때문이다. (그리고 실제로 영국의 역사는 그렇게 전개되어 왔다.)

흑백사고의 오류는 반대관계(contraries)를 모순관계(contradictories)로 여기는 데서 오는 오류로 볼 수 있다. 두 주장들은 동시에 참일 수 없으나 동시에 거짓일 수 있을 경우에 ‘반대관계’에 있다고 한다. “이 선생은 부유하다.”와 “이 선생은 가난하다.”는 반대관계에 있는 주장들이다. 이 선생이 동시에 부유하기도 하고 가난할 수는 없는 반면, 이 선생이 부유하지도 않고 가난하지도 않을 수 있기 때문이다. 반면에 두 주장들은 동시에 참일 수도 없고 동시에 거짓일 수도 없을 경우에 ‘모순관계’에 있다고 한다. “오늘 나는 약혼을 할 것이다.”와 “오늘 나는 약혼을 하지 않을 것이다.”는 모순관계에 있는 주장들이다. 앞의 주장이 참이면 뒤의 주장이 거짓이고, 앞의 주장이 거짓이면 뒤의 주장이 참이기 때문이다. 따라서 선언문을 쓰거나 평가할 경우 선언지들이 어떤 관계에 있는 주장들인지를 분명히 알 필요가 있다.

33) 거짓 딜레마의 오류(fallacy of false dilemma). 흑백사고의 오류처럼 어떤 종류(집합)의 원소가 단 2개밖에 없다고 여기고 단순양도논법이나 복합양도논법으로 추리하는 오류이다. “그가 보수주의자라면 이 법안에 동의하지 않을 것이다. 그가 자유주의자라면 이 법안을 수정하자고 할 것이다. 어떻든 이 법안을 원안대로 유지시키기는 어렵게 되었다.” 그러나 ‘그’는 보수주의자도 자유주의자도 아닐 수 있다. 제3의 가능성을 배제한 거짓 딜레마의 오류이다.

34) 허수아비 공격의 오류(fallacy of straw man). 상대의 입장(논지,

이론, 논증, 사상)을 손쉽게 격파될 수 있도록 가능하면 약하게 또는 문제 있게 재구성하여 비판하는 오류이다. "다윈의 진화론에 의하면, 인간은 원숭이와 같은 동물로부터 자연적 선택의 원리에 의해 진화하였다고 한다. 그러나 그러한 진화가 사실이라는 것을 말해 줄 수 있는 원숭이와 인간의 중간쯤 되는 동물이 발견된 적이 없으며, 자연적 선택이 무엇인가에 대한 적절하고 일관성 있는 설명이 제공된 바도 없다." 다윈의 진화론이 위와 같이 단 몇 문장으로 표현될 수 있는 이론이라면 이런 공격에 간단히 무너질 수 있을 것이다. 그러나 사실은 그렇지 않기 때문에 이 논증은 허수아비 공격의 오류를 범하고 있다. 일반적으로 어떤 입장을 비판(평가)할 때는, 그 입장을 제시한 사람의 편에서 그 입장을 가능한 한 강하게 대변하는 것이 공평할 뿐만 아니라 그 입장에 대한 비판의 질을 높이는 첫걸음이 된다. 상대를 허수아비라 해서 상대가 허수아비가 되는 것도 아니고, 허수아비를 쓰러뜨렸다고 해서 자랑스러울 것도 없는 일이다.

35) 복합질문(複合質問)의 오류(fallacy of complex question). 어떻게 대답하든, 대답하는 사람이 수긍할 수 없거나 수긍하고 싶지 않은 점을 수긍하는 결과를 야기하는 질문을 간파하지 못하는 오류이다. 영화 『대부』의 끝 부분에, 아버지의 대를 이어 암흑가의 대부로 등장한 아들 마이크(알 파치노)가 배신자를 색출 처단하는 과정에서, 매부가 다른 암흑가의 보스와 손을 잡고 형을 해쳤다는 심증을 가지고, 다정한 목소리로 매부에게 묻는다: "누구야? 누가 시켰어?" 이 물음에 매부는 주저하다가, "바르치니…"라고 답한다. 매부는 이렇게 답함으로써 자신이 배신했다는 것과 그 배신의 파트너가 누구라는 것을 고백한 것이다. 그리고 그 대가는 죽음이었다. "이제 극렬분자들과 손을 끊었나?", "이런 굴욕적인 처우를 얼마나 더 오래 참을 작정인가?" 이런 질문들은, 답하기 전에 해결되어야 할 쟁점이 있는데도 불구하고, 쟁점을 당연한 것으로 전제하는 복합질문들이다. 이러한 복합질문이

물어졌을 경우에는 당연히 질문을 단순질문으로 나누어 답하도록 해야 할 것이다.

영국의 왕 찰스 II세는 언젠가 영국 학술원 위원들에게 "왜 물이 가득 찬 그릇에 죽은 고기를 넣으면 물이 넘치고 산 고기를 넣으면 물이 넘치지 않는가?"를 알아봐 달라고 했다. 몇몇 위원들은 이 점에 대하여 오랫동안 생각한 끝에 기발하지만 설득력이 없는 설명을 제시하였다. 그들은 왕의 물음이 복합질문인데도 이를 발견하지 못하고 헛수고를 하고 있었던 것이다. 그런데 그 중 한 위원이 실제로 실험을 해보았다. 물론 죽은 고기를 넣든 산 고기를 넣든 물그릇의 물 높이에는 차이가 없었다.

36) 목욕물을 버리면서 어린애까지 버리는 오류(fallacy of throwing the baby with bathwater). 어떤 논증(견해, 이론, 계획)이 부당하다고 해서 그 논증의 모든 부분이 잘못되었다고 생각하는 것은 잘못이다.

> 낙태는 허용되어서는 안 됩니다. 어린 생명이 태어나 보지도 못하고 쓰레기통에 버려지는 것을 허용해서는 안 됩니다. 당신의 경우를 생각해 보십시오, 당신이 태어나 보지도 못하고 쓰레기통에 버려졌다면 어떻겠습니까?

이 논증은 '연민에의 호소'라는 오류를 범하고 있다. 그러나 이 논증이 오류를 범하고 있다는 이유만으로 논증 전체를 버리는 것은 잘못이다. 이 논증은 "태아도 생명체이다."와 같은 중요한 주장을 전제하고 있는 것으로 볼 수도 있으며, 이 경우 논증을 오류로 여겨 제쳐놓게 되면 논증의 핵심을 놓치는 결과를 빚기 때문이다. 우리 속담에 '빈대 잡다 초가삼간 태우기'라는 것이 있는데, 이 오류와 유사한 잘못을 지적하는 것으로 볼 수 있다.

37) 가정 망각의 오류(fallacy of ignoring the assumption). 어떤 주장이든지 그 주장이 참되기 위한 이유나 조건이 있게 마련인데, 이를 망각했을 경우, 이 오류를 범하게 된다.

> 나를 부도덕한 사람이라 비난하지 말라. 나는 도대체 도덕적이길 원하지 않는다. 나는 내가 하고 싶은 대로 하는 사람이다.

이렇게 주장하는 사람은 "무슨 일이든지 원하는 대로 하는 사람의 행위는, 비록 부도덕할지라도, 비난해서는 안 된다."라는 정당화되지 않는 전제를 가정하고 있다. 그런데 이를 무시하거나 깨닫지 못하고, 마치 문제되는 전제가 전혀 문제되지 않는 것처럼 논리를 전개해 나갈 경우에, 가정 망각의 오류를 범하게 된다. 제2장에서 지적한 바와 같이, 가정내적 세계와 가정외적 세계를 혼동해서는 안 되는 것이다.

연속극에서 악역을 하는 배우는 외출할 때 불안하다고 한다. 길거리에서 봉변을 당할 수 있기 때문이다. 악역이 연속극의 안에서의 역할일 뿐이라는 사실을 망각한 사람들이 있는 것이다.

또한 원시인들은 꿈과 현실을 구분하지 못하여, 꿈속에서 자기 부인을 겁탈한 친구를 찾아가 복수(?)를 하였다고 한다. 꿈과 현실을 혼동하는 일은 어린아이들에게도 흔히 있는 일이다.

38) 가설과 사실을 혼동하는 오류(fallacy of confusing a hypothesis with a fact). 우리는 현상을 설명하기 위해서 이런 가설 저런 가설을 던진다. 그런데 이 가설은 문자 그대로 가설일 뿐인데 이를 사실로 여길 경우에 이 오류를 범하게 된다.

> 세미라미스의 치세에 바빌로니아에서 가장 아름다운 청년은 퓌라모스이고 가장 아름다운 처녀는 티스베였습니다. 두 사람은 이웃 사이였습니다. 가까이 살다 보니 두 사람은 서로 끌리었고, 친해진 끝에 사랑

하게 되었습니다. 두 사람은 결혼하고 싶었지만 부모들이 승낙하지 않았습니다. 하지만, 서로의 가슴에 타오르는 사랑만은 부모들도 어찌하는 수가 없었습니다. 두 사람은 몸짓과 눈짓으로 얘기하여, 남모르는 사랑은 더욱 열렬하게 타올랐습니다.

그러던 어느 날 두 사람은 내일 밤 몰래 집을 나와 읍내의 성곽 밖에 있는 니노스의 무덤 있는 데서 만나기로 하고, 일찍 온 사람이 나무뿌리에 앉아 기다리기로 하였습니다.

마침내 시간이 되자, 티스베는 감쪽같이 집을 빠져 나왔습니다. 그러고는 너울로 얼굴을 가리고 니노스의 무덤에 가서 약속된 나무 밑에 앉아 있었습니다. 저녁 어스름 속에서 그렇게 혼자 앉아 있는데 사자 한 마리가 나타났습니다. 지금 막 무엇을 잡아먹은 모양이어서 턱에서 김을 피우면서 목을 축이기 위해 샘으로 찾아오는 참이었습니다. 티스베는 사자를 보자 도망쳐서 바위 구덩이에 가 숨었습니다. 그 서슬에 쓰고 있던 너울이 떨어졌습니다. 사자가 물을 마시고 나서 숲으로 들어가려고 돌아다보니 땅 위에 떨어져 있는 너울이 눈에 띄었습니다. 그래서 그것을 피투성이의 입에 물고 흔들고 잡아 찢고 하였습니다.

퓌라모스는 조금 늦게 겨우 만날 장소로 찾아 왔습니다. 그런데 모래 위에 사자 발자국이 나 있는 것을 보자 낯빛이 싹 변했습니다. 퓌라모스는 이내 갈가리 찢긴 피투성이 너울을 발견하였습니다.

“아아, 가엾은 짓을 했구나.” 그는 말하였습니다. “나 때문에 네가 죽었다. 나보다도 더 살 보람이 있는 네가 나보다 먼저 희생되다니. 나도 네게 뒤지지 않을 테다. 이런 위험한 곳에 끌어내어 놓고서 내가 같이 있지 않았다니, 순전히 내 탓이다. 자, 늑대들아. 바위에서 나와서 너희 이빨로 이 죄 많은 몸뚱이를 잡아 찢어다오.” 퓌라모스는 너울을 집어 들고 약속된 나무로 가지고 가, 눈물을 흘리면서 몇 번이나 입을 맞추었습니다. “신의 옷을 내 피로도 물들이는 거야.”

퓌라모스는 칼을 빼어 가슴을 찔렀습니다. 상처에서 피가 뿜어 나와 하얀 뽕나무를 빨갛게 물들이었습니다. 그리고 흙으로 해서 뿌리로 배어 들어가, 줄기를 따라 올라갔기 때문에 뽕나무 열매까지 빨개졌습니다. (토머스 불핀치, 『그리스 로마 신화』)

이 이야기는 가설과 사실을 혼동하는 오류로 인하여 큰 비극이 빚어질 수 있음을 잘 말해 주고 있다. 사실 우리도 이 오류를 늘 범하며 산다. 인사를 하지 않는다고 "저 친구 나를 우습게 본다."고 단정하고, 이번 주말에는 데이트를 할 시간이 없다는 말을 듣고 "마음이 변했다."고 지레 짐작하여 마음을 상한다.

이 오류를 범하지 않기 위해서는 가설을 가설로 인지(認知)할 줄 알아야 한다. "저 친구 나를 우습게 본다."는 생각이 들어도 이를 가설이라고 인지하고, 섣불리 이를 사실로 여기지 않도록 경계해야 한다.

39) 유용성의 오류(pragmatic fallacy). 단지 유용하다는 이유만으로 어떤 주장을 참인 것으로 받아들일 경우 이 오류를 범하게 된다.

> "당신은 그럼 아무 희망도 없고, 죽으면 완전히 없어져버린다는 생각을 가지고 있습니까?" 하고 말하였을 때, 그 목소리는 떨리지 않았다.
> "그렇습니다." 하고 나는 대답했다.
> 그러자 그[신부]는 머리를 숙이고 다시 걸터앉았다. 나를 불쌍히 여긴다고 그는 말하였다. 그것은 인간으로서 도저히 견딜 수 없는 일로 생각된다는 것이었다. (카뮈, 『이방인』)

신부가 제시하고 있는 논증을 재구성해 보면 다음과 같다.

1. 우리의 삶이 죽음으로써 완전히 끝나고 그래서 죽음 후에는 아무 희망도 없다는 것은 인간으로서 도저히 견딜 수 없는 일이다.

∴2. 우리의 삶이 죽음으로써 완전히 끝나고 그래서 죽음 후에 아무 희망이 없다는 것은 잘못이다.

신부의 논증을 이와 같이 재구성해 놓고 볼 때, 우리는 신부가 유용성의 오류를 범하고 있음을 알 수 있다. 사후(死後)의 삶이 없다는 것이 우리에게 견딜 수 없는 허무감을 주고 이 허무감은 삶을 위해 유용하지 않다는 이유 때문에, 사후의 삶을 인정하려 하고 있기 때문이다.

일반적으로 유용성의 오류는 다음과 같은 형식을 취하고 있다.

p는 유용하다.

---

p는 참이다.

p는 유용하지 않다.

---

p는 거짓이다.

사후의 세계가 존재한다는 생각은 여러 모로 유용한 것이 사실이다. 삶의 허무감을 달래주기도 하고, 어떻게 살았는가에 따라 사후에 천국이나 지옥에 간다는 생각은 사람들로 하여금 현세의 삶을 선하게 살도록 유도하여, 많은 악행을 예방할 수 있을 것이기 때문이다. 그러나 이 유용성이 사후의 세계가 존재한다는 것을 증명하는 전제가 되는 것은 아니다.

유용성의 오류로 인하여 철학 사상으로서의 실용주의를 오류로 여기는 것은 잘못이다. 유용성의 오류는 어떤 명제의 참 또는 거짓을 가릴 수 있는 기준이 있다는 것을 전제로 하되, 유용성을 기준으로 해서 참 또는 거짓을 가리는 것이 잘못되었다고 하는 오류인 반면, 실용주의는 어떤 명제의 참 또는 거짓을 가릴 수 있는 기준으로서 실용성(유용성)밖에 없다고 하는 철학 사상이기 때문이다.

40) **논점 일탈(論点逸脫)의 오류**(무관한 결론의 오류; 논점 흐리기; fallacy of *ignoratio elenchi*; fallacy of irrelevant conclusion; fallacy of red herring). 어떤 논점을 뒷받침하기 위해 제시한 전제들이 사실

은 다른 논점을 뒷받침하고 있을 경우에, 논점 일탈의 오류를 범하게 된다. 취한 상태에서 살인을 하여 재판을 받고 있는 알코올 중독자를 위해 변호사가 판사에게 호소한다.

> 의뢰인은 알코올 중독자로서, 정상적인 판단을 할 수 없는 상태에서 일을 저지르게 되었습니다. 알코올 중독은 당사자들의 삶을 파탄으로 몰고 가는 데 그치지 않고, 사회 전체에 악영향을 미치는 사회적 문제입니다. 그런데도 우리는 이 문제를 방치하고 있습니다. 의뢰인은 사실 우리의 무관심으로 인한 피해자라 할 수 있습니다. 따라서 이 신성한 법정에서부터 알코올 중독의 문제를 해결하기 위한 지혜를 모아야 할 것입니다.

변호사는 자신의 고객을 변호하고 있는 것이 아니라 알코올 중독이라는 문제를 해결하기 위한 어떤 조처의 필요를 위해 변론하는 오류를 범하고 있다.

이 오류는 토론석상에서 매우 '유용하게' 쓰인다. 사람들은 흔히 자신들의 입장이 불리하게 되고 이 불리를 정면으로 돌파해 나갈 수 없다고 판단할 때, 화제를 바꾸거나 지엽적인 문제를 물고 늘어지는 방식으로 토론을 유도한다. 이 경우 "논점을 일탈하지 마시오."라든지 "논점을 흐리지 마시오."라는 경고를 할 수 있어야 한다.

넓은 의미에서 모든 비형식적인 오류는 논점 일탈의 오류라고 할 수 있다. 그러나 어떤 비형식적인 오류든지 논점 일탈의 오류라고 칭하는 것은 논증 분석의 정신에 위배된다. 어떤 논증을 특별히 오류로 지적하는 정신은 그러한 지적으로 인하여 오류가 더 선명하게 드러나도록 하여, 오류의 피해를 입지 않도록 하는 데에 있다. 그래서 어떤 오류든지 그 오류의 성격을 더 분명하게 부각시킬 수 있는 다른 이름이 있으면 그 이름을 쓰는 것이 좋다. 따라서 어떤 논증에 '논점 일탈의 오류'라는 명칭을 붙이는 것은 더 좋은 명칭이 없는 경우에 한해야 한다.

연습문제

※ 다음은 각각 하나 이상의 오류를 포함하고 있다. 오류의 이름을 지적하고, 왜 그 이름의 오류를 범하고 있는지 논하라.

16. 만일 존재하는 모든 것이 유기적인 관계를 가지고 있다면, 별자리의 이동은 우리의 운명과 관계를 가지고 있을 것이다. 따라서 점성술을 미신적인 것으로 여기는 것은 잘못이다.

17. 그 신입사원이 용의주도한 성격이라면, 허심탄회하게 사귀기 어려울 것이고, 충동적인 성격이라면, 깊이 사귈 수 없을 것이다. 어떻든 그는 직장 동료로서 사귀기에 적당한 사람이 아닐 것이다.

18. 무작위 추출된 200명의 E여대생들 중 155명이 여성호주제도에 찬성하였다. 이와 같이 이 제도가 국민 75% 정도의 지지를 받고 있음에도 불구하고 실시되지 않고 있다는 것은 한심한 일이다.

19. 그 환자가 사망한 것은 그 의사의 탓이 아닙니다. 그 의사는 과로에 시달렸고, 이는 그가 너무 많은 환자를 돌보아야 했기 때문이었습니다. 물론 이러한 현상은 현재의 의료보험제도 때문입니다. 보험 수가가 낮기 때문에 환자들은 종합병원으로만 몰려드는 것입니다. 그를 탓하기보다는, 현재는 보험제도를 개선하도록 해야 할 것입니다.

20. 산다는 것은 산을 오르는 것과 같다. 산은 힘든 오르막길이 있는가 하면 편안한 내리막길이 있다. 따라서 오늘의 삶이 고통스럽다고 해서 절망할 필요는 없다. 반드시 오늘의 고통을 상쇄시킬 수 있는 행복한 때가 올 것이기 때문이다.

21. 사회주의는 그 역사적 실험 끝에 오류임이 판명되었다. 그럼에도 불구하고 '민중'이니 '공동체'니 하면서 사회주의적 냄새를 피우는 사람들

이 있는데, 그들은 역사의 가르침을 바로 깨닫지 못하고 있는 것이다.

22. 나는 물가 안정에 관한 어떤 설득력 있는 견해도 접한 바 없다. 따라서 물가 안정에 대한 묘안 같은 것은 없다.

23. 잘될 나무는 떡잎부터 알아본다. 저 친구는 별 볼일 없을 것이다.

24. 현대의 모든 세계관은 소위 자연법칙(自然法則)이라는 것이 자연현상(自然現象)에 대한 설명이라는 망상(妄想)에 근거해 있다. 그래서 오늘날의 사람들은, 옛날 사람들이 신(神)과 운명(運命)을 범(犯)할 수 없는 것으로 보고 거기에 멈춰 섰던 것처럼, 자연법칙을 범할 수 없는 것으로 보고 거기에 멈춰 선다. (비트겐슈타인, 『논리철학논고』, 6.371-2)

25. 그렇게 큰 사건/사고가 꼬리를 물고 일어나는 것은 정부가 무능하기 때문인가 아니면 태만하기 때문인가?

26. 우리 사회는 한국병에 걸려 있다. 따라서 네가 깨끗한 척해 보아야 소용없다.

27. 유학 가서 10년 만에 어렵사리 박사학위를 따온 삼촌이 어제 교통사고로 돌아가셨어. 인생을 그렇게 아득바득 살 필요는 없나 봐.

28. 삶을 위해서는 돈이 필요하다. 따라서 나는 돈을 버는 삶을 살아야겠다.

29. 이남선 선사는 사람들에게 묻곤 했다. “이 세상에서 가장 가치 없는 것이 무엇인가?” 그는 이 질문을 자기 제자들에게 명상의 과제로 주곤 했다. “생각해 보라. 이 세상에서 가장 가치 없는 것이 무엇인가?” 그의 스승도 역시 그에게 이 공안(公案)을 주었었다. 그는 명상하고 또 명상하다가 어느 날, 스승에게 가서 말했다. “머리입니다.” 스승이

물었다. “왜?” 남선이 말했다. “머리를 잘라서 시장에 가서 팔려고 하면 아무도 사지 않을 것입니다.” (라즈니쉬, 『세속과 초월』)

30. 뉴턴의 법칙 F = ma는 질량 m을 가진 물체가 빛의 속도에 가깝게 움직이는 경우에는 성립하지 않는다. 따라서 F ≠ ma이며, 뉴턴의 법칙은 거짓이다.

31. 저는 1988년 결혼하기 전 노래와 사랑 중 어느 것을 선택하는가의 기로에 서 있었습니다. 저는 그때 사랑을 선택하고 결혼을 했습니다. 그리고 매우 두려운 마음으로 심사숙고하여 「인사동 그 사람」을 발표했는데, 그 곡으로 연말 가요대상을 모두 휩쓸게 되었습니다. 그래서 저는 용기를 가지게 되었습니다. 그리고 마음속으로 다짐했습니다. 다음해 다시 결혼하겠다고.

32. 너는 사회에 공헌하고 보람 있는 일을 해야 하겠는데, 얼마나 많은 시간을 학교에 다니느라고 소비하고 있느냐? 이제 너에게 사회적 책임과 인류에 대한 양심이 있다면, 당장에 학교를 떠나 직업전선에 나서야 할 것이다.

33. “그녀는 책임이 있지요. 책임 이상의 책임이 있고말고요! 봐요, 그녀가 아들을 낳았지요. 하느님을 말입니다. 하느님은 나 조르바를 만드셨고 나에게 약간의 연장을 주셨거든요. 무슨 뜻인지 당신은 아실 거요. 그리고 그놈의 망할 놈의 연장이 어디서건 치마 두른 족속만 만나면 몽땅 앞뒤 생각을 지워놓고 내 지갑을 벌리게 만들어요. 아셨죠? 그러니까 성모 마리아는 책임 정도가 아니라 그 말씀입니다. 그녀가 갚도록 놔둬요.” (카잔차키스, 『그리스인 조르바』 중에서 조르바의 말)

34. 사후의 생에 관한 우리의 종교적 믿음을 다른 사람들이 받아들이도록 강요하는 것은 그들 자신을 위해서도 꼭 필요한 일이다. 이는 정신착란증 환자가 벼랑 끝을 향해 걸어가는 것을 억지로라도 막아야 하는 것이 그 자신을 위해서 꼭 필요한 것과 같은 것이다.

35. 구름은 미세한 물방울들로 이루어졌다. 이 물방울들은 한 숟갈을 채우는 데 2억 방울이 필요할 정도로 작다. 구름은 크게 보이지만, 그것은 우리들의 환상일 뿐이다.

36. 스피노자는 "모든 존재하는 것은 신 안에 존재한다."고 말하는데 이는 참으로 어리석은 생각이다. 나는 세계 안에서 전쟁과 전쟁의 함성을 들었다. 따라서 신은 자기 자신을 거슬러 전쟁을 이끌어 나가야만 하고 자기 속을 부글부글 끓여야 한다. 신은 자기 자신을 파멸시키고 죽여 버리지 않으면 안 된다. 인간들 사이의 그 모든 분노, 증오, 원한, 불운은 자기 자신을 거스른, 자기 자신에 맞서는 신의 격정일 따름이기 때문이다. … 우리는 신이 인간 안에서 살고, 괴로워하고, 죽고, 태어나고, 먹고, 마시고, 자고, 성교한다고 말해야 할 것이다. 그리고 인간의 슬픔과 절망과 불행이 바로 신의 슬픔이고 절망이고 불행이라고 말해야 할 것이다. … 인간의 그 모든 어리석고 지저분한 생각들, 우리 안에서 끊임없이 지껄여 댈 이성의 신성 모독과 끔찍한 환상들은 모두 그 속에서 신이 자기 자신을 모사하고 거울에 비추어 보는 신 자신의 생각과 서술이어야 한다. 두 사람 혹은 몇 사람 사이의 대화는 신이 자기 자신과 달콤하게 나누는 담화일 따름이다. (1700년경 메밍겐 시의 어떤 사람)

37. 야수들과 우리가 얼마나 다른지를 알 때, 우리는 우리의 영혼이 몸과는 전적으로 독립적인 성질의 것이며, 결과적으로 몸의 죽음과 함께 죽게 되는 것이 아니라는 것을 더 잘 이해하게 된다. 그리고 영혼을 파괴시키는 어떤 다른 이유도 우리가 알 수 없기 때문에, 우리는 자연스럽게 영혼이 불멸한다는 결론으로 인도되는 것이다. (데카르트, 『방법서설』)

38. 국가와 가족은 여러 면에서 유사하다. 양자는 다 같이 집단체이고 지도자가 있다. 그런데 국가는 세습에 의한 지도자보다는 선거에 의한 지도자에 의해 지배될 때 더 이상적이다. 따라서 아버지가 반드시 최선의 가장일 필요는 없는 것이다

39. 네가 저축을 하지 않는다니 놀랐다. 그 많은 돈을 다 무얼 사는 데 쓰느냐?

40. 공도자(公都子)가 물었다. “다 같은 사람인데 누구는 대인(大人)이 되며, 누구는 소인(小人)이 되니 어찌하여 그렇습니까?” 맹자(孟子)가 대답하였다. “마음을 따르면 대인이 되고, 눈과 귀의 욕망을 따르면 소인이 된다.” 공도자가 다시 물었다. “다 같은 사람인데 누구는 마음을 따르며, 누구는 눈과 귀의 욕망을 따르니 어찌하여 그렇습니까?” 맹자가 대답하였다. “눈과 귀는 보고 듣기만 할 뿐 스스로 생각하지 못하기 때문에 외물(外物)과 접촉하면 쉽게 유혹된다. 그러나 마음은 스스로 생각할 수 있기 때문에 마음을 따르면 깨달음을 얻어 미혹되지 않는다. 마음과 눈과 귀는 모두 하늘이 나에게 부여한 것인데 그 중에서 마음이 가장 중요하다. 따라서 마음을 확고하게 세워 눈과 귀의 욕망에 흔들리지 않은 사람을 대인이라고 할 수 있다.” (『맹자』, 고자 上, 15장)

4.23 언어적 오류

언어적 오류는 심리적 동요나 지적 오판으로 인한 오류가 아니라, 언어의 구조나 기능에 대한 그릇된 인식에서 비롯된 오류이다. 언어적 오류를 범한 추리는

(1) 피상적으로 보면, 연역적으로 타당한 구조를 가지고 있다.
(2) 전제들 중 언어의 구조나 기능을 잘못 파악한 것이 있다.
(3) 잘못 파악된 언어의 구조나 기능을 바로 잡으면 논증은 부당하다.

따라서 언어적 오류의 분석은 문제가 되는 표현을 발견하여 바로잡는 일에 초점을 맞추어야 한다. 문제되는 표현이 발견되면, 언제나 이

렇게 묻는다. “이 표현은 어떤 의미로 쓰였는가?” 그리고 그 표현을 정의하거나 재서술한다.[67]

41) 애매어의 오류(fallacy of equivocation). 많은 말이 두 가지 이상의 의미로 사용된다. 이 경우 어떤 의미가 사용되었는가는 문맥에 의존할 수밖에 없다. 그래서 어떤 단어 또는 표현이 두 가지 이상의 의미를 가지고 있을 경우, 한 문맥에서 사용된 의미와 다른 문맥에서 사용된 의미가 다를 수 있는데, 이를 간과하면 애매어의 오류를 범하게 된다.

> 모든 죄인은 감옥에 가야 한다. 그런데 인간은 모두 죄인이다. 따라서 인간은 사실 모두 감옥에 가야 한다.

법적인 의미와 종교적 의미의 두 가지 다른 뜻으로 쓰인 ‘죄인’이라는 말을 하나의 뜻을 가진 것으로 여기는 오류를 범하고 있기 때문에, 모든 인간이 감옥에 가야 한다는 해괴한 결론이 나오게 되는 것이다. ‘죄인’이라는 말을 하나의 뜻으로 해석할 경우 이 논증은 타당하다. 그러나 애매어인 ‘죄인’을 애매하지 않은 표현으로 대치할 경우 다음과 같이 이 논증의 부당함이 즉각 드러남을 알 수 있다.

1. 법에 저촉되는 일을 저지른 모든 죄인은 감옥에 가야 한다.
2. 인간은 모두 원초적으로 신 앞에서 죄인이다.

∴3. 인간은 모두 감옥에 가야 한다.

42) 은밀한 재정의의 오류(fallacy of illicit redefinition). 어떤 말이나 고정 불변의 의미를 가지고 있는 것은 아니다. 인간의 지식 체계가 변화하는 데 따라 말의 의미도 변하거나 새로운 의미를 부여받게 된

67) 정의와 재서술에 대해서는 ‘2.27 심층 분석’에서도 논의하고 있다.

다. 그러나 이러한 의미의 가변성이 어떤 말의 의미든지 자의적으로 변화시킬 수 있다는 것을 뜻하지는 않는다. 그럼에도 불구하고 우리는 흔히 어떤 과정에서 어떤 말의 의미를 자의적으로 변화시킨다. "미친 사람은 정신병원에 수용되어야 해. 요즘 세상에 뇌물 주는 것을 물리치다니, 미치지 않고서 그럴 수 있어? 그 친구 정신병원에 보내 버려야겠어." '미친 사람'이라는 표현이 '뇌물을 거절하는 사람'으로 은밀하게 재정의되어, 멀쩡한 사람을 정신병원에 보내야 한다는 오류가 발생하고 있다.

애매어의 오류는 하나의 표현이 두 가지 이상의 '표준적 의미'를 가지고 있어서 발생한다. 반면에 은밀한 재정의의 오류는 '표준적 의미'를 자의적으로 바꾸거나 왜곡함으로써 발생한다.

43) 애매문의 오류(fallacy of amphiboly). 어떤 문장은 그 문법적 구조 때문에 두 가지 이상의 의미로 해석될 수 있다. 이 경우 대개는 전후 문장들의 맥락 속에서 그 의미가 밝혀진다. 전후 문장들의 맥락 속에서 그 의미가 밝혀지지 않을 경우에는, 문장의 의미를 어느 하나로 추정하지 말고 어떤 의미인지 물어야 한다. 그렇지 않으면 애매문의 오류를 범하게 된다. "그가 너의 숭배자라고 하는데 너를 숭배하는 자가 있다는 것은 놀라운 일이다."에서 "그는 너의 숭배자이다."라는 문장은, "그는 너를 숭배한다."와 "너는 그를 숭배한다."의 두 가지로 해석될 수 있는 애매문인데도, 그 애매성을 간과하고 전자의 의미로 해석하는 오류를 범하고 있다.

44) 정의(定義)에 의한 존재 강요의 오류(fallacy of substantiating a word by definition). 존재하는 것들은 언어에 의해서 표상될 수는 있지만, 언어로 인해 존재의 양상이 변하는 것은 아니다. 그래서 어떤 것을 아름답다고 할 수 있는 반면, 어떤 것이 아름답다고 묘사됨으로 인하여 아름답게 되는 것은 아니다. 그럼에도 불구하고 언어를 사용

하는 방법에 따라 존재가 변화한다고 생각하는 데서 이 오류가 발생한다. 아리스토텔레스가 그의 『형이상학』에서 한 말을 귀담아 들을 필요가 있다.

> 분리된 것을 분리된 것으로 보고 결합된 것을 결합된 것으로 보는 사람은 참된 사유를 하게 되지만, 사태 그 자체와 반대되는 생각을 하는 사람은 오류에 빠지게 된다.
>
> … 이것은 다시 말해서 다음과 같은 것이다. 너를 희다고 여기는 우리의 생각이 진리이기 때문에 네가 흰 것이 아니라 네가 희기 때문에 그렇게 주장하는 우리의 이야기가 진리가 되는 것이다.

물론 이러한 견해가 철학적으로 문제되지 않는 것은 아니다. 이와 같은 실재론적인 입장과는 달리 유명론적(唯名論的) 입장은 우리가 사용하는 언어가 '실재'를 그리는 것으로 보지 않기 때문이다. 그러나 유명론자가 문제 삼는 것은 실재론이지 '정의에 의한 존재 강요의 오류'가 아니다. 오히려 유명론적 입장에서는 실재론적인 언어관 자체를 '정의에 의한 존재 강요의 오류'로 보는 것이다.

에이브러햄 링컨(Abraham Lincoln)이 사람들에게 물었다.

"만일 내가 말의 꼬리를 다리라 부른다면, 그 말은 몇 개의 다리를 가지고 있습니까?"

"다섯이오."라고 사람들은 응답하였다.

링컨이 대답하였다.

"아니오. 말의 꼬리를 다리라 부른다고 해서 꼬리가 다리로 되는 것은 아닙니다."

링컨은 정의에 의한 존재 강요의 오류를 알고 있었던 것이다.

황지우의 「시(詩)의 얼룩」이라는 글도 재미있다.

> 나는 앞서, '나는 행복하지 않다'고 써놓고서 다시 '나는 행복하다'로

고쳤다. 그래도 나에게는 아무런 변화가 없다.

45) 실재화(實在化)의 오류(fallacy of hypostatization). 말과 실재(實在)가 대응한다고 생각하는 오류이다. 연쇄 살인 사건의 범인이라고 해서 용의자를 잡는다. 그러나 번번이 연쇄 살인과 관계가 없다고 밝혀져 수사당국뿐만 아니라 국민을 실망시킨다. 그런데 사실 이 실망은 실재화의 오류를 범한 결과이다. 우리는 '연쇄 살인 사건의 범인'이라는 표현을 가지고 있다. 그러나 이 표현에 대응하는 사람이 있다고 단정할 수 있을까? 그렇지 않다. 사실 이 연쇄 살인 사건에는 여러 범인이 관련될 수 있다. 그래서 연쇄 살인 사건의 범인 같은 것은 애초에 없고, 단지 여러 범인이 연쇄적으로 살인 사건을 저지를 수 있는 것이다.

우리는 다음과 같은 말들을 자연스럽게 하고 또 이해한다.

> 진리가 너희를 자유롭게 하리라.
> 과학은 인간의 생활에 놀라운 발전을 가져왔다.
> 국가는 국민을 우롱해서는 안 된다.
> 지진은 수많은 생명을 앗아갔다.

그러나 '진리'라는 말에 대응하는 것은 무엇인가? '과학'에 대응하는 것은? '국가'는? '지진'은?

이러한 명사적 표현들에 대응하는 실체(實體)가 과연 있는가 하는 문제는 긴 이야깃거리가 될 수 있다. 그러나 적어도 이러한 명사적 표현들에 대응하는 실체들이, 비록 존재한다 할지라도, 어떤 행위를 할 수 있는 실체들이 아님은 분명하다. 행위는 '생각하는 존재'인 인간만이 할 수 있기 때문이다. 그럼에도 불구하고 이 명사적 표현들이 마치 '생각하는 실체'와 대응하는 것처럼 사용되고 있음을 알 수 있다. 이러한 표현들을 사용하는 가운데 우리는 인간이 아닌 것을 의인화(擬

人化)함으로써 실재화의 오류를 범하고 있는 것이다.

이러한 실재화의 오류를 범하지 않기 위해서는 말을 문자 그대로 받아들이지 말고 참뜻이 무엇인가를 구체적인 말로 새겨서(바꾸어서) 받아들일 필요가 있다. 위의 표현들을 새겨서 다시 표현해 보면 예를 들어 다음과 같다.

진리로 인하여 너희는 자유를 얻게 될 것이다.
인간은 과학을 응용하여 인간의 생활에 놀라운 발전을 가져왔다.
국가의 최고 통치권자는 국민을 우롱해서는 안 된다.
지진으로 인하여 많은 사람들이 죽었다.

46) 술어(述語)를 실체어(實體語)로 여기는 오류[술어적 '이다'와 동일성의 '이다'를 혼동하는 오류(fallacy of confusing 'is' of predicate and 'is' of identity)]. "신은 사랑이다. 그리고 (진실한) 사랑은 흔하지 않다. 따라서 신은 흔하지 않다." 이 추리는 "신은 사랑이다." 라는 진술의 '이다'가 사랑을 신의 속성으로 표현하는 술어적 '이다' 인데, '신 = 사랑'이라는 동일성의 '이다'로 혼동하는 오류를 범하고 있다.

47) 강조의 오류(fallacy of accent). 문장의 한 부분을 강조하는 데서 발생하는 오류이다. 모세의 율법에 "너희는 이웃에게 거짓증거하지 말라."고 되어 있는 것을 보고, 이웃 아닌 다른 사람에게는 거짓증거해도 좋다고 생각하면 '이웃에게'를 강조한 오류를 범하게 된다. 일반적으로 이 오류는 강조되는 표현에 원문에는 없는 '…만'이라는 어미를 덧붙이는 오류이다. '너희는'을 '너희만은'으로 강조하면, 다른 사람은 이웃에게 거짓증거해도 좋다는 해석을 가능하게 하고, '거짓증거'를 '거짓증거만'이라 강조하면, 거짓증거 외의 다른 행위를 허용하는 것으로 볼 수 있게 하는 오류이다.

강조의 오류는 좀 더 넓은 맥락 속에서도 범해질 수 있다. 어떤 학술 발표회에서 '이론적 대상들의 실재성'에 대한 논문이 발표된 후, 논평자가 "이론적 대상들의 실재성 여부만 따져서 어쩌자는 것입니까?"라는 식의 논평을 할 경우, 논평자는 강조의 오류를 범하는 것이다. 발표자는 '발표된 것만' 하는 것이 아니라, '발표되지 않은 것도' 하는 것으로 보아주는 것이 공평한 일일 것이다.

48) 사용(使用)과 언급(言及)을 혼동하는 오류(use-mention error). 우리는 생각이나 감정을 표현하고, 묻고, 명령하고, 약속하는 등의 일을 하기 위하여 말을 사용한다. 그러나 우리가 사용하는 말을 언급할 수도 있다. 이 경우 언급되는 말은 홑따옴표 안에 넣어 사용된 것이 아니라는 표시를 해야 하는데, 이를 무시하고 추리를 하면 사용과 언급을 혼동하는 오류를 범하게 된다. "대부분의 고대사는 성경에 들어 있다. 그런데 성경은 두 글자로 된 말이다. 따라서 대부분의 고대사는 두 글자로 된 말 속에 들어 있다." 첫 번째의 '성경'은 사용되었기 때문에 따옴표 없이 사용해야 하지만, 두 번째의 '성경'은 언급된 것이기 때문에 따옴표로 묶어 '성경'이라 표기되어야 한다. 그렇게 표기되면 위 논증은 부당한 논증이 되므로, 이와 같이 잘못된 결론을 주장할 수는 없었을 것이다.

> 전에는 신을 모독하는 것이 최대의 모독이었다. 그러나 신은 죽었다. 그리고 신과 함께 그들 모독자도 죽었다. 이제는 대지를 모독하는 것이 가장 무서운 것이다. (니체, 『차라투스트라는 이렇게 말했다』)

이 글에서 니체는 '신'이라는 말을 따옴표 없이 사용하고 있다. 그리고 그 말을 사용하고 있는 한 그는 정말로 그 말을 의미하기 위해 사용하는 것으로 여길 수 있다. 그런데 그가 그 말을 정말로 의미한다는 것은 그가 '신'이라는 말이 가리키는 실체의 존재를 믿었다는 것을 뜻한다. 그런데 만일 '신'의 실체가 존재한다면, '신'의 정의에 의해서 그 실체는 불멸한다. 따라서 그가 "신은 죽었다."고 말하는 것은 모순이 된다. 왜 이러한 모순이 발생한 것일까? 사용과 언급을 혼동하는 오류를 범했기 때문이다. 그가 말하고자 했던 것은 '실체적 신'의 죽음이 아니었다. 그는 기독교 신자들이 믿고 있으면서 그가 허구적이라고 믿고 있는 '신'의 '죽음'을 말하고자 한 것이다.

또한 그는 '모독'이라는 말도 따옴표 없이 사용하고 있는데 유사한 문제점을 안고 있다. '신'과 '모독'의 사용과 언급을 구분하여 위 글을 다시 쓰면 다음과 같다.

> 전에는 '신'을 '모독'하는 것이 최대의 모독이었다. 그러나 '신'은 죽었다. 그리고 '신'과 함께 '모독자'도 죽었다. 이제는 대지를 모독하는 것이 가장 무서운 것이다.

그리고 이렇게 다시 쓴 글이 뜻하는 바를 풀어쓰면 다음과 같다.

> 전에는 기독교인들이 소위 '신'이라고 하는 존재를 그들의 기준에서 '모독'한다고 하는 것이 참다운 의미에서 최대의 모독이었다. 그러나 그러한 허구적 '신'은 죽었다. 그리고 그러한 허구적 '신'과 함께 그 '신'의 '모독자'로 여겨졌던 사람들도 죽었다. 이제는 대지를 모독하는 것이 가장 무서운 것이다.

카잔차키스의 『그리스인 조르바』에서 '나'는 다음과 같은 편지를 받는다.

> 산주인 그리고 신개종자, 안녕하시오?
>
> 나는 여기서 엄청나고 어려운 일을 하고 있네. '하느님' 맙소사! 나는 그 위험한 단어를 마치 쇠창살에 갇힌 야수처럼 외따옴표 속에다 가둬놓겠어. 그래야 자네가 이 편지를 열자마자 놀라 자빠지진 않을 것이

아닌가. 정말 매우 힘든 일이야, '하느님'에게 찬송을!

'나'의 친구는 사용과 언급을 혼동하는 오류를 알고 있었다. 그는 '하느님'이라는 말을 따옴표 속에 넣음으로써 그 말이 그가 의미하는 것이 아니라 그의 친구인 '나'가 의미하는 것임을 분명히 하고 있는 것이다.

49) 범주(範疇) 오류(category mistake). 같은 범주에 속하지 않는 말들을 같은 범주에 속하는 것으로 생각하고 사용하는 데서 빚어지는 오류이다. 대학을 방문하여, 도서관, 강의실, 사무실, 운동장들을 두루 돌아본 다음에, "그런데 대학은 어디 있지요?"라고 묻는 것은, 대학이 도서관이나 강의실과 같은 범주에 속하는 것으로 생각하고 묻는 어리석은 물음이다. 홍수에 떠내려가는 집을 보고, 홍수가 악의를 가진 것으로 생각하는 것도, 홍수와 같은 자연현상을 악의와 같은 인간적 현상과 같은 범주에 넣고 생각하는 오류인 것이다. 어린이가 책상 모서리에 이마를 부딪치고 책상을 때리는 것은 책상이 화풀이할 범주에 들어가는 대상이 아니라는 것을 모르는 경우일 것이다. 그러나 이러한 종류의 범주 오류는 어린이들만의 것은 아니다.

좀 역설적인 이야기 같지만, 우리는 지금까지 우리가 견고하게 지켜왔던 범주들의 벽을 허물고, 사고할 줄도 알아야 한다. 그리고 '범주 오류'가 어떤 의미에서는 범주 오류를 저지르지 않는 깨달음으로 연결될 수 있을 것이기 때문이다. "부처란 무엇인가?"에 대하여 "부처란 똥자루다."라는 식의 선문답이 깨우침을 주는 이유도 거기에 있을 것이다. 다음의 시를 감상해 보자.

늙은 집에
바람이 쌓이고 있다.
三更과 四更 사이로

여섯 필 피 묻은 치마끈이 지나간다.
어떤 사람의 臨終이 비틀거리고 오고 있다.
헤어진 가슴이 찾아오고 있다.
발끝에서 파도가 인다.
천 년 묵은 聖帶들이
허연 長髮 날리며
육중한 잠을 깨뜨리고 있다.
바람이 쌓인다.
때 묻은 목청은 투명하게 닦인다.
먼저 간 것,
가고 있는 것들이
수레를 끌고 웅성거리며 모여든다.

석지현의 「바람 부는 이야기」(『비원(悲願)』 중에서) 전문이다. "바람이 쌓이고 있다.", "臨終이 비틀거리며 오고 있다.", "천 년 묵은 聖帶들이 허연 長髮 날리며" 등의 범주 오류를 범하는 표현들이, 그렇지 않으면 진부할 바람 부는 이야기에 시적 감동을 불어넣고 있음을 알 수 있다.

백남준이 뉴욕 번화가를 바이올린을 줄에 메어 끌고 가는 모습을 보고 사람들은 신선한 자극을 받는다. 만일 그가 미친 사람이라면, 그의 행위는 미친 짓으로 여겨져 단지 사람들의 웃음만 자아냈을 것이다. 그러나 그는 미친 사람이 아니라 예술가이다. 그래서 사람들은 그의 행위를 '땅에 끌고 다니는 물건'이라는 범주에 대한 우리의 고정관념을 흔들어 놓는 예술적 행위로 여기고 그 행위가 의미하는 바를 생각하면서 예술적인 감흥에 젖는 것이다.

범주 오류는 유머의 중요한 기법으로 이용되기도 한다. 핸드폰을 냉장고에 보관한다든지 시계를 발목에 차고 다니는 것은 범주 오류를 범하는 것이기 때문에 웃음을 자아낸다.

연습문제

※ 다음은 각각 하나 이상의 오류를 포함하고 있다. 오류의 이름을 지적하고, 왜 그 이름의 오류를 범하고 있는지 논하라.

41. 인간을 이성적 동물이라고 하는 사람들은 인간의 본성에 대한 편향된 견해를 가지고 있다. 인간은 감정의 동물이기도 하기 때문이다.

42. 당신은 저를 사랑한다고 고백하였습니다. 당신은 저에게 장미꽃을 선사하였고, 여러 번 저녁도 사 주었습니다. 그리고 당신은 만날 때마다 저를 포옹하려고 하였습니다. 저에게 사랑을 고백하는 편지도 숱하게 썼습니다. 맞습니다. 이 모든 것을 저는 인정합니다. 제가 인정할 수 없는 것은 당신이 저를 사랑한다는 것입니다. 당신은 저에게 당신의 사랑을 보여준 적이 없기 때문입니다

43. 이 책은 매우 잘 팔림에 틀림없다. 책 표지에 이 책이 '베스트셀러'라고 씌어 있지 않은가.

44. 영어 단어 'and'를 연속적으로 다섯 번 사용한 영어 문장을 쓸 수 있느냐는 질문을 받자, 김군은 다음과 같은 예를 들었는데, 이는 어떤 학생이 'queen and king'을 'queenandking'으로 썼을 때 선생님이 'queen'과 'and'와 'king' 사이를 띄우라고 말한 문장이라는 것이었다. "Space between queen and and and and and king."

45. 삶은 고뇌이다. 고뇌는 피하는 것이 좋다. 따라서 삶은 피하는 것이 좋다.

46. 존재란 생각할 수 있는 모든 명사, 사유될 수 있는 대상 모두에 속하는 것이다. 간단히 말해서 존재는 참이거나 거짓인 어떠한 명제에서도 나타날 수 있는 모든 것과, 그리고 모든 명제들 자체에 속하는 것이다.

생각될 수 있는 것은 무엇이나 존재에 속한다. A가 생각될 수 있는 어떤 명사라면, A가 어떠한 것이라는 사실은 명백하다. 따라서 A가 존재한다는 것도 명백하다. 'A가 존재하지 않는다'는 주장은 항상 거짓이거나 무의미해야 한다. 왜냐하면 A가 아무것도 아니라면, 그것은 존재하지 않는다고 말할 수도 없기 때문이다. 다시 말하면 'A는 존재하지 않는다'라는 주장은 그것의 존재가 부정되는 어떤 명사 A가 존재한다는 것을 함축하고 있다. 따라서 A는 존재한다. 'A는 존재하지 않는다'라는 주장이 공허한 소리가 아닌 한, 그것은 거짓이 되지 않으면 안 된다. A가 어떤 것이든 간에 그것은 확실히 존재하기 때문이다. 수(數)들, 호머의 신(神)들, 관계들, 키메라라고 불리는 괴물들, 4차원의 공간들은 모두 존재한다. 왜냐하면 그것들이 어떤 종류의 실재물이 아니라면 우리는 그것들에 관해 아무런 명제도 만들 수 없기 때문이다. 따라서 존재는 모든 것이 갖는 일반적인 속성이며, 어떤 것을 언급하는 것은 그것이 존재한다는 것을 보여주는 것이 된다. (러셀, 『수학의 원리』, 427항)

47. 그녀와 결혼하기로 한 것은 잘못인 것 같아. 그녀는 나보다 보석을 더 좋아한다고 하지 않겠나!

48. 자기 방어력이 없는 사람을 고의적으로 죽이는 것은 옳지 못하다. 안락사는 자기 방어력이 없는 사람을 고의적으로 죽이는 것이다. 따라서 안락사는 옳지 못하다.

49. 미국의 대표적인 영어사전인 『미리엄-웹스터 대학사전』 2003년도 11판 빌행본에 새롭게 등장한 단어 중에 프랑켄푸드(frankenfood)가 눈길을 끈다. 공포소설의 주인공 프랑켄슈타인(frankenstein)과 음식(food)의 합성어인 이 단어는 요즘 논란이 되고 있는 유전자 변형식품을 뜻한다. 그렇다면 유전자 변형식품(GMO: Genetically Modified Organism)은 악마적 음식, 결국 우리에게 해를 끼치는 것으로 판가름 난 것인가?

50. 히포크라테스는 병의 원인을 신 아닌 자연에서 구함으로써 과감하게 과거의 의학과 인연을 끊었다. 그는 미신, 쓸데없는 철학과 수사학을 거부하고 어디까지나 관찰과 경험에 토대를 둔 과학적 의학을 확립했다. (송상용, 『서양과학의 흐름』)

51. 55년 동안 남장을 하며 살아온 여자가 절도 혐의로 경찰에 붙잡혀 몸수색을 받던 중 들통. 경기도 남양주 경찰서는 지난 19일 오전 3시 구리시 인창동 마라도 횟집에 들어가 생선 14만원 어치를 훔친 혐의로 곽모씨(55 · 하남시 풍산동)를 붙잡아 유치장에 입감시키기 위해 몸수색을 하던 중, 몸매가 이상해 전화교환원을 불러 확인한 결과 곽씨가 여자인 것으로 판명돼 조서를 다시 쓰는 등 소동을 벌였다. 곽씨는 "부모님이 내 위로 낳은 두 언니가 일찍 죽자, 나를 낳고는 오래 살라며 남자로 출생신고를 해 그 이후 남자 행세를 해왔으며, 학력이 낮아 군 면제를 받는 바람에 탄로 나지 않았다."고 설명. (「색연필」, 『조선일보』)

52. 법에서 일탈하는 행위는 처벌의 대상이 된다. 우연하게 발생한 행위는 법을 일탈한 행위이다. 그러므로 우연히 발생한 행위도 처벌하도록 해야 한다.

53. 일부 재야인사들과 학생들이 민주화를 요구하고 있다. 그러나 우리나라가 엄연히 민주주의 국가라는 사실을 생각해 보면, 이들의 요구가 불필요한 것이라는 것을 곧 알 수 있다.

54. 친구에게 신의를 지켜야 한다고 한다. 그러니 친구 아닌 사람들에게 신의를 지키지 않는다고 나무랄 일은 못 된다.

4.3 오류의 이용

나치하의 독일에서 있었던 일이었다. 어떤 수녀가 연합군의 스파이로 수배된 장교를 차 트렁크에 감추고 탈출시키던 중 국경 검문소에 당도하였다. 독일군 헌병이 다가와 물었다.

"당신은 혼자입니까?"

수녀는 곤경에 빠졌다. 혼자라고 하자니 거짓말을 하는 것인데, 수녀로서 거짓말을 할 수도 없고, 혼자가 아니라고 사실을 말하자니 연합군 장교를 넘겨주게 되기 때문이다. 그러나 수녀는 미소를 머금고 침착하게 말하였다.

"혼자라니요. 우리 같은 사람은 항상 주님이 함께 해주시지요."

근엄한 헌병의 표정이 활짝 펴지고 웃음이 터져 나왔다. 수녀가 여유 만만하게 통과한 것은 물을 필요도 없는 일이었다.

아름답고 재미있는 이야기이다. 그러나 우리가 관심을 두는 점은 이 이야기가 몇 개의 오류를 포함하고 있다는 것이다.

첫째 오류 : 거짓말을 해서는 안 된다는 것은 일반적 원칙이기도 하지만, 기독교 신자들에게는 특히 엄수되어야 할 계명이다. 그러나 수녀의 경우는 좀 특수하다. 거짓말을 해서는 안 된다는 원칙을 적용할 상황이 아니라, 거짓말을 해서라도 연합군 장교는 안전하게 탈출시켜야 한다는 원칙을 적용할 상황이었던 것이다. 그 장교를 차 트렁크에 감추는 것 자체가 그런 원칙을 전제로 한 것이었다. 그럼에도 불구하고 거짓말을 할 수 없다고 생각하는 것은, '원칙 혼동의 오류'를 범한 것으로 볼 수 있다. 그러나 수녀가 단순히 "예, 저는 혼자입니다."라고 거짓말을 하는 것보다 더 좋은 방법을 씀으로써, '참말을 하는 우'를 범한 것은 아니기 때문에, 수녀는 지혜롭게 '원칙 혼동의 오류'를 피한 것이다.

둘째 오류 : 수녀가 "우리 같은 사람은 항상 주님이 함께 해주시지요."라고 헌병의 질문에 답한 것은 '논점 일탈의 오류'를 범한 것으로 볼 수 있다. 헌병은, 수녀가 어딘가에 수상한 사람을 숨기고 있지 않은지에 대하여 물었지, 하나님이 과연 항상 수녀와 함께 하는지에 대하여 물은 것은 아니었다. 수녀는 헌병의 물음에 직접 대답하기를 회피함으로써 거짓말을 하지 않으면서도 장교를 넘겨주지 않을 수 있는 대답을 하였던 것이다. 이 경우 수녀는 '논점 일탈의 오류'를 범했다기보다는 이용했다고 보는 것이 옳다. 이 오류를 범한 것은 오히려 헌병이었다. 그렇지 않았다면, 그는 수녀가 자신의 질문에 답하지 않았다는 점을 환기시킬 수 있었을 것이다

셋째 오류 : 수녀가 헌병의 판단력을 흐리게 하여 자신이 '논점 일탈의 오류'를 범하고 있음을 깨닫지 못하게 할 수 있었던 것은 '유머(농담)에의 호소'라는 오류를 이용하였기 때문이었다. 즉 수녀의 엉뚱한 대답은, 특히 삭막한 국경 지대에서 근무하는 헌병에게는, 신선한 유머였을 것이다. "혼자입니다."라는 기계적인 대답 대신, "혼자라니요.(이 순간 헌병은 긴장하였을 것이다.) 우리 같은 사람은 항상 주님이 함께 해주시지요.(긴장이 풀리면서 웃음이 터져 나왔다.)"라는 대답은 어쩌면 헌병의 가슴에 오랫동안 남을 수도 있는, 재치 이상의 즐거운 대답이었을 것이다.

오류를 공부하는 것은 물론 자신을 오류의 폐해로부터 보호받기 위해서이다. 그러나 오류는 수녀의 경우에서처럼 선용될 수도 있다. 따라서 오류의 공부는 이중의 효과를 기약한다고 할 수 있다.

그러나 다음과 같은 반론이 있을 수 있다.

오류를 공부한 사람들이 오류의 피해자가 되지 않을 뿐만 아니라, 오류를 선용하게 된다면, 더 이상 바랄 것이 없을 것이다. 그러나 문제는

오류를 공부하여 자신의 과오를 은폐하거나, 오류를 악용하게 될 수도 있다는 점이다. 그리고 이러한 가능성은 필자 역시 잘 알고 있음에 분명하다. 만일 오류가 악용될 수 있다는 점을 알고서도 오류를 공부하게 한다면, 필자의 의도가 심히 의심스럽다고 아니할 수 없다.

이 반론은 하나의 오류를 범하고 있다. 어떤 오류일까? 독자 여러분이 직접 답해 보기 바란다.

연습문제

※ 다음은 각각 하나 이상의 오류를 포함하고 있다. 오류의 이름을 지적하고, 왜 그 이름의 오류를 범하고 있는지 논하라.

55. 링컨이 더글러스라는 사람과 나란히 상원의원 선거에 출마했을 때의 일입니다. 더글러스가 먼저 연단에 올라가 큰 소리로 말했습니다.

"여러분, 예전에 식료품 가게에서는 절대로 술을 팔지 못하게 법으로 금지되어 있었습니다. 그런데도 링컨은 법을 어기고 함부로 술을 팔았습니다. 이런 사람이 어떻게 상원의원이 될 수 있단 말입니까?"

더글러스는 링컨을 공격하며 의기양양했습니다.

잠시 후, 링컨이 연설을 할 차례가 되었습니다. 링컨은 아주 태연한 얼굴로 청중에게 말했습니다.

"존경하는 유권자 여러분, 방금 전 더글러스가 한 말은 모두 사실입니다. 그리고 그때 우리 가게에서 가장 많이 술을 사 간 손님이 바로 더글러스라는 것도 사실이고요."

56. 구두끈을 매다가도 허리를 다치는 일이 일어난다. 그렇다고 해서 의사들이 구두끈을 매지 말라고 하는가? 흡연은 위험이 수반될 수 있다. 그러나 인생살이의 대부분도 위험을 수반하는 것이다.

57. 정신적 텔레파시 현상을 어떻게 설명할 것인가?

58. 역사와 사회에 대한 마르크스의 진실을 깨달을 수 없는 사람들은 사회에서 그들의 경제적 지위로 인해 생겨난 사고방식과 태도인 자신들의 허위의식에 의해 기만당하고 있는 것이다.

59. 제2차 세계대전이 끝날 무렵 얄타 회담에서 처칠이 교황의 어떤 제안을 전달했을 때 스탈린이 반문했다: "그런데 당신은 교황이 몇 개 사단이나 전투에 동원할 수 있다고 말씀하셨지요?"

60. 내가 지금 이런 형편으로 사는 것은 모두 선천적 및 후천적 조건 탓이다. 부모가 나에게 좋은 두뇌도 많은 돈도 물려주지 않았고 그렇다고 내놓을 만한 일가친척들의 배경이 있는 것도 아니며, 사회는 극심한 경쟁으로 인하여 취업의 기회가 태부족이기 때문이다.

61. 전기, 가스, 수도 등의 공익사업을 국유화하는 것은 위험하다. 왜냐하면 그러한 일은 사회주의적이기 때문이다.

62. 아무도 우리에게 침묵을 강요할 수 없다. 따라서 우리가 강의실 밖에서 떠들고 노래하는 것을 비난해서는 안 된다.

63. 아인슈타인의 상대성 이론 발견은 물리학상으로 뿐만 아니라 우주에 대한 일상적인 시각에 놀라운 변화를 가져오게 한 획기적인 사건이었다. 그러나 그의 이론이 핵무기의 발명을 가능케 했다는 사실을 상기할 필요가 있다. 아인슈타인을 칭찬만 해서는 안 되는 것이다.

64. 신은 무한히 자애로운 존재이다. 왜냐하면 '신'은 '전지전능하고, 무한히 자애로운 존재'이기 때문이다.

65. 사람은 개와 같은 점이 많다. 힘이 세면 지배하고, 약하면 지배당한다. 따라서 사람도 지배당하지 않으려면, 마땅히 힘을 길러야 한다.

66. 장터로 우유를 팔러 가는 처녀가 머리에 우유 통을 이고 여러 가지 생각을 하면서 걸었습니다. 우유 판 돈으로 달걀을 사서, 그것으로 병아리를 까서, 키워서, 새 옷을 사서, 축제 때 입고 나서면, 남자들이 모여들어 춤을 추자고 조를 테지. 그러나 어림없어. 난 안 출 테야. 이렇게 혼자 말하면서 처녀는 우유 통을 머리에 인 채로 고개를 내두르다가 그만 그 우유 통이 땅에 떨어져 모든 꿈이 깨어지고 말았습니다. (이솝우화)

67. 정부가 개인이 자기 이익을 추구하기 위해 하는 경제 활동에 간섭하는 것은 잘못이다. 애덤 스미스(Adam Smith, 1727-1790)가 『국부론』에서 말한 바와 같이 각 개인이 자신의 이익을 추구하도록 방임하면 '보이지 않는 손(Invisible Hand)'이 작용하여 결국 사회 전체의 복지를 증진시키게 되기 때문이다. 정부는 외적의 침입방지, 사회질서 유지, 공공기관의 유지와 같은 경찰의 기능을 수행하는 것으로 족하다.

68. 우리 미국은 외국에 원조를 중단해야 합니다. 우리는 인도를 원조했고, 인도는 원자탄을 개발했습니다. 우리는 또한 월남을 원조했는데 월남전이 일어났으며, 터키를 원조했는데 그들은 사이프러스를 침공했고, 이스라엘을 원조했는데 그들은 레바논을 침공했던 것입니다.

69. 이곳이 아름다운 독신녀 아파트라고? 그렇다면 이 근처에 방을 얻어야겠는데. 미녀들과 오며 가며 마주칠 수 있을 터이니 말이야.

70. 그는 우리가 잘못이라는 것입니다. 그러나 신경 쓰지 마십시오. 목사로서 당연히 그렇게 말할 테니까요.

71. 권력도 재산도 학식도 건강이 없으면 쓸모가 없다. 따라서 우리는 오로지 건강을 돌보도록 해야 한다.

72. 나를 사랑하지 않는다고요? 당신이 나를 미워한다는 것을 이제야 알다니!

73. 페르시아(Persia)와의 전쟁을 망설이던 리디아(Lydia)의 왕 크로세우스(Croseus)는 델피의 신탁에 이 문제를 묻게 되었다. 신탁은 "크로세우스가 사이러스(Cyrus: 페르시아의 왕)와 전쟁을 하면 그는 강대한 왕국을 멸망시킬 것이다."라고 대답했다. 이에 힘입은 크로세우스는 페르시아와 싸웠으나 지고 말았다. 크로세우스가 거짓 신탁을 꾸짖는 글을 델피 신전에 보냈을 때, 델피의 승려로부터 다음과 같은 회답이 왔다: "신탁은 옳았다. 크로세우스는 강대한 왕국을 멸망시켰다. 자기 자신의 왕국을!"

74. 원자는 육안으로 볼 수 없으며, 모든 물체는 원자로 되어 있다. 따라서 우리가 물체를 본다고 하지만, 사실은 보지 못하는 것이다.

75. 베이컨(F. Bacon)의 철학은 믿을 수 없다. 그는 뇌물을 받은 혐의로 대법관의 직을 내놓은 사람인 것이다.

76. 사냥꾼인 내가 죄 없는 짐승을 죽이는 야만인이라고 하는데, 당신은 왜 죄 없는 짐승의 고기를 먹는가?

77. 저 술주정뱅이를 보라. 이 나라 남자들이 모두 저러니까 사회의 기강이 흔들리는 것이다. 따라서 서둘러 금주법을 제정해야 한다.

78. 교통규칙을 지키는 것은 사회의 민주화를 위해서 매우 긴요하다. 따라서 민주사회를 건설하기 위해서는 병원의 응급차(앰뷸런스)도 교통규칙을 어기는 일이 없도록 해야 한다.

79. 불교는 무가치한 종교이다. 대처승과 비구승과의 분쟁을 보면 다 알아볼 징조다.

80. 지구의 끝은 어디인가?

81. 살인자는 사형을 받아야 하기 때문에 형집행인도 사형받아야 한다.

82. 귀신이 없다는 것이 현대 과학이 말하고 있는 바이지만, 그러나 귀신이 없다는 것이 입증된 바도 없다. 따라서 귀신은 존재하는 것이다.

83. 정부가 왜 이 사상을 탄압하는지 아십니까? 위험한 사상이기 때문입니다. 왜 위험하냐고요? 그야 정부에서 탄압하는 사상이니까 그렇지요.

84. 그는 어제 마당에 늘 큰 그늘을 만들던 나무를 베어 버렸다. 그 바람에 그 나무둥지에 있었던 새 새끼들이 모두 떨어져 죽었다. 그는 생명의 소중함을 모르는 사람이다.

85. 영국의 제임스 I세는 군주가 국가의 수령이기 때문에 공화제는 틀려먹었다는 것을 논증하는 데 익숙해 있었다. "만일 너의 머리를 제거해 버린다면, 나머지 기관은 기능을 잃고 만다. 마찬가지로 국가의 머리를 잘라 버리면, 국가는 한동안 파닥거리다가 때가 지나면 이웃 나라의 밥이 되어 버리는 것이다."

86. 윌슨 대통령 때 제1차 세계대전이 일어났고, 루즈벨트 대통령 때 제2차 세계대전이 일어났으며, 트루먼 대통령 때 한국전쟁이 일어났고, 케네디 대통령 때 월남전이 일어났다. 전쟁을 원하지 않으면 민주당이 집권하는 것을 막아야 한다.

87. 그가 주장하는 봉급 인상 불가피론은 믿을 만한 것이 못 된다. 그는 요즈음 빚에 쪼들리고 있기 때문이다.

88. 그에 대한 지지를 철회하는 것이 현명한 처사일 거야. 그 친구가 너에게 대해 무슨 말을 하고 다니는지 알아? 실력도 없으면서 잘난 체하고, 출세를 위해서는 물불을 가리지 않는 기회주의자라고 떠벌리고 다닌단 말이야.

89. 군대란 순수한 소비 사회이다. 그러니 박대포 장군에게 무슨 생산적인

면을 기대하겠는가?

90. 아이젠하워는 인종무차별주의에 호의적이다. 그런데 인종무차별주의는 공산주의의 발판이 된다. 따라서 아이젠하워는 경계해야 한다.

91. 오른손에 칼을, 왼손에 코란을!

92. 미모의 그녀는 불우하게 살다가 요절하였다. 미녀는 박명한 것이다.

93. 컴퓨터는 계속 값이 떨어진다. 품질이 더 좋아지는데도 말이다. 따라서 컴퓨터는 늦게 살수록 좋다.

94. 이 제안에 찬성하지 않니? 나는 자네가 반대할 줄 몰랐네.

95. 어떤 학생 : "교수님, 저는 장학금을 타야 학업을 계속할 수 있습니다. 그런데 교수님 과목에서 B+를 맞는 바람에 장학금을 타지 못하게 되었습니다. B+를 A+로 올려주시면 장학금을 탈 수 있는데, 선처를 바랍니다."

96. 살인은 비윤리적이기 때문에 나쁘다.

97. 네가 나를 소라고 부르면 나는 소가 되고, 네가 나를 말이라고 부르면, 나는 말이 된다. (『장자』, 「천도(天道)」)

98. 당신의 고귀한 아들은 미쳤습니다.
미쳤다고 저는 봅니다. 왠고 하니 진짜 미친 것을 정의해 보면
미쳤다는 것 외에 미쳤다는 것이 아무것도 아니지 않습니까?
(셰익스피어, 『햄릿』)

99. 성실한 사람 같은 것은 없다고 말하는 사람 자신이 악한이라는 것을 당신은 확신할 수 있을 것입니다. (버클리, 「애국심에 관한 금언」)

100. 청소년이 어른을 살해하는 것은 어린 시절 열악한 환경 속에서 자란 탓입니다. 지금 우리 앞에서 단죄를 기다리고 있는 이 소년의 경우만 보더라도 알 수 있는 일입니다. 따라서 이 소년의 살해 행위를 행위 그 자체로 다루기보다는 이러한 일반적인 문제점의 틀 안에서 다루어야 할 것입니다.

101. 어제 국회에서 왜 (범양상선 사건의) 비자금 관련자들을 잡아들이지 않느냐는 질문을 받자, 국세청장이 답변했다.
 "의원들의 요구대로 고발한다면 대한민국 국민들에게 다 형사책임을 물어야 한다." (「만물상」, 『조선일보』)

102. 어떤 사람의 행복은 그 사람에게 좋다. 따라서 일반적 행복은 사람들 전체에게 좋은 것이다. (존 스튜어트 밀)

103. 논리적 음악, 그것은 앞으로 음악가들이 나아가야 할 방향이다. 비논리적인 음악으로 인해서 음악은 소음으로 전락할 위기에 봉착해 있기 때문이다.

104. 홉스가 모든 사람이 평등하다고 한 것은 잘못이다. 대통령이 더 많은 권한을 가지고 있지 않은가!

105. 가족의 경우 우리는 능력에 따라 벌어서 필요에 따라 소비한다. 즉 가족 공동체는 공산주의적이다. 따라서 사회도 능력에 따라 벌고 필요에 따라 소비하는 공산주의적인 공동체를 이루어야 한다.

106. 민주당 대회에서 존슨과 케네디가 대통령 후보 자리를 놓고 맞섰다.
존 슨 : 미국 대통령이 되려면 적어도 흰 머리털이라도 섞여 있어야 한다.
케네디 : 대통령이 되려면 머리털보다 그 밑에 있는 것이 더 중요하다.

107. 황새를 요리하고 있던 하인은 애인이 황새 다리를 먹고 싶다고 해서

할 수 없이 잘라 주었다. 황새가 식탁에 올라왔을 때, 주인은 황새 다리 하나가 어떻게 되었는가를 알고 싶었다. 하인은 황새들은 다리를 하나밖에 가지고 있지 않는 것이라고 대답하였다. 주인은 대단히 화가 났지만, 벌을 내리기 전에 하인을 꼼짝 못하게 할 생각으로, 다음날 하인을 들판으로 데리고 나갔다. 거기에는 황새들이 있었고, 늘 그러는 것처럼 황새들은 한 다리로 서 있었다. 하인은 그것 보라는 듯이 의기양양하게 주인을 쳐다보았다. 그러자 주인은 소리를 질렀다. 황새들은 두 다리로 땅을 박차고 날아갔다. “아, 주인님.” 하인이 말했다. “주인님은 어제 식탁에서 황새에게 소리를 지르지 않았습지요. 만일 주인님이 소리를 질렀더라면, 황새가 다른 한 쪽 다리를 내보였을 것입니다.” (드모르간)

108. 나는 어제 남자 선배와 영화를 보았다. 극장을 나오면서 나는 감동에 젖어 “영화 참 좋았죠?”라고 물었다. 그랬더니 “어 뭐, 영화가 다 그렇지. 밥이나 먹으러 가자.” 이러는 거다. 남자는 다 그렇게 낭만을 모른다.

109. 벌레와 같은 불쌍한 땅 위의 인간일 뿐만 아니라 머지않아 죽어서 구더기의 먹이가 될 선생님이 어떻게 영원한 지혜에 대하여 입에 담을 수 없을 정도로 끔찍하게 불경스러운 말을 던진단 말입니까? 무슨 근거로 이 무분별하고 엉뚱하고 한심한, 저주받을 학설을 가지고 계십니까? (스피노자의 한 제자가 스피노자에게 쓴 편지)

110. 만일 세계가 신의 창조물이라면, 인간도 신의 창조물이다. 만일 인간이 신의 창조물이면, 인간의 문화도 신의 창조물이다. 따라서 만일 세계가 신의 창조물이면, 인간의 문화도 신의 창조물이다.

111. 유대인들은 구세주 예수 그리스도를 살해한 민족이며, 그 죄를 회개하지 않은 사악한 민족이다. 그들은 자기 민족의 인종적 특징으로 인하여 게르만 민족과는 조화를 이루지 못한다. 그들은 그들 민족의 특질에 부합되는 상황이 도래하면 필연적으로 악행을 하게 된다. 그들

은 부정하고, 더럽고, 탐욕스럽다. 1895년 독일 제국의회의 한 의원이 말했듯이 "유대인들은 기생충과 닮았으며 콜레라균들이다." 히틀러가 유대인들을 학살한 것도 이러한 유대인들의 일반적 특징 때문에 자연스럽게 일어난 반유대주의(Anti-Semitism) 정서의 격렬한 표현이었을 뿐이다.

112. 내 의견에 동의하지 않는 사람은 내 의견에 동의할 만큼 아직 성숙하지 못한 미숙아인 것이다.

113. 모든 존재자의 본질인 사물들의 본질은 그 순수함에 있어서는 도달될 수 없다. 그것은 모든 철학자들이 추구하고 있는 것이지만, 어느 누구도 그것을 그 자체는 발견하지 못하고 있다. 그리고 우리가 이러한 무지를 자각하면서 더 깊이 내려가면 갈수록, 그만큼 더 가까이 우리는 진리 그 자체에 근접해 갈 것이다. (니콜라우스 쿠사누스)

114. 우리는 순수한 학문의 연구를 위하여 이 학회를 운영하고 있으며, 그러므로 회원 간의 사적인 인간관계보다 순수 학문 연구가 우선이다. 그러나 회원들 간에 불화와 반목이 조성되면, 연구가 제대로 될 수 없다. 따라서 무엇보다도 인화를 중요시해야 할 것이다.

115. 어미 없는 망아지는 지금까지 어미가 있었던 적이 없다. [혜시(惠施)]

116. 사회는 냉혹한 투쟁의 장이다. 네가 적자라면, 생존할 것이고, 따라서 적자가 되는 것이 중요하다. 어떻게 적자가 되느냐고? 그야 생존하면 된다. 적자가 되기 위해서는 생존해야 하는 것이다.

117. 사후의 생이 존재하지 않는다고요? 잘 모르시면, 가만히 계시는 게 좋을 것입니다. 사후의 생이 존재하지 않는다는 것이 경험적으로 확인된 바도 없으며 이론적으로 정립되지도 못했다는 사실에 유의하시기 바랍니다. 이러한 사실은 오히려 사후의 생이 존재한다는 것을 웅변적으로 말해 주고 있는 것입니다.

118. "당신은 여자가 낳은 사람에 의해서는 죽지 않을 것입니다."라는 마녀의 말을 들은 맥베스는 안심하였다. 여자가 낳지 않은 사람은 없기 때문이었다. 그러나 그는 맥다포라는 사람에게 죽임을 당하였다. 맥다포는 어머니의 배를 찢고 나온 사람이었다.

119. 만일 우리의 정치인들이 철학도로서의 정신을 가지고 있다면, 우리 사회는 살 만한 사회가 될 것이다. 그러나 우리 사회가 살 만한 사회가 되기는 글렀다. 정치인들이 철학도로서의 정신을 가지고 있지 않기 때문이다.

120. 목사 : 성서의 가르침대로 우리는 우리의 이웃을 사랑해야 합니다.
신도 : 저는 그렇지 않아도 이웃을 사랑하고 있습니다. 젊고 아름다운 과부가 이웃에 살고 있거든요.

121. 오늘 반미 집회가 있는데 비가 오고 있습니다. 그러나 여러분 자리를 지켜 주십시오. 이는 미제(美帝)의 보이지 않는 기상 탄압인 것입니다.

122. 병에 걸리는 것은 좋은 일이다. 우리 몸의 면역 체계는 병에 걸림으로써 생기는 것이기 때문이다.

123. 이 소년들이 어떻게 그토록 끔찍한 짓(뉴욕의 할렘가에서 태어난 레오폴드 형제의 살인 사건)을 하게 되었는지 알 수 없지만 거기에는 분명한 이유가 있다. 나는 그들이 스스로 저지른 것이 아님을 알고 있다. 자연은 완강하고 비정하다. 되는 대로 신비롭게 운행해 가는데 그 속에서 우리는 다만 희생물일 뿐이다.

무엇이 이 소년들을 그렇게 하도록 했는가? 이들의 아버지도 아니요 어머니도 아니다. 할아버지는 더구나 아니다. 모든 것이 그에게 물려졌을 뿐이다. 그는 따뜻한 손길과 충족함을 맛본 적이 없다. 자기 자신을 창조할 수가 없었다. 그러나 대가를 지불하도록 강요당하고 있는 것이다. [대로우(C. Darrow)]

124. 버클리(1685-1753)는 승정이라는 지위에 있었던 직업적인 종교가였다. 그는 그 직업 때문에 어떻게 해서라도 유물론을 논파하고 신의 존재를 사람들에게 승인시키고 싶어 하는 강한 바람을 가지고 있었다. 그것을 위해서는 물질적인 세계 따위는 실재하지 않는다는 것을 논증하여 보이는 것이 가장 좋다고 생각한 것이다. 그 '논증'은 다음과 같다. 예를 들면, 지금 당신의 눈에는 책이 보이고 있다. 당신은 책이 당신 의식의 밖에 실재하고 있다고 믿고 있다. 그러나 잘 생각해 보자. 거기에서 확실한 것은 단지 하나, 당신이 '책'으로서 받아들이고 있는 일정한 색, 모양, 등의 감각의 뭉치가 지금 당신의 주관 속에 나타나 있다는 것뿐이다. 옆을 보거나, 옆방에 간다면 이들 감각은 사라진다. 그때도 역시 당신은 당신의 의식으로부터 독립된 책이 여전히 실재하고 있다고 믿겠지만 그것은 아무런 이론적 근거가 없는 독단에 불과하다. 다시 말해서 무엇인가 '존재한다'고 사람들이 말하는 것은 무언가가 '지각된다'는 것에 불과하다. 객관적인 물질세계 따위는 실재하는 것이 아닌 것이다. 이것이 버클리의 주관적 관념론이다. 그러나 버클리는 여기에서 멈춰 선다. 이렇게 되면 세계에서 존재하는 것은 나 자신뿐이며 나 자신의 의식뿐이라는 결론으로 된다. 그밖에는 아무것도 없다. 다른 사람은 물론 신도 실재하지 않게 되지 않는가? 이것은 졸렬하다. 너무 졸렬하다. 그래서 버클리는 나 자신에게 일어나는 감각은 동시에 다른 사람에게 일어나는 것이고 이러한 공통된 감각을 많은 사람들의 마음에 동시에 일으켜주고 있는 것이 신이라는 식으로 논의를 진행시켜 객관적 관념론으로 이동하여 간다. 주관적 관념론은 버클리의 경우 결국은 이러한 결론을 이끌어 내기 위한 헛소리 같은 것으로 되어 버리는 것이다. (편집부 엮음, 『철학의 기초이론』)

125. '백마는 말(馬)이 아니다'라고 할 수 있는가?

그렇게 말할 수 있다.

어찌하여 그런가?

말(馬)이란 모양(形)을 가리키는 것이고, 백(白)은 색깔(色)을 나타내는 것이다. 색깔을 가리키는 것은 모양을 가리키는 것과는 다르다.

그러므로 백마는 말이 아니다.

백마가 있는데, 말이 없다고 할 수는 없다. 이미 말이 없다고 할 수 없다면 말이 있다는 것이 아닌가? 백마가 있다면 그것이 바로 말이 있는 것인데 (도리어) '백마는 말이 아니다'라고 하면 어떻게 된 것인가?

말을 구한다고 하면 검은말(黑馬)이나 누런말(黃馬) 중 어느 것을 가져와도 좋다. 그러나 백마를 구한다고 했을 때 검은말이나 누런말을 가져올 수는 없다. 백마가 말이라면 구하는 것은 한가지로 같다. 구하는 것이 한가지로 같다면 백마는 말과 다르지 않다. 백마가 말과 다르지 않다면 황마, 흑마가 어떤 때는 올 수 있고, 어떤 때는 올 수 없는 것은 무슨 까닭인가? 올 수 있는 것과 올 수 없는 것은 서로 반대의 것이다. 그러므로 황마와 흑마를 하나로 보아 말이 있다고는 할 수 있지만 백마가 있다고는 할 수 없다. 그러므로 '백마는 말이 아니다'라는 것이 분명하다.

말에 색깔이 있다고 해서 말이 아니라고 하는데, 세상에는 색깔이 없는 말이 없다. 그렇다면 천하에 말이 없다고 할 수 있는가?

말에는 본래(분명히) 색깔이 있기 때문에 백마가 있다. 가령 말이 색깔이 없다면 단지 말일 뿐이지 어찌 백마라고 하겠는가? 그러므로 흰 것(白)은 말이 아니다. 백마라는 것은 말(馬)과 흰 것(白)이 함께 한 것이다. 말(馬)과 흰 것(白)을 더한 것은 말이 아니다. 그러므로 '백마는 말이 아니다.'

말이 흰색과 합해지기 전에는 말이라 불렀고, 흰색이 말과 합해지기 전에는 흰색이라고 하였다. 말에다가 흰색이 더해져서 백마라고 부르게 되었다. '두 가지가 결합한 뒤의 것'을 '결합하기 이전의 이름'으로 부르는 것이 옳지 않기 때문이다. 그러므로 '백마는 말이 아니다'는 옳지 않다.

백마가 있는 것을 말이 있는 것이라고 한다면, 백마가 있는 것을 황마가 있다고 할 수 있는가?

그렇지 않다.

말이 있는 것과 황마가 있는 것을 구별하는 것은 황마와 말을 구별하는 것이다. 황마와 말을 구별하는 것은 황마가 말이 아니기 때문이다. 황마가 말이 아니기 때문에 '백마는 말이다'라고 하는 것은 공중에 날아다니는 것을 물 속에 집어넣거나 관과 곽을 따로 놓는다고 말하는 것과 같이 세상에서 가장 잘못되고 틀린 말이다.

백마가 있을 때 말이 없다고 할 수 없다. 이것은 흰색을 분리해서 말한 것이다. 백색을 분리하지 않으면 백마가 있을 때 말이 있다고 할 수는 없다. 그러므로 말이 있다고 하는 것은 단지 말 그 자체를 가지고서 말이 있다고 하는 것이다. 백마가 있다고 해서 말이 있는 것이 아니다. 말이 있다고 할 때 말의 말(馬馬)이 있다고는 할 수 없다.

백색이라는 것이 어떤 특정한 흰색의 물건에 고정되어 있는 것이 아니라면 이 백색이라는 것을 생각하지 않아도 좋다. 그러나 '백마'라고 할 때의 백색은 백색을 고정한 것이다. 백색이 어느 사물에 고정되어 있으면 이미 백색이 아니다. 말이라고 할 때는 색깔을 구별하는 것이 아니므로 황마나 흑마를 모두 가져올 수 있다. 백마라고 하는 것은 색깔의 구별을 하는 것이므로 황마나 흑마는 모두 색깔 때문에 제외된다. 그러므로 백마만이 올 수 있다. 색깔을 구별하지 않았을 때의 말은 색깔을 구별할 때의 말(백마)과는 다르다. 그러므로 백마는 말이 아니다. (공손룡(公孫龍)의 「백마론(白馬論)」)

126. 숱한 과학자들이 동물의 활동은 아무런 목적이 없이 유발된다는 자신의 신념을 구체화하기 위해 꾸준히 실험해 왔다. 과학자들은 인간 역시 다른 동물과 마찬가지임을 증명하기 위한 논문을 작성하는 데 나머지 시간을 소비해 온 것 같다.

따라서 '목적'이란 과학자 자신의 활동을 포함하여 모든 인간들의 신체활동을 설명하는 데 부적절한 범주인 셈이다. 인간들의 활동에 목적이 없다는 점을 증명하고자 애쓰는 과학자들은 흥밋거리가 될 만한 주제를 구성하곤 했다. (화이트헤드)

127. 늑대들이 개를 보고 말하였습니다.

"너희들은 어디를 보나 우리와 똑같은데 어째서 생각은 우리와 그렇게 다르냐? 생각하여 보아라. 우리들은 자유롭게 다들 같이 살고 있다. 그러나 너희들은 인간들에게 매여 천대받으면서 살고 있다. 다시 말해 목줄을 매고 양을 지키며 인간들이 식사를 하면서 던져주는 뼈다귀나 받아먹고…. 너희와 우리가 다른 것은 바로 이런 생각의 차이가 아닌가? 만일 너희들이 우리 말에 동의를 하면 양들을 모두 우리에게 다오. 그렇게 하며 우리들과 함께 그 양들을 모두 배부르게 먹자는 말이다."

개들이 들어보니 늑대들의 말에는 하나도 그른 점이 없었습니다. 마침내 개들은 늑대의 말에 따라 양들을 넘겨주고 나서 늑대들의 동굴 속으로 갔습니다. 그러자 늑대들은 개들을 덮쳐 모두 죽여 버리고 말았습니다. (이솝우화)

128. 난, 세들어 산다
눈치코치를 보다 이십대를 허망하게 보냈다
흘린 피 한 방울 없이
전쟁이 두렵고, 전방이 두렵고, 전경이 두렵고,
두렵고, 두려워하다, 전신주를 보아도
80년대를 보냈구나 라고 전통적 사고를 한다
어쩌리 이런들, 이런들 어쩌리
난, 세들어 산다
결코 난, 세를 산다
(김재덕, 「난세를 사는 마음」)

제 5 장
복합 논증 분석

옛사람들은 "진리는 우물 속에 있다."고 말했다.
이 비유에 따라 우리는 아마 이렇게 말할 수 있으리라.
논리는 우리들에게 우리가 우물에 이르기 위해서
딛고 내려갈 계단을 마련해 준다고.
— 아이작 왓츠

여러 가지 추리를 연구하면서 지금까지 우리가 다룬 텍스트들은 대부분 단일한 종류의 논증이 담긴 것들이었다. 그러나 실제로 대다수의 텍스트에는 여러 종류의 추리들이 복잡하게 뒤섞여 있다. 그래서 추리 하나하나를 개별적으로 다룰 줄 알면서도, 여러 종류의 논증들이 섞여 있는 복합 텍스트를 만나게 되면 얽히고설킨 논증들을 어떻게 이해하고 재구성해야 할지 난감해진다. 이번 장에서는 이러한 복합 논증을 간단명료하고 일목요연하게 재구성하여 평가하는 방법을 연구하기로 한다.

복합 논증을 재구성할 때 다양한 추리들을 한눈에 구분할 수 있도록 다음과 같은 표기법을 도입하기로 한다.[68)]

68) 이 표기법은 필자가 고안하여 다음 논문에서 처음 소개한 것을 보완한 것이다: 필자, 「철학과 비판적 사고」, 『범한철학』 제38집(2005년 가을).

연역추리 : ↓
귀납추리 : →
유비추리 : ↔
가설추리 : ↑

(1, 3, 5↓) :	이 결론은 전제 1, 3, 5로부터 연역적으로 도출되는 주장이다.
(1-3→) :	이 결론은 전제 1, 2, 3으로부터 귀납추리를 통해 얻은 것이다.
[1(2, 3)↑] :	이 결론은, 2와 3의 도움으로, 현상 1을 설명하는 가설로 추리된 것이다.
[1(2-4↓)↑] :	이 결론은, 2, 3, 4로부터 연역적으로 도출되는 주장이지만, 이 연역추리의 도움을 받아 1을 설명하는 가설이다.
[1{2, (3-5↓)}↑] :	이 결론은, 3, 4, 5를 전제로 한 연역추리의 결론이기도 한데, 이 연역추리와 2의 도움을 받아 1을 설명하는 가설이다.
(1-3↓, 4-6↓) :	이 주장은 1, 2, 3을 전제로 하고 4, 5, 6을 전제로 한 2개의 독립된 연역논증의 결론이다.
[(1, 4↔), (5, 7↓)] :	이 주장은 1과 4를 전제로 한 유비논증의 결론이면서, 또한 이와는 독립적으로 5와 7을 전제로 한 연역논증의 결론이다.
논증 '1-2↓3' :	1과 2를 전제로 하고 3을 결론으로 한 연역논증
논증 '1, 2, 4→5' :	1, 2, 4를 전제로 하고 5를 결론으로 한 귀납논증

이제 이러한 표기법을 이용하여 여러 가지 복합 논증을 재구성하고 평가해 보자.

인식론 우리는 어떻게 세계를 인식하는 것일까? 데카르트의 견해를 보자.

> 내가 문득 창 너머로 길을 지나가는 사람들을 바라본다고 하면, … 사람들 자체를 본다고 말한다. 하지만 내가 본 것은, 모자와 옷 만이요, 그 밑에는 자동기계가 숨어 있을 수도 있지 않을까? 그러나 나는 그것들이 정말 사람들이라고 판단하며, 이와 마찬가지로 나는, 내가 눈으로 본다고 믿고 있던 것도, 오직 내 정신 속에 있는 판단의 능력만으로 이해하는 것이다. (데카르트, 『성찰』, II)

이 글은 다음과 같이 재구성되는 논증으로 되어 있다.

1. 창 너머에 모자와 옷이 움직이고 있다.

∴2. 창 너머에 움직이고 있는 모자와 옷 밑에 자동기계가 있든지 사람이 있다. (1↑)

*3. 창 너머에 움직이고 있는 모자와 옷 밑에 있는 것은 자동기계가 아니다.

∴4. 창 너머에 움직이고 있는 모자와 옷 밑에 사람이 있다. [1(2-3↓)↑]

∴*5. 4는 경험에 의한 판단이든지 내 정신 속에 있는 판단의 능력만으로 이해한 것이다. (4↑)

*6. 나는 모자와 옷 밑에 있는 사람을 본 적이 없다.

∴*7. 4는 경험에 의한 판단이 아니다. (6↓)

∴8. 4는 내 정신 속에 있는 판단의 능력만으로 이해한 것이다. [4(5, 7↓)↑]

새로이 도입된 표기법은 데카르트의 논증이 어떻게 결론을 향해 흘러가고 있는지 잘 보여주고 있다. 데카르트는 먼저 창 너머에 모자와 옷이 움직이는 현상(1)을 설명하는 가설추리를 하고 있다. 그는 2에서 자동기계설과 사람설을 고려하고 있다. 그는 사람설을 택하는데, 이는 숨은전제 *3으로 2의 선언지를 제거한 결론이다. 이 결론(4)은 2와 *3으로부터 연역적으로 도출되는 것이다. 그렇다고 해서 4를 연역적으로 증명된 것으로 여기지 않고, 2와 *3의 도움을 받아 1을 설명하는 가설로 보아야 함을 유의하자. 그런데 5에서 데카르트는 4와 같이 판단하는 현상을 설명하는 가설로 경험론과 합리론을 고려한다. 그는 모자와 옷만을 보았을 뿐 사람을 본 적이 없기 때문에(*6), 경험론을 제거하고(*7), 4가 정신의 판단 능력으로만 이해한 것이라는 합리론이 최선의 가설이라는 결론에 도달한다. 이 결론(8)은, *5와 *7로부터 연역적으로 도출되는 것이지만 연역적으로 증명된 것으로 여기지 않고, *5와 *7을 전제로 한 연역추리의 도움을 받아 4를 설명하는 가설로 나타내고 있다.

이러한 표기법의 정보력은 막강하다. 이 표기법이 없으면, 데카르트의 논증을 위와 같이 설명해야 하고, 이 경우 오류나 착오가 발생할 수 있다. 설명 자체가 간단하지 않기 때문이다. 위의 논증은 비교적 짧고 간단한 것이다. 하물며 길고 복잡한 논증을 일목요연하게 재구성하는 일은 이러한 표기법을 빌지 않고서는 거의 불가능한 일일 것이다.

이제 위와 같이 재구성된 논증을 놓고 데카르트의 견해를 평가해 보자. 문제는 모자와 옷 밑에 사람이 있다는 판단(4)을 내리는 현상을 설명하는 가설로 경험론과 합리론만을 고려하는 *5에 있다. 예컨대 경험론을 거부하면서도, 데카르트처럼 정신적 판단 능력만으로는 인식이 이루어질 수 없고, 경험적 자료가 정신의 구조에 따라 적절히 재구성됨으로써 인식이 가능해진다는 칸트의 입장도 있기 때문이다.

자살 인터넷에 자살 사이트가 있어서 충격을 주고 있지만, 사실 쇼펜하우어 같은 철학자도 다음과 같이 자살을 찬양하였다. 받아들일 수 있는지 분석해 보자.

> 사물을 좀 깊이 생각할 수 있는 사람에게는 다음의 사실이 확실해질 것이다. 인간의 욕망이란 것은 그것들이 각기 갖가지 방향을 취해 가다가 서로 우연히 맞부딪쳐 때로는 죄를, 때로는 악을 빚어낸다는 점에서 비로소 죄를 짓게 되는 게 아니며, 그런 일이 일어나는 것도 인간의 욕망이란 이미 근원적 본질적으로 죄 있는 것, 비난받아 마땅한 것이기 때문이며, 따라서 살려는 의지 그 자체가 혐오스러운 일이다.
>
> 왜냐하면 이 세상에 충만해 있는 잔인과 비참은 살려는 의지의 객체화인 갖가지 성격을 가진 사람들이 필연성의 불가결(不可缺)의 연쇄에 따라 나타나는 사정하에서 동기를 주면서 일으키는 필연적 결과에 불과하기 때문이다.
>
> 즉 모든 잔인과 비참은 살려는 의지의 긍정에 대한 주석(註釋)에 불과하기 때문이다. 우리의 생존 그 자체가 죄를 내포하고 있다는 것은 죽음이 이것을 증명하고 있다. (쇼펜하우어, 「자살에 대하여」, 『철학적 소고』)

쇼펜하우어의 견해는 다음과 같은 논리적 구조로 되어 있다.

 1. 세상은 잔인과 비참으로 충만하다.

∴2. 인간은 죄를 짓는다. (1↑)

∴3. 인간은 살려는 의지를 실현하려는 가운데 우연히 죄를 짓든지, 살려는 의지 자체가 근원적 본질적으로 죄를 잉태하고 있어서 필연적으로 죄를 짓는다. (2↑)

 4. 인간은 살려는 의지를 실현하려는 가운데 우연히 죄를 짓는 것이 아니다.

 5. 인간은 죽는 존재이다.

∴6. 인간은 살려는 의지 자체가 근원적 본질적으로 죄를 잉태하고

있어서 필연적으로 죄를 짓는다. [2(3-4↓, 5↑)↑]

7. 만일 6이라면, 살려는 의지 그 자체가 혐오스러운 일이다.

∴8. 살려는 의지 그 자체가 혐오스러운 일이다. (6-7↓)

카뮈는 자살하지 않을 이유를 찾는 것이 철학에서 가장 중요한 일이라고 하였다. 그런데 쇼펜하우어는 자살해야 할 이유를 말하고 있다. 만일 그의 견해가 옳다면, 우리는 살려는 의지를 버리고 모두 자살해야 할 것이다.

그러나 다행히 그의 견해는 건전하지 않다. 문제의 핵심은 전제 6에 있다. 세상이 잔인과 비참으로 가득하다(1)는 그의 인식에는 동의할 수 있다. 그리고 그것이 사람들이 죄를 지은 결과(2)라는 것까지도 인정할 수 있다. 그러나 사람들은 왜 죄를 짓는가? 그는 사람들이 그 자체가 본질적으로 죄(罪)인 살려는 의지를 가지고 있기 때문에 어쩔 수 없이 죄를 짓는 것(6)이라는 가설을 제시하고 있다. 물론 이 가설을 받아들이면, 살려는 의지를 혐오하는 것이 당연할 것이다. 그러나 이 형이상학적 가설을 받아들일 이유는 무엇인가? 적어도 위의 문맥에서는 그 이유를 찾아볼 수 없다. "죽음이 이를 증명하고 있다."고 하지만, '증명'이라는 표현을 문제 삼지 않더라도, 인간이 죽는 존재라는 사실(5)은 이 가설에 대한 증거가 되지 못한다.

사실 우리는 살기 위해 동분서주하는 가운데 악행을 하기도 하고 죄를 지을 수도 있다. 그러나 우리는 선행을 하기도 하고, 죄를 짓는 대신 오히려 죄의 발생을 막는 일을 할 수도 있다. 이러한 현상들을 설명하는 가설로서 삶의 의지가 본질적으로 죄라는 견해는 설명력도 없는 듯하다. 따라서 전제 6은 받아들일 수 없고, 삶의 의지를 혐오해야 한다는 쇼펜하우어의 견해를 받아들일 이유가 없는 것이다.

우주의 조화 쇼펜하우어와는 달리 아우렐리우스는 삶의 고통을 운명으로 받아들일 것을 권한다.

전해 오는 말에 의하면 에스클라피우스(의학의 신)는 어떤 사람에게는 냉수마찰을, 또 어떤 사람에게는 신을 신지 말고 다니라는 처방을 내렸다고 한다. 마찬가지로 자연은 어떤 사람에게 질병이나 불구나 실패를, 또는 이와 비슷한 처방을 하는 경우가 있다. 전자의 경우, 각 처방은 환자의 건강을 위해 각자에게 알맞은 치료법이다. 후자의 경우, 역시 마찬가지라고 생각할 수 있다. 즉 자연은 그들의 운명을 위해 각자에게 알맞은 고통을 준 것이다. 실제로 우리에게 닥친 이러한 불행은, 마치 석공이 전체적인 조화를 위해 쓸모없이 보이는 모난 돌을 사용하는 경우가 있듯이, 전체적인 삶의 조화를 위한 것이라고 말할 수 있다.
조화는 우주의 근본 원리이다. 무수한 존재가 모여 이 세상을 이루고 있듯이, 수많은 원인이 하나의 운명을 형성한다. 비록 배우지 못한 사람들일지라도 운명이라는 뜻을 알고 있다. 그들은 흔히 "그에게 닥친 일은 그의 운명이며, 그것은 바로 그 자신을 위한 처방이다."라고 말한다. 의사의 처방을 기꺼이 받아들이듯 우리는 자연의 처방도 그렇게 받아들여야 한다. 물론 의사의 처방 중에는 입에 쓴 약도 있지만, 우리의 건강을 위해 그대로 받아들인다. 자연이 우리에게 준 시련은 바로 자연법칙의 수행이자 완성이다. 비록 그것이 고통스러울지라도 우리는 이를 기꺼이 받아들여야 한다. 왜냐하면 그것은 우주의 건강을 위한 것이며, 또한 신의 의지이기 때문이다. 자연은 그것이 전체의 이익을 위해서가 아니라면 결코 누구에게도 고통을 주지 않는다. (마르쿠스 아우렐리우스, 『명상록』)

이 글에 나타난 아우렐리우스의 논증을 재구성하면 다음과 같다:

1. 의학의 신이 어떤 사람에게는 냉수마찰을, 또 어떤 사람에게는 신을 신지 말고 다니라는 것과 같은 처방을 내리는 점과 자연이 어떤 사람에게 질병이나 불구나 실패를, 또는 이와 비슷한 처방을 내리는 점은 유사하다.
2. 의학의 신이 내린 처방은 환자의 건강을 위해 각자에게 알맞은 치료법이다.

∴3. 자연의 처방(고통)은 각자에게 알맞은 치료법이다. (1-2↔)
4. 석공이 모난 돌을 사용하는 것과, 자연이 고통을 처방하는 것은 유사하다.
5. 석공의 작품 제작은 작품 전체의 조화를 위하는 방식으로 이루어진다.
∴6. 자연의 운행은 우주 전체와 삶의 조화를 위하는 방식으로 이루어진다. (조화는 우주의 근본 원리이다.) [3(4-5↔)↑]
7. 만일 6이라면, 고통스러운 자연의 처방도 그대로 받아들여야 한다.
8. 의사의 처방 중에는 쓴 약도 있지만, 그대로 받아들여야 한다.
∴9. 고통스러운 자연의 처방도 그대로 받아들여야 한다. [6-7(1, 8↔)↓]

아우렐리우스가 질병, 불구, 실패와 같은 고통스러운 일을 그대로 받아들여야 한다고 판단할 수 있게 하는 전제는 6이다. 그리고 6은 세상의 모든 일을 운명론으로 설명하는 형이상학적 가설이다. 운명론은 어느 정도 설명력도 있는 것 같고, 고통스러운 시련을 견딜 수 있게 하는 데 도움이 되는 가설이다. 그러나 문제는 운명론이 일어나는 모든 일을 우주의 조화를 위해서 어쩔 수 없이 일어나는 것으로 규정하고 있다는 데에 있다. 운명론이 옳다면, 세상의 모든 재난과 악이 정당화되게 된다. 그뿐만 아니라 재난을 극복하려 하고 악과 불의에 저항하기보다는 "비록 고통스러울지라도 기꺼이 받아들여야 한다."고 체념하게 한다. 어떻게 이러한 가설을 받아들일 수 있을까? 아우렐리우스는 두 단계의 유비추리로 이 가설을 옹호하고 있다. 그러나 유비는 적절하지 않다. 의사나 석공의 행위 방식과 자연의 운행 방식을 유사한 것으로 볼 수는 없기 때문이다. 전자는 목적 지향적인 행위를 한다. 그러나 후자도 그러할 것이라고 생각하게 하는 이유가 없다. 따라서 우리는 아우렐리우스의 견해를 받아들일 수 없다.

파스칼의 내기(Pascal's Wager) 파스칼은 신의 존재를 증명하고자 하는 논증들에 실망한 사람일지라도, 여전히 이성적으로 신의 존재를 믿을 이유가 있다는, 다음과 같이 재미있는 논증을 제시한다.

> 만일 신이 존재한다면 신은 무한히 불가해한 존재이다. 왜냐하면 그는 부분도 한계도 가지고 있지 않으므로 우리와 아무 관련이 없기 때문이다. 그러므로 우리는 신이 무엇인지, 또 그 신이 있는지 없는지조차 알 수가 없다. 그러면 누가 감히 이 문제를 풀려 하겠는가? 그러나 우리가 신과 아무 관련을 맺지 않고 살아갈 수는 없다.
>
> … 그렇다면 '신이 있는가, 없는가'를 말해 보자. 그런데 우리는 어느 쪽으로 기울어질 것인가? 여기서 이성은 아무런 결정도 내릴 수 없다. 거기에는 우리를 격리시키는 끝없는 혼돈이 있을 뿐이다. 이 무한한 거리의 극단에서 일종의 도박이 벌어져, 노름패의 앞면 아니면 뒷면이 나올 것이다. 당신은 어느 쪽에 걸 생각인가? 이성으로서는 어느 쪽에도 걸 수 없다. 이성으로서는 하나도 지지할 수 없다.
>
> … 그러나 도박을 전혀 안할 수는 없다. 이것은 자기 마음대로 할 수 있는 일이 아니다. 당신은 벌써 시작한 것이다. 그러면 어느 쪽을 택할 것인가? 자! 택해야 한다면 어느 쪽을 택하는 게 이익이 적은가를 생각해 보자. … 신이 있다는 앞면을 취하여 손득을 계산해 보자. 두 가지 경우를 생각해 보자. 만일 당신이 이기게 된다면, 당신은 모든 것을 얻게 될 것이다. 진다고 해도 아무것도 잃지는 않는다. 주저 말고 신이 있다는 편에 걸어라. (파스칼, 『팡세』)[69)]

이 논증을 재구성하면 다음과 같다.

1. 만일 신이 존재한다면, 신은 부분도 한계도 가지고 있지 않다.
2. 만일 신이 부분도 한계도 가지고 있지 않다면, 신은 우리와 아무런 관련(접촉)이 없다.

69) 이 인용문은 논증의 핵심이 드러나도록 파스칼의 원문 중 상당한 부분을 빼고 제시된 것이다.

3. 만일 신이 우리와 아무런 관련(접촉)이 없다면, 신은 불가해한 존재이다.
4. 만일 신이 불가해한 존재라면, 우리는 신의 존재 여부에 관한 문제를 풀 수 없다.

∴5. 만일 신이 존재한다면, 우리는 신의 존재 여부에 관한 문제를 풀 수 없다. (1-4↓)

6. (그러나) 우리는 신과 아무런 관련을 맺지 않고 살 수는 없다.
7. 만일 5와 6이라면, 우리는 신의 존재 여부에 대하여 가부간의 태도를 결정해야 한다.

∴8. 우리는 신의 존재 여부에 대하여 가부간의 태도를 결정해야 한다. (5-7↓)

9. 신의 존재 여부에 대한 태도는 이성에 의해 결정할 수 없다.
10. 만일 우리가 신의 존재 여부에 대하여 가부간의 태도를 결정해야 하는데 이성에 의해 결정할 수 없다면, 신의 존재와 부재 중 어느 편에 거는 것이 더 유익할 것인가를 계산해서 결정하는 도박(내기)의 방법을 선택할 수밖에 없다.

∴11. 신의 존재와 부재 중 어느 편에 거는 것이 더 유익할 것인가를 계산해서 결정하는 도박(내기)의 방법을 선택할 수밖에 없다. (8-10↓)

12. 만일 11이라면, 신이 존재하는 편에 걸든지 신이 존재하지 않는다는 편에 걸어서, 더 유익한 편을 선택하도록 해야 한다.

∴13. 신이 존재하는 편에 걸든지 신이 존재하지 않는다는 편에 걸어서, 더 유익한 편을 선택하도록 해야 한다. (11-12↓)

14. 신이 존재한다는 편에 걸었을 경우, 만일 신이 존재한다면 우리는 모든 것을 얻고, 만일 신이 존재하지 않는다면 우리는 아무것도 잃지 않는다.

*15. 신이 존재하지 않는다는 편에 걸 경우, 만일 신이 존재한다면 모든 것을 잃고, 만일 신이 존재하지 않는다면 아무것도 잃지

않는다.

16. 만일 13-15라면, 신이 존재한다는 편에 거는 것이 더 유익하다.

∴17. 신이 존재한다는 편에 거는 것이 더 유익하다. (13-16↓)

18. 만일 신이 존재한다는 편에 거는 것이 더 유익하다면, 신이 존재한다는 편을 선택해야 한다.

∴19. 신이 존재한다는 편을 선택해야 한다. (17-18↓)

여섯 단계의 연쇄논법으로 구성된 파스칼의 논증은 연역적으로 타당하다. 그럼 이 논증은 건전하기도 한가? 인용된 원문의 범위 내에서 논증의 건전성을 평가해 보기로 하자.

다른 전제들도 깊이 분석해 보면, 문제점이 있겠으나, 가장 문제되는 것은 10이다. 이성에 의해서 신의 존재 여부에 대한 태도를 결정할 수 없다고 해서, 반드시 내기의 방법을 선택할 필요는 없기 때문이다. 내기의 방법으로 선택하기보다는, 무조건 믿을 수도 있고, 믿음의 생활이 즐겁다든지, 믿음의 생활이 출세에 도움이 되기 때문에 믿을 수도 있을 것이기 때문이다. (똑같은 방법으로 믿지 않는 생활을 택할 수도 있을 것이다.)

그러나 우리는 바로 이 점 때문에, 파스칼의 논증 전체를 폐기할 필요는 없다. 내기의 방법이 유일한 것은 아니라 할지라도, 적어도 여러 다른 방법 외에 내기의 방법이 있다는 것을 알려주고 있기 때문이다. 나아가 우리의 관심사는 내기를 해야 하는지 여부에 있지 않고, 내기의 내용에 있다. 따라서 전제 10을 접어두고 논증을 평가해 보자.

파스칼은 신이 존재한다는 편에 걸 경우, 신이 정말로 존재한다면 모든 것을 얻고(그래서 천당에 가고), 신이 존재하지 않는다면 아무것도 잃을 게 없다(그래서 밑져야 본전이다)는 손익에 따라, 신이 존재한다는 편에 거는 것이 내기에 이기는 선택이라고 권고하고 있다.

그러한 파스칼의 손익 계산이 더 정확하게 제시되기 위해서는, 전제 *15가 보충되어야 한다는 것을 우리는 알 수 있다. 그렇다면 파스칼은 왜 전제 *15를 넣지 않았을까? 신이 존재하지 않는다는 편에 걸었을 경우가 더 유익하다고 판단되면, 파스칼의 논증은 결론을 정당화시키지 못하는 것이 아닌가!

그러나 우리는 파스칼이 이 전제를 굳이 언급할 필요가 없는 자명한 주장으로 여기고 생략했을 뿐이라고 해석하고 보충해 주는 '자비'를 베풀 수 있어야 한다. 신이 존재하지 않는다는 편에 걸었을 경우, 만일 신이 존재하지 않는다면 별 문제가 없겠지만, 만일 신이 존재한다면 모든 것을 잃기 때문이다. (그래서 영원한 지옥의 불 속에 떨어지게 될 것이기 때문이다.) 신이 존재하지 않는다는 편에 걸 경우에는 큰 손해를 볼 가능성이 있는 것이다.

내기 \ 사실	신은 존재한다	신은 존재하지 않는다	손익계산
신은 존재한다	+	0	+
신은 존재하지 않는다	−	0	−

[표 5-1] 파스칼의 내기

(신이 존재한다는 편에 걸었을 경우, 실제로 신이 존재한다면, 모든 것을 얻고, 실제로 신이 존재하지 않는다면, 잃는 것이 없다. 반면에 신이 존재하지 않는다는 편에 걸었을 경우, 실제로 신이 존재한다면, 모든 것을 잃고, 실제로 신이 존재하지 않는다면, 얻을 것도 없다. 따라서 손익 계산에 의해 신이 존재한다는 편에 걸어야 한다.)

이런 점을 생각해 볼 때 우리는 파스칼의 논증을 완전히 폐기시키기에는 아깝다는 생각을 해볼 수 있다. 내기 논증이 그럴 듯한 점을 가지고 있기 때문이다. 이 경우에는 내기 논증의 결론을 다음과 같이 '조건부'로 받아들일 수 있다.

만일 10이라면, 우리는 신이 존재한다는 편을 선택해야 한다.

이 조건문은 높이 정당화된다. 신의 존재 여부에 관해서 가부간의 선택을 해야 하는데, 이성으로서는 안 되고, 내기의 방법만 남았다면, 더 유익한 결과를 안겨 주는 신이 존재한다는 편을 선택해야 할 것이다. 따라서 파스칼이 (그리고 파스칼에 동조하는 사람들이) 할 일은 이 조건문의 전건, 즉 10이 적어도 높이 정당화된다는 것을 보여주는 것이 될 것이다.

목적론적 증명[70] 파스칼과는 달리 윌리엄 페일리는 존재하는 현상들의 오묘함에 초점을 맞춰 신의 존재를 옹호하고 있다.

들판을 지나면서 내가 돌멩이 하나를 찼다고 하자. 그리고 그 돌멩이가 어떻게 그곳에 있게 되었는가를 질문 받는다면, 그 돌은 내내 거기 놓여 있었다고 대답할 수 있을 것이다. 그러나 내가 땅 위에서 시계 하나를 발견했다고 상상해 보자. 그리고 어떻게 그 시계가 그곳에 있게 되었는가를 질문 받는다면, 앞서와 같은 대답은 거의 생각할 수 없을 것이다. 그런데 어째서 이 대답은 돌에 적용되는 것과 같이 시계에는 적용될 수 없는 것일까? 시계를 조사해 볼 때, 우리는 시계의 여러 부분들은 하나의 목적에 맞도록 조직되어 있고 맞추어져 있다는 것을, 예를 들면 그들 부분들은 움직일 수 있도록 형성되어 있고 움직이기에 적합하도록 되어 있으며, 또 그 동작은 하루의 시간을 가리킬 수 있도록 규칙적이라는 것을 알게 된다. 따라서 우리는 피할 수 없는 결론, 즉 그 시계가 분명 제조자가 있었을 것이고, 누군가가 시계의 구조를 이해하고 그 용도를 설계했다는 결론에 이르게 된다.

I. 우리가 시계가 조립되는 것을 결코 본 적이 없다 하여도, 그것이 결론을 약화시키지는 않을 것이다.

II. 둘째로, 그 시계가 때로는 틀리거나, 거의 정확하지 않다 하여도, 그것이 우리의 결론을 무효화하지는 않을 것이다. 어떤 설계로써 만들

---

70) 페일리의 『자연신학』, 제1장부터 제4장까지에 나오는 것으로서, 지면 관계상 중요한 부분만 발췌하였다.

어졌는가 하는 것을 보이기 위해서 그 기계가 완벽해야 할 필요는 없다.

III. 셋째로, 우리가 발견할 수 없었거나 또는 아직 발견하지 못한 몇 부분이 시계 속에 있어, 그것이 어떤 방식으로 일반적 결과를 초래한다 하여도 또는 어떤 방법으로든지 그런 결과가 나오리라고는 확인할 수 없었던 부분들이 몇 있다 하여도, 그것이 논증에 어떤 불확실성을 가져오지는 않을 것이다.

IV. 넷째로, 시계가 물질들의 가능한 결합 형태 중의 하나이며, 시계를 발견한 그 곳에서 그가 발견한 것이 무엇이든지 어떤 내부적 형상을 가지고 있음에 분명하고, 이 형상이 다른 구조가 될 수 있음과 동시에 지금 발견된 시계의 구조가 될 수 있는 것이라고 말함으로써, 그 시계의 존재를 설명했다고는 아무도 생각하지 않을 것이다.

V. 다섯째로, 사물에는 질서의 원칙이 있고, 그것이 시계 부분들을 현재의 형태와 위치로 만들었다는 대답으로 그의 탐구가 더 만족스럽게 되는 것은 아니다. 그는 결코 그러한 질서의 원칙에 의해 만들어진 시계를 알지 못했으며, 시계 제조자의 능력과는 구별되는 질서의 원칙이라는 것이 무엇을 의미하는지에 대한 견해를 전혀 형성할 수 없는 것이다.

VI. 여섯째로, 그 시계의 기제(機制, mechanism)가 그것이 고안품이라는 증거가 되지 못하며, 단지 그가 그렇게 생각하도록 할 뿐이라는 것을 듣게 되면 그는 놀랄 것이다.

VII. 그리고 그의 손에 있는 시계가 단지 금속의 법칙에 의한 결과에 지나지 않는다는 것을 알게 되면 크게 놀랄 것이다. 어떤 법칙을 어떤 사물의 작용인으로 여기는 것은 언어의 악용이다. 법칙은 행위자를 전제로 한다. 이런 행위자와 힘 없이는 법칙은 아무것도 할 수 없고 아무것도 아니다.

VIII. 마지막으로, 그가 그 사건에 관해 아무것도 몰랐다는 말을 들을지라도 그는 그의 결론의 참에 대한 신뢰를 버리지는 않을 것이다. 그는 그의 논증에 대해 충분히 알고 있다. 그는 목적의 유용성과 목적에 대해 수단이 공헌하는 바와 적용되는 바도 안다. 이 몇 가지는 알지만 다른 것에 대한 그의 무지 다른 것에 관련된 그의 의혹이 그의 추론의 확실성에 영향을 끼치지는 않는다. 거의 아무것도 모른다는 의식이 그가 알고 있는 것에 대한 불신까지 낳을 필요는 없다.

우리들 앞에 있는 시계가 그 전에 있던 다른 시계, 또 그 이전에 있던 시계, 이리하여 무한히 그 이전의 시계에 의해 만들어졌다고 가정하듯이 그 문제성을 훨씬 뒤로 미루어도 얻어지는 것은 아무것도 없다. 그렇게 먼 과거로 돌아가는 것은 주제에 관해서 조금도 만족감을 주지 않는다. 고안품은 아직도 설명되지 않고 있다. 우리는 여전히 설계자를 원하고 있다.

논증의 적용

시계가 고안품이며 설계의 산물이라고 생각하게 한 모든 점들이 자연의 작품들 속에 있다. 즉, 자연의 고안품은 그 기구가 복잡하고 미묘하고 진귀한 점에서 예술가의 고안품을 능가하며 수나 다양성에 있어서는 훨씬 더 우월하다는 것을 의미한다. 그리고 대부분의 경우 자연의 고안품은 인간 지능이 만든 가장 완벽한 생산품보다 훨씬 기계적이고 고안품다우며, 그들의 목적에 더 적합하고, 더 어울리도록 되어 있다.

이러한 페일리의 논증을 재구성하면 다음과 같다.

1. 시계는 목적에 맞도록 설계되고 만들어져 있다. (들판에서 발견된 시계의 여러 부분들은 하나의 목적에 맞도록 조직되어 있고 맞추어져 있다. 예를 들면 그들 부분들은 움직일 수 있도록 형성되어 있고 움직이기에 적합하도록 되어 있으며, 또 그 동작은 하루의 시간을 가리킬 수 있도록 규칙적이다.)

∴2. 설계론, 우연설, 질서설, 법칙설, 또는 무한퇴행설이 옳다. (1↑)

설계론 : 들판에서 발견된 시계는 설계자(제조자)가 있다.
우연설 : 시계는 물질들의 가능한 결합 형태 중의 하나이다.
질서설 : 사물에는 질서의 원칙이 있고, 그것이 시계의 부분들을 현재의 형태와 위치로 만들었다.
법칙설 : 시계는 금속의 법칙에 의해 생겨난 것이다.

무한퇴행설 : 시계는 그 전에 있던 다른 시계, 또 그 이전에 있던 시계, 이리하여 무한히 그 이전의 시계에 의해 만들어졌다.

3. 그렇게 정교한 구조를 가지고 시간을 알려줄 수 있는 시계가 우연하게 물질들의 여러 가능한 결합 형태들 중 하나로 나타나게 되었다고는 아무도 생각하지 않을 것이다. (IV)

∴4. 우연설은 받아들일 수 없다. (3↓)

5. 우리는 결코 자연 자체에 있다고 하는 질서의 원칙에 의해 만들어진 시계를 알지 못했으며, 시계 제조자의 능력과는 구별되는 질서의 원칙이라는 것이 무엇을 의미하는지에 대한 견해를 전혀 형성할 수 없다. (V)

∴6. 질서설은 받아들일 수 없다. (5↓)

7. 어떤 법칙을 어떤 사물의 작용인으로 여기는 것은 언어의 악용이다.

8. 법칙은 행위자를 전제로 한다. 즉, 이런 행위자와 힘 없이는 법칙은 아무것도 할 수 없고 아무것도 아니다. (VII)

∴9. 법칙설은 받아들일 수 없다. (7-8↓)

10. 무한퇴행설은 문제를 먼 과거로 미루어 놓을 뿐이다.

∴11. 무한퇴행설은 받아들일 수 없다. (10↓)

12. 설계론이 경험적으로 확인되지 않았다는 것은 이 이론의 약점이 되지 못한다. (I)

13. 시계가 고장이 난다든지, 시계에 우리가 알 수 없는 부분이 있다 할지라도, 시계가 목적론적 고안물이라는 현상 인식에 영향을 주지는 않는다. (II, III)

14. 시계의 기제를 고안품으로 보는 것이 단지 심리적 문제일 뿐이라든지(VI), 시계의 기제를 잘못 이해했다는 것은 받아들일 수 없다.

∴15. 설계론에 대한 비판은 받아들일 수 없다. (12-14↓)

∴16. 설계론이 옳다. 즉, 시계는 설계자가 있다. [1{(2, 4, 6. 9, 11↓), 15}↑]

17. 자연의 고안품은 그 기구가 복잡하고 미묘하고 진귀한 점에서 예술가의 고안품을 능가하며 수나 다양성에 있어서는 훨씬 더 우월하다. 그리고 대부분의 경우 자연의 고안품은 인간 지능이 만든 가장 완벽한 생산품보다 훨씬 기계적이고 고안품다우며, 그들의 목적에 더 적합하고, 더 어울리도록 되어 있다.

∴18. 시계와 자연의 고안품은 목적에 맞도록 설계되고 만들어졌다는 점에서 유사하다. (1, 17↓)

∴19. 자연도 설계자(제조자)가 있다. 즉, 신은 존재한다. (16, 18↔)

페일리의 논증은 기본적으로 유비추리이다. 들판에서 발견한 시계와 자연의 유사성을 역설하고, 그 시계의 설계자가 있다는 점을 들어 자연에도 설계자가 존재한다는 결론을 도출하고 있다. 따라서 유비추리의 성격을 알고 있는 독자는 페일리의 결론을 받아들이는 데 일단 주저하게 될 것이다. 그러나 시계와 자연이 '목적론적 구조'라는 본질적으로 중요하고 유관한 점에서 유사하다는 것을 인정하지 않을 수 없고, 따라서 시계에 설계자가 있다는 것을 받아들이게 되면, 신의 존재를 인정해야 하지 않는가. 더구나 시계가 고안품이라는 것은 굳이 논증을 제시할 필요도 없이 받아들일 수 있는 사실이다. 따라서 우리는 자연의 설계자, 즉 신이 존재한다는 가설을 자연현상에 대한 최선의 설명으로 받아들여야 하지 않을까?

페일리의 유비추리는 상당한 설득력을 가지고 있는 것 같다. 그럼에도 불구하고 독자들은 어딘지 미흡한 점이 있다는 느낌을 가질 것이다. 유비추리의 비증명적 성격 때문이다. 나아가 독자들은 페일리가 논점 일탈의 오류를 범하고 있다는 느낌을 갖게 될 것이다. 시계가 고안품이라는 평범한 사실을 거창한 논증을 통해 '증명'하고자 하는 대신, 자연의 설계자가 있다는 것을 보여주는 논증을 제시했어야 하지 않을까? 그러나 이러한 불평은 불평으로 그칠 필요가 있다. 지엽적인 문제 때문에 핵심을 놓치는 우를 범해서는 안 되기 때문이다. 페일리의 논증을 전혀 새로운 각도에서 재검토해 보기로 하자.

먼저 위의 재구성된 페일리의 논증에서, 전제 2에 나오는 '시계'라는 표현을 모두 '자연'이라는 표현으로 바꾸어 생각해 보자. 그러면 우리는 페일리가 자연에 설계자가 있다는 가설추리를 제시하고 있는 것으로 볼 수 있다.

이제 재해석된 페일리의 논증을 살펴보자. 페일리는 자연이 우연의 산물이라는 진화론적 입장인 우연설을 거부하고 있다. 거부의 이유는 '아무도 그렇게는 생각하지 않을 것이다'이다. 즉, 페일리는 우연설이 정합성의 원칙에 반한다고 주장하고 있는 것이다. 페일리가 사망한 지 50여 년이 지난 다음에야 다윈(Charles Darwin)의 진화론(1859)이 나온 것으로 보아, 페일리의 시대가 어떤 지적 상황에 있었는지 짐작할 수 있다. 그러나 현대를 사는 우리는 창조론과 진화론의 논쟁이 아직 끝나지 않았다는 것을 안다.

페일리는 물질본질주의 또는 환원주의적 유물론에 해당하는 질서설과 법칙설을 거부하고 있다. 거부의 이유는 뚜렷한 것이 없다. 더구나 그는 인과법칙이 행위자를 전제한다는 목적론적 세계관의 틀을 벗어나지 못하고 있음을 알 수 있다. 자연현상은 물론 인간의 행위까지 기계론적으로 해석하려고 하는 현대과학의 경향에 비추어 보아, 이 견해는 받아들이기 어려울 것 같다.

무한퇴행설을 거부하는 그의 입장에는 동의할 수 있을 것 같다. 그러나 주어진 맥락 안에서만 생각해 볼 때, 설계론이 다른 경쟁하는 이론들보다 우월하다는 이유가 충분히 제시되지 못했다는 것을 알 수 있다. 따라서 우리는 재해석된 페일리의 논증이 신의 존재가 자연현상에 대한 최선의 설명이라는 것을 보여주지 못했다는 판단을 할 수 있을 것이다.

이 시점에서 우리는, 페일리의 논증과는 별도로, "자연현상은 설계자에 의해 설계되고 제조되었다."는 가설을 독립적으로 평가해 볼 수 있다. 이 가설은 설명력이 있다. 이 가설이 참이라면, 설명의 대상인 자연현상이 존재하는 바대로 존재할 것이기 때문이다. 정합성도 어느 정도 확보되는 것 같다. 과거에는 흔히 과학적이고 유물론적인 견해를 받아들이면, 신의 존재가 거부된다고 생각했다. 그러나 위대한 과학자들이 신의 존재를 인정하는 경우도 많고, 요즈음에는 '창조 과학'이라는 말이 나올 정도로 창조론이 과학적 세계관과 어울리는 모습을 보이기도 하기 때문이다.

그리고 경쟁하는 가설인 유물론(진화론)도 면밀한 분석을 해보면 많은 문제점을 안고 있다. 따라서 우리는 이 문제에 관한 한 판단을 유보하고, 세계의 '비밀'에 관해서 더 많은 것을 알 수 있을 때까지 연구하고 기다리는 선택을 할 수 있다. 그런가 하면 또한 우리는 이 시점에서 놀이의 전환을 생각해 볼 수 있다. 우리의 삶을 위해서 어떤 이론을 받아들이는 것이 좋은가? 독자들 스스로 판단해 보기 바란다.

장자(莊子) 다음 장자의 견해를 재구성하여 평가해 보자. 독자들은 우리의 분석 기법이 동양철학 연구에도 적용될 수 있다는 점에 동의할 수 있을 것이다.

> 나와 그대가 논쟁을 벌인다고 가정해 보자. 그대가 나를 이기고 내가 그대를 이기지 못하였다면, 과연 그대가 옳고 나는 틀린 것이 되는 것인가? 내가 그대를 이기고 그대가 나를 이기지 못하였다면, 과연 내가 옳고 그대가 틀린 것인가? 그 어느 쪽이 옳고 그 어느 쪽이 틀린 것인가? 그렇지 않으면 다함께 옳은 것이 되고 다함께 틀리는 것이 되는 것인가? 나와 그대는 서로가 도저히 알 수가 없는 것이다. 그렇다면 다른 사람들은 본시부터 멍청해질 수밖에 없는 것이다. 그러면 나는 누구에게 올바로 판정해 달라고 해야 할 것인가? 그대와 의견이 같은 사람에게 올바로 판정을 해달라고 한다면, 이미 그대와 의견이 같거늘 어찌

올바로 판정할 수가 있겠는가? 나와 의견이 같은 사람에게 판정을 해달라고 한다면 이미 나와 의견이 같거늘 어찌 올바로 판정을 할 수가 있겠는가? 나와 그대와 의견이 다른 사람에게 올바로 판정을 해달라고 한다면, 이미 나와 그대와 의견이 다르거늘 어찌 올바로 판단할 수가 있겠는가? 나와 그대와 의견이 같은 사람에게 올바로 판정해 달라고 한하면, 이미 나와 그대와 의견이 같거늘 어찌 올바로 판정할 수가 있겠는가? 그러니 나나 그대나 다른 사람들이나 모두 알 수가 없는 것이다. 그러면 또 누구를 기다려야만 한다는 것인가? 수시로 변화하는 이론을 믿는다는 것은 믿는 것이 없다는 것이나 같은 것이다. 자연의 분수로써 모든 것을 조화시키고 무궁함으로써 모든 것의 바탕을 삼는 것이 주어진 삶을 다하는 방법이 되는 것이다. 무엇을 자연의 분수로써 모든 것을 조화시킨다고 말하는 것인가? 그것은 '옳은 것'과 '옳지 않은 것', '그러한 것'과 '그렇지 않은 것'은 상대적인 것이라는 말이다. '옳은 것'이 만약 정말 '옳은 것'이라면, 곧 '옳은 것'이 '옳지 않은 것'과 다르다는 것은 또한 말할 것이 없게 되는 것이다. '그러한 것'이 만약 진실로 '그러한 것'이라면, 곧 '그러한 것'이 '그렇지 않은 것'과 다르다는 것은 또한 말할 것도 없게 되는 것이다. 세월과 옳음을 잊고 무경(無境)에서 노닐면, 일체가 무경하게 된다. (『장자』, 「제물론(齊物論)」)

이 텍스트의 논리적 구조를 적절하게 재구성하는 것은 쉽지 않을 것이다. 그렇다고 해서 옳고 그름을 따지지 않고 두루뭉수리 넘어갈 수도 없다. 옳고 그름을 따지지 않고 '무경(無境)'에서 노니는 것은 장자의 견해가 옳다는 것을 전제하기 때문이다. 그러나 장자는 옳은가?

이 텍스트는 다음과 같이 재구성되는 논리적 구조로 되어 있다.

*1. 옳고 그름은 상대적이든지 절대적이다.
2. 만일 옳고 그름이 상대적이라면, 나와 그대가 논쟁을 해서 누가 이기든 누가 옳은지는 알 수 없고, 나와 의견이 같은 사람, 그대와 의견이 같은 사람, 나와 그대와 의견이 다른 사람, 나와 그대와 의견이 같은 사람 등 어떤 제삼자가 우리의 논쟁을

판정한다 해도 누구의 판정이 옳은지는 알 수 없다.

3. 만일 2라면, 옳고 그름을 가리기 위한 논쟁이 필요 없다.

∴4. 만일 옳고 그름이 상대적이라면, 옳고 그름을 가리기 위한 논쟁이 필요 없다. (2-3↓)

5. 만일 옳고 그름이 절대적이라면(만일 옳은 것이 정말 옳은 것이라면), '옳은 것'이 '옳지 않은 것'과 다르다는 것은 말할 필요가 없다.

6. 만일 '옳은 것'이 '옳지 않은 것'과 다르다는 것을 말할 필요가 없다면, 옳고 그름을 가리기 위한 논쟁이 필요 없다.

∴7. 만일 옳고 그름이 절대적이라면, 옳고 그름을 가리기 위한 논쟁이 필요 없다. (5-6↓)

∴8. 옳고 그름을 가리기 위한 논쟁이 필요 없다. (1, 4, 7↓)

9. 만일 옳고 그름을 가리기 위한 논쟁이 필요 없다면, 옳고 그름을 가리기 위한 논쟁을 하지 않고, 자연의 분수로써 모든 것을 조화시키고 무궁함으로써 모든 것의 바탕을 삼는 것이 주어진 삶을 다하는 방법이다. [세월과 옳음을 잊고 무경(無境)에서 노닐면, 일체가 무경하게 된다.]

∴10. 옳고 그름을 가리기 위한 논쟁을 하지 않고, 자연의 분수로써 모든 것을 조화시키고 무궁함으로써 모든 것의 바탕을 삼는 것이 주어진 삶을 다하는 방법이다. [세월과 옳음을 잊고 무경(無境)에서 노닐면, 일체가 무경하게 된다.] (8-9↓)

장자는 단순양도논법을 이용하여 "옳고 그름을 가리기 위한 논쟁이 필요 없다."(8)는 결론을 이끌어내고 있다. (핵심 구조가 단순양도논법이라는 점을 발견하기는 쉽지 않을 것이다.) 그러나 그의 논증은 건전하지 않다.

장자는 먼저 옳고 그름이 상대적일 경우에 논쟁을 할 필요가 없다는 주장을 편다. 사실 우리는 모두 각자의 입장에서 옳고 그름을 판단한다. 그래서 각자의 입장이 서로 다를 경우 어떤 입장이 옳은지를 놓고 논쟁하는 것이 무의미할 수 있다. 논쟁을 해봐야 어떤 특정한 입장이 옳다는 합의에 이르기도 어렵고, 합의에 이른다 해도 옳다는 보장이 되는 것은 아니기 때문이다.

그러나 이러한 경우를 장자가 생각하는 상대주의로 여기는 것은 잘못이다. 이러한 경우는 대체로 상대주의 때문에 발생하는 것이 아니라, 논쟁의 룰이 없거나 무력화된 경우, 즉 진정한 의미의 논쟁이 불가능한 경우에 발생한다. 장자가 이러한 경우를 염두에 둔 것은 아닐 것이다.

상대주의에도 여러 입장이 있지만, 절대주의의 반대 개념으로 생각하고 장자의 견해를 평가해 보자. 이 경우 옳고 그름이 상대적이라는 것은 옳고 그름을 판가름할 절대적인 기준이 없다는 것을 뜻한다. 그래서 이런 의미로 옳고 그름이 상대적일 경우에는 어떤 논쟁을 통해서도 옳고 그름을 가리는 것이 불가능하다. 따라서 원칙적으로 옳고 그름을 가리기 위한 논쟁은 무의미하다. 물론 옳고 그름을 가려줄 수 있는 절대적 기준은 없다 해도 상대적 기준은 있을 수 있고, 따라서 여전히 논쟁이 유의미하다는 반론이 있을 수 있다. 그러나 장자의 견해가 이 반론으로 손상을 입는 것은 아니다.

장자의 문제는 딜레마의 다른 뿔에 있다. 만일 옳은 것이 정말 옳은 것이라면(예컨대 어떤 주장이 어떤 절대적 기준에 의해 옳다면), 옳은 것은 옳은 것이고, 옳지 않은 것은 옳지 않은 것이어서, 옳은 것이 옳지 않은 것과 다르다는 것은 자명한 일이다. 그렇다고 해서 옳은 것과 옳지 않은 것을 가리기 위한 논쟁이 필요 없을까? 그렇지 않다. "옳은 것은 옳은 것이다."라는 동어반복적 주장의 진위를 가리기 위해서는 논쟁이 필요 없다. 그러나 '옳다고 여겨지는 것'이 '정말 옳은 것'인지를 알 수 있기 위해서는 논쟁이 필요한 것이다.

따라서 우리는 장자가 '옳고 그름을 가리기 위한 논쟁을 하지 않고 무경에서 노니는 삶'을 권장할 이유가 없다는 것을 알 수 있다. 장자는 '정말 옳은 것'(존재론적인 것)과 '옳다고 여겨지는 것'(인식론적인 것)의 구분을 하지 않고 논쟁 무용론을 폈던 것이다.

열하일기 인식론은 철학자들, 특히 서양 철학자들만의 전유물이 아니다. 빼어난 문체에 담긴 연암 박지원의 견해를 살펴보자.

> 강물은 두 산 사이에서 흘러 나와 돌에 부딪혀 싸우는 듯 뒤틀린다. 그 성난 물결, 노한 물줄기, 구슬픈 듯 굼실거리는 물갈래와 굽이쳐 돌며 뒤말리며 고함치는, 원망하는 듯한 여울은 장성을 뒤흔들어 쳐부술 기세(氣勢)가 있다. 수만의 전차와 수만의 군사와 수만의 포대와 큰 북으로도 그 통탕거리며 무너져 쓰러지는 소리를 충분히 형용할 수 없을 것이다. 모래 위엔 엄청난 큰 돌이 우뚝 솟아 있고, 강 언덕엔 버드나무가 어둡고 컴컴한 가운데 서 있어서, 마치 물귀신들이 서로 다투어 사람을 엄포하는 듯한데, 좌우의 이무기들이 솜씨를 시험하여 사람을 붙들고 할퀴려고 애를 쓰는 듯하다.
>
> 어느 누구는 이곳이 전쟁터였기 때문에 강물이 그렇게 운다고 말한다. 그러나 이것은 그런 때문이 아니다. 강물 소리란, 사람이 그것을 어떻게 받아들이느냐에 따라 다른 것이다. 나의 거처(居處)는 산중에 있었는데, 바로 문 앞에 큰 시내가 있었다. 해마다 여름철이 되어 큰 비가 한 번 지나가면, 시냇물이 갑자기 불어서 마냥 전차와 기마, 대포와 북소리를 듣게 되어, 그것이 이미 귀에 젖어 버렸다. 나는 옛날에, 문을 닫고 누운 채 그 소리를 구분해 본 적이 있었다. 깊은 소나무에서 나오는 바람 같은 소리, 이것은 듣는 사람이 청아(淸雅)한 까닭이며, 산이 찢어지고 언덕이 무너져 내리는 듯한 소리, 이것은 듣는 사람이 흥분한 까닭이며, 뭇 개구리들이 다투어 우는 듯한 소리, 이것은 듣는 사람이 교만한 까닭이며, 수많은 축(筑)의 격한 가락인 듯한 소리, 이것은 듣는 사람이 노한 까닭이다. 그리고 우르릉 쾅쾅 하는 천둥과 벼락 같은 소리는 듣는 사람이 놀란 까닭이고, 찻물이 보글보글 끓는 듯한 소리는 듣는 사람이 운치(韻致) 있는 성격인 까닭이고, 거문고가 궁우(宮羽)에 맞는 듯한 소리는 듣는 사람이 슬픈 까닭이고, 종이창에 바람이 우는

듯한 소리는 듣는 사람이 의심하고 있기 때문인 것이다. 따라서 이러한 모든 소리는, 올바른 소리가 아니라 다만 자기 흉중에 품고 있는 뜻대로 귀에 들리는 소리를 받아들인 것에 지나지 않는다.

그런데, 나는 어제 하룻밤 사이에 한 강을 아홉 번이나 건넜다. 강은 한외(塞外)로부터 나와서 장성을 뚫고 유하, 조하, 황화, 진천 등의 여러 줄기와 어울려 밀운성 밑은 지나 백하가 되었다. 내가 어제 두 번째 배로 백하를 건넜는데, 이것은 바로 이 강의 하류였다. 내가 아직 요동 땅에 들어오지 못했을 무렵, 바야흐로 한여름의 뙤약볕 밑을 지척지척 걸었는데, 홀연히 큰 강이 앞을 가로막아 붉은 물결이 산같이 일어나서 끝을 볼 수 없었다. 아마 천리 밖에서 폭우로 홍수가 났었기 때문일 것이다. 물을 건널 때에는 사람들이 모두들 고개를 쳐들고 하늘을 우러러 보고 있기에, 나는 그들이 모두 하늘을 향하여 묵도를 올리고 있으려니 생각했었다. 그러나 오랜 뒤에야 비로소 알았지만, 그때 내 생각은 틀린 생각이었다. 물을 건너는 사람들이 힘차게 돌아 흐르는 물을 보면, 굼실거리고 으르렁거리는 물결에 몸이 거슬러 올라가는 것 같아서 갑자기 현기증이 일면서 물에 빠지기 쉽기 때문에, 그 얼굴을 젖힌 것은 하늘에 기도하는 것이 아니라 숫제 물을 피하여 보지 않기 위함이었다. 사실, 어느 겨를에 그 잠깐 동안의 목숨을 위하여 기도할 수 있었으랴!

그건 그렇고, 그 위험이 이와 같은데도, 이상스럽게 물이 성내어 울어대진 않았다. 배에 탄 모든 사람들은 요동의 들이 넓고 평평해서 물이 크게 성내어 울어 대지 않는다고 말했다. 그러나 이것은 물을 잘 알지 못하는 까닭에서 나온 오해인 것이다. 요하가 어찌하여 울지 않았을 것인가? 그건 밤에 건너지 않았기 때문이다. 낮에는 눈으로 물을 볼 수 있으므로 그 위험한 곳을 보고 있는 눈에만 온 정신이 팔려 오히려 눈이 있는 것을 걱정해야만 할 판에, 무슨 소리가 귀에 들어온다는 말인가? 그런데, 이제 전과는 반대로 밤중에 물을 건너니, 눈에 위험한 광경이 보이지 않고, 오직 귀로만 위험한 느낌이 쏠려, 귀로 듣는 것이 무서워서 견딜 수 없는 것이다.

아, 나는 이제야 도(道)를 알았도다. 마음을 잠잠하게 하는 자는 귀와 눈이 누(累)가 되지 않는데, 귀와 눈만을 믿는 자는 보고 듣는 것이 더욱 밝아져서 큰 병이 된다는 것을 깨달았다. … 마음의 판단이 한번 내려지자, 내 귓속에선 강물 소리가 마침내 그치고 말았다. 그리하여, 무려 아홉 번이나 강을 건너게 되었는데도 두려움이 없고 태연할 수 있어, 마치 방 안에서 편안히 앉아있는 것과 같았다.

… 소리와 빛은 모두 외물(外物)이다. 이 외물이 항상 사람의 이목(耳目)에 누(累)가 되어, 보고 듣는 기능을 마비시켜 버린다. 그것이 이와 같은데, 하물며 강물보다 훨씬 더 험하고 위태한 인생의 길을 건너갈 적에 보고 듣는 것이야말로 얼마나 치명적인 병이 될 것인가? 나는 또 나의 산중으로 돌아가 앞내의 물소리를 다시 들으면서 이것을 경험해 볼 것이려니와, 몸 가지는 데 교묘하고, 스스로 총명한 것을 자신하는 자에게 이를 경계하고자 하는 것이다. (박지원, 「일야구도하기(一夜九渡河記)」, 『열하일기(熱河日記)』)

이 글에서 박지원이 말하고자 하는 것을 재구성하면 다음과 같다.

1. 강물은 두 산 사이에서 흘러 나와 돌에 부딪혀 싸우는 듯 뒤틀린다. 그 성난 물결, 노한 물줄기, 구슬픈 듯 굼실거리는 물갈래와 굽이쳐 돌며 뒤말리며 고함치는, 원망하는 듯한 여울은 장성을 뒤흔들어 쳐부술 기세(氣勢)가 있다.
2. (나의 거처(居處)는 산중에 있었는데, 바로 문 앞에 큰 시내가 있었다. 해마다 여름철이 되어 큰 비가 한 번 지나가면, 시냇물이 갑자기 불어서 마냥 전차와 기마, 대포와 북소리를 듣게 되어, 그것이 이미 귀에 젖어 버렸다. 나는 옛날에, 문을 닫고 누운 채 그 소리를 구분해 본 적이 있었다.)

가. 깊은 소나무에서 나오는 바람 같은 소리가 들린다.
∴ 나. 듣는 사람이 청아(淸雅)하다. (가↑)
다. 산이 찢어지고 언덕이 무너져 내리는 듯한 소리가 들린다.
∴ 라. 듣는 사람이 흥분하였다. (다↑)
마. 뭇 개구리들이 다투어 우는 듯한 소리가 들린다.

∴바. 듣는 사람이 교만하다. (마↑)

사. 수많은 축(筑)의 격한 가락인 듯한 소리가 들린다.

∴아. 듣는 사람이 노하였다. (사↑)

자. 우르릉 쾅쾅 하는 천둥과 벼락 같은 소리가 들린다.

∴차. 듣는 사람이 놀랐다. (자↑)

카. 찻물이 보글보글 끓는 듯한 소리가 들린다.

∴타. 듣는 사람이 운치(韻致) 있는 성격이다. (카↑)

파. 거문고가 궁우(宮羽)에 맞는 듯한 소리가 들린다.

∴하. 듣는 사람이 슬프다. (파↑)

거. 종이창에 바람이 우는 듯한 소리가 들린다.

∴너. 듣는 사람이 의심하고 있다. (거↑)

∴3. (이곳이 전쟁터였기 때문에 강물이 그렇게 우는 것이 아니라) 강물 소리란, 사람이 그것을 어떻게 받아들이느냐에 따라 다른 것이다. [1(2→)↑]

4. 물을 건널 때에 사람들이 모두들 고개를 쳐들고 하늘을 우러러보고 있다.

∴5. 그들이 모두 하늘을 향하여 묵도를 올리고 있거나, (물을 보면 현기증이 일어 물에 빠지기 쉽기 때문에) 물을 피하여 보지 않기 위함이었다. (4↑)

6. 잠깐 동안의 목숨을 위하여 기도할 겨를이 없을 것이다.

∴7. (물을 보면 현기증이 일어 물에 빠지기 쉽기 때문에) 물을 피하여 보지 않기 위함이었다. [4(5-6↓)↑]

8. 요하가 성내어 울어 대지 않았다.

9. 낮에 물을 건널 경우 눈으로 물을 볼 수 있으므로 위험한 곳을 보고 있는 눈에만 온 정신이 팔려 소리가 귀에 들어오지 않고, 밤중에 물을 건널 경우 눈에 위험한 광경이 보이지 않고 오직 귀로만 위험한 느낌이 쏠려 귀로 물소리가 들리는 것이다.

∴10. (요동의 들이 넓고 평평해서가 아니라) 밤에 건너지 않았다. [8(9)↑]

∴11. 마음을 잠잠하게 하는 자는 귀와 눈이 누(累)가 되지 않는데, 귀와 눈만을 믿는 자는 보고 듣는 것이 더욱 밝아져서 큰 병이 된다. (1-10→)

12. 인생의 길을 건너는 것은 강물을 건너는 것보다 훨씬 더 험하고 위태하다.

∴13. 강물을 건널 적보다 인생의 길을 건너갈 적에는 보고 듣는 것이 훨씬 치명적인 병이 될 것이다. (11-12↓)

박지원은 자신의 '경험'(1-10)을 일반화하여 일종의 '내부주의(內部主義)'라 할 수 있는 인식론적 견해(11)를 정당화하고 있다. 재미있는 점은 그가 일반화하고 있는 현상이 순수한 경험 자료가 아니라, '경험으로 여겼던 것'과 그것(현상)을 설명하기 위한 가설추리로 되어 있다는 것이다. 그의 가설추리는 "사람들은 귀와 눈에 의지하여 인식한다고 생각하지만, 그것은 사실 인식자의 마음 상태에 따른 인식일 뿐이다."는 사례(가설추리)들을 일관되게 보여주고 있다.

과연 박지원의 견해를 받아들일 수 있는지에 대해서는 논의를 유보하는 것이 좋겠다. 철학자들 간에도 아직 정리되지 않은 문제이기 때문이다. 그러나 현대 인식론과 과학철학의 주류 측에서, 모든 경험은 이론에 물들어 있어서 "순수한 경험 같은 것은 없다."고 큰 발견이라도 한 것처럼 목소리를 높이는 것을 볼 때, 근세 조선의 박지원이 시대를 한참 앞서갔음을 알 수 있다.

박지원의 가설추리들은 받아들일 수 있는 것들도 있고 그렇지 않은 것들도 있다. 예컨대 시냇물 소리를 들으며, "뭇 개구리들이 다투어 우는 듯한 소리가 들린다."는 현상을 "듣는 사람이 교만하다."라는 가설로 설명하는 것은 무리가 있다. 그러나 2의 예들은 자신이 실제로 그렇게 생각한 것을 보고한 것으로 보면, 몇몇의 무리한 가설추리를 크게 문제 삼지 않아도 되겠다.

굳이 철학자들의 이론에 주눅들 필요 없이, 우리는 박지원의 깨달음을 그 자체로 높이 살 수 있을 것 같다. 우리는 흔히 우리가 인식하는 것이 '밖'에 있다고 생각한다. 그래서 우리는 '밖'에 있는 것 때문에 일희일비한다. 그러나 박지원의 깨달음대로, 많은 경우에 우리의 인식은 마음의 작품이다. 과연 모든 인식이 마음의 창작품인지, 그리고 경험적 내용 없이 마음이 멋대로 허구를 만들어내는 것인지에 대해서는 동의를 주저할 수 있다. 그러나 박지원과 함께, 우리의 세계관과 가치관이 상당 부분 유아론적 자아가 창안한 것이라는 사실을 깨닫는 것은 "몸 가지는 데 교묘하고, 스스로 총명한 것을 자신하는" 우리 자신을 경계하는 데 적지 않은 도움이 될 것이다.

바보 예찬 네덜란드의 인문학자 에라스무스(Desiderius Erasmus, 1466?-1536)는 다음과 같이 '바보 행복'을 예찬하였는데, 동의할 수 있는지 생각해 보자.

> 여러분은 "속는다는 것은 불행한 일이야!"라고 말할 것이다. 하지만 속지 않는 것이 훨씬 더 큰 불행이다. 행복을 현실(실재)에 두는 것은 매우 잘못된 일이다. 행복이란 사람들이 현실(실재)에 대해 갖는 견해에 따라 달라진다. 인간만사에는 모호한 것도 많고 다양한 것도 많은데, '철학자들 중 가장 덜 오만한' 우리 아카데미파 학자들이 정당하게 말했듯이, 그 무엇도 밝혀내기가 불가능하다. 설령 누군가 알게 된다 하더라도, 대개 자신의 행복을 희생한 뒤에야 알게 된다.
>
> 그러므로 인간의 정신은 진실보다 거짓에 훨씬 더 잘 사로잡힌다. 한 번 실험해 보라. 교회에 가서 설교를 들어보라. 진지한 이야기를 하면 청중은 졸고, 하품을 하고, 지겨워한다. 그러나 소리 지르는 사람(죄송! 설교하는 사람이라고 말하려 했는데)이 흔히 그러하듯, 할머니가 할 법한 이야기를 시작하면 모두 잠에서 깨어나 입을 벌리고 그 이야기를 듣는다. 마찬가지로 성 게오르기우스나 성 크리스토포루스, 성녀 바르바

라처럼 다소 전설적이고 시적인 어떤 성인이 있을 경우, 성 베드로나 성 바울, 심지어 예수에게 몰려드는 신자보다 이 성인에게 몰려드는 신자가 훨씬 더 많을 것이다. 하지만 이런 말을 해봤자 여기서는 아무 소용도 없다.

그런 행복을 얻기란 그다지 힘들지 않다! 문법 같은 최소한의 지식도 획득하려 들면 대단히 힘이 드는 반면, 자기 의견이라는 것은 매우 쉽게 만들어지고 또 지식만큼, 아니, 그 이상으로 행복에 기여한다. 다른 사람은 냄새도 견디지 못할 만큼 고약한 소금에 절인 썩은 고기를 먹고 사는 사람도 있다. 본인이 그것을 암브로시아처럼 맛있다고 여기는 이상, 그것이 그의 즐거움에 어떤 작용을 하겠는가? 반대로 철갑상어 요리를 보고 구역질을 하는 사람은 그 요리에서 어떤 즐거움도 느낄 수 없다. 아내가 끔찍하게 못생겼는데도 남편은 그 여자를 베누스에 비겨 그녀가 절세미인이 되는 식이다. 주홍색과 사프란색으로 괴발개발 그려 놓은 시시한 그림을 가진 사람이 그것을 들여다보고 감탄해 마지않으며 아펠레스나 제욱시스의 그림이라고 굳게 믿는다고 하자. 그는 비싼 값을 치르고 그 화가들의 그림을 구입하고는 별로 즐겁지 않은 기분으로 바라보는 사람보다 더 행복하지 않을까? 나는 나와 이름이 같은 사람을 하나 알고 있는데, 그는 젊은 아내에게 가짜 보석을 선물했다. 워낙 달변가였던 터라 그는 아내로 하여금 그것이 진짜 자연산 보석일 뿐만 아니라 매우 희귀하고 엄청나게 비싼 것이라고 믿게 만들었다. 자, 젊은 아내는 어떻게 되었을까? 그 여자는 이 유리 세공품을 진짜 보석을 가진 것 못지않게 즐거워하며 지칠 줄 모르고 들여다보았으며, 아무것도 아닌 그것을 보물처럼 소중히 간직했다. 남편은 돈을 쓰지 않고 아내의 착각을 이용한 셈인데, 아내는 마치 호사스러운 선물이라고 받은 양 고마워한 것이다.

여러분은 플라톤의 동굴 속에서 사물의 그림자와 영상만 본 뒤 그 이상 아무것도 바라지 않고 매우 기뻐하는 사람과, 동굴에서 나와 있는 그대로의 사물을 보는 현자 사이에 어떤 차이가 있다고 생각하는가? 만약 루키아노스의 이야기에 나오는 미킬로가 자신이 부자였던 그 황금빛 꿈을 영원히 간직할 수만 있었다면, 그 외에 다른 행복은 바라지도 않았을 것이다. 그러므로 결국 아무런 차이도 없는 것이다. 만약 차이가 있다면 미치광이의 상태가 더 바람직스럽다. 그들의 행복은 마음만 먹으면 얻을 수 있으므로 더 바람직스럽다. 그들의 행복은 마음만 먹으면 얻을 수 있으므로 별로 비용이 들지 않는다. 게다가 많은 사람들이 그것을 함께 누릴 수 있다. (에라스무스, 『바보 예찬』, 문경자 옮김)

에라스무스의 견해는 다음과 같이 재구성된다.

∴1. 대중은 본질적인 것보다 현상적인(감각적인) 것에 훨씬 더 잘 사로잡힌다. (가-나→)
  가. 대중은 교회에서 진지한 이야기를 하면 졸고, 하품을 하고, 지겨워하는 반면, 할머니가 할 법한 이야기를 시작하면 모두 잠에서 깨어나 입을 벌리고 그 이야기를 듣는다.
  나. 성 게오르기우스나 성 크리스토포루스, 성녀 바르바라처럼 다소 전설적이고 시적인 어떤 성인이 있을 경우, 성 베드로나 성 바울, 심지어 예수에게 몰려드는 신자보다 이 성인에게 몰려드는 신자가 훨씬 더 많을 것이다.
∴2. 본질(실재, 진리, 진실)에 입각한 진실된 행복과 현상에 국한된 바보 행복은 행복감의 면에서 차이가 없다. (가-나→)
  가. 플라톤의 동굴 속에서 사물의 그림자와 영상만 본 뒤 그 이상 아무것도 바라지 않고 매우 기뻐하는 사람과, 동굴에서 나와 있는 그대로의 사물을 보는 현자 사이에 아무런 차이도 없다.
  나. 만약 루키아노스의 이야기에 나오는 미킬로가 자신이 부자였던 그 황금빛 꿈을 영원히 간직할 수만 있었다면, 그 외에 다른 행복은 바라지도 않았을 것이다.
3. 본질이 무엇인지는 그 무엇도 밝혀내기가 불가능하다.
4. 설령 본질이 무엇인지 누군가 알게 된다 하더라도, 대개 자신의 행복을 희생한 뒤에야 알게 된다.

∴5. 본질에 입각한 진실된 행복만 추구해야 한다고 하는 것은 어리석다. (1-4↓)

∴6. 사람은, 비록 바보처럼 속는 것이지만, 개인적 취향과 견해에 따라 행복을 맛본다. (가-마→)

가. 다른 사람은 냄새도 견디지 못할 만큼 고약한 소금에 절인 썩은 고기를 먹고 사는 사람도 있다. (본인이 그것을 암브로시아처럼 맛있다고 여기는 이상, 그것이 그의 즐거움에 어떤 작용을 하겠는가?)

나. 철갑상어 요리를 보고 구역질을 하는 사람은 그 요리에서 어떤 즐거움도 느낄 수 없다.

다. 아내가 끔찍하게 못생겼는데도 남편은 베누스 같은 절세 미인으로 생각한다.

라. 주홍색과 사프란색으로 괴발개발 그려놓은 시시한 그림을 가진 사람이 그것을 들여다보고 감탄해 마지않으며 아펠레스나 제욱시스의 그림이라고 굳게 믿는 사람은 비싼 값을 치르고 그 화가들의 그림을 구입하고는 별로 즐겁지 않은 기분으로 바라보는 사람보다 더 행복하다.

마. 나는 나와 이름이 같은 사람을 하나 알고 있는데, 그는 젊은 아내에게 가짜 보석을 선물했다. 워낙 달변가였던 터라 그는 아내로 하여금 그것이 진짜 자연산 보석일 뿐만 아니라 매우 희귀하고 엄청나게 비싼 것이라고 믿게 만들었다. 그 여자는 이 유리 세공품을 진짜 보석을 가진 것 못지않게 즐거워하며 지칠 줄 모르고 들여다보았으며, 아무것도 아닌 그것을 보물처럼 소중히 간직했다.

7. (문법 같은 최소한의 지식도 획득하려 들면 대단히 힘이 드는 반면) 개인적 취향과 견해는 마음만 먹으면 매우 쉽게 만들어진다.

∴8. 바보 행복은 본질에 대한 지식만큼, 아니 그 이상으로 행복에

기여하고, 별로 비용이 들지 않고, 많은 사람들이 함께 누릴 수 있다. (6-7↓)

∴9. 본질에 입각한 진실된 행복만 추구해야 한다고 하는 것은 어리석고, 바보 행복에 만족해하는 것이 잘못인 것이 아니라, 바보 행복을 기피하려고 하는 것이 더 잘못이다. (5, 8↓)

에라스무스는 우신(愚神)의 입을 빌려 성직자, 철학자 등 소위 '현자'의 행복관이 대중에게 맞지 않음을 지적하고, 바보 행복을 추구하는 대중을 옹호하고 있다. 이 논증을 어떻게 평가해야 할까? 책이 끝나가는 마당에 새삼스럽게 이 물음을 던지는 이유가 있다. 텍스트 자체의 맥락에 사로잡힐 경우 평가를 그르칠 수 있기 때문이다.

먼저 텍스트 자체만 놓고 보자. 1에서 말하는 대로, 대중의 지적 수준은 낮다. 그래서 아무리 유익하다 할지라도 어려운 말을 알아들을 수 없다. 따라서 아무리 '진실된 행복'일지라도 알아들을 수 없으니 맛볼 수도 없다. 대신 그들은 그들 나름대로의 취향과 견해에 따라 행복을 맛본다. 물론 현자들이 보면 그 행복은 저질이고 괴이하기까지 하다. 그러나 이 바보 행복을 평가절하하면 안 된다. 바보 행복은 현자들이 말하는 소위 본질에 입각한 '진실된 행복'과 비교해 볼 때 행복감의 면에서 결코 뒤지지 않는다. 더구나 '진실된 행복'은 허구일 수 있다. 본질이 무엇인지는 원칙적으로 아무도 알 수 없기 때문이다. 그러니 '진실된 행복'이 아니라고 해서 바보 행복을 저질로 보거나 극복되어야 할 것으로 여겨서는 안 된다는 것이다.

행복을 느끼는 것이 주관적이고 사적이라는 점을 생각해 볼 때, 우신 논증은 그럴 듯하다. 아무리 괴이할지라도 그것을 행복하게 느끼는 사람에게는 행복한 것이다. 그러나 한 사람의 생애에 국한해 놓고 보더라도, 일생 동안 그가 맛본 행복은 종류와 질의 면에서 다양할 것이다. 행복감은 쾌락 중추가 자극되어서 발생하기도 하지만, 일반적으로 소망하는 것이 이루어질 때 느껴진다. 명백히 전자는 다른 동물도 누릴 수 있는 것으로서, 특별히 내세울 것이 없다. 중요한 것은 후자이다. 어떤 소망을 성취하는가에 따라 행복감에 차이가 있기 때문이다. 사랑하는 사람을 먼발치에서 바라보는 것만으로 행복할 수 있다. 그러나 그 사람을 내 사람으로 차지하는 것은 더욱 행복한 일일 것이다. 셋방살이 하다가 전셋집으로 이사하게 되어서 행복하기도 하겠지만, 수년 동안 열심히 공부하여 공무원 시험에 합격하는 것이 더욱 행복한 일일 것이다. 추운 겨울날 따뜻한 거실에서 사랑하는 사람과 차를 마시는 행복도 좋겠지만, 그 대신 새벽부터 집 앞에 쌓인 눈을 치우고 난 후 그 길을 고마운 듯 걷는 사람들을 창 밖으로 내어다 보는 행복이 더 좋을 수 있다. 정말 바보가 아닌 바에야 사람은 누구나 경험과 교육을 통해 세상을 보는 눈이 달라지고, 소견과 취향이 변할 수 있다. 자신의 피부를 벗어날 수 없었던 자아의 한계가 넓어져, 쾌락중추를 자극하는 것보다는 공동체적 삶을 위한 의무를 수행하는 일에서 더 깊은 행복감을 맛볼 수 있다. 따라서 전제 2는 받아들일 수 없고, 바보 행복에 만족하고 안주하기보다는, 더 심오하고 영원화될 수 있는 행복을 얻기 위하여 노력할 이유가 있게 된다. 물론 이 노력은 7에서 말하는 것처럼 '마음만 먹으면 쉽게' 되는 것이 아니다. 그리고 이 점이 현자들의 충고인 것이다.

이런 점을 생각해 볼 때 바보 행복을 찬양하는 논증은 '언 발에 오줌 누는 격'이라는 속담을 생각하게 한다. 대중은 질적으로 고양된 행복을 누릴 능력도 없고 추구할 필요도 없다는 것을 말하고 있기 때문이다. 에라스무스는 성서를 그리스어와 라틴어로 쓸 만큼 깊은 신앙심을 가진 종교인이요 지성인이었다. 그런 그가 진정한 의미에서 바보를 예찬할 리는 없다. 에라스무스의 사람됨과 우신 논증의 내용은 정합하지 않는 것이다. 따라서 우리는 우신 논증을 텍스트 자체의 맥락에서만 평가하는 것이 잘못임을 알 수 있다.

논증의 평가는 평가자의 세계와 논자의 세계가 충돌하는 일이다. 그래서 사실 '텍스트 자체의 맥락'이라는 표현은 부적절하고 촌스럽기까지 하다. 논증의 평가가 어떤 방식으로 이루어져야 하는지를 안내받는 동안만 유용한 표현이다. 대부분의 논증은, 특히 중요한 논증은, 텍스트 밖의 맥락을 무시해서는 올바른 평가에 이를 수 없다. 논자의 세계관, 가치관, 사회적 역할, 시대적 · 역사적 · 문화적 배경 등에 대하여 잘 알면 알수록 무게 있는 평가가 나올 것은 분명하다. 에라스무스가 왜 바보를 예찬했을까? 그에 대하여 그리고 그가 산 시대상에 대하여 조금이라도 아는 평가자는 그가 사실 '현자'들을 유쾌하게 조롱하고 있음을 간파할 수 있다. 그는 입으로는 온갖 고상한 말을 내뱉으면서, 실제로는 위선, 모순, 부패, 타락으로 얼룩진 삶을 살면서, 종교를 팔아먹고, 전쟁을 부추기고, 대다수 인간의 삶을 오류 덩어리로 보는 자아도취적 독단주의자들을 풍자하고 싶었던 것이다. 너희들이 바보 행복을 비난하느냐? 그럼 너희들은 어떻게 사느냐? 너희들이 비난하는 바보들보다 더 잘난 것이 무엇 있느냐? 제발 잘해 보거라. 에라스무스는 유머를 아는 사람이었다. 이렇게 직설적으로 말하는 대신 바보를 바보처럼, 즉 언 발에 오줌 누는 식으로, 예찬했던 것이다.

우리의 연구는 이제 종착역에 도달하고 있다. 니체는 평가에 대하여 다음과 같이 말한다.

> 평가하는 것은 창조하는 것이다. 이 말을 들어라, 너희 창조자들이여! 평가하는 것 자체가, 평가된 모든 사물 중에서 가장 평가되어야 할 보물인 것이다. 평가하는 행위에 의해서만이 모든 것에 가치가 부여된다. 그리고 평가할 수 없다면 존재하는 모든 것은 껍데기일 뿐이다. 이 말을 들어라, 너희 창조자들이여! (니체, 『차라투스트라는 이렇게 말했다』, 제1부)

니체는 옳다. 평가 행위는 창조 행위이다. 그러나 니체는 부족하다. 자의적 평가는 자의적 세계를 창조할 것이기 때문이다. 누구나 평가자이다. 그래서 누구나 자기의 세계를 창조할 수 있다. 그러나 인류가 지향해야 할 세계, 형이상학적으로는 '증명'될 수 없을지라도, 적어도 우리 대다수가 동의할 수 있는 일종의 '보편적 세계'를 창조하는 일은 거저 되는 것이 아니다. 대단히 어려운 일이다. 보편적 동의를 기대할 수 있는 평가를 할 줄 아는 비판적 사고의 달인이 되지 않고서는 꿈도 꿔보지 못 할 일이다.

여기까지 이 책을 열심히 연구한 독자일지라도, 그리고 그러한 독자일수록, 비판적 사고의 달인이 되는 것이 대단히 어렵다는 것을 절감할 것이다. 그래서 오직 구도자의 정신을 가진 독자만이 가던 길을 계속 갈 것이고, 또 그래야 할 이유가 있다. 세상은 바보 이해, 바보 평가, 바보 창조로 가득한데, 그럼에도 불구하고 세상이 조금씩이나마 진화한다면, 그것은 구도자들의 변치 않는 항수와 굴하지 않는 용기와 지칠 줄 모르는 노고의 덕일 것이기 때문이다.

연습문제

1. 과학자들은 현재의 치료약 개발 속도를 감안할 때 머지않은 미래에 에이즈를 정복할 수 있을 것이라 전망하고 있다. 하지만 기억해야 할 것은 에이즈는 인류가 자초한 질병이라는 사실이다. HIV의 출현 경로를 연구한 많은 과학자들은 인류가 아프리카에 조용히 숨겨진 밀림을 들쑤셨기 때문에 HIV가 세상에 나왔다고 말한다. 무분별한 개발은 인류에게 돌이킬 수 없는 치명적인 상처를 남길 수 있다. (김정훈, 「면역세포를 갖고 노는 HIV」, 『과학향기』 제619호)

2. 사회의 변혁은 대체로 사회 내에 있는 모순의 전개에 달려 있다. 즉 생산력과 생산 관계, 한 계급과 다른 계급, 새것과 옛것 사이에서 모순의 전개에 달려 있다. 이러한 모순의 전개가 사회를 앞으로 끌고 나

가며, 낡은 사회를 새로운 사회에 의해 해체시키는 충격을 준다. … 최종적으로는 사회주의 체제가 자본주의 체제의 자리에 들어선다. 이것은 인간의 의지와는 무관한 객관적 법칙이다. 반동분자들이 역사의 수레바퀴를 멈추려고 무슨 시도를 하든, 그래도 혁명은 빠르건 늦건 간에 일어나고, 그래서 필연적으로 승리를 구가하게 된다. (마오쩌둥)

3. 육체는 음식을 필요로 한다는 이유만으로도 우리에게 끝없는 근심의 원천이 되네. 그리고 우리를 덮치는 질병에 걸릴 가능성이 있고, 또 참다운 것을 추구하는 데 방해가 되지. 육체는 우리를 사랑과 정욕과 공포와 온갖 종류의 공상과 끝없는 어리석음으로 가득 차게 하며, 흔히 말하듯이 실제로 사고의 능력을 몽땅 빼앗아 가네. … 이 세상의 삶에서 될 수 있는 대로 가장 적게 육체와 교섭하고 교제할 때, 또한 육체적 본성에 탐닉하지 않고 신이 우리를 풀어주려고 할 때까지 자신을 순수하게 지킬 때, 우리는 진실에 가장 가까이 접근한다고 생각하네. (플라톤, 『파이돈』)

4. 진나라 문공(文公) 때, 주방에서 가지고 온 불고기에 머리카락이 섞여 있었다. 문공이 화를 내며 이를 탓하자 주방장이 머리를 조아리며 말했다.

"저는 간장(干將)이 쓰던 칼보다 더 잘 드는 칼로 고기를 다졌으나 머리카락 하나 자르지 못했습니다. 또 고기를 꽂이에 꽂을 때, 미처 머리카락은 생각하지도 못했습니다. 그리고 새빨갛게 달군 화로에서 충분히 구웠으나 머리카락은 태울 수 없었습니다. 이것은 모두 요리하는 자로서 죽어 마땅한 큰 죄이온데, 그럴 리는 없습니다. 이것은 필시 소인과 원한이 있는 사람의 짓이 아닌가 생각합니다."

문공은 이 말을 듣고 관계자를 조사했더니 과연 그런 자가 있었다. 문공은 요리 책임자를 모함하려던 자를 주살했다.

5. 단혼제 즉 일부일처제란 인간이라면 모두 가지고 있는 성적 욕구를 가장 심하게 억압하는 사악한 제도이므로 이는 없애야 한다. 더욱 결혼한 여자는 인간의 욕구는 덮어둔 채 가사와 아이 양육에 전념하게

되므로 늘 억압받게 된다. 결혼한 남자도 결혼으로 인하여 자기 가족과 자신만을 돌볼 뿐 사회의 전반적 문제에 대한 구성원으로서의 책임을 도외시한다. 그러므로 결혼 특히 단혼제는 나쁜 제도이다.

사람들은 자신이 종사하는 직업이 따분하다고 생각하면 바꾸고 싶어 한다. 사랑하는 사람들의 경우도 이와 마찬가지이다. 그러므로 상대방이 따분하다고 생각되면 대상을 바꿀 수 있어야 할 것이다. [푸리에(Joseph Fourier, 1768-1830)]

6. 우리는 입버릇처럼 말하기를, 대중은 아직 깨지 못했다고 한다. 그러나 개선이 느린 것은 소수가 다수보다 실질적으로 현명하지도 선하지도 못하기 때문이다. 많은 사람이 당신처럼 선해야 하는 것이 아니라, 그보다는 어디든지 절대적으로 선한 사람이 몇 있는 것이 더 필요한 일이다. 왜냐하면 그것이 그 전체를 발효시킬 수 있기 때문이다. (헨리 소로, 「시민 불복종」)

7. 선지식(善知識, Tib: Geshe) 사보게바는 이렇게 설법했다.
"현재의 욕망은 현생(現生)과 내생(來生)의 괴로움을 야기한다. 그러므로 우리는 우리의 욕구를 충족시키려고 해서는 안 된다. 우리가 우리의 욕구를 충족시키려고 할 때 우리는 불행해진다. 그때 우리 삶의 방향은 불확실해지고 잘못된 말, 잘못된 마음, 잘못된 행위가 한꺼번에 나타나게 된다. 그러므로 우리는 많은 욕망을 억눌러야 한다. 욕망을 제거할 수 있을 때 우리는 비로소 행복과 즐거움의 문턱에 들어설 수 있다. 현생과 내생에서의 행복을 보증하는 가장 확실한 신호는 욕망을 없애거나 아무런 업도 쌓지 않는 것이다. 우리가 아무것도 얻으려 하지 않을 때 가장 큰 것을 얻는다. 아무런 보답을 바라지 않을 때 우리는 가장 좋은 보답을 받는다. 우리는 명성을 바라지 않을 때 가장 큰 명성을 얻게 된다. 동료가 생기기를 바라지 않을 때 우리는 가장 훌륭한 동료를 얻게 된다." (스티븐 베츨러, 『연꽃 속의 보석이여』)

8. 많은 사람들은 다음과 같이 논한다. 만약 모든 것이 신의 절대적으로 완전무결한 본성으로부터 나왔다면, 자연에는 왜 그렇게 많은 결함,

즉 부패, 추악, 혼동, 죄악 등에 이를 정도로 타락한 것이 있는가? 그러나 우리는 이러한 추리가를 쉽게 논박할 수 있다. 왜냐하면 사물은, 그것이 인간의 감각을 유쾌하게 하는가, 불쾌하게 하는가에 따라 더 완전하거나 덜 완전한 것은 아니기 때문이다. (스피노자, 『윤리학』)

9. 우리 인생의 온갖 사건에 있어 현재 '있다'는 것은 다만 한 순간뿐으로 그것이 지나가 버리면 영원히 '있었다'는 것이 된다. 저녁이 찾아올 때마다 우리는 하루만큼 빈곤해진다. 만일 우리의 본질 깊이에 "아니다. 우리에게는 절대로 말라버리지 않는 영원한 샘물이 주어져 있어 이것으로 언제나 삶의 시간을 갱신할 수 있다."고 하는 남모를 의식이 없다고 한다면 우리의 짧은 시간이 이처럼 지나가 버리는 것을 눈앞에 볼 때 우리는 아마 미쳐버릴 것이다. 이상과 같은 고찰에서 우리는 다음과 같은 설(說)을 세울 수 있을 것이다. 즉 현재를 향락하는 것, 또 이것을 인생의 목적으로 하는 것이야말로 최고의 지혜인 것이다. 왜냐하면 현재만이 실재하고 있는 것이며 다른 모든 것은 사상의 유희에 지나지 않는다라고. 그러나 이런 생각이야말로 가장 어리석은 것이라고 하겠다. 왜냐하면 다음 순간에는 이미 존재하지 않는 그러한 것, 마치 꿈처럼 흔적도 없이 사라져 버리는 것은 절대로 노력할 값어치가 없기 때문이다. (쇼펜하우어, 『철학적 소고(小考)』)

10. 1965년 뉴저지(New Jersey)의 벨(Bell) 전화연구소에 있는 두 사람의 미국 물리학자 아르노 펜지아스(Arno Penzias)와 로버트 윌슨(Robert Wilson)은 극히 예민한 마이크로파 탐지기를 테스트하고 있었다. (마이크로파는 광파와 마찬가지지만 진동수가 매초 100억 회 정도밖에 안 된다.) 펜지아스와 윌슨은 탐지기가 본래보다는 더 많은 잡음을 검출하고 있는 것을 염려하였다. 이 잡음은 어느 특정 방향에서 오는 것 같지 않았다. 그들은 처음에 탐지기 속에서 새의 배설물을 찾아냈다. 그리고 다른 고장의 원인을 찾아보았으나 별 이상은 없었다. 그들은 대기층 안의 잡음이라면 탐지기가 수직 상방 아닌 방향을 향할 때 더 커질 것을 알고 있었다. 왜냐하면 빛이 수직 상방보다 지평선에 가까운 방향일 때 훨씬 더 많은 대기층을 뚫기 때문이다. 그런데 여분의

잡음은 탐지기의 방향에 관계없이 같았으므로 이는 대기층 '밖에서' 오는 것이 틀림없었다. 이는 지구의 자전이나 태양 둘레의 운동에도 불구하고 밤낮이나 계절에 무관하였다. 그러므로 그 잡음은 태양계 밖이나 우리 은하 외부로부터 오는 것임을 뜻하고 있다. 그렇지 않다면 지구의 운동으로 인한 탐지기의 방향이 달라짐에 따라 변동할 터이니 말이다. (스티븐 호킹, 『시간의 역사』)

11. 만일 인간이 욕망과 이성뿐인 존재에 불과하다면 프랑코 정권하의 스페인, 또는 군사독재하의 한국이나 브라질과 같은 시장경제 지향적인 권위주의 국가 아래에서도 만족하며 살아갈 수 있을 것이다. 그러나 인간은 자기 자신의 가치에 대해 '패기' 넘치는 긍지를 갖고 있기 때문에 그들은 자신을 어린아이 취급이 아닌 어른으로서 대해 주는 정부, 자유로운 개인으로서의 자주성을 인정해 주는 민주적인 정부를 원하게 된 것이다. 오늘날 공산주의가 자유민주주의로 교체되어 가고 있는 것은 공산주의가 인지(認知)에 대한 중대한 결함을 내포한 통치형태라는 사실이 인식되었기 때문이다. (프랜시스 후쿠야마, 『역사의 종말』)

12. 사람은 원하는 것을 갖게 된다. 괴테가 아닌 사람은 괴테이고자 원하지 않았던 것이다. 무엇에도 굽힘 없는 강한 성격을 가진 인간에 대해서 누구보다도 잘 이해하고 있던 스피노자는, 인간에게는 말(馬)의 완전성은 가질 필요가 없다고 말했다. 마찬가지로 누구나 괴테의 완전성을 가질 필요는 없다. 그러나 상인은 어디에서나, 파산(破産)에 직면했을 때에조차도 팔고 사고 하는 것이다. 어음 할인 중개인은 돈을 빌려주고, 시인은 노래하고, 게으름뱅이는 잠을 자는 것이다. 많은 사람들은 이것저것 갖지 못하는 것을 불평한다. 그러나 원인은 언제나, 그들이 그것을 진정으로 원하지 않았던 데에 있다. (러셀 알랭)

13. 우리는 신의 선함이 완벽하다는 것을 확신한다. 우리의 이성은 신이 그토록 선하다는 것을 우리에게 증명해 준다. 그렇지 않다면, 신은 창조주가 될 수 없을 것이다. 그렇게 되면 신의 선보다 더 완벽한 선을

소유하고 있는 어떤 다른 것이 존재해야 하며, 그 존재는 신보다 우월하고 신보다 훨씬 전부터 존재해야 할 것이다. 왜냐하면 완전한 것은 불완전한 것보다 분명 우월하기 때문이다. 그러므로 끝없는 논쟁을 피하기 위해, 우리는 최고자인 신이 최고도로 최고의 선과 완전한 선으로 충만해 있다는 것을 인정해야 한다. 그런데 우리는 앞에서 완전한 선은 참된 행복이라는 것에 동의했다. 그러므로 참된 행복은 당연히 최고자인 신에게서 찾을 수 있는 것이다. … 사람들이 행복해지는 것은 행복을 소유함으로써이며, 행복이란 실은 신성(神性)이므로, 사람들이 행복해지는 것은 신성을 소유함으로써임이 분명하다. 그런데 사람은 정의(正義)를 소유함으로써 정의로워지고 지혜를 소유함으로써 지혜로워지는 것과 똑같은 논리에 의해, 신성을 소유하고 있는 사람은 필연적으로 신성이 되는 것이다. 그러므로 모든 행복한 사람들은 각기 신성인 것이다. 본질적으로 오직 신만이 신성이지만, 그러한 특질을 소유함으로써 누구든지 그렇게 될 수 있는 것이다. (보에티우스, 『철학의 위안』)

14. 마침내 무엇인가 할 만한 일을 발견한 사람은 그 일을 위해서 새 옷을 장만할 필요는 없을 것이다. 여러 해 동안 다락에서 먼지가 뿌옇게 쌓인 채로 있던 헌 옷을 꺼내 입어도 될 것이다. … 만찬회나 입법 기관에 드나드는 사람들만은, 사람 자체가 수시로 달라지므로 그때마다 새 외투가 필요할 것이다. 하지만 나의 상의와 바지, 모자와 신발이 그 차림으로 하느님을 예배하기에 손색이 없다면 그것으로 족하다고 할 수 있지 않겠는가? …

사람들은 누구나 '가지고 할' 그 무엇을 찾는 것이 아니라 '해야 할' 그 무엇, 혹은 차라리 자기가 '되어야 할' 그 무엇을 찾고 있는 것이다. 우리는 헌 옷을 입고도 새 사람처럼 느껴질 때까지는, 그래서 그 이상 헌 옷을 계속 입으면 낡은 병에 새 술을 담는 것처럼 느껴질 만큼 처신해 왔거나 일해 왔거나 또는 긴 여로(旅路)를 밟았기 전에는, 우리의 옷이 아무리 남루하고 더럽더라도 새 옷을 사서는 안 되겠다. 우리의 털갈이 시기는 날짐승의 그것처럼 인생에 있어 하나의 위기일 때여야만 한다. 되강오리는 조용한 호수를 찾아가서 털갈이 시기를 맞는다. 내부적인 활동과 팽창을 함으로써 뱀은 허물을 벗고, 애벌레는 그 껍질을 벗는다. 의복은 사람이 맨 겉에 입는 표피(表皮)와도 같은 것이다. 위에 얘기한 것처럼 옷을 다루지 않는다면 그것은 다른 나라의 국기를 달고 항해하는 격이어서 인류 전체의 의견뿐만 아니라 우리 자신의 의견에 의해서도 마침내는 쫓겨나고 말 것이다. (소로, 『월든』, 강승영 옮김)

15. 장자(莊子)와 혜자(惠子)가 함께 호수의 징검돌 근처에서 노닐고 있었다.

장자가 말했다. "피라미가 한가롭게 헤엄치고 있소. 이게 바로 물고기의 즐거움이란 거요."

그러자 혜자가 말했다. "당신은 물고기가 아닌데 어떻게 물고기의 즐거움을 안단 말이오?"

장자가 받았다. "당신은 내가 아닌데 어떻게 물고기의 즐거움을 알지 못한다는 것을 안단 말이오?"

혜자가 다시 말했다. "나는 당신이 아니니까 물론 당신을 알지 못하오. 그러고 보면 당신은 물론 물고기가 아니니까 당신이 물고기의 즐거움을 알지 못한다는 것이 확실하단 말이오."

장자가 대답했다. "자 처음(질문)으로 돌아가 말해 봅시다. 당신은 '어찌 당신이 물고기의 즐거움을 안단 말이오?'라고 했지만, 이미 그것은 내가 안다는 것을 알고서 내게 물은 거요. 나는 호숫가에서 물고기의 즐거움을 알았단 말이오." (『장자』, 「추수(秋水)」)

16. 1901년에 어떤 과학 실험을 몇 나라에서 동시에 실시한 적이 있었다. 그 실험에서 행한 일련의 지능 검사에서 생쥐는 20점 만점에 6점을 얻은 것으로 나타났다.

1965년, 위의 실험을 행한 같은 나라들에서 다시 똑같은 지능 검사를 했는데, 생쥐는 20점 만점에 평균 8점을 얻었다.

이 현상은 지리적 위치와는 아무 상관이 없었다. 유럽의 생쥐가 아메리카, 아프리카, 오스트레일리아, 또는 아시아의 생쥐보다 더 영리하지도 덜 영리하지도 않았다. 모든 대륙에 걸쳐, 1965년의 생쥐들은

1901년의 자기들 선조보다 더 좋은 점수를 얻은 것이다. 말하자면 전 지구에서 생쥐들의 진보가 이루어진 셈이다.

그 실험은 우리로 하여금, 지구적인 차원의 '생쥐적' 지능이라는 게 존재하면서 시간이 흐름에 따라 그것이 향상되고 있다는 생각을 하게 한다.

인간 세계에서도 어떤 발명품들, 예를 들어 불, 화약, 직물 등은 중국, 인도, 유럽에서 동시에 발명한 것을 확인되었다. 오늘날에도 발명은 일정한 기간을 놓고 보면 지구의 몇몇 지역에서 같은 시기에 이루어진다.

혹시 어떤 아이디어들이 대기권 밖 공중에서 떠다니고 있는 건 아닌지, 그래서 그것들을 낚을 수 있는 사람들이 인류의 지구적 지능을 같은 수준으로 통일시키고 있는 건 아닌지 모르겠다. (베르나르 베르베르, 『지식의 백과사전』)

17. "우리는 일본인보다 우수한 민족이오. 마라톤을 시켜 봐도 일본인이 손기정을 못 따르고 … 무용을 시켜 봐도 일본인이 최승희를 못 따르지 않소? 그러니까 우리는 일본인들로 하여금 우리를 완전히 믿고서 일본의 헌법을 조선에서도 시행하도록 하여 조선인에게 선거권, 피선거권을 주도록 만들어야 하오. 그리하여 경기도를 경기현, 충청도를 충청현으로 바꾼 뒤 총선거 때에 조선 사람의 다수가 대의원이 되어 중의원에 나가 국정에 참여하고, 급기야 조선인의 문부대신도 나오고 재무대신이 나오고 하면 그때 가서는 일본인들이 생각을 달리할 게 틀림없소. 이렇게 되다가는 조선놈들이 일본 전국을 주무르는 날이 멀지 않을 거라고 … 그래서 우리들더러 이제 과거에 합방했던 것을 취소하고 피차에 따로 살자 … 그러니 조선 반도를 도로 가지고 나가거라 … 이렇게 말할 때 우리는 안 된다, 분가를 하려면 공평하게 절반씩 나누어 가져야 한다, 이렇게 주장한단 말이오. 그렇게 하여 일본인들을 윽박지르면서 조선 반도를 일본으로부터 떼어내 독립한단 말이오. 나는 앞일을 이렇게 내다보고 있기 때문에 일본 정신을 습득하자고 부르짖은 거요." (김팔봉이 회고한 춘원 이광수의 말. 최하림, 『시인을 찾아서』)

18. 보편은 모두 사물의 술어가 된다는 것을 인정한다. 그러나 심리적 내용이나 약정적 기호만 술어가 될 수 있는 성질의 것이지 실체는 그렇지 못하다. 따라서 심리적 내용이나 약정적 기호만 보편이 될 수 있다. … 더구나 어떠한 실체도 술어가 되는 성질을 지니지 않는다는 것이 명백하다. 그렇지 않았다면 명제는 개별적 실체들로 구성되는 결과가 생길 것이며, 따라서 주사(主辭)는 로마에 있고 빈사(賓辭)는 영국에 있을 수도 있게 될 것이기 때문이다. 이것은 불합리한 일이다. … 더구나 명제는 마음 안에 있거나, 발설된 말 혹은 씌어진 글 안에 있다. 따라서 그 부분은 마음 안에 있거나, 말 혹은 글 속에 있다. 그런데 이러한 것들은 개별적인 실체가 아니다. 그러므로 어떠한 명제도 실체로 구성될 수 없다는 것이 확증된다. 그러나 명제는 보편으로 구성되어 있으므로 보편은 결코 실체가 될 수 없다. (오캄, 『논리학 대전』)

19. 누구나 살기를 희구하는 까닭에 또한 쾌락을 요구한다고 말할 수 있을 것이다. 산다는 것은 활동이요 또 사람마다 자기가 가장 사랑하는 것에 관해서 자기가 가장 사랑하는 능력을 가지고 활동한다. 가령 음악가는 여러 가지 음률에 관해서 청각으로 활동하고, 학문을 사랑하는 사람은 이론적인 문제에 관하여 이지(理智)로 활동한다. 그런데 쾌락은 이러한 활동들을 완전케 하며, 따라서 사람들이 욕구하는 삶도 완전케 한다. 그러므로 사람들이 쾌락을 찾는 것도 당연한 일이다. … 사실 활동이 없으면 쾌락이 생기지 않으며, 또 모든 활동은 거기에 따르는 쾌락으로 말미암아 완전하게 되는 것이다. (아리스토텔레스, 『니코마코스 윤리학』)

20. 사형선고를 받고 감옥에 갇혀 있는 소크라테스에게 친구 크리톤이 찾아와 탈옥할 것을 권고하였다. 그러나 소크라테스는 그 권고를 거절하고 죽음의 길을 간다.

크리톤 : 나는 자네를 구출하여 국외로 탈출시키고자 하는 사람들을 몇몇 알고 있네. 왜 자네는 목숨을 버리겠다는 건가?

소크라테스 : 친애하는 크리톤, 그들이, 말하자면, 그럴 만한 어떤 이유를 가지고 있다고 하는 것을 전제로 하고, 나는 자네의 따뜻한 정

을 고맙게 생각하네. 대답 좀 해보게나. 참으로 중요한 것은 사는 것이 아니라 잘 사는 것이 아닌가?

크리톤 : 물론 그렇지.

소크라테스 : 그리고 잘 산다는 것은 명예롭게 또는 바르게 산다는 것과 같은 것이지?

크리톤 : 그래.

소크라테스 : 그러면 이 점에 비추어 보아 공식적으로 석방하지 않았는데도 내가 탈출하는 것이 옳은지를 결정해야겠네. 사람은 누구나 자기가 한 약속은 지켜야 하지? 그 약속이 옳다는 것을 전제로 하고 말일세.

크리톤 : 사람은 약속을 지켜야 하지.

소크라테스 : 그러면 논리적인 결과를 생각해 보게. 우리가 여기서 도망하려고 하고 있고 아테네 법률과 헌법이 우리와 마주쳐 다음과 같이 묻는다고 생각해 보세: "당신들은 법정의 판결이 힘을 잃고 개인들에 의하여 무효화되고 파괴될 경우 한 도시가 파괴되지 않고 계속 존재할 수 있다고 생각하는가?" 그들이 계속 묻는다고 상상해 보세: "당신들과 우리들(법률과 헌법) 사이에 이루어진 약속 중에 당신들이 불복종해도 된다는 구절이 있었던가? 또는 어떤 판결이 내려지든지 그 판결에 따르기로 당신들은 약속하였는가?" 크리톤, 우리는 무어라고 대답해야 하는가? 우리가 복종해야 한다는 것을 인정할 수밖에 없지 않은가?

크리톤 : 정말 그럴 수밖에 없네, 소크라테스.

소크라테스 : 친애하는 나의 친구 크리톤, 바로 그것이 신비주의자가 음악의 선율을 듣는 것처럼 그들이 말하고 있는 것으로 내가 듣는 것일세. 그들의 논변 소리가 내 머릿속에서 크게 들려 나는 다른 쪽의 소리를 들을 수가 없네. 자네는 다른 견해를 피력하고 싶은가?

크리톤 : 아닐세, 소크라테스. 나는 더 할 말이 없네.

소크라테스 : 그럼 크리톤, 포기하게. 그리고 갈 길을 가세. 신께서 길을 안내하고 계시네. (플라톤, 『크리톤』)

제 6 장
술어논리

프레게가 양화논리를 발견한 것은
논리학에서 가장 심도 있으면서도
유일한 기법 상의 발전이었다.
— 마이클 더밋

지금까지 우리는 논리적 분석의 단위를 주장(명제)에 국한하는 '명제논리(propositional logic)'를 이용하여 논증을 분석하고 평가하는 기법을 연구하였다. 이 기법만 숙지하고 있으면, 일상적인 논증뿐만 아니라 철학을 포함한 여러 학문에서 논의되는 논증들을 분석하고 평가할 수 있다. 그러나 술어논리(predicate logic)는 분석의 단위를 명제 자체의 구조에까지 확장하여, 명제논리만으로는 가능하지 않은 더욱 심층적인 분석을 할 수 있게 한다.

명제논리는 분석의 한계를 명제(주장)에 둔다. 그러나 이 한계는 때로 너무 많은 것을 직관에 의존하게 한다. 예를 들어보자.

모든 철학도는 진리를 추구하는 사람이다.
진리를 추구하는 사람은 모두 성실한 사람이다.
―――――――――――――――――――――――――
모든 철학도는 성실한 사람이다.

이 논증은 외관상 부당하다. 그러나 우리는 이 논증이 내용적으로 타당하다는 것을 안다. 이 논증은 완전히 정당화되는 상응 조건문을 숨은 전제로 보완하여 타당한 논증으로 재구성할 수 있다. 그러나 그 상응 조건문이 완전히 정당화된다는 것은 어떻게 아는가? 우리는 "직관에 의해 정당화된다."고 말할 것이다. 그러나 왜 이 주장이 직관적인가를 추궁받게 되면 무어라고 답해야 할까? 이 궁금증은 술어논리를 알면 간단히 풀린다.

술어논리는 프레게와 러셀 등에 의해서 개발된 '양화논리(量化論理, quantificational logic)'를 하면 된다. 그러나 '고전 논리학' 또는 '아리스토텔레스의 삼단논법'이라 불리는 전통적 논리학이 현대 술어논리의 뿌리이기 때문에, 19세기에 출현한 벤도형(圖形)의 기법을 곁들여 간단히 연구하고, 양화논리가 어떤 것인지 정도만 조금 엿보기로 한다.

6.1 삼단논법

주장의 내적 구조 방금 검토한 논증을 가지고 좀 더 연구해 보자.

> 모든 철학도는 진리를 추구하는 사람이다.
> 진리를 추구하는 사람은 모두 성실한 사람이다.
> ―――――――――――――――――――――
> 모든 철학도는 성실한 사람이다.

이 논증의 가장 섬세한 논리적 형식은 'p, q / r'로서 부당하다. 그러나 자비의 원칙을 적용하여, '(p · q) ⊃ r'라는 상응 조건문을 숨은 전제로 보완하면, 이 논증은 명제논리적으로 타당한 것으로 드러난다.

그러나 이 조건문을 숨은 전제로 보완할 수 있는 근거는 무엇일까? 그것은 이 주장이 직관적으로 참인 주장이기 때문이다. 그리고 이 주장이 직관적으로 참인 이유는 이 주장이 참인 논리적 조건문이기 때문이다. 위 논증의 주장들을 그 내적 구조가 드러나도록 분석해 보면 그 이유를 알 수 있다. 논증을 구성하고 있는 말들 중 공통된 것들 세 쌍에 대하여 각각 다른 공란을 대치해 보면 다음과 같은 논리적 형식을 얻을 수 있다:

모든 [ ]는 ( )이다.
모든 ( )은 < >이다.
___
모든 [ ]는 < >이다.

이 논리적 형식은 연역적으로 타당하다. 이 논리적 형식의 공란을 어떤 말로 메우든 전제들을 모두 참되게 만들면서 결론을 거짓되게 만들 수 없기 때문이다. 하나의 예만 들어보자.

모든 [독재자]는 (사람)이다.
모든 (사람)은 <죽는 존재>이다.
___
모든 [독재자]는 <죽는 존재>이다.

공란들의 배열이 바로 이러한 성질을 가지고 있기 때문에 이 논증은 타당하다. 그리고 우리는 이 논증이 이러한 논리적 구조를 가지고 있다는 것을 직관적으로 파악하고, 또는 이러한 구조를 그대로 반영하는 상응 조건문 ‘$(p \cdot q) \supset r$’이 논리적 조건문임을 직관적으로 파악하고, 타당하다고 판단하는 것이다.[71]

물론 이러한 논증의 타당성 여부를 조사하는 공식적인 방법이 있다. 이제부터 이와 같은 논증 분석 방법을 체계화해 보기로 하자.

71) 이 논증 형식의 공란들이 주장(명제)들이 아니라 명사적 표현들을 대신하고 있음을 주목하자.

언어와 세계 우리는 언어를 사용하여 생각하고 말하고 행동한다. 그런데 세계 속에는 무한에 가까울 정도로 수 없이 많은 것들이 있다. 그리고 우리가 세계에 대하여 무슨 말을 하자면, 세계 속에 존재하는 것들을 일컬을 수 있는 말들이 있어야 한다. 이때 우리는 다음과 같은 문제점에 부딪치게 된다.

> 만일 우리가 의사소통을 하기 위해서 세계 속에 존재하는 무한에 가까운 많은 것들 하나하나에 대한 고유한 이름을 알고 있어야 한다면, 우리는 의사소통을 하지 못하게 될 것이다.

이 문제점을 잠시 숙고해 보면 우리는 다음과 같은 판단을 할 수 있다.

> 우리는 사실상 의사소통을 하고 있다. 따라서 우리가 의사소통을 하기 위해서 세계 속에 존재하는 무한에 가까운 많은 것들 하나하나에 대한 고유한 이름을 알고 있을 필요는 없다.

사실 우리는 많은 사물들에 고유한 이름을 붙인다. 그래서 우리는 '백두산'이라는 이름을 우리나라에서 가장 높은 산에 붙여 부른다. '백두산'은 세계에서 단 하나밖에 없는 백두산에 붙여진 고유한 이름, 즉 '**고유명사**(固有名詞)'인 것이다.

그러나 우리는 모든 사물에 고유한 이름을 붙일 수도 없고, 붙인다 해도 모두 알 수는 없으며, 또 모든 사물에 고유한 이름을 붙이는 것이 반드시 좋은 것도 아니다. 그래서 우리는 사물들을 속성에 따라 분류하여 그 속성을 가진 집합에 이름을 붙인다. 예컨대 우리는 '이성적임'이라는 속성과 '동물적임'이라는 속성을 가진 대상들에 '사람'이라는 이름을 붙여 사용한다. 이 경우 '사람'과 같이 여러 대상들에게 적용되는 이름을 '**일반명사**(一般名辭)'라고 한다.

그래서 일반적으로 이름은 내포적 의미와 외연적 의미를 갖는다. 이름의 '내포적 의미(內包的 意味, intensional meaning)'란 그 표현으로 불리는 대상들에 공통된 속성들의 집합을 말한다. '사람'의 내포적 의미는 '동물적임', '이성적임' 등이 될 것이다. 그리고 이름의 '외연적 의미(外延的 意味, extensional meaning)'는 그 표현의 내포적 의미가 적용되는 집합의 원소들을 말한다. '사람'의 외연적 의미는 '동물적임', '이성적임' 등의 속성을 가진 대상들, 즉 소크라테스, 비트겐슈타인, 쿤데라, 이순신, 안창호 등 사람들 모두가 된다.

어떤 대상이든지 여러 속성들을 가지게 마련이다. 따라서 대상들은 우리가 어떤 속성에 초점을 맞추는가에 따라 여러 다른 방식으로 분류될 수 있다. 다시 말해서 소크라테스는 '사람'이라는 집합에 속할 수도 있고, '동물'이라는 집합에도 속할 수 있으며, '철학자', '지혜로운 사람', '마누라의 바가지에 시달린 사람' 등의 집합에도 속할 수 있는 것이다. 따라서 우리가 세계를 이해하려고 할 때 중요한 것 중의 하나는 어떤 대상이 어떤 속성의 집합에 속하는가를 아는 것이 된다. 소크라테스가 '지혜로운 사람'의 집합에도 속하고 '마누라의 바가지에 시달린 사람'의 집합에도 속한다는 것을 아는 것은 소크라테스에 관한 우리의 지식을 확장하는 일이기 때문이다.

벤도형(Venn's Diagrams)**과 정언적 주장** 이제 19세기 영국의 논리학자 벤(John Venn)이 고안한 벤도형의 기법을 이용하여 위에서 논의한 점들을 음미해 보자. 다음 그림에서 바깥의 큰 사각형은 '세계(우주)' 전체를 뜻한다. 그 안에 작은 원을 하나 그려보자. 그리고 그 안에 세계 안에 있는 모든 철학도들이 들어 있다고 생각하자. 그렇게 함으로써 우리는 원 밖의 세계 안에 단 한 사람의 철학도도 남겨놓지 않게 된다. 다음으로 그 원 옆에 다른 원 하나를 그리고 그 안에 진리를 추구하는 사람 모두를 넣어보자. 그리고 두 원을 각각 'F'와 'G'라고 하고 그들의 관계를 생각해 보자.

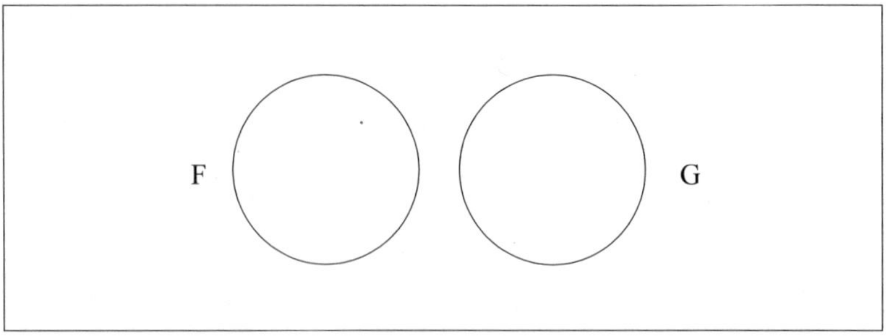

우리는 두 원을 원하는 만큼 자유로 움직여 여러 가지의 경우들이 나오도록 할 수 있을 것이다. 아리스토텔레스는 위의 두 집합들이 '이다'라는 계사(copula)로 연결되어 만들어내는 주장들을 다음과 같은 네 가지로 분류하였다:72)

A 전칭긍정(全稱肯定, universal affirmative) :
모든 F는 G이다. (All F are G.)

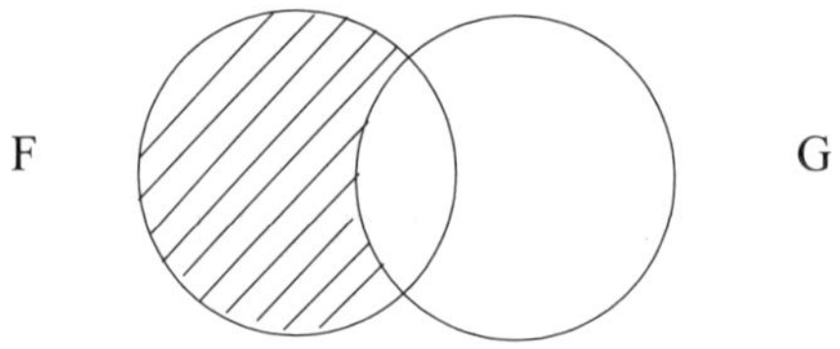

E 전칭부정(全稱否定, universal negative) :
어떤 F도 G가 아니다. (No F are G.)

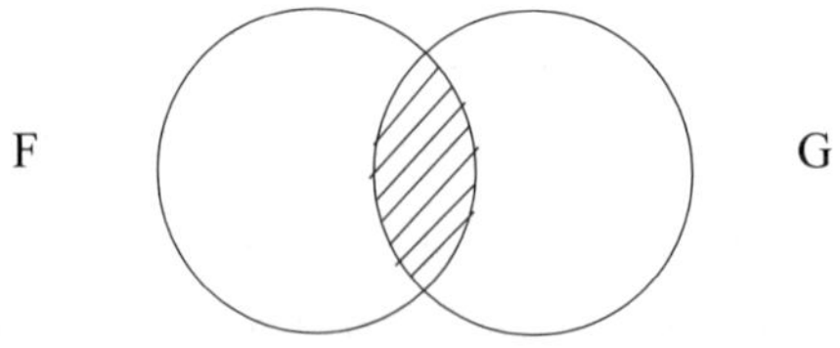

---

72) 앞으로는 세계의 한계를 뜻하는 바깥 사각형을 생략하기로 한다.

I 특칭긍정(特稱肯定, particular affirmative) :
어떤 F는 G이다. (Some F are G.)

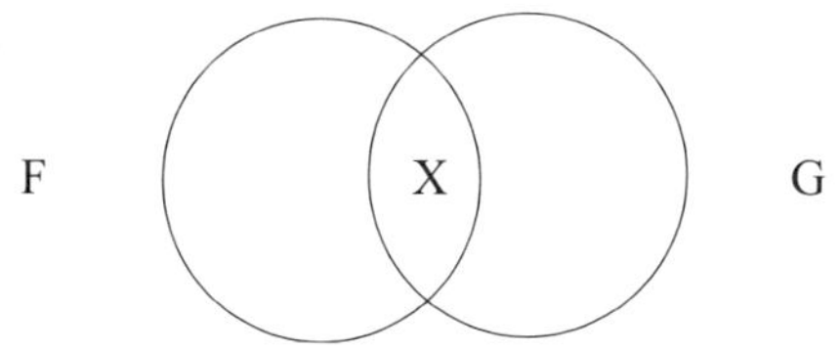

O 특칭부정(特稱否定, particular negative) :
어떤 F는 G가 아니다. (Some F are not G.)

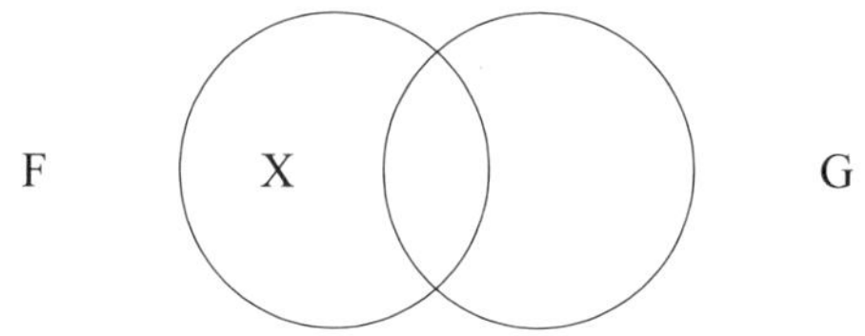

'정언적(定言的) 주장(명제)[categorical claims(propositions)]'이라 불리는 이 주장들은 어떤 집합의 전체 또는 부분이 다른 집합에 포함되는 것을 긍정하거나 부정한다.

어떤 집합의 전체를 나타내는 '모든'이라는 말을 '보편양화사(普遍量化辭, universal quantifier)'라고 하고, 어떤 집합의 부분을 나타내는 '어떤'이라는 말을 '존재양화사(存在量化辭, existential quantifier)'라고 한다.

F의 위치에는 '주어(subject term)'가 들어가고, G의 위치에는 '술어(predicate term)'가 들어가는데, F가 G에 포함되는 관계를 '이다'라는 '계사(繫辭, copula)'가 나타내 주고 있다.

A, E, I, O는 라틴어의 affirmo(affirm)와 nego(deny)에서 따온 것으

로, A와 I는 긍정을, 그리고 E와 O는 부정을 뜻하며, A와 E는 전칭을, 그리고 I와 O는 특칭을 뜻하는 기호로 사용된다.

벤도형에서 사선으로 지워진 부분은 '비어 있음'을 뜻한다. 그래서 "모든 F는 G이다."는 A형식은 G의 밖에 있는 F 부분을 사선으로 지운다. 전칭긍정의 벤도형은 F이면서 G에 속하지 않은 것이 없음을 나타낸다.

"어떤 F도 G가 아니다."는 E형식은 F과 G가 겹치는 부분을 사선으로 지워서 표현한다. 전칭부정의 벤도형은 F와 G가 공유하고 있는 원소가 전혀 없음을 나타낸다.

"어떤 F는 G이다."는 I형식은 F이면서도 G인 것이 적어도 하나 있다는 뜻으로서 F와 G가 겹치는 부분에 'X' 표를 한다. 특칭긍정의 벤도형은 두 집합이 적어도 하나의 원소를 공유하고 있다는 것을 보여준다.

"어떤 F는 G가 아니다."는 O형식은 F이면서 G가 아닌 것이 적어도 하나 있다는 뜻으로서 G 밖의 F 부분에 'X' 표를 한다. 특칭부정의 벤도형은 G에 속하지 않는 F의 원소가 적어도 하나 있음을 보여준다.

모든 주장들이 위와 같은 네 가지 표준 형식들 중의 하나로 제시되는 것은 아니다. 따라서 아리스토텔레스의 방식에 따라 주장들의 내적 구조를 분석할 수 있기 위해서는(그래서 소위 '삼단논법'을 할 수 있기 위해서는), 일상적인 표현들을 표준 정언적 형식으로 해석할 수 있어야 한다. 다음과 같은 다양한 일상적 표현들이 어떤 표준 정언적 형식으로 분석되는지 보자.

[일상적 표현]	[표준 정언적 형식]
모든 사람은 죽는다.	모든 사람은 죽는 존재이다.(A)
불은 뜨겁다.	모든 불은 뜨거운 것이다.(A)
만일 어떤 것이 물이라면, 그것은 섭씨 0°에서 언다.	모든 물은 섭씨 0°에서 어는 물질이다.(A)
오직 회원들만 초청되었다.	모든 초청된 사람들은 회원들이다.(A)
겉모습에 반하여 결혼한 사람치고 후회하지 않은 사람은 없다.	겉모습에 반하여 결혼한 사람은 모두 후회하는 사람이다.(A)
아무도 영원히 살지 못한다.	어떤 사람도 영원히 사는 존재가 아니다.(E)
어떤 사람도 완전하지는 않다.	어떤 사람도 완전한 사람은 아니다. (E)
누가 되었든지 친구가 없다면, 정상인이 아니다.	친구가 없는 어떤 사람도 정상인이 아니다.(E)
빛보다 빨리 달릴 수 있는 것은 없다.	어떤 대상도 빛보다 빨리 달릴 수 있는 대상이 아니다.(E)
어떤 여인은 정숙하다.	어떤 여인은 정숙한 사람이다.(I)
마음이 따뜻한 사람들이 있다.	어떤 사람들은 마음이 따뜻한 사람들이다.(I)
누군가 우리를 배신했다.	어떤 사람은 우리를 배신한 사람이다. (I)
적어도 한 사람이 그녀를 사랑했다.	어떤 사람은 그녀를 사랑한 사람이다. (I)
어떤 학생은 낭만을 모른다.	어떤 학생은 낭만을 아는 사람이 아니나.(O)
사랑을 경험해 보지 못한 사람들이 있다.	어떤 사람들은 사랑을 경험해 본 사람들이 아니다.(O)
친구간이라고 해서 항상 다정한 것은 아니다.	친구와 갖는 어떤 시간은 다정하게 보낸 시간이 아니다.(O)
모든 철학자가 비현실적인 것은 아니다.	어떤 철학자는 비현실적인 사람이 아니다.(O)

대당(對當)의 사각형 네 가지 정언적 주장들의 관계는 [표 6-1]의 대당의 사각형을 통해서 더 잘 이해할 수 있다. E와 I의 벤도형은 각각 '대칭적(symmetrical)'인 반면, A와 O의 벤도형은 각각 '비대칭적(asymmetrical)'이다. 따라서 우리는 "어떤 F도 G가 아니다."와 "어떤 G도 F가 아니다."가 같으며, "어떤 F는 G이다."와 "어떤 G는 F이다."가 같음을 알 수 있다. E와 I 는 각각 주어와 술어의 위치가 바뀐 그

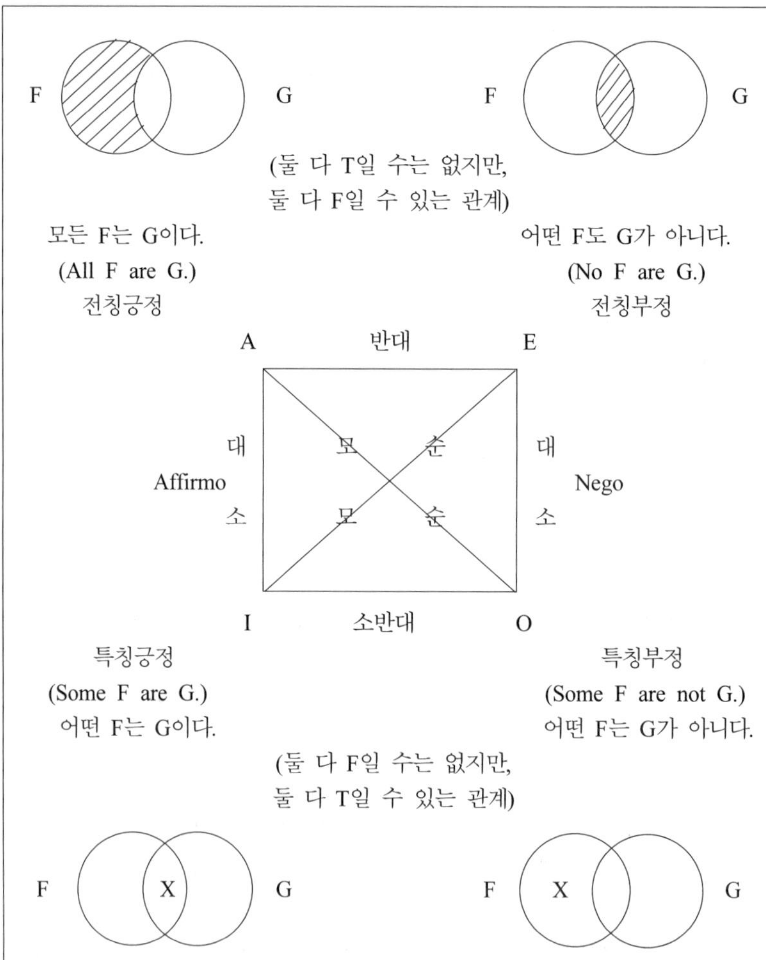

[표 6-1] 대당의 사각형

'역(逆, converse)'과 논리적으로 동치인 것이다.

반면에 A와 O는 각각 그 역과 논리적으로 동치가 될 수 없음을 벤도형이 보여주고 있다. 모든 시인이 사람이라고 해서, 모든 사람이 시인인 것은 아니다. 그리고 어떤 사람이 시인이 아니라고 해서, "어떤 시인은 사람이 아니다."고 할 수는 없다.

벤도형은 정언적 주장들 간의 관계를 일목요연하게 보여준다. A와 O는 '모순(contradictories)' 관계에 있다. A에서는 비어 있는 부분이 O에서는 비어 있지 않기 때문에, A가 참인 경우 그리고 그 경우에만 O는 거짓인 것이다. 이러한 관계는 E와 I 에서도 마찬가지이다. E에서는 비어 있는 부분이 I 에서는 비어 있지 않기 때문에, E와 I 는 모순관계에 있는 것이다.

A와 E는 동시에 참일 수는 없으나 동시에 거짓일 수 있는 '반대(contraries)' 관계에 있다. "모든 여자는 정숙하다."와 "어떤 여자도 정숙하지 않다."는 어느 하나가 참이면 다른 하나는 반드시 거짓이지만, 정숙한 여자가 하나만 있을 경우 모두 거짓인 주장들이다. (이 주장들의 관계를 모순관계로 보지 않도록 주의해야 한다.)

동시에 참일 수 없는 주장들을 서로 '양립할 수 없는(incompatible)' 관계에 있다고 한다. 따라서 모순관계에 있는 A-O와 E-I 는 물론, 반대관계에 있는 A-E도 각각 양립할 수 없는 관계에 있음을 알 수 있다. 모순관계에 있는 주장들은 모두 양립할 수 없지만, 양립할 수 없는 주장들이 모두 모순관계에 있는 것은 아니라는 점을 유의하자.

반면에 I 와 O는 '양립할 수 있는(compatible)' 관계에 있다. 동시에 참일 수 있는 관계이기 때문이다. "어떤 여자는 정숙하다."와 "어떤 여자는 정숙하지 않다."는 동시에 참일 수 있는 것이다.

그러나 I 와 O는 동시에 거짓일 수는 없다. I 와 O가 동시에 거짓이면, A와 E가 동시에 참이어야 하는데, A와 E는 양립할 수 없기 때문에 동시에 참일 수 없는 것이다. 이와 같은 I-O관계를 '소반대(sub-contraries)' 관계라 한다.

벤도형에서 하얗게 남아 있는 부분은 엄격히 말해서 '정보 부재'를 뜻한다. "모든 F는 G이다."는 A형식을 통해서 우리가 알 수 있는 것은 F이면서 G가 아닌, 사선으로 지워진 부분이 비어 있다는 것뿐이다. 이 형식은 F를 포함하고 있는 G의 부분이나 F를 포함하고 있지 않은 G의 부분에 대해서는 아무것도 말하고 있지 않다. 이러한 정보 부재의 상태는 E의 경우도 마찬가지이다. E형식을 통해 우리가 알 수 있는 것은 F이면서 G인 영역이 비어 있다는 것뿐이다.

F와 G의 두 원 밖의 부분은 F도 아니면서 G도 아닌 영역이다. 이 영역 역시 하얗게 남아 있는 것은 정언적 주장들이 이 영역에 대하여 아무것도 말하고 있지 않음을 뜻한다. 빗금으로 지우는 것이 '비어 있음'을 뜻하지만, 빗금으로 지우지 않는 것이 '비어 있지 않음'을 뜻하지는 않는다. 어떤 영역이든지 비어 있지 않음이 보장되기 위해서는 I와 O의 경우에서 보는 바와 같이 'X' 표가 있어야 하는 것이다.

정보 부재 영역이 비어 있지 않을 경우(F가 공집합이 아니라는 가정과 A형식의 연언이 F를 포함하고 있는 G의 부분이 비어 있지 않다는 것을 함의한다), 만일 "모든 F는 G이다."가 참이라면, "어떤 F는 G이다."도 참이라고 추리할 수 있을 것이다. 즉 정보 부재 영역이 비어 있지 않고 A형식이 참이라면, I형식도 참이다. 이 경우 우리는 "모든 F는 G이다."가 "어떤 F는 G이다."를 함의함을 알 수 있다.

그러나 정보 부재 영역이 사실상 비어 있을 경우는 문제가 생긴다. "어떤 용도 지상에 살지 않는다."는 E형식의 주장으로부터 "어떤 용은 지상에 살지 않는다.", 즉 "지상에 살지 않는 용이 적어도 하나 존재한다."는 O형식의 주장을 도출해 내는 해프닝이 빚어지기 때문이다. 따라서 엄격히 말하자면, 정보 부재 영역으로부터 어떤 확고한 정보도 추리해 내는 것이 허용될 수 없다(이러한 점은 앞의 A와 E의 관계에도 해당된다). 그러나 정보 부재 영역이 비어 있지 않다는 가정을 하면, 다음 표에서 보는 바와 같이 주장들의 대당 관계에 의한 직접 추리가 이루어질 수 있다.

	T				F			
	A	E	I	O	A	E	I	O
A	T	F	?	F	F	?	F	T
E	F	T	F	?	?	F	T	F
I	T	F	T	?	?	T	F	T
O	F	T	?	T	T	?	T	F

이 표는 어떤 정언적 주장이 참 또는 거짓일 경우에 다른 정언적 주장들이 어떤 진위치를 갖는가를 보여주고 있다. (가로의 T 또는 F와 AEIO 중 어느 것을 선택하여, 세로로 읽어 나가면 된다.) 예를 들어 A가 참일 경우 AEIO는 TFTF의 순서로 진위치를 갖는다. 물음표는 참 또는 거짓을 알 수 없는 경우이다. 이 표는 정보 부재의 영역이 비어 있지 않다는 전제하에서만 사용될 수 있다는 점을 잊지 않도록 하자.

연습문제

※ 다음 각 주장들의 관계를 반대, 모순, 양립가능, 양립불가능, 함의 등 여러 방식으로 말해 보자.

1. 모든 여인은 정숙하다.
   어떤 여인도 정숙하지 않다.

2. 존재하는 모든 것은 관념이다.
   관념이 아닌 것이 있다.

3. 어떤 것은 금이다.
   어떤 것은 금이 아니다.

4. 어떤 사람은 비정치적이다.
   비정치적인 사람은 없다.

5. 인간은 자유롭도록 저주받은 존재이다.
   인간은 본능의 노예이다.

6. 그는 부자이다.
   그는 정직하다.

※ 다음은 각각 주장들의 대당 관계를 이용하여 직접 추리를 시도한 것인데, 그 타당성을 판단해 보자.

7. 부모 치고 자식을 사랑하지 않은 사람은 없다.
   따라서 자식을 사랑하는 부모가 있다.

8. 일생을 환상 속에 사는 사람이 있다.
   따라서 일생을 환상 속에 살지 않는 사람이 있다.

9. 어떤 정치가도 다른 정치가의 말을 믿지 않는다.
   따라서 어떤 정치가는 다른 정치가의 말을 믿지 않는다.

10. 열 가지 재주 가진 사람이 다 성공하는 것은 아니다.
    따라서 열 가지 재주 가진 사람은 다 성공하지 못한다.

정언적 삼단논법(syllogism). '삼단논법' 또는 '정언적 삼단논법(categorical syllogism)'이라 불리는 것은 2개의 정언적 주장들로부터 하나의 정언적 주장을 도출해 내는 연역논증이다. 삼단논법에는 모두 3개의 명사적 표현들이 등장하는데, 이들은 각각 2개의 정언적 주장 속에 사용되어, 모두 256개의 다른 형식들을 만들어낸다. 몇 개의 예를 들어보면 다음과 같다:

모든 사람은 죽는다.	모든 H는 M이다.
모든 독재자는 사람이다.	모든 D는 H이다.
――――――――	――――――――
모든 독재자는 죽는다.	모든 D는 M이다.
어떤 사람도 완전하지 않다.	어떤 H도 P가 아니다.
모든 성직자는 사람이다.	모든 S는 H이다.
――――――――	――――――――
어떤 성직자도 완전하지 않다.	어떤 S도 P가 아니다.
모든 철학자는 현명하다.	모든 P는 W이다.
어떤 가난뱅이는 철학자이다.	어떤 B는 P이다.
――――――――	――――――――
어떤 가난뱅이는 현명하다.	어떤 B는 W이다.
어떤 시인도 사악하지 않다.	어떤 P도 V가 아니다.
어떤 이상주의자는 시인이다.	어떤 I 는 P이다.
――――――――	――――――――
어떤 이상주의자는 사악하지 않다.	어떤 I 는 V가 아니다.
모든 음악가는 사람이다.	모든 M은 H이다.
어떤 죽어야 할 존재는 사람이 아니다.	어떤 T는 H가 아니다.
――――――――	――――――――
어떤 죽어야 할 존재는 음악가가 아니다.	어떤 T는 M이 아니다.
어떤 정치가는 모험주의자이다.	어떤 P는 A이다.
어떤 모험주의자는 바보가 아니다.	어떤 A는 F가 아니다.
――――――――	――――――――
어떤 정치가는 바보가 아니다.	어떤 P는 F가 아니다.
어떤 사람은 백만장자가 아니다.	어떤 H는 M이 아니다.
모든 사람은 동물이다.	모든 H는 A이다.
――――――――	――――――――
어떤 동물은 백만장자가 아니다.	어떤 A는 M이 아니다.

전통적인 방법에 의하면 삼단논법의 타당성 여부를 진단하기 위해서 많은 규칙들과 오류들을 알고 있어야 한다. 그런데 문제는 이 규칙들과 오류들이 삼단논법 전문가들만의 것일 뿐, 일상인들에게는 괴물 덩어리나 다름없다. 논리학을 웬만큼 공부한 사람도 이 규칙들과 오류들을 실제로 사용하지 못한다. 그뿐만 아니라 논리학이 어렵고 골치 아픈 것이라는 인상을 심어준 것도 바로 이 삼단논법의 규칙들과 오류들이었다고 할 수 있다.

삼단논법의 타당성 진단을 위한 전통적인 방법이 가진 이러한 문제점을 벤도형(벤다이어그램)이 해결해 준다.

벤도형으로 삼단논법의 타당성 여부를 조사하려면 다음과 같은 요령으로 한다.

(1) 삼단논법에 나타나는 3개의 명사적 표현에 해당하는 3개의 원을 서로 겹치도록 그리고, 각 원이 어떤 집합인지를 표시한다.
(2) 첫째 전제를 그려 넣는다. 단 전제가 특칭 주장과 전칭 주장으로 구성되어 있을 경우에는, 전칭 주장을 먼저 그린다. 또한 어떤 존재자가 원의 안에 있을 수도 있고 밖에 있을 수도 있을 경우에는 원 위에 '—' 표를 한다.
(3) 둘째 전제를 그려 넣는다.
(4) (1)과 (2)의 결과 결론의 내용이 나타나 있는지를 확인한다. 만일 결론의 내용이 나타나 있으면, 논증은 타당하다. 만일 결론의 내용이 나타나 있지 않으면, 논증은 부당하다.

이 요령에 따라 위의 삼단논법들이 타당한지 조사해 보자. 먼저 첫 번째 삼단논법이 타당한지를 벤도형으로 판단해 보자.

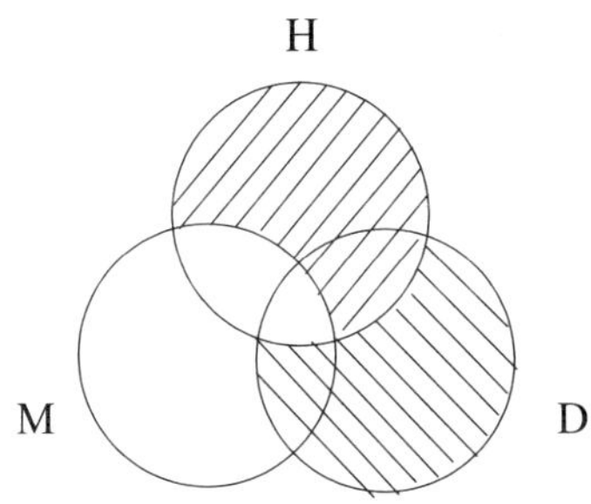

먼저 “모든 H는 M이다.”를 그린다. M에 포함되지 않은 H의 부분을 사선으로 지우면 된다. 다음으로 “모든 D는 H이다.”를 그린다. H에 포함되지 않는 D의 부분을 역시 사선으로 지운다. 그런데 이 그림 속에는 결론 “모든 D는 M이다.”가 표현되어 있다. M에 포함되지 않는 D의 부분은 이미 사선으로 지워져 있기 때문이다. 이 경우에 우리는 이 삼단논법이 타당하다는 판단을 할 수 있다.

세 번째 삼단논법의 타당성 여부도 조사해 보자.

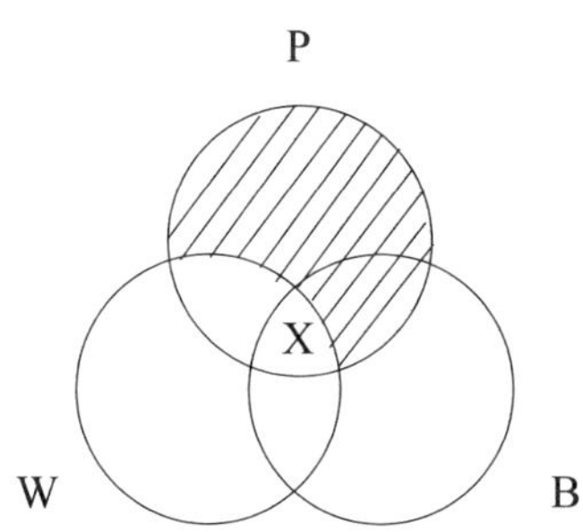

먼저 “모든 P는 W이다.”를 그린다. 다음으로 “어떤 B는 P이다.”를 그린다. 이때 ‘X’표는 B와 P가 겹치면서 이미 사선으로 지워져 있지 않은 부분에 해야 한다는 점에 주의해야 한다. 두 전제들을 그려 넣은 결과 결론인 “어떤 B는 W이다.”가 이미 표현되어 있음을 발견한다. 따라서 이 삼단논법은 타당한 것이다.

마지막에서 두 번째 삼단논법도 조사해 보자:

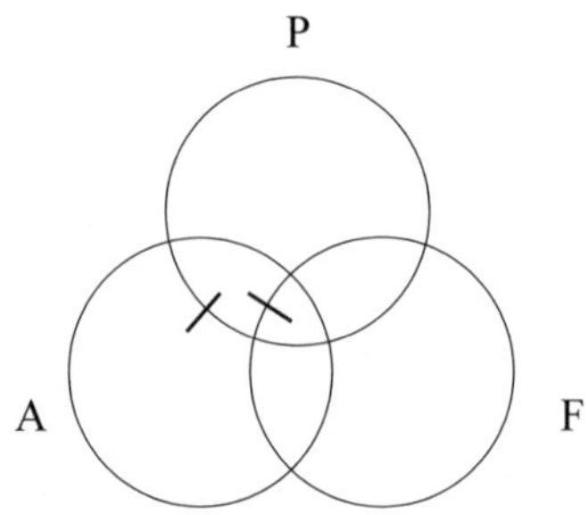

"어떤 P는 A이다."는 P와 A가 겹치는 부분에 'X' 표를 하도록 되어 있다. 그런데 문제는 이 부분이 F와 겹치는 부분과 겹치지 않는 부분으로 나누어져 있다는 것이다. 이 경우에 'X' 표를 어느 한 쪽에 한다든지 양쪽에 다 하는 것은 잘못이다. "어떤 P는 A이다."는 주장은 그러한 확실한 정보를 제공하고 있지 않기 때문이다. 이 경우에는 'X' 표 대신 '—' 표를 사용한다. P와 A가 겹치는 부분에서 F와 겹치는 부분과 겹치지 않는 부분의 경계선을 가로질러 '—' 표를 하는데, 이 때 이 '—' 표는 'X'가 경계선의 어느 쪽엔가 있다는 뜻이다. 다음으로 "어떤 A는 F가 아니다."를 그린다. 역시 '—' 표를 사용해야 한다. 이제 이 그림 속에 결론이 표현되었는가를 확인하면 된다. 우리는 "어떤 P는 F가 아니다."는 결론이 이 그림 속에 표현되지 않았음을 알 수 있다. 결론은 F 밖의 P 부분에 확실하게 무언가 존재한다는 표가 되어 있어야 하는데, 이 그림은 그 부분에 무언가 존재할 수 있는 가능성만을 나타내고 있다. 따라서 이 삼단논법은 부당하다.

마지막 삼단논법도 주의를 요한다. 전제가 특칭 주장과 전칭 주장으로 구성되어 있을 경우에는, 전칭 주장을 먼저 그리는 것이 요령이다. 그렇지 않으면 다음 왼편의 그림을 얻게 되어 판단을 어렵게 만들기 때문이다.

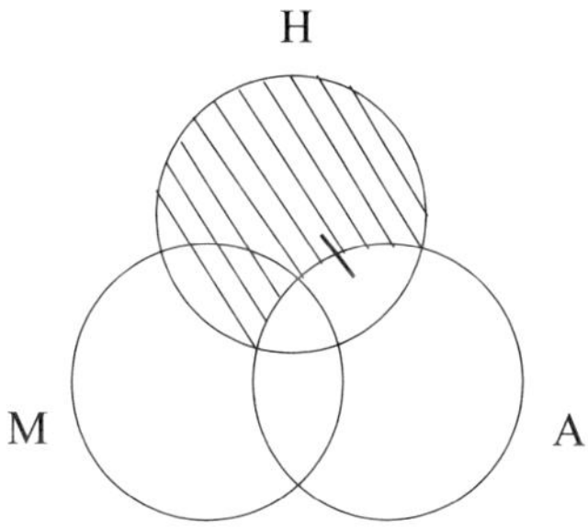

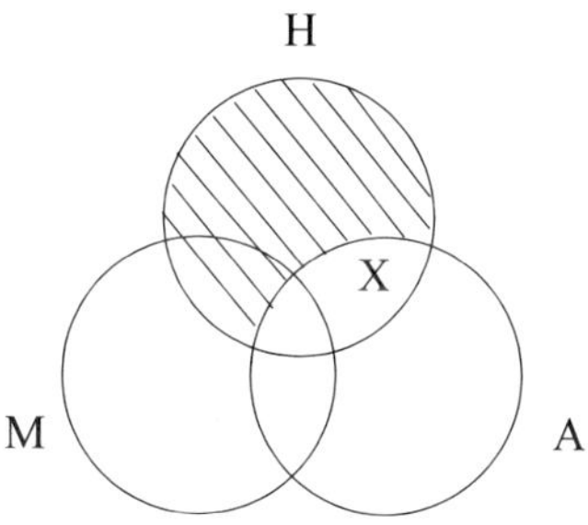

전칭 주장인 "모든 H는 A이다."를 먼저 그린 후 특칭적 주장인 "어떤 H는 M이 아니다."를 그리면, 위의 오른편처럼, 결론이 표현되어 있음을 손쉽게 확인할 수 있는 것이다.

삼단논법은 우리가 늘 사용하는 추리의 방법일 뿐만 아니라, 벤도형으로 손쉽게 그 타당성을 조사할 수 있게 되었기 때문에, 명제논리의 기법에 덧붙여 사용할 경우 우리의 논증 평가 능력은 그만큼 강화될 것이다.

연습문제

※ 다음 각 삼단논법의 타당성 여부를 벤도형에 의해 조사하라.

11. 모든 공산주의자들은 마르크스주의자들이다. 어떤 이상주의자들은 마르크스주의자들이다. 따라서 어떤 이상주의자들은 공산주의자들이다.

12. 모든 정신 분열증 환자들은 정신병자들이다. 어떤 정신병자들도 정치가가 되기에 적합하지 않다. 따라서 어떤 정신 분열증 환자들은 정치가가 되기에 적합하지 않다.

13. 모든 실증주의자들은 신을 믿지 않는다. 왜냐하면 모든 유물론자들은 실증주의자들이고, 모든 무신론자들은 유물론자들이기 때문이다.

14. 어떤 학생은 정치적이다. 모든 정치적인 사람들은 순수하지 않다. 따라서 어떤 학생은 순수하지 않다.

15. 어떤 예술가는 부자이다. 부자들 중에는 부도덕한 사람들이 있다. 따라서 어떤 예술가는 부도덕하다.

6.2 양화논리

삼단논법은 이처럼 논증 분석에 있어서 유용하게 이용될 수 있다. 그러나 삼단논법과 벤도형을 논증 평가의 일반적인 방법으로 채택하기에는 여러 가지 문제점들이 있다는 것이 지적되어 왔다. 먼저 넷 이상의 명사적 표현들이 나오는 논증을 다루기 어렵다. 예를 들어

> 나의 신부는 건강하고 부지런하고 명문 대학을 나왔으며 아름다울 뿐만 아니라 3개의 열쇠를 지참할 수 있는 신세대 대한민국 여성이다.

는 주장을 어떻게 표준 정언적 진술의 형태로 이해해야 할지, 그리고 어떻게 벤도형으로 표현할지 난감하다. 그뿐만 아니라 진리함수적 연결사들을 포함한 논증도 다루기 어렵다.

> 만일 우주 안의 모든 것이 관념이라면, 어떤 관념은 바위이고 어떤 관념은 나무이다.

이 주장의 논리적 형식은 물론 다음과 같이 추출될 수 있다:

(모든 F는 I 이다) ⊃ [(어떤 I 는 R이다) · (어떤 I 는 T이다)]

그러나 삼단논법이나 벤도형의 방법으로는 이러한 주장을 포함하는 논증의 타당성을 조사할 수 없다.

아리스토텔레스의 논리학은 이러한 난점들에도 불구하고 2천 년이 넘는 세월 동안 전혀 도전을 받지 않았다. 그래서 논리학은 태어나면서부터 완성되어 있었다고도 했다.

그러나 이러한 문제점들보다 더욱 심각한 문제점이 발견되었다. 아리스토텔레스의 논리학은 '실재화의 오류'에 해당하는 형이상학의 논리적 근거 역할을 하고 있었던 것이다. 우리는 "용은 존재하지 않는다."라고 의미 있게 말할 수 있다. 그런데 어떻게 우리는 존재하지도 않는 용에 대하여 의미 있게 말할 수 있는 것일까? 아리스토텔레스의 분석 방법에 의하면 이 주장은 "어떤 용도 존재하는 것이 아니다."라는 전칭부정 명제에 속한다. 즉 이 주장은 '용'이라는 집합과 '존재하는 것'이라는 집합이 어떤 원소도 공유하고 있지 않다는 것을 뜻하는 것이다.

이러한 분석 방법의 문제점은 우리가 '용'이라는 말을 사용할 때 이 말에 대응하는 무언가를 상정한다는 데에 있다. 그리고 이 '무언가'를 어떻게 규정하는가에 따라 여러 가지 다른 형이상학이 대두되었던 것이다. 우리가 "모든 사람은 죽는다."고 말할 때 '사람'이라는 일반어에 대응하는 어떤 '보편적 사람'이 우리가 경험적으로 확인할 수 없는 어딘가에 존재한다고 생각하게 되면, 우리는 플라톤의 이데아설에 가까운 형이상학을 하는 셈이 된다. '사람'이라는 일반어에 대응하는 어떤 '사람의 본질' 같은 것이 있어서 이 본질의 발현으로 인하여 사람들이 존재하게 된다고 생각하면 우리는 아리스토텔레스의 본질주의에 해당하는 형이상학을 지지하는 셈이 된다. 그리고 우리가 '용'이라는 말을 사용하는 한 용은 우리 세계 속에서는 실재하지 않지만 가능 세계 속에 존재한다고 말하게 되면 우리는 마이농 식의 형이상학을 제창하는 셈이 된다.

그 외에도 우리는 '기쁨', '슬픔', '정의', '평화', '아름다움'과 같은 추상명사를 사용하며, '둥근 사각형'과 같은 표현도 사용하고, '무(無)', '공(空)'과 같은 말도 사용한다. 그리고 이러한 말들의 의미를 잘못 분석하게 되면 기이한 형이상학의 구름에 휩싸이게 되는 것이다.

그런데 다행스럽게 이러한 문제점들의 함정에 빠지지 않고 주장의 내적 구조를 분석하는 방법이 고안되게 이르렀으니 바로 '양화논리'가 그것이다. 양화논리는 프레게(Gottlob Frege, 1848-1925)가 먼저 개발하였다. 그리고 양화논리를 이용하여 러셀은 주장의 참된 논리적 구조를 드러내는 분석 방법을 체계화시키는 데 성공하였던 것이다.[73)]

다행스럽게 우리는 여기서 양화논리의 체계를 깊이 연구하지는 않을 것이다. 그 체계의 난해성에 비추어 실용성이 너무 떨어지기 때문이다. 우리는 단지 그 체계가 어떤 것이라는 것 정도만 알아보는 것으로 만족하기로 한다. 양화논리에 대하여 깊이 연구하고자 하는 독자는 논리학 전문 서적을 참고하기 바란다.

개체와 속성 양화논리를 이용한 러셀의 분석 방법을 이해하기 위해서 도움이 되는 물음은 다음과 같다: "이 명제의 참된 논리적 구조는 무엇인가?" 예컨대 "용은 존재하지 않는다."는 명제의 참된 논리적 구조는 무엇인가? 이 명제는 무엇에 관해 말하고 있는가?

아리스토텔레스의 논리학에 따르면 "용은 존재하지 않는다."는 명제는 용에 관한 것이고, 따라서 이런 입장을 술어논리로 기호화하면 그 논리적 구조는 '−Ed'로 분석된다. (여기서 'E'는 '존재한다'를 뜻하는 술어 기호이고 'd'는 '용'을 뜻하는 주어 기호이다.)

그러나 이러한 분석 방법은 앞에서 지적한 형이상학적 문제를 안고 있다. 그럼 우리가 명제를 어떻게 분석해야 참된 논리적 구조를 드러

73) 비트겐슈타인(Ludwig Wittgenstein)은 그의 유명한 『논리철학논고』에서 러셀의 분석 방법이 어떤 점에서 공헌하고 있는지를 잘 지적해 주고 있다: "모든 철학은 '언어비판(言語批判)'이다(마우트네르적인 의미에서는 결코 아니지만). 러셀의 공적(功績)은 명제의 외견상(外見上)의 논리적 형식이 명제의 실제 논리적 형식일 필요가 없다는 것을 보여준다." (4.0031)

낼 수 있을까? 이제 이 점을 연구해 보자.

어떤 특정한 대상이 어떤 특정한 속성을 가지고 있음을 표현하는 단칭명제인

소크라테스는 죽는다.

와 같은 명제를

Ms

로 표기하기로 한다. 여기서 'M'은 '죽는다'를 뜻하는 술어 기호이고 's'는 '소크라테스'라는 이름의 주어 기호이다. 일반적으로 양화논리에서는 'M'의 위치에 술어 기호를, 's'의 위치에 주어 기호를 쓰는데, 이때 's'는 어떤 특정한 개체의 이름으로서 '개체상항(個體常項, individual constant)'이라 부른다. 특정한 개체의 이름은 무한에 가까울 정도로 많이 있겠지만, 우리는 앞으로 영어 알파벳 소문자

a, b, c, ⋯, r, s, t

만을 특정한 개체의 이름 자리에 들어가는 개체상항으로 사용하기로 하고, '임의의 개체'는

u, v, w

로 나타내기로 한다. 술어는 알파벳 대문자로 나타내기로 한다.

술어는 단독적으로는 아무 일도 하지 못한다. 'M_'은 "⋯는 죽는다."는 뜻으로, 참도 거짓도 아니다. 공란의 자리에 어떤 이름이 들어가야 참이나 거짓된 주장이 된다. 이와 같이 이름이 들어갈 공란인

‘_’ 대신 앞으로는 ‘x’를 써서 ‘Mx’라고 표기하기로 한다. 이 경우 ‘x’를 ‘개체변항(個體變項, individual variable)’이라고 한다. 우리는 앞으로 알파벳 소문자

x, y, z

만을 개체변항으로 사용하기로 한다. 이 경우 ‘x’는 양화사의 지배를 받지 않기 때문에 ‘자유변항(自由變項, free variable)’이라고도 한다.

‘Mx’ 같은 식을 ‘명제함수(命題函數, propositional function)’ 또는 ‘열린 명제’라고 한다. 개체변항의 자리에 ‘s’와 같은 ‘개체상항’을 대입하는 데 따라 참 또는 거짓인 명제가 만들어지기 때문이다. 그리고 ‘Mx’의 ‘x’ 자리에 ‘s’와 같은 이름을 대입한 결과 만들어진 명제 ‘Ms’를 ‘Mx’의 ‘사례(事例, instance)’ 또는 ‘대입례(代入例)’라고 한다. ‘Ms’는 ‘Mx’를 ‘예화(例化)한 것’이라는 표현을 쓰기도 한다. 명제함수 ‘Mx’에 ‘s’를 대입한 사례 ‘Ms’는 참이다. 소크라테스가 ‘죽는다’는 속성을 가지고 있기 때문이다. 그러나 ‘b(63빌딩)’로 ‘Mx’를 예화한 ‘Mb’는 거짓이다. 63빌딩은 ‘죽는다’는 속성을 가지고 있지 않기 때문이다.

우리는 이제 모든 단칭명제를 내적 구조를 드러내는 방식으로 기호화할 수 있게 되었다. 그럼

모든 것은 돌(石)이다.

와 같은 일반명제(一般命題, general proposition)는 어떻게 기호화할까? ‘모든 것’이 주어의 위치를 차지하고 있기 때문에, ‘모든 것’을 ‘t’라 하고 ‘S’를 ‘돌이다’라고 할 때

St

라 해야 할 것이다. 그러나 이러한 분석으로는 일반명제의 의미를 분명히 드러낼 수 없다.

"모든 것은 돌이다."는 명제의 뜻을 음미해 보자. 이는 분명 '모든 것'이라는 대상이 '돌이다'는 속성을 가지고 있다는 뜻은 아니다. 오히려 존재하는 것들 하나하나가 모두 돌이라는 뜻이다. 그리고 바로 이러한 뜻을 그대로 반영하는 분석 방법이 올바른 분석 방법일 것이다.

양화논리에서는 일반명제가 뜻하는 바가 분석된 논리적 구조 속에서 그대로 드러날 수 있게 하기 위해 '양화(量化, quantification)'의 방법을 도입한다.

존재하는 모든 개체에 대하여

라는 표현을

(x)

로 표기하고, 이를 '보편양화사(普遍量化詞, universal quantifier)'라고 한다.74) 이 기호를 사용하여 "모든 것은 돌이다."를 기호화하면 다음과 같다:

(x)Sx

이 형식 속의 'Sx'와 단순한 'Sx'를 혼동해서는 안 된다. 단순한 'Sx' 속의 'x'는 자유변항인 반면, '(x)Sx'의 'Sx'에 있는 'x'는 자유변항이 아니라 '존재하는 모든 개체에 대하여'를 뜻하는 보편양화사 '(x)'에 의해서 묶인 '구속변항(拘束變項, bound variable)'이기 때문

74) 보편양화사의 기호 '(x)'는 Peano-Russell의 표기법에 따른 것이다. 집합이론의 표기법에 따라 '∀x'를 보편양화사의 기호로 쓰기도 한다.

이다. 따라서 'Sx'는 참도 거짓도 아닌 반면, '(x)Sx'는 참 또는 거짓이 되는 형식이다.

'(x)Sx'가 거짓이라는 것은 다음과 같이 증명된다. 우리의 세계 속에 많은 개체들이 존재하지만, 콰인, 만델라, 백두산, 제주도에 있는 어떤 특정한 돌하르방, 이렇게 네 개체만이 존재한다고 가정하자. [이렇게 가정된 세계를 특히 '논의(論議)의 세계(universe of discourse)'라고 한다.] 그리고 이들을 각각 'q', 'm', 'p', 'h'라는 기호로 나타내면, '(x)Sx'의 예화적 의미는 다음과 같다.

Sq · Sm · Sp · Sh

즉 논의의 세계 속에 존재하는 어떤 특정한 개체이든지간에 모두 'S'라는 속성을 가지고 있다는 것을 뜻하는 것이다.

이 연언문이 참이 되기 위해서는 연언항들이 모두 참이어야 한다. 그런데 적어도 'Sq'와 'Sm'이 거짓이다. 따라서 '(x)Sx'는 거짓이다.

다음 특칭명제는 어떤 논리적 구조로 되어 있을까?

어떤 것은 돌이다.

'어떤 것'이 주어의 자리에 있기 때문에, '어떤 것'을 'a'라 하고 '돌이다'를 'S'로 하여 'Sa'로 분석하는 것은 이 명제의 참뜻을 드러내지 못한다.

이 명제의 참뜻은 무엇일까? 그것은 세상에 존재하는 모든 것 들 중에서 '돌이다'는 속성을 지닌 것이 있다는 뜻이다. 양화논리에서는 이러한 뜻을 그대로 드러내기 위하여

존재하는 어떤 개체에 대하여

라는 표현을

$$(\exists x)$$

로 표기하는데, 이를 '존재양화사(存在量化詞, existential quantifier)' 라고 한다.

이 기호를 사용하여 "어떤 것은 돌이다."를 기호화하면

$$(\exists x)Sx$$

가 된다. 이 형식은 "존재하는 어떤 개체에 대하여 그것은 돌이다."를 뜻한다. 이 형식의 'Sx'에 나오는 'x'도 자유변항이 아니라 구속변항이라는 점을 유의하기 바란다.

우리는 앞에서 제시한 논의의 세계 속에서 '$(\exists x)Sx$'가 참이라는 것을 알 수 있다. 이 형식을 예화하면 다음과 같다.

$$Sq \lor Sm \lor Sp \lor Sh$$

이 선언문은 선언항들 중 하나만 참이면 참이 된다. 그런데 적어도 'Sh'가 참이다. 따라서 '$(\exists)Sx$'는 참이다.

앞에서 아리스토텔레스의 방법으로는 명제의 내적 구조를 바르게 표현할 수 없다고 하면서 들었던 예인 "용은 존재하지 않는다."를 존재양화사를 이용하여 기호화하면 다음과 같다:

$$-(\exists x)Dx$$

이 형식이 말하는 바는 " '존재하는 어떤 개체가 <용임>이라는 속성을 가지고 있다.'는 것은 거짓이다."이다. 즉 이 형식은 존재하는 어

떤 것도 용의 속성을 가지고 있지 않다는 것을 보여준다.

이러한 분석 방법과 아리스토텔레스의 분석 방법의 차이를 확인해 둘 필요가 있다. 아리스토텔레스의 분석 방법에 따르면 “용은 존재하지 않는다.”는 주장은 용에 관한 것이다. 반면에 양화논리가 제시하는 분석 방법에 따르면 이 주장은 존재하는 것들에 관한 것이다. 또한 아리스토텔레스는 ‘존재하다’를 술어로 여기는 반면, 양화논리에서는 ‘존재하다’가 술어가 아니라 양화사의 역할을 하는 것도 알 수 있다.

명제의 내적 구조 분석 일반적 주장은 보편양화사와 존재양화사 어느 것으로도 기호화될 수 있다. 예를 들어 “모든 것은 돌이다.”는 주장은 “돌이 아닌 것은 없다.”의 뜻이다. 따라서 우리는 ‘S’를 ‘돌임’이라는 술어의 기호라 할 때, 이 주장들의 관계를 다음과 같이 표현할 수 있다.

$$(x)Sx \equiv -(\exists x)-Sx$$

이와 같이 ‘(x)Sx’와 ‘-(∃x)-Sx’가 논리적으로 동치라는 것은 다음과 같이 증명될 수 있다.

논의의 세계가 {a, b, c}라고 가정하자. 그러면 ‘(x)Sx’와 ‘-(∃x)-Sx’는 각각 다음과 같은 예화적 의미를 가진 것으로 해석되어, 논리적 동치임을 알 수 있다.

$$(x)Sx = (Sa \cdot Sb \cdot Sc)$$
$$-(\exists x)-Sx = -(-Sa \vee -Sb \vee -Sc) = (Sa \cdot Sb \cdot Sc)$$

따라서 우리는 “모든 것은 돌이다.”는 명제의 논리적 구조를 ‘(x)Sx’라 표현할 수도 있고 ‘-(∃x)-Sx’라 표현할 수도 있는 것이다.

일반적으로 부정기호 ‘-’을 양화사 너머로 옮기면, 양화사의 종류가 바뀐다. 이 원리를 이용하여 우리는 다음과 같은 논리적 동치들을 더 얻을 수 있다.

$$(x)-Sx \equiv -(\exists x)Sx$$
$$-(x)Sx \equiv (\exists x)-Sx$$
$$(\exists x)Sx \equiv -(x)-Sx$$

이제 다음 예들을 통해서 여러 가지 명제들의 내적 구조가 양화사를 이용하여 어떻게 분석될 수 있는지 알아보자.

모든 사람은 죽는다.	$(x)(Hx \supset Mx)$
어떤 사람도 죽지 않는다.	$(x)(Hx \supset -Mx)$
어떤 사람은 죽는다.	$(\exists x)(Hx \cdot Mx)$
어떤 사람은 죽지 않는다.	$(\exists x)(Hx \cdot -Mx)$
모든 것은 돌이거나 나무이다.	$(x)(Sx \vee Tx)$
어떤 사람은 정직하고 부지런하다.	$(\exists x)(Hx \cdot Tx \cdot Dx)$
어떤 사람은 정직하고 어떤 사람은 정직하지 않다.	$(\exists x)(Hx \cdot Tx) \cdot (\exists x)(Hx \cdot -Tx)$
만일 선한 사람들이 복을 받는다면, 김선생은 복을 받을 것이다.	$(x)[(Hx \cdot Gx) \supset Bx] \supset Bk$
모든 것이 관념인 것은 아니다.	$-(x)Ix$
신입생들만이 이 모임에 참석했다.	$(x)(Ax \supset Fx)$

이제 우리는 아리스토텔레스의 네 가지 정언적 주장들을 양화사를 이용하여 표현할 수 있고, 이 새로운 표기법에 의해, 모순, 반대, 함축 등의 관계에 대한 이해를 새롭게 해볼 수 있다.

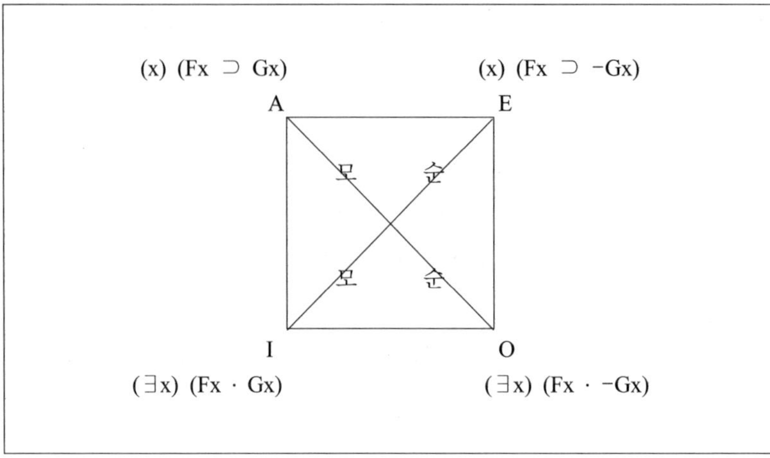

[표 6-2] 대당의 사각형

정언명제들을 양화사를 이용하여 표현했을 때 그 관계가 명확하게 드러남을 알 수 있다. 예를 들어 A형식과 E형식이 모순관계가 아니라는 것이 분명하게 드러나 있다. A형식인 '$(x)(Fx \supset Gx)$'와 모순관계에 있는 형식은 '$-(x)(Fx \supset Gx)$'인데, 이는 E형식인 '$(x)(Fx \supset -Gx)$'와 같지 않다.

반면에 A형식과 모순관계에 있는 것은 O형식임을 알 수 있다. '$(x)(Fx \supset Gx)$'의 부정이 '$(\exists x)(Fx \cdot -Gx)$'와 논리적으로 동치임이 다음과 같이 증명되기 때문이다

$$
\begin{aligned}
-(x)(Fx \supset Gx) &\equiv (\exists x)-(Fx \supset Gx) && \text{(양화사의 부정)} \\
&\equiv (\exists x)-(-Fx \vee Gx) && \text{(조건문의 선언화)} \\
&\equiv (\exists x)(Fx \cdot -Gx) && \text{(드모르간 규칙)}
\end{aligned}
$$

같은 방법으로 우리는 E형식과 I형식이 모순관계에 있다는 것도 증명할 수 있다.

앞에서 우리는 A와 I 및 E와 O의 관계에 대하여 논할 때, 정보 부

재의 문제가 있음을 알았었다. 즉 "어떤 용도 지상에 살지 않는다."는 E형식의 주장이 용의 존재 여부에 대하여 아무런 정보를 제공하고 있지 않기 때문에, 이 주장으로부터 "어떤 용은 지상에 살지 않는다." ("지상에 살지 않는 용이 적어도 하나 있다.")는 O형식의 주장을 도출해 낼 수 없다는 것이었다. 따라서 우리는 A에서 I를 도출하고, E에서 O를 도출할 수 있기 위해서는 정보 부재 영역에 용이 존재한다는 것을 가정해야 한다고 하였었다. 이러한 단서는 양화논리에서도 그대로 적용된다. 즉 속성 F를 예화시키는 개체가 적어도 하나 존재한다는 것을 가정하지 않는 한, '(x)(Fx ⊃ Gx)'는 '(∃x)(Fx · Gx)'를 함의하지 않으며, '(x)(Fx ⊃ −Gx)'는 '(∃x)(Fx · −Gx)'를 함의하지 않는 것이다. A와 E의 관계도 마찬가지다. 만일 F가 공집합이면, Fx의 대입례가 거짓이 되기 때문에 A형식과 E형식 모두가 참이 된다. 이러한 단서가 없으면 반대관계는 성립하지 않는 것이다.

타당성 증명 주장들의 심층 구조를 분석하지 않고서는 그 타당성을 증명할 수 없는 논증들이 있다고 하였다. 이러한 논증들의 타당성을 증명하기 위해서는, 명제 논리의 추리 규칙들 외에, 기본적으로 네 가지의 규칙이 더 필요하다. 예를 다루어 가면서 이들을 연구해 보자.

다음 논증의 타당성을 어떻게 증명할까?

모든 사람은 죽는다.
나는 사람이다.
―――――――――
나는 죽는다.

우선 나의 이름을 'k'라고 하면, 이 논증의 논리적 형식은 다음과 같다.

$(x)(Hx \supset Mx)$
Hk
―――――――
Mk

다음으로 우리의 세계 속에 존재하는 개체들이 유한하다고 하고, 그 이름들은 'a', 'b', …, 't'라고 할 때, 우리는 이 논증의 첫째 전제가 다음과 같은 예화적 의미를 가지고 있음을 안다.

$$(Ha \supset Ma) \cdot (Hb \supset Mb) \cdot \cdots \cdot (Hk \supset Mk) \cdot \cdots \cdot (Ht \supset Mt)$$

이 기다란 연언항 중 하나는 'Hk ⊃ Mk'이다. 따라서 우리는 이 연언문으로부터 'Hk ⊃ Mk'를 도출시킬 수 있는 것이다.

일반적으로 우리는 다음과 같이 추리할 수 있다:

$(x)Fx$
―――
Fa

이와 같이 보편적 주장으로부터 그 사례 중 하나를 예화시켜 도출시키는 추리를 '보편의 예화(UI: Universal instantiation)'라고 한다. 이 보편의 예화를 이용하면 위의 논증의 타당성은 쉽게 증명된다.

1.	$(x)(Hx \supset Mx)$	전제
2.	Hk	전제 / Mk
3.	$Hk \supset Mk$	1, 보편의 예화
4.	Mk	2, 3, 전건긍정법

보편의 예화와는 달리 여러 사례들을 일반화하여 보편적 주장을 도

출해 내기도 한다. 그래서 어떤 상자 안에 들어 있는 사과 하나 하나를 조사한 결과 모두 싱싱하다는 것을 확인하고, "이 상자 안에 있는 모든 사과는 싱싱하다."고 말할 수 있는 것이다. 물론 상자 안에 있는 많은 사과들 중 특정한 사과 한두 개를 보고 "이 상자 안에 있는 모든 사과는 싱싱하다."라고 할 수는 없다. 성급한 일반화의 오류를 범하는 것이기 때문이다.

그러나 상자 안에 싱싱한 사과만 넣은 사과장수는 "이 상자 안에 있는 어떤 임의의 사과라도 싱싱하다."라고 말함으로써 "이 상자 안에 있는 모든 사과는 싱싱하다."라는 것을 뜻할 수 있다. 무작위적으로 선택된 어떤 '임의의 사과'는 특정한 사과임에 분명하지만, 그 특정한 사과가 반드시 바로 그 특정한 사과일 필요는 없었다는 의미에서, 일반성을 띠게 된다. 일반적으로 우리는 어떤 임의의 개체 u가 'F'라는 속성을 가졌다는 사실을 다음과 같이 일반화할 수 있다:

Fu

———

(x)Fx

(단 u는 임의의 개체임)

이와 같이 임의의 개체가 어떤 속성을 가졌다는 사실에 근거한 일반화 규칙을 '보편적 일반화(UG: Universal Generalization)'라고 부른다. 보편적 일반화를 이용하면 다음과 같은 논증의 타당성을 손쉽게 증명할 수 있다.

모든 사람은 죽는다.	(x)(Hx ⊃ Mx)
모든 권력자는 사람이다.	(y)(Dy ⊃ Hy)
모든 권력자는 죽는다.	(z)(Dz ⊃ Mz)

1.	$(x)(Hx \supset Mx)$	전제
2.	$(y)(Dy \supset Hy)$	전제 / $(z)(Dz \supset Mz)$
3.	$Hu \supset Mu$	1, (임의의 개체 u로) 보편의 예화
4.	$Du \supset Hu$	2, (임의의 개체 u로) 보편의 예화
5.	$Du \supset Mu$	3, 4, 가언삼단논법
6.	$(z)(Dz \supset Mz)$	5, 보편적 일반화

이러한 논증의 타당성을 증명하는 요령은 3과 4에서 보는 바와 같이, 보편의 예화를 임의의 개체로 한다는 것이다. 만일 임의의 개체로 예화하지 않고 특정한 개체로 예화하며, 이 논증의 타당성을 증명할 수 없게 된다. 특정한 개체에 관한 속성을 일반화할 수 없기 때문이다.

어떤 특정한 사람이 현명하다고 해서 모든 사람이 현명하다고 일반화할 수는 없다. 그러나 어떤 특정한 사람이 현명하다는 것으로부터 현명한 사람이 적어도 하나는 존재한다는 것을 추리해 낼 수 있다. 이와 같이 어떤 특정한 개체 a가 'F'라는 속성을 가졌다는 사실로부터, 'F'라는 속성을 가진 것이 적어도 하나는 존재한다는 추리 규칙을 '존재적 일반화(EG: Existential Generalization)'라고 한다.

$$\frac{Fa}{(\exists x)Fx}$$

존재적 일반화와는 달리 'F'라는 속성을 가진 것이 적어도 하나 존재한다는 주장으로부터 '어떤 이름을 가진' 특정한 대상이 'F'라는 속성을 가지고 있다는 주장을 도출해 낼 수 있다. 현명한 사람이 적어도 하나 있다고 가정하자. 그러면 우리는 누가 현명한지 알 수 없을지라도, 그 사람이 어떤 이름을 가지고 있을 것이라는 것을 알 수 있다. 그 이름을 특정한 대상의 이름이 아닌 임의의 'u'로 명명하면, 우리는

'u'라는 대상이 'F'라는 속성을 가지고 있다고 추리할 수 있다. 일반적으로 우리는 다음과 같이 추리할 수 있는 것이다.

(∃x)Fx

Fu

(단 u는 이미 알려지지 않은 임의의 개체임)

이와 같이 존재 명제를 이미 알려지지 않은 임의의 개체 이름으로 예화하는 추리 규칙을 '존재의 예화(EI: Existential Instantiation)'라고 한다.

보편적 일반화가 주의를 요하지만, 존재의 예화는 더욱 각별한 주의를 요한다. 예를 들어 다음 논증의 타당성을 증명해 보자:

어떤 정치가는 위험하다.	(∃x)(Px · Dx)
어떤 미녀는 위험하다.	(∃y)(By · Dy)
어떤 정치가는 미녀이다.	(∃z)(Pz · Bz)

1. (∃x)(Px · Dx) 전제
2. (∃y)(By · Dy) 전제 / (∃z)(Pz · Bz)
3. Pu · Du 1, (임의의 개체 u로) 존재의 예화
4. Bu · Du 2, (임의의 개체 u로) 존재의 예화
5. Pu 3, 단순화
6. Bu 4, 단순화
7. Pu · Bu 5, 6, 연언화
8. (∃z)(Pz · Bz) 7, 존재적 일반화

이 연쇄논법은 잘못되었다. 4가 잘못된 존재의 예화이기 때문이다. 4에서는 존재의 예화를 'u'로 할 수 없다. 'u'는 이미 3에서 사용된 개

체의 이름으로서, 이미 임의의 개체 이름이 아니기 때문이다. 따라서 4는 앞에서 사용되지 않은 임의의 개체 이름, 예컨대 'v'를 사용해서 존재의 예화를 해야 한다. 그러나 이 경우에는 목표로 하는 결론이 도출될 수 없다. 7이 'Pu · Bv'가 될 것이기 때문이다.

존재의 예화가 이미 알려지지 않은 임의의 개체 이름에 국한되어야 한다는 조건 때문에 보편 명제와 존재 명제가 섞여 있는 논증의 타당성을 증명할 때는 존재 명제를 먼저 예화하는 것이 좋은 전략이다. 예를 들어 다음 논증의 타당성을 증명해 보자.

모든 사람은 행복해지기를 원한다.	(x)(Hx ⊃ Wx)
모든 사람이 삶의 의미를 아는 것은 아니다.	−(x)(Hx ⊃ Mx)
행복을 원하는 자 모두가 삶의 의미를 아는 것은 아니다.	−(x)(Wx ⊃ Mx)

1	(x)(Hx ⊃ Wx)	전제
2.	−(x)(Hx ⊃ Mx)	전제 / −(x)(Wx ⊃ Mx)
3.	(∃x)−(Hx ⊃ Mx)	2, 양화사의 부정
4.	−(Hu ⊃ Mu)	3, 존재의 예화
5.	−(−Hu ∨ Mu)	4, 조건문의 선언화
6.	Hu · −Mu	5, 드모르간규칙
7.	Hu	6, 단순화
8.	Hu ⊃ Wu	1, 보편의 예화
9.	Wu	7, 8, 전건긍정법
10.	−Mu	6, 단순화
11.	Wu · −Mu	9, 10, 연언화
12.	(∃x)(Wx · −Mx)	11, 존재적 일반화
13.	(∃x)−(−Wx ∨ Mx)	12, 드모르간규칙
14.	(∃x)−(Wx ⊃ Mx)	13, 선언문의 조건화
15.	−(x)(Wx ⊃ Mx)	14, 양화사의 부정

이 연쇄논법에서 전제 2를 먼저 예화한다는 점에 유의하기 바란다. 2가 보편양화문의 부정으로 3에서 보는 바와 같이 실제로는 존재양화문이기 때문에, 존재의 예화를 먼저 해야 한다는 전략에 따라, 1보다 먼저 예화해야 한다. 그렇지 않고 1을 먼저 예화하면, 3을 예화할 때 1에서 사용한 이름을 사용할 수 없기 때문에, 원하는 결론을 도출시킬 수 없게 되는 것이다.

양화논리의 개발로 인하여 술어논리는 전통적인 논리학이 가졌던 한계를 벗어나 논증 분석의 새로운 지평을 열어주고 있다. 그러나 우리는 지금까지 양화논리의 기본 개념 정도를 익힌 셈이다. 양화논리의 기법을 한껏 이용할 수 있기 위해서는, 몇 가지 어려운 규칙들을 더 배워야 한다. 양화논리를 더 깊이 연구하고자 하는 독자는 전문적인 논리학 서적을 참고하기 바란다.

연습문제

※ 양화사를 이용하여 다음 진술들의 논리적 형식을 나타내 보자.

16. 지상의 모든 것은 유한하고 완전하지 않다.
17. 성실한 사람도 있고 성실하지 않은 사람도 있다.
18. 만일 그가 배신했다면, 우리는 어떤 사람도 믿을 수 없을 것이다.
19. 사람들은 천사와 악마 두 부류로 나누어진다.
20. 구도자들 중에는 득도(得道)한 사람들이 있다.
21. 하늘은 스스로 돕는 자를 돕는다.
22. 모두가 행복한 것이 아니라 할지라도, 행복한 사람은 있다.
23. 용기 있는 자만이 미인을 얻는다.

※ 다음 각 형식이 의미하는 바를 일상어로 표현해 보자.

24. (x)-Fx
25. (∃y)-Fy
26. (x)(-Fx ⊃ Gx)
27. (x)Fx ⊃ Ga
28. (x)Fx ∨ (x)Gx
29. (∃y)Gy ≡ (x)Fx
30. -(∃x)(Fx · -Gx)

※ 양화논리를 이용하여 다음 논증의 타당성을 증명하라.

31. 사람은 본능적 욕구를 가지고 있다. 컴퓨터는 본능적 욕구를 가지고 있지 않다. 사람은 컴퓨터가 아니다.

32. 모든 사람이 완전한 것은 아니다. 따라서 완전하지 않은 사람이 있다.

33. 사람들은 죽을 때 아무것도 가져가지 못한다. 만일 사람들이 죽을 때 아무것도 가져가지 못한다면, 생시에 모은 재산은 모두 남의 것이 된다. 따라서 당신이 스위스 은행에 은밀히 예치한 그 돈도 남의 것이 된다.

34. 인간은 이성적이기도 하고 감성적이기도 하다. 어떤 사람은 속물이다. 따라서 어떤 이성적인 존재는 속물이다.

35. 금으로 만든 것 치고 비싸지 않은 것은 없다. 이 목걸이는 비싸지 않다. 따라서 이 목걸이는 금으로 만든 것이 아니다.

필자후기

이 책을 숙독(熟讀)한 독자에게만 꼭 해주고 싶은 말이 있다. 그러나 굳이 그 말을 그에게 해줄 필요는 없다. 왜냐하면 이 책을 숙독한 독자라면 필자가 무슨 말을 해주고 싶은지 이미 알고 있을 것이기 때문이다.

모범답안

1. 이 모범답안은 신솔문, 지은아, 조중식, 박미영, 유원실, 신혜운이 작성한 것을 필자가 수정 · 보완하고 감수한 것으로, 신뢰해도 좋을 것이다.
2. 반드시 스스로 답을 연구해 본 다음에 모범답안을 참고하도록 하자.
3. 논증의 재구성 및 평가 문제들에는 재구성만 싣는다. 재구성은 비교적 객관적인 작업이지만, 평가는 주관적인 측면이 강할 뿐만 아니라, 평가 부분이라도 독자들이 스스로 생각해 보도록 하기 위해서이다. 답안은 PSAT, LSAT 같은 시험이나 일상에서 요구하는 것보다 섬세한 수준으로 재구성되어 있다. 답안 재구성을 모범으로 하되, 강의 현장에 따라 재구성 수준을 조절할 수도 있다. 논증 구조도(argument diagram)를 이용한 대체적(大體的)인 재구성이 적절한 경우가 있고, 논증 내용을 세세하게 반영하고 부속 논증의 유형까지 명기한 재구성이 적절한 사안이 있다. 어떤 수준이든지 논증의 골간이 들어 있어야 한다.
4. 추리의 종류를 화살표로 표시하는 방법은 제5장에서 소개되는 것이지만, 여기에서는 처음부터 사용하였다. (사용법에 대해서는 제5장을 참고하라.)

[제 2 장]

2-1. 박 양은 성형수술이 잘못되어 얼굴을 망쳤다.
∴박 양은 남자 친구에게 버림받을 것이다. (연역추리)

2-2. 이 양은 오늘 표정이 밝지 않다.
∴이 양은 전에 사귀던 남자 친구를 생각한다. (가설추리)

2-3. 노사 대타협을 이루고 나서 그 기업은 놀라운 발전을 하였다.
∴노사가 힘을 합하면 성공하지 못할 기업이 없다. (귀납추리)

2-4.

1. 새가 우리의 머리 위를 스치거나 머리 위에 둥지를 트는 것과 나쁜 생각이

떠오르거나 머리 가운데에 자리를 잡는 것은 유사하다.

2. 새가 머리 위 지나는 것을 막을 도리는 없지만 우리의 머리 위에 집을 짓는 것은 막을 수 있다.

∴3. 나쁜 생각이 떠오르는 것은 막아낼 도리는 없지만, 우리의 머리 가운데에 자리를 잡고 들어앉지 못하게 물리칠 수 있다. (유비추리)

2-5. 부당 (흑백사고의 오류)

2-6. 내용적으로 타당

2-7. 형식적으로 타당

2-8. 부당 (유비추리)

2-9. 부당 (귀납추리)

2-10. 전제를 참이라고 가정하고 결론이 거짓이 될 수 있다면, 이 논증은 타당하지 않다. p가 참이면, −p는 거짓이다. q는 참일 수도 거짓일 수도 있지만, −p가 거짓이므로 q가 무엇이든 '(−p · q)' 자체는 거짓이다. 따라서 결론은 참일 수밖에 없다. 따라서 이 논증은 타당하다.

2-11. 결론을 거짓으로 놓자. 전제를 참으로 놓는 것보다 결론을 거짓으로 놓는 것이 쉽다. 결론이 거짓이려면, p는 참 r은 거짓이어야 한다. 이제 전제 모두가 참일 수 있으면, 이 논증은 부당하다. 전제를 참으로 만들어 보자. q를 참으로 가정하자. 그러면, r이 거짓이어도 전제 1은 참이다. 이렇게 전제 모두가 참이고 결론은 거짓일 수 있으므로 이 논증은 부당한 논증이다.

2-12. 전제를 참이라고 가정하였을 경우 결론이 거짓이 될 가능성이 없어야 타당하다. 전제를 참이라 가정하자. 이 경우 p는 참이고 q는 거짓이다. 그리고 결론 또한 참일 수밖에 없다. 따라서 논증은 타당하다.

2-13. 결론을 거짓으로 가정하여 전제가 모두 참이 될 가능성이 있으면 이 논증은 부당하다. 결론을 거짓이라 가정하자. 이 경우 p는 참이고 r은 거짓이다. 이 경우 두 번째 전제가 참이 되기 위해서는 q가 참이어야 한다. 그리고 이 경우 첫 번째 전제도 참이다. 따라서 이 논증은 부당하다.

2-14.

p	q	(p ∨ q) ⊃ −q	p ⊃ q	−p
T	T	F	T	F
T	F	T	F	F
F	T	F	T	T
F	*F*	*T*	*T*	*T*

마지막 줄이 보여주는 것처럼 전제들이 모두 참일 때 결론이 거짓이 될 가능성이 없다. 따라서 이 논증은 타당하다.

2-15.

p	q	r	−p ∨ q	q ≡ −r	−p ∨ r
T	T	T	T	F	T
T	*T*	*F*	*T*	*T*	*F*
T	F	T	F	T	T
T	F	F	F	F	F
F	T	T	T	F	T
F	T	F	T	T	T
F	F	T	T	T	T
F	F	F	T	F	T

둘째 줄이 보여주는 것처럼, 전제들이 모두 참이면서 결론이 거짓인 것이 가능하다. 따라서 이 논증은 부당하다.

2-16.

1. p ⊃ q	전제
2. p	전제
3. q ⊃ −r	전제
4. s ⊃ r	전제
5. s ∨ t	전제 / t
6. q	1, 2, 전건긍정법
7. −r	3, 6, 전건긍정법
8. −s	4, 7, 후건부정법
9. t	5, 8, 선언지제거법

2-17.

1. q ⊃ r	전제
2. p ⊃ q	전제
3. −s ⊃ −t	전제
4. r ⊃ −s	전제
5. k ⊃ p	전제 / k ⊃ −t
6. k ⊃ q	2, 5, 가언삼단논법
7. k ⊃ r	1, 6, 가언삼단논법
8. k ⊃ −s	4, 7, 가언삼단논법
9. k ⊃ −t	3, 8, 가언삼단논법

2-18.

1. p ∨ −q	전제
2. p ⊃ −r	전제
3. −q ⊃ −r	전제
4. r ∨ −t	전제
5. s ⊃ t	전제 / −s
6. −r	1, 2, 3, 단순양도논법
7. −t	4, 6, 선언지제거법
8. −s	5, 7, 후건부정법

2-19.

1. p ⊃ q	전제
2. q ⊃ −q	전제 / −p
3. −q	2, 간접추리법
4. −p	1, 3, 후건부정법

2-20.

1. p ⊃ (r · −r)	전제
2. p ∨ −q	전제
3. s ∨ q	전제
4. −t ⊃ −s	전제 / t ∨ s
5. −p	1, 귀류법
6. −q	2, 5, 선언지제거법
7. s	3, 6, 선언지제거법
8. t ∨ s	7, 선언지첨가법

2-21.

1. (p ⊃ −q) ⊃ −(r ∨ s)	전제
2. r	전제
3. −(p ⊃ −q) ⊃ −t	전제
4. −s ⊃ t	전제
5. −(r ∨ −k) ∨ (s ⊃ u)	전제 / u
6. r ∨ s	2, 선언지첨가법
7. −(p ⊃ −q)	1, 6, 후건부정법
8. −t	3, 7, 전건긍정법
9. s	4, 8, 후건부정법
10. r ∨ −k	2, 선언지첨가법
11. s ⊃ u	5, 10, 선언지제거법

12. u	9, 11, 전건긍정법

2-22.

1. p ⊃ q	전제
2. (p ⊃ r) ⊃ (r ⊃ −t)	전제
3. r ∨ p	전제
4. q ⊃ r	전제
5. p ⊃ −t	전제 / −t
6. p ⊃ r	1, 4, 가언삼단논법
7. r ⊃ −t	2, 6, 전건긍정법
8. −t	3, 5, 7, 단순양도논법

2-23.

1. p ⊃ −(r ⊃ s)	전제
2. r ⊃ s	전제
3. −(−p ∨ t) ∨ w	전제 / w · −p
4. −p	1, 2, 후건부정법
5. −p ∨ t	4, 선언지첨가법
6. w	3, 5, 선언지제거법
7. w · −p	4, 6, 연언화

2-24.

1. −(p ≡ q)	전제
2. q	전제
3. p ∨ r	전제 / r
4. (p ≡ −q)	1, 쌍조건문의 부정
5. (p ⊃ −q) · (−q ⊃ p)	4, 쌍조건문의 정의
6. p ⊃ −q	5, 단순화
7. −p	2, 6, 후건부정법
8. r	3, 7, 선언지제거법

2-25.

1. (p ⊃ q) ⊃ r	전제
2. −(q ⊃ r)	전제
3. s ⊃ (p ⊃ t)	전제
4. −t	전제 / −s
5. q · −r	2, 조건문의 정의, 드모르간 규칙
6. −r	5, 단순화
7. −(p ⊃ q)	1, 6, 후건부정법

8. p · −q	7, 조건문의 정의
9. p	8, 단순화
10. p · −t	4, 9, 연언화
11. −(p ⊃ t)	10, 조건문의 정의, 드모르간 규칙
12. −s	3, 11, 후건부정법

2-26.

1. p ⊃ q	전제
2. −p ⊃ (q · −q)	전제
3. y ⊃ −(p · q)	전제
4. x ⊃ y	전제
5. x ∨ t	전제 / t
6. p	2, 귀류법
7. q	1, 6, 전건긍정법
8. p · q	6, 7, 연언화
9. −y	3, 8, 후건부정법
10. −x	4, 9, 후건부정법
11. t	5, 10, 선언지제거법

2-27.

1. p ⊃ q	전제
2. q ⊃ r	전제
3. −(p ⊃ r) ∨ (r ⊃ t)	전제
4. s ⊃ −(p ⊃ t)	전제
5. −s ⊃ w	전제
6. (−s · w) ⊃ −x	전제 / −(s ∨ x)
7. p ⊃ r	1, 2, 가언삼단논법
8. r ⊃ t	3, 7, 선언지제거법
9. p ⊃ t	7, 8, 가언삼단논법
10. −s	4, 9, 후건부정법
11. w	5, 10, 전건긍정법
12. −s · w	10, 11, 연언화
13. −x	6, 12, 전건긍정법
14. −s · −x	10, 13, 연언화
15. −(s ∨ x)	14, 드모르간 규칙

2-28.

1. p · (q ∨ r)	전제

2. (p · r) ⊃ (s · −s)	전제
3. −(q ∨ s) ∨ (x ⊃ y)	전제
4. t ⊃ −y	전제
5. x ∨ y	전제 / −t
6. −(p · r)	2, 귀류법
7. −p ∨ −r	6, 드모르간 규칙
8. p	1, 단순화
9. −r	7, 8, 선언지제거법
10. q ∨ r	1, 단순화
11. q	9, 10, 선언지제거법
12. q ∨ s	11, 선언지첨가법
13. x ⊃ y	3, 12, 선언지제거법
14. y ⊃ −t	4, 자리뒤집기
15. x ⊃ −t	13, 14, 가언삼단논법
16. −t	5, 14, 15, 단순양도논법

2-29.

1. p ⊃ (m ∨ r)	전제
2. m ⊃ s	전제
3. s ⊃ u	전제
4. r ⊃ u	전제 / p ⊃ u
┌ 5. p	가정 / u
│ 6. m ∨ r	1, 5, 전건긍정법
│ 7. m ⊃ u	2, 3, 가언삼단논법
└ 8. u	4, 6, 7, 단순양도논법
9. p ⊃ u	5-8, 가정 나오기(조건증명법)

2-30.

1. (w ∨ u) ⊃ −(p ∨ t)	전제
2. (−w · k) ⊃ (k ⊃ u)	전제
3. k ∨ −p ∨ −s	전제 / p ⊃ (q ⊃ −s)
┌ 4. p	가정 / q ⊃ −s
│┌ 5. −(q ⊃ −s)	가정 / 모순
││ 6. q · s	5, 조건문의 정의, 드모르간 규칙
││ 7. s	6, 단순화
││ 8. k	3, 4. 7, 선언지제거법
││ 9. p ∨ t	4, 선언지첨가법

10. −(w ∨ u)	1, 9, 후건부정법
11. −w · −u	10, 드모르간 규칙
12. −w	11, 단순화
13. −w · k	8, 12, 연언화
14. k ⊃ u	2, 13, 전건긍정법
15. −u	11, 단순화
16. u	8, 14, 전건긍정법
17. u · −u	15, 16, 연언화
18. −(q ⊃ −s) ⊃ (u · −u)	5-17, 가정 나오기(간접증명법)
19. (q ⊃ −s)	18, 귀류법
20. p ⊃ (q ⊃ −s)	4-19, 가정 나오기(조건증명법)

2-31.

1. p ⊃ (q ∨ r)	전제
2. q ⊃ (s ⊃ −p)	전제
3. r ⊃ (s ⊃ −p)	전제 / p ⊃ −s
4. p	가정 / −s
5. q ∨ r	1, 4, 전건긍정법
6. s ⊃ −p	2, 3, 5, 단순양도논법
7. −s	4, 6, 후건부정법
8. p ⊃ −s	4-7, 가정 나오기(조건증명법)

2-32.

1. u ∨ (s ⊃ t)	전제
2. t ⊃ r	전제
3. (s ⊃ r) ⊃ u	전제 / u
4. −u	가정 / 모순
5. s ⊃ t	1, 4, 선언지제거법
6. s ⊃ r	2, 5, 가언삼단논법
7. u	3, 6, 전건긍정법
8. u · −u	4, 7, 연언화
9. −u ⊃ (u · −u)	4-8, 가정 나오기(간접증명법)
10. u	9, 귀류법

2-33.

1. p ⊃ q	전제
2. r ⊃ −q	전제
3. −s ⊃ (p · r)	전제 / s

4. $-s$	가정 / 모순
5. $p \cdot r$	3, 4, 전건긍정법
6. p	5, 단순화
7. q	1, 6, 전건긍정법
8. $-r$	2, 7, 후건부정법
9. r	5, 단순화
10. $r \cdot -r$	8, 9, 연언화
11. $-s \supset (r \cdot -r)$	4-10, 가정 나오기(간접증명법)
12. s	11, 귀류법

2-34.

1. $-p \supset (q \equiv -t)$	전제
2. $(-q \supset t) \supset q$	전제 / $p \vee -t$
3. $-(p \vee -t)$	가정 / 모순
4. $-p \cdot t$	3, 드모르간 규칙
5. $-p$	4, 단순화
6. $q \equiv -t$	1, 5, 전건긍정법
7. $(q \supset -t) \cdot (-t \supset q)$	6, 쌍조건문의 정의
8. $-t \supset q$	7, 단순화
9. $(-t \supset q) \supset q$	2, 자리뒤집기
10. q	8, 9, 전건긍정법
11. $q \supset -t$	7, 단순화
12. $-t$	10, 11, 전건긍정법
13. t	4, 단순화
14. $t \cdot -t$	12, 13, 연언화
15. $-(p \vee -t) \supset (t \cdot -t)$	3-14, 가정 나오기(간접증명법)
16. $(p \vee -t)$	15, 귀류법

2-35.

1. $p \supset (q \cdot -r)$	전제
2. $q \supset (r \vee s)$	전제
3. $t \supset -s$	전제 / $p \supset -t$
4. p	가정 / $-t$
5. $q \cdot -r$	1, 4, 전건긍정법
6. q	5, 단순화
7. $r \vee s$	2, 6, 전건긍정법
8. $-r$	5, 단순화

9. s　　7, 8, 선언지제거법
10. −t　　3, 9, 후건부정법
11. p ⊃ −t　　4-10, 가정 나오기(조건증명법)

2-36.

1. −(p ≡ −q)　　전제
2. −(−p ∨ t) ⊃ −r　　전제
3. t ⊃ (−s ⊃ s)　　전제 / (q · r) ⊃ s
4. q · r　　가정 / s
5. (p ≡ q)　　1, 쌍조건문의 부정
6. (p ⊃ q) · (q ⊃ p)　　5, 쌍조건문의 정의
7. q ⊃ p　　6, 단순화
8. q　　4, 단순화
9. p　　7, 8, 전건긍정법
10. r　　4, 단순화
11. −p ∨ t　　2, 10, 후건부정법
12. t　　9, 11, 선언지제거법
13. −s ⊃ s　　3, 12, 전건긍정법
14. s　　13, 간접추리법
15. (q · r) ⊃ s　　4-14, 가정 나오기(조건증명법)

2-37.

1. (−p ∨ y) ⊃ (q ∨ r)　　전제
2. q ⊃ s　　전제
3. r ⊃ t　　전제 / −p ⊃ (−s ⊃ t)
4. −p　　가정 / −s ⊃ t
5. −p ∨ y　　4, 선언지첨가법
6. q ∨ r　　1, 5, 전건긍정법
7. s ∨ t　　2, 3, 6, 복합양도논법
8. −s ⊃ t　　7, 조건화
9. −p ⊃ (−s ⊃ t)　　4-8, 가정 나오기(조건증명법)

2-38.

1. p ∨ t　　전제
2. t ⊃ q　　전제
3. −(q · r)　　전제 / (p ⊃ q) ⊃ −r
4. p ⊃ q　　가정 / −r
5. r　　가정 / 모순

6. $-q \vee -r$	3, 드모르간 규칙
7. $-q$	5, 6, 선언지제거법
8. $-t$	2, 7, 후건부정법
9. t	1, 8, 선언지제거법
10. $t \cdot -t$	8, 9, 연언화
11. $r \supset (t \cdot -t)$	5-10, 가정 나오기(간접증명법)
12. $-r$	11, 귀류법
13. $(p \supset q) \supset -r$	4-12, 가정 나오기(조건증명법)

2-39.

1. p	전제 / $(p \supset q) \supset q$
2. $p \supset q$	가정 / q
3. q	1, 2, 전건긍정법
4. $(p \supset q) \supset q$	2-3, 가정 나오기(조건증명법)

2-40.

1. $-q$	전제 / $(p \supset q) \supset -p$
2. $p \supset q$	가정 / $-p$
3. $-p$	1, 2 후건부정법
4. $(p \supset q) \supset -p$	2-3, 가정 나오기(조건증명법)

2-41.

1. $p \supset (q \supset r)$	전제
2. $p \supset (r \supset s)$	전제 / $p \supset (q \supset s)$
3. p	가정 / $q \supset s$
4. $q \supset r$	1, 3, 전건긍정법
5. $r \supset s$	2, 3, 전건긍정법
6. $q \supset s$	4, 5, 가언삼단논법
7. $p \supset (q \supset s)$	3-6, 가정 나오기(조건증명법)

2-42.

1. $p \supset r$	전제
2. $-(q \supset r) \vee t$	전제
3. $(t \cdot s) \supset -s$	전제 / $(p \equiv q) \supset -s$
4. $p \equiv q$	가정 / $-s$
5. $(p \supset q) \cdot (q \supset p)$	4, 쌍조건문의 정의
6. $q \supset p$	5, 단순화
7. $q \supset r$	1, 6, 가언삼단논법
8. t	2, 7, 선언지제거법

9. $t \supset (s \supset -s)$	3, 전건규칙
10. $s \supset -s$	8, 9, 전건긍정법
11. $-s$	10, 간접추리법
12. $(p \equiv q) \supset -s$	4-11, 가정 나오기(조건증명법)
2-43.	
1. $-(q \supset r)$	전제
2. $p \supset r$	전제 / $-p$
3. p	가정 / 모순
4. r	2, 3, 전건긍정법
5. $q \cdot -r$	1, 조건문의 정의, 드모르간 규칙
6. $-r$	5, 단순화
7. $r \cdot -r$	4, 6, 연언화
8. $p \supset (r \cdot -r)$	3-7, 가정 나오기(간접증명법)
9. $-p$	8, 귀류법
2-44.	
1. $-p \supset q$	전제
2. $-p \supset -q$	전제 / p
3. $-p$	가정 / 모순
4. q	1, 3, 전건긍정법
5. $-q$	2, 3, 전건긍정법
6. $q \cdot -q$	4, 5, 연언화
7. $-p \supset (q \cdot -q)$	3-6, 가정 나오기(간접증명법)
8. p	7, 귀류법
2-45.	
1. $-p \supset q$	전제
2. $p \supset q$	전제 / q
3. $-q$	가정 / 모순
4. p	1, 3, 후건부정법
5. $-p$	2, 3, 후건부정법
6. $p \cdot -p$	4, 5, 연언화
7. $-q \supset (p \cdot -p)$	3-6, 가정 나오기(간접증명법)
8. q	7, 귀류법
2-46.	
1. $(r \supset s) \supset p$	전제
2. $-s \supset q$	전제 / $-p \supset q$

3. $-p$	가정 / q
4. $-(r \supset s)$	1, 3, 후건부정법
5. $r \cdot -s$	4, 조건문의 정의, 드모르간 규칙
6. $-s$	5, 단순화
7. q	2, 6, 전건긍정법
8. $-p \supset q$	3-7, 가정 나오기(조건증명법)

2-47.

1. $-(p \supset q) \supset q$	전제 / $p \supset q$
2. p	가정 / q
3. $-q$	가정 / 모순
4. $p \supset q$	1, 3, 후건부정법
5 q	2, 4, 전건긍정법
6. $q \cdot -q$	3, 5, 연언화
7. $-q \supset (q \cdot -q)$	3-6, 가정 나오기(간접증명법)
8. q	7, 귀류법
9. $p \supset q$	2-8, 가정 나오기(조건증명법)

2-48.

1. $p \supset q$	전제
2. $q \supset r$	전제
3. $-(s \supset r)$	전제 / $-p$
4. p	가정 / 모순
5. $p \supset r$	1, 2, 가언삼단논법
6. r	4, 5, 전건긍정법
7. $s \cdot -r$	3, 조건문의 정의, 드모르간 규칙
8. $-r$	7, 단순화
9. $r \cdot -r$	6, 8, 연언화
10. $p \supset (r \cdot -r)$	4-9, 가정 나오기(간접증명법)
11. $-p$	10, 귀류법

2-49.

1. $-p \vee s$	전제
2. $s \supset (-s \vee q)$	전제
3. $(p \supset q) \supset r$	전제 / r
4. $-r$	가정 / 모순
5. $-(p \supset q)$	3, 4, 후건부정법
6. $p \cdot -q$	5, 조건문의 정의, 드모르간 규칙

7. p	6, 단순화
8. −(−s ∨ q) ⊃ −s	2, 자리뒤집기
9. (s · −q) ⊃ −s	8, 드모르간 규칙
10. (−q · s) ⊃ −s	9, 자리바꾸기
11. −q ⊃ (s ⊃ −s)	10, 전건규칙
12. −q	6, 단순화
13. s ⊃ −s	11, 12, 전건긍정법
14. −s	13, 간접추리법
15. −p	1, 14, 선언지제거법
16. p · −p	7, 15, 연언화
17. −r ⊃ (p · −p)	4-16, 가정 나오기(간접증명법)
18. r	17, 귀류법

2-50.

1. p ⊃ q	전제 / p ⊃ [(q ⊃ r) ⊃ r]
2. p	가정 / (q ⊃ r) ⊃ r
3. q ⊃ r	가정 / r
4. −r	가정 / 모순
5. q	1, 2, 전건긍정법
6. −q	3, 4, 후건부정법
7. q · −q	5, 6, 연언화
8. −r ⊃ (q · −q)	4-7, 가정 나오기(간접증명법)
9. r	8, 귀류법
10. (q ⊃ r) ⊃ r	3-9, 가정 나오기(조건증명법)
11. p ⊃ [(q ⊃ r) ⊃ r]	2-10, 가정 나오기(조건증명법)

2-51.

1. −(t ∨ s) ⊃ −p	전제
2. t ⊃ w	전제
3. s ⊃ x	전제
4. −w ∨ (y · −y)	전제
5. −q ⊃ −x	전제 / p ⊃ q
6. p	가정 / q
7. −q	가정 / 모순
8. −x	5, 7, 전건긍정법
9. −s	3, 8, 후건부정법
10. t ∨ s	1, 6, 후건부정법

11. t	9, 10, 선언지제거법
12. w	2, 11, 전건긍정법
13. y · −y	4, 12, 선언지제거법
14. −q ⊃ (y · −y)	7-13, 가정 나오기(간접증명법)
15. q	14, 귀류법
16. p ⊃ q	6-15, 가정 나오기(조건증명법)

2-52.

1. −p	전제
2. t ∨ r	전제
3. (t · q) ⊃ s	전제 / (−p ⊃ q) ⊃ (r ∨ s)
4. −p ⊃ q	가정 / r ∨ s
5. −(r ∨ s)	가정 / 모순
6. −r · −s	5, 드모르간 규칙
7. −s	6, 단순화
8. −(t · q)	3, 7, 후건부정법
9. −t ∨ −q	8, 드모르간 규칙
10. q	1, 4, 전건긍정법
11. −t	9, 10, 선언지제거법
12. −r	6, 단순화
13. t	2, 12, 선언지제거법
14. t · −t	11, 13, 연언화
15. −(r ∨ s) ⊃ (t · −t)	5-14, 가정 나오기(간접증명법)
16. r ∨ s	15, 귀류법
17. (−p ⊃ q) ⊃ (r ∨ s)	4-16, 가정 나오기(조건증명법)

2-53.

1. −(p ∨ r) ⊃ p	전제
2. s ⊃ u	전제
3. t ⊃ u	전제
4. (−p ⊃ r) ⊃ (s ∨ t)	전제 / u
5. −u	가정 / 모순
6. −s	2, 5, 후건부정법
7. −t	3, 5, 후건부정법
8. −s · −t	6, 7, 연언화
9. −(s ∨ t)	8, 드모르간 규칙
10. −(−p ⊃ r)	4, 9, 후건부정법

11. $-p \cdot -r$	10, 조건문의 정의, 드모르간 규칙
12. $-p$	11, 단순화
13. $p \vee r$	1, 12, 후건부정법
14. $-r$	11, 단순화
15. p	13, 14, 선언지제거법
16. $p \cdot -p$	12, 15, 연언화
17. $-u \supset (p \cdot -p)$	5-16, 가정 나오기(간접증명법)
18. u	17, 귀류법

2-54. 기초적 주장이다. 직접 경험에 의해 정당화된다.

2-55. 기초적 주장이다. 직관에 의해 정당화된다.

2-56, 논증이 필요하다.

2-57. 논증이 필요하다. 역사에 대해 헤겔의 견해 외에 이견이 있을 수 있으며 따라서 이 주장이 설득력을 가지려면 논증이 제시되어야 한다.

2-58. 논증이 필요하다.

2-59. 논증이 필요하다. 하지만 자기가 입증책임을 지는 주장으로서 받아들일 수 있다.

2-60. 논증이 필요하다.

2-61. 기초적 주장이다. 직관적 주장이다.

2-62. 논증이 필요하다.

2-63. 논증이 필요하다.

2-64. 논증이 필요하다. 불확정성 원리에 대한 다른 견해가 있을 수 있다.

2-65. 논증이 필요하다. 주장되는 발전이 어떤 발전인지 분명하지 않다. 증거를 필요로 한다.

2-66. 기초적 주장이다. 전문가(군형법)의 주장이다.

2-67. 기초적 주장이다. 상식에 속하는 주장이다.

2-68. 기초적 주장이다. 전문가의 주장이다.

2-69. 기초적 주장이다. 전문가의 주장이다.

2-70. 기초적 주장이다. 직관에 의해 정당화된다.

2-71. 논증이 필요하다. 철학자들 사이에서도 논쟁거리가 되는 주장이다.

2-72.

*1. 명철한 사람은 동시대의 모든 사람들에게 교훈을 주는 것을 삶을 목표로 삼아야 한다.

2. 사람들은 승리로부터는 결코 배울 게 없고, 실패를 통해서만 배운다.

∴3. 명철한 사람의 삶의 목표는 동시대의 모든 사람들에게 교훈을 줄 만한 참패에 도달하는 것이다. (1-2↓)

2-73.
1. 종교적인 것은 만인의 고차원적인 삶을 표현한다.
*2. 만인의 고차원적인 삶을 표현하는 것은 훌륭하다.
∴3. 종교적인 것은 모두 훌륭하다. (1-2↓)

2-74.
1. 만일 노사갈등이 계속되면, 경제는 침체될 것이다.
2. 만일 경제가 침체되면, 우리는 가난한 옛날로 돌아갈 수밖에 없다.
*3. 우리는 다시 가난한 옛날로 돌아가서는 안 된다.
*∴4. 노사갈등이 계속되어서는 안 된다. (1-3↓)

2-75.
1. 주인은 한 번도 굶주려본 적이 없고, 사람을 죽여보지도 않았고 물건을 훔쳐보지도 않았고 간음을 해보지도 않았다.
*2. 한 번도 굶주려본 적이 없고, 사람을 죽여보지도 않았고 물건을 훔쳐보지도 않고 간음을 해보지도 않은 사람은 세상 돌아가는 것을 알 수 없다.
*3. 만일 1과 2라면, 주인은 세상 돌아가는 것을 알 수 없다.
∴4. 주인은 세상 돌아가는 것을 알 수 없다. (1-3↓)

2-76.
*1. 신과 평화가 있는 곳에 구원의 길이 있다.
2. 신과 평화는 마음속에만 있다.
∴3. 구원의 길은 마음속에만 있다. (1-2↓)

2-77.
1. 각자는 자신의 구원을 통하여 세계 구원에 이바지할 수 있다.
2. 각자의 구원은 자신을 행복하게 한다.
*3. 세계 구원에 이바지하는 구원이 중요하다.
∴4. 각자의 구원은 중요하다. [1, 3(2)↓]

2-78.
1. 생명은 신의 것이다.
2. 누구도 다른 사람의 생명을 빼앗을 권리가 없다. (1↓)
*3. 전쟁에서 생명을 빼앗는 일을 피할 수 없다.
*4. 정의로운 전쟁은 다른 사람의 생명을 빼앗을 권리가 있는 전쟁이다.
∴5. 정의로운 전쟁은 없다. (2-4↓)

2-79.
1. 이해성이 있는 사람은 자신을 세상에 적응시킨다.
2. 완고한 사람은 자신에게 세상을 적응시킨다.
*3. 자신을 세상에 적응시키는 사람은 세계를 발전시키지 못하고 자신에게 세

상을 적응시키는 사람이 세상을 발전시킨다.
∴4. 모든 발전은 이해성이 있는 사람이 아니라 완고한 자들의 덕택이다. (1-3↓)

2-80.
1. 만일 밀알이 땅에 떨어져 썩지 않으면, 열매를 맺지 못한다.
2. 만일 밀알이 열매를 맺지 못하면, 밀은 무가치하다.
∴3. 만일 밀알의 땅에 떨어져 썩지 않으면, 밀은 무가치하다. (1-2↓)

2-81.
1. 태아도 사람이다.
*2. 낙태는 태아를 의도적으로 죽이는 것이다.
*∴3. 낙태는 사람을 의도적으로 죽이는 것이다. (1-2↓)
4. 사람을 의도적으로 죽이는 것은 살인이다.
∴5. 낙태는 살인이다. (3-4↓)
*6. 살인은 도덕적으로 옳지 않고 금지되어야 한다.
∴7. 낙태는 도덕적으로 옳지 않고 금지되어야 한다. (5-6↓)

2-82.
1. 변화하고 유전하는 사물의 본질은 불변하는 형상이다.
2. 불변하는 형상은 선이고, 사물이 형상으로부터 멀어질수록 악은 증가한다.
*3. 역사는 형상으로부터 멀어지는 변화의 과정이다.
∴4. 역사는 악이 증가해 가는(타락해 가는) 과정이다. (1-3↓)

2-83.
1. 프롤레타리아의 목적은 평화적 의회 정부의 사회 개선으로 도달할 수 없다.
2. 부르주아와 프롤레타리아 사이에는 어떤 화해도 존재할 수 없다.
*3. 만일 1과 2라면, 프롤레타리아의 목적을 이루기 위한 유일한 수단은 폭력에 의한 기존 사회 파괴와 새로운 사회 건설이다.
∴4. 프롤레타리아의 목적을 이루기 위한 유일한 수단은 폭력에 의한 기존 사회 파괴와 새로운 사회 건설이다. (1-3↓)

2-84.
1. 남자는 잃어버린 것(갈비뼈)이 있고 여자는 잃어버린 것이 없다.
*2. 자기가 잃은 것을 되찾기 위해서 추근거리는 것만이 당연한 일이다.
∴3. 남자가 여자에게 추근거리는 것은 당연하고 여자가 남자에게 추근거리는 것은 당연하지 않다. (1-2↓)

2-85.
1. 존재하는 모든 것은 관념이든지 물질이다.
2. 만일 존재하는 모든 것이 관념이라면, 삶은 가치가 없다.

3. 만일 존재하는 모든 것이 물질이라면, 삶은 가치가 없다.
*∴4. 삶은 가치가 없다. (1-3↓)

2-86.

1. '유'가 존재하지 않았던 적은 없었다.
2. '무'만 '유'로 전환될 수 없는 것이 아니라, '유' 역시 '무'로 전환되는 것이 불가능하다.
∴3. '유'는 영원히 존재한다. (1-2↓)

2-87

1. 만일 우주의 온도가 해의 온도와 같다면, 해의 열은 지구로 흐르지 않는다.
2. 만일 해의 열이 지구로 흐르지 않는다면, 지구는 생명 현상의 발생에 필요한 에너지를 얻을 수 없을 것이다.
*3. 만일 지구가 생명 현상의 발생에 필요한 에너지를 얻을 수 없다면, 지구에 생명 현상이 없을 것이다.
∴4. 만일 우주의 온도가 해의 온도와 같다면, 지구에는 생명 현상이 없을 것이다. (1-3↓)

2-88.

1. 만일 물리주의가 옹호될 수 있다면, 주관적인 현상적 특성도 물리적으로 설명될 수 있어야 한다.
2. 모든 주관적인 현상적 특성은 본질적으로 단일한 시각(나의 시각)과 관계되어 있다.
3. 객관성이 생명인 물리 이론은 단일한 시각의 관점을 포기할 수밖에 없다.
∴4. 주관적인 현상적 특성을 물리적으로 설명하는 것은 불가능하다. (2-3↓)
∴5. 물리주의는 옹호될 수 없다. (1, 4↓)

2-89.

1. 인간에게는 '창조적 자아'가 따로 있고 '사회적 자아'가 따로 있는 것이 아니다.
*2. 만일 인간에게 '창조적 자아'가 따로 있고 '사회적 자아'가 따로 있는 것이 아니라면, 작가의 창조물인 문학은 사회적 행동의 연장선상에 있어야 하며, 또 언제나 현실에 참여되어 있는 것이다.
∴3. 작가의 창조물인 문학은 사회적 행동의 연장선상에 있어야 하며, 또 언제나 현실에 참여되어 있는 것이다. (1-2↓)
*4. 만일 작가의 창조물인 문학이 사회적 행동의 연장선상에 있어야 하며, 또 언제나 현실에 참여되어 있는 것이라면, 현실이 고통으로 가득 차 있을 때, 작가는 현실 참여적인 작품을 쓰지 않으면 안 된다.
∴5. 현실이 고통으로 가득 차 있을 때, 작가는 현실 참여적인 작품을 쓰지 않으

면 안 된다. (3-4↓)

2-90.

*1. 이 세상에 존재하는 것은 모두 전능한 신이 창조한 것이다.

*2. 만일 1이고 세상에 악이 존재한다면, 악은 신이 창조한 것이다.

3. 신은 악을 창조하는 존재가 아니다.

*4. 만일 3이라면, 악은 신이 창조한 것이 아니다.

∴5. 악은 신이 창조한 것이 아니다. (3-4↓)

∴6. 악은 존재하지 않는다. (1, 2, 5↓)

2-91.

1. 만일 결정론이 참이라면, 나의 의지의 자유는 항상 내 안에 있는 성격이나 동기에 의해 좌우된다.

2. 만일 나의 의지의 자유가 항상 내 안에 있는 성격이나 동기에 의해 좌우된다면, 나의 자유 의지에 의한 결정은 인과성으로부터 자유롭지 못하다.

*3. 만일 나의 의지에 의한 결정이 인과성으로부터 자유롭지 못하면, 나는 나의 의지대로 행동하지 못한다.

*∴4. 만일 결정론이 참이라면, 나는 나의 의지대로 행동하지 못한다. (1-3↓)

5. 내가 나의 의지대로 행동할 경우 그리고 그 경우에만 나는 내 행동에 대해 도덕적 책임을 진다.

∴6. 만일 결정론이 참이라면, 나는 내 행동에 대해서 책임이 없다. (4-5↓)

∴7. 결정론과 도덕적 책임 양립하지 못한다. (6↓)

2-92.

1. 지구의 무게는 다른 것에 비해 엄청나게 무겁다.

*2. 무거운 것은 가벼운 것보다 더 빨리 낙하한다.

3. 만일 1, 2이라면, 지구가 움직일 경우 지구는 다른 가벼운 물체보다 더 빨리 낙하할 것이다.

∴4. 만일 지구가 움직인다면, 다른 가벼운 물체보다 더 빨리 낙하할 것이다. (1-3↓)

5. 만일 지구가 다른 가벼운 물체보다 더 빨리 낙하하면, 동물이나 집같이 상대적으로 가벼운 물체들은 공중에 떠서 지구 뒤에 남게 되고 지구 자체는 굉장한 속력으로 낙하해서 우주 밖으로 날아가 버릴 것이다.

*6. 동물이나 집같이 상대적으로 가벼운 물체들은 공중에 떠서 지구 뒤에 남게 되고 지구 자체는 굉장한 속력으로 낙하해서 우주 밖으로 날아가 버린다는 것은 거짓이다.

∴7. 지구는 움직이지 않는다. (4-6↓)

2-93.

*1. 만일 (귀납주의의 주장대로) 관찰 언명이 과학의 확실한 토대라면, 관찰 언명은 오류로부터 자유로워야 한다.

2. 관찰 언명은 이론의존적이다. (어떤 종류의 이론이 선행한다.)

3. 모든 이론은 오류일 수 있다.

∴4. 관찰 언명은 오류일 수 있다. (2-3↓)

∴*5. 관찰 언명은 과학의 확실할 토대가 아니다. (1, 4↓)

2-94.

1. 가. 인생은 살 만한 가치가 없다.

나. 만일 인생이 살 만한 가치가 없다면, 어디서 어떻게 죽든, 지금 죽든 20년 후에 죽든 아무 차이가 없다

∴다. 어디서 어떻게 죽든, 지금 죽든 20년 후에 죽든 아무 차이가 없다. (가-나↓)

*2. 나는 지금 죽으나 20년 후에 죽으나 차이가 없는 삶을 구차하게 연장하고 싶지 않다.

*3. 만일 내가 상고한다면, 나는 지금 죽으나 20년 후에 죽으나 차이가 없는 삶을 구차하게 연장할 수 있다.

∴4. 나는 상고해서는 안 된다(나는 상고의 기각을 승인해야 한다). (1-3↓)

2-99.

1. 우리는 지금 이 세계에서 배운 것을 통해서만, 발전된 세계를 이룰 수 있다.

2. 지금 이 세계보다 더 발전된 세계를 이루고 싶다.

3. 만일 우리가 배우지 않으면, 지금 이 세계보다 더 발전된 세계를 이룰 수 없다. (우리의 다음 세계도 이 세계와 꼭 같은 한계들과 극복해야 할 무거운 짐을 이끌고 가는 그런 세계가 될 것이다.)

∴4. 우리는 배워야 한다. (1-3↓)

2-96.

1. 사람들은 이제까지 신(神), 정신적 인간 등의 날조된 견해를 만들고 스스로를 속여 왔다.

*2. 사람들은 더 이상 속고 살아서는 안 된다.

*3. 만일 인간에게 굴레를 씌워서 괴롭히고 있는 괴물들로부터, 관념과 교조(敎條)와 상상적 존재로부터, 인간을 해방시킨다면, 사람들은 속아 살지 않을 것이다.

∴4. 인간에게 굴레를 씌워서 괴롭히고 있는 괴물들로부터, 관념과 교조(敎條)와 상상적 존재로부터, 인간을 해방시켜야 한다. (1-3↓)

2-97.

1. 만일 인간의 활동 결과가 전혀 무의미하고 물거품처럼 사라져 버릴 것이라면, 다시 말해서 인간은 마치 다람쥐 쳇바퀴 돌리듯, 아무 의미 없는 삶의 동작을 되풀이하는 것뿐이라면, 인간은 자신의 삶과 활동에 열의를 가지지 못한다.
2. 만일 내가 나의 노력의 공적뿐 아니라 그 가치를 확신한다면, 나는 현세의 발전을 위해 전력을 다 바칠 수 있다.

∴3. 만일 내가 현세의 발전을 위해 전력을 다 바치고 싶다면, 나는 자신의 노력의 공적뿐 아니라 가치도 확신해야 한다. (1-2↓)

cf. 소망이 가언적으로 표현되어 있음에 유의하자.

2-98.

1. 여러 국가와 인류의 불행이 그칠 날이 없다.
2. 누구나 불행이 그치기를 원한다.
3. 만일 철학자가 왕이 되든지 왕이 철학자가 되지 않으면, 불행이 그치지 않을 것이다.

∴4. 철학자가 왕이 되든지, 왕이 철학자가 되어야 한다. (1-3↓)

2-99.

1. 인생이 덧없다(무상하다).
2. 허무한 일에 노심초사하는 세속적 삶으로부터 벗어나고 싶다(해탈하고 싶다.).
3. 만일 출가하여 도를 구하고 도인을 찾아뵙고 도를 배운다면, 해탈할 수 있다.

∴4. 출가하여 도를 구하고 도인을 찾아뵙고 도를 배워야 한다. (1-3↓)

2-100.

1. 모든 것은 우리 내부에 있다(모든 것이 우리 자신에게 달렸다).
2. 삶은 허무하다.
3. 만일 삶이 허무할지라도 모든 것이 우리 내부에 있다면, 허무는 우리의 고독을 해방시키고 우리의 광명을 노출시키며, 불행이 아니라 오히려 우리의 자아실현과 신화(神化)를 뜻한다.

∴4. 허무는 우리의 고독을 해방시키고 우리의 광명을 노출시키며, 불행이 아니라 오히려 우리의 자아실현과 신화(神化)를 뜻한다. (1-3↓)

2-101.

1. 만일 윤회사상에 대한 나의 과거 이해가 옳다면, 현재의 이 돌은 앞으로 흙이 되고, 동물도 되고, 인간이 되고 영혼이 될 수 있음에도 불구하고 아무 가치도 없고 미망의 세계에 속하는 돌일 뿐이다.

2. 윤회사상에 대한 나의 현재 이해에 의하면, 현재의 이 돌은 앞으로 흙이 되고, 동물도 되고, 인간이 되고 영혼이 될 수 있음에도 불구하고 아무 가치도 없고 미망의 세계에 속하는 돌에 불과한 것이 아니라, 이 돌은 영원히 그리고 언제나 곧 흙이요, 동물이요, 인간이요, 영혼이요, 부처이다.
3. 만일 2라면, 윤회사상에 대한 나의 과거 이해는 옳지 않고, 윤회사상에 대한 나의 현재 이해에 의하면 이 돌은 영원히 그리고 언제나 곧 흙이요, 동물이요, 인간이요, 영혼이요, 부처이다.

∴4. 윤회사상에 대한 나의 과거 이해는 옳지 않고, 윤회사상에 대한 나의 현재 이해에 의하면 이 돌은 영원히 그리고 언제나 곧 흙이요, 동물이요, 인간이요, 영혼이요, 부처이다. (1-3↓)

5. 나는 이 돌을 존중하고 사랑한다.
6. 만일 4와 5라면, 내가 이 돌을 존중하고 사랑하는 것은 윤회사상에 대한 나의 과거 이해로 인한 것이 아니라 나의 현재 이해로 인한 것이다.

∴7. 내가 이 돌을 존중하고 사랑하는 것은 윤회사상에 대한 나의 과거 이해로 인한 것이 아니라 나의 현재 이해로 인한 것이다. (4-6↓)

2-102.

1. 도덕적 존재는 자신의 운동을 의도적으로 통제할 수 있는 존재, 즉 자신의 의도에 따라 행위를 선택함으로써, 금지된 행위를 하면 그 행위에 책임을 지고, 올바른 행위에 대해서는 칭찬받는 존재이다.
2. 식물이나 무생물들은 자신의 운동을 의도적으로 통제할 수 없다.

∴3. 식물이나 무생물들은 도덕적 존재가 아니다. (1-2↓)

∴4. 만일 인간의 행위와 식물 및 무생물의 운동 간에 도덕적으로 적절한 차이가 없다는 것이 판정되면, 인간도 도덕적 존재가 아니다. (3↓)

2-103.

1. 지배 계급은 피지배자들의 생존을 보장해야 한다.
2. 부르주아가 지배하는 현대사회에서 노동자들은 생존을 보장받지 못하고 있다.

∴3. 부르주아는 지배 계급으로서의 자격이 없다. (1-2↓)

*4. 만일 부르주아가 지배 계급으로서의 자격이 없다면, 부르주아 사회는 존속이 불가능하게 될 것이다.

∴5. 부르주아 사회는 존속이 불가능하게 될 것이다. (3-4↓)

2-104.

*1. 대중은 판단력이 부족하고, 감정과 충동에 쉽게 무너지고, 강제력에 복종한다.

2. 지배계층(엘리트 계층)은 대중을 잘 이끌어 국가를 통치해야 한다.

3. 만일 지배계층이, 필요하다면 폭력을 사용해서라도, 이성적 판단에 의하여 지도한다고 대중이 믿도록 대중을 현혹시키고 선동한다면, 지배계층은 국가통치를 잘할 수 있다.

∴4. 지배계층은, 필요하다면 폭력을 사용해서라도, 이성적 판단에 의하여 지도한다고 대중이 믿도록 대중을 현혹시키고 선동해야 한다. (1-3↓)

5. 만일 4라면, 현대사회의 지도자는 선전과 강제력을 가지고 대중을 통제할 줄 아는 선동가로부터 배출될 것이다.

∴6. 현대사회의 지도자는 선전과 강제력을 가지고 대중을 통제할 줄 아는 선동가로부터 배출될 것이다. (4-5↓)

2-105.

1. 우리는 미온적인 크리스천이고 소시민적인 인간으로 산다.
2. 우리는 완전한 크리스천이 되는 동시에 완전한 인간이 되어야 한다.
3. 가. 만일 과학, 철학, 사회학을 연구하지 않고, 자신의 연구 활동이 소중한 것임을 깨닫지 못하며, 절대자를 향한 자신의 진보에 박차를 가한다는 것을 깨닫지도 못하고, 자신의 정복욕이 절대자를 향한 자신의 진보에 방해가 된다는 것을 깨닫지 못하며, 삶에 현세적 공적을 남길 기회만이 아니라 그 이상의 어떤 의미가 있다는 것을 깨닫지 못한다면, 우리는 미온적인 크리스천으로, 소시민적인 인간으로 살게 된다.

   나. 만일 우리가 미온적인 크리스천으로, 소시민적인 인간으로 살면, 우리는 완전한 크리스천도 못되고 동시에 완전한 인간도 못 된다.

   ∴다. 만일 과학, 철학, 사회학을 연구하지 않고, 자신의 연구 활동이 소중한 것임을 깨닫지 못하며, 절대자를 향한 자신의 진보에 박차를 가한다는 것을 깨닫지도 못하고, 자신의 정복욕이 절대자를 향한 자신의 진보에 방해가 된다는 것을 깨닫지 못하며, 삶에 현세적 공적을 남길 기회만이 아니라 그 이상의 어떤 의미가 있다는 것을 깨닫지 못한다면, 우리는 완전한 크리스천도 못되고 동시에 완전한 인간도 못 된다. (가-나↓)

∴4. 과학, 철학, 사회학을 연구하며, 자신의 연구 활동이 소중한 것임을 깨닫고 자신의 정복욕이 절대자를 향한 자신의 진보에 방해가 된다는 것을 깨달으며, 삶에 현세적 공적만이 아니라 그 이상의 어떤 의미가 있다는 것을 깨달아야 한다. (1-3↓)

2-106.

1. 우리들의 삶은, 어린아이처럼 살던 아담과 이브가 낙원에서 추방된 것처럼, 사회적 요구에 의하여 어린아이의 순수성을 잃어버린 타락한 삶이다.
2. 다시 순수한 삶으로 돌아가야 한다.
3. 만일 사회적 압력에 굴복하지 않고 어린아이처럼 산다면, 다시 순수한 삶으

로 돌아할 수 있다.
∴4. 사회적 압력에 굴복하지 말고 어린아이처럼 살아야 한다. (1-3↓)

[제 3 장]

3-1.
1. 소크라테스, 예수, 공자, 석가와 같은 성현들이 인류 역사를 긍정적인 방향으로 이끌었었다.
∴2. 인류의 미래는 낙관적이다. (1→)
3-2.
1. 어느 날 아침 나는 고치에서 나오려는 나비를 앞당겨 나오도록 도와주었는데, 오히려 나비는 날개를 피지 못하고 죽어 버렸다.
∴2. 인위적인 도움은 고치에서 나오려는 나비를 죽게 만든다. (1→)
∴3. 자연의 법칙을 거스르는 것은 잘못이다. (2→)
3-3.
1. 오늘날 우리나라의 크고 작은 시장은 1회용 물걸레와 기저귀, 냄비 겸 그릇, 토스트와 계란 프라이를 동시에 만들 수 있는 제품, 다양한 인스턴트 식품, 심지어 물만 부으면 피어나는 즉석 꽃과 같은, 게으른 젊은 주부들의 구미에 맞는 상품들로 넘쳐나고 있다.
∴2. 오늘날 게으름은 '악'이 아닌 하나의 '가치'로서 자리매김하고 있다. (1→)
3-4.
1. 강물이 흐르는 모습
∴2. 물은 언제나 같은 물로 보이지만 순간마다 새로운 물이다. (1→)
3-5.
1. 생후 4주 만에 서로 다른 가정에 입양되었다가 39세 때 처음 만난 일란성 쌍둥이 남자 형제는 다음과 같이 너무도 비슷하게 성장했다.
   가. 쌍둥이 형제 둘 다 소방 계통에서 일을 했다.
   나. 쌍둥이 형제 둘 다 플로리다에서 휴가를 보냈다.
   다. 쌍둥이 형제 둘 다 GM에서 만든 시보레 차를 몰고 있었다.
   라. 쌍둥이 형제 둘 다 개를 길렀고 그 개 이름은 똑같이 토이였다.
   마. 쌍둥이 형제 둘 다 이혼 후 재혼했으며, 첫 부인의 이름이 모두 '린다,' 두 번째 부인은 '베티'였고 아들 이름은 각각 '알렌'과 '알란'이었다.
   바. 쌍둥이 형제 둘 다 손톱을 바싹 깎는 습관이 있고 비슷한 흡연, 음주 버릇을 가졌다.
   사. 쌍둥이 형제 둘 다 취미로 목수 일을 즐겼다.

아. 쌍둥이 형제 둘 다 생애 중 비슷한 시기에 4.5kg 정도 체중이 증가했다.
2. 다른 일란성 쌍둥이 형제들의 행동 유형들도 유사성이 매우 높다.
∴3. 유전자가 같은 형제들은 유사한 환경을 추구하려는 경향이 있다. (1-2→)

3-6.

1. 독일의 강점은 게르만 정신이다.
2. 일본의 경제력은 일본주의적 특성 때문이다.
3. 대만(臺灣)의 튼튼한 균부(均富) 체질은 삼민주의의 이념으로 다진 것이다.
4. 덴마크의 낙원 건설은 그룬드비히의 혈통 정신에서 이루어진 것이다.
5. 스위스의 풍요는 페스탈로치의 교육정신에서 빚어진 것이다.

∴6. 나라의 강점은 이념보다 국민 개성에서 나온다. (1-5→)

3-7.

1. 정부도 군대도 가지지 못하고 제정 러시아의 가혹한 탄압 아래 있던 폴란드인에게 시인은 오직 국민의 재생을 예언하며, 굴욕된 정신생활을 격려하는 크나큰 축도를 드리는 예언자로 생각되었다.
2. 통일된 국가를 가지지 못하고 이산되어 있었던 이탈리아 사람들에게 시성 단테는 오로지 유일한 '이탈리아'로 숭앙되어 왔다.
3. 제1차 세계대전 때에 독일군의 잔혹한 압제하에 있었던 벨기에 인에게 베르하렌이라는 시인은 조국의 한 시인 영(靈)으로 추앙되었다.

∴4. 시인은 국가가 비운에 빠졌거나 통일을 잃었거나 하는 때에 예언자로, 또는 민족혼을 불러일으키는 선구자적 지위에 놓일 수도 있다. (1-3→)

3-8.

1. 이 나라의 잘산다는 층은 아직도 '왜식' 맛을 못 잊어 입을 다시고, 그러다가는 또 미국 사람이 들어오기가 바쁘게 껌을 씹고, 로스케가 오기가 바쁘게 해바라기 씨를 깠다.

∴2. 우리 민족은 더러운 갈보다. (1→)

3-9.

1. 채소를 생산하기 위해 동물을 죽이지 않을 수 없다.

∴2. 일관된 채식주의는 유지될 수 없다. (1→)

3-10.

1. 장년층의 사람들 대부분은 대부분의 청년들처럼 무모함에 빠지는 지나친 자신감이나 대부분의 노인들처럼 지나친 소심함을 지니고 있지 않다.

장년층의 사람 = df. 신체상으로는 30에서 35세까지, 정신적으로는 30에서 49세까지에 해당하는 사람

2. 장년층의 사람들 대부분은 대부분의 청년들처럼 모든 사람을 다 믿지도 대부분의 노인들처럼 모든 사람을 불신하지 않고, 사람들을 정확하게 판단한다.
3. 장년층의 사람들 대부분은 대부분의 노인들처럼 극도로 절약하거나 대부분의 청년들처럼 낭비하지 않고 적당하며 올바른 것에 의해 돈을 사용한다.
4. 장년층의 사람들 대부분은 대부분의 노인들처럼 온화할 뿐만 아니라 대부분의 청년들처럼 용감하며, 또 노인들과 청년들과 다르게 용감하면서도 온화하다.

∴5. 모든 도덕적인 특징이 젊은이와 늙은 사람들의 경우에서는 분리되어 있거나 지나치거나 모자라는 반면, 장년층의 사람들에게서는 도덕적 특징이 통일되어 있고 적절함과 적당하게 구비되어 있다. (1-4→)

3-11.

1. 캉디드는 큐네공 아가씨에 대한 연정으로 말미암아 얻어맞게 되고 그 아름다운 성으로부터 쫓겨나게 되었고 종교재판소에 의해서 체포되었으며, 걸어서 미국 대륙을 방황하게 되었다. 또 캉디드는 어떤 공작을 칼로 베게 되었고 엘도라도의 땅에서 소유했던 모든 양들을 한꺼번에 잃게 되었다. 그리고 그런 일들을 겪은 후에 캉디드는 여기에서 이렇게 좋은 음식을 먹으면서 한가롭게 지내게 되었다.

∴2. 사건들은 다 묘하게 얽혀서 결국 최선의 상태를 만들어낸다. (1→)

3-12. 타인을 위한 봉사를 하는 사람은 행복감을 느끼며 건강하게 장수한다.

3-13. 문화적 관습은 우연한 것이다.

3-14. 종교적 독단은 자신들의 종교적 신념과 모순되는 엄청난 비극을 낳을 수 있다.

문화의 가변성과 문화적 상대성에 대한 몰이해와 불관용은 갈등과 비극의 원인이 된다.

3-15. 일하는 노인들이 일하지 않는 노인보다 더 건강하다.

목표를 가지고 힘들게 노력하는 사람이 그렇지 않은 사람보다 더 건강하다.

3-16. 노예제 폐지

여성의 지위 향상

3-17. 프랑스 혁명

민주화 투쟁

3-18. "아는 것이 힘이다."라는 말이 옛말이 된 사례 : (1) 정보화 시대로 인해 정보축적이 쉬워졌다. (2) 교육이 평준화되었다.

"논리가 힘이다."라는 말이 현재화된 사례 : (1) 고시 등에서 사고력을 중시하는 경향이 나타난다. (2) 매스미디어의 토론 문화가 확산되고 있다. (3)

회사, 공공기관에서 민주적 의사 결정 방식으로 문제가 되는 사안들을 결정한다.

3-19.

1. 컴퓨터와 사람은 다르지만, 컴퓨터가 정보를 처리하는 방법과 인간이 합리적으로 사고하는 형식은 유사하다.
2. 인간은 마음을 가지고 있다.

∴3. 컴퓨터도 마음을 가지고 있다. (1-2↔)

3-20.

1. 병아리가 부화하는 것과 사람이 크고 보람 있는 일을 도모하는 것은 유사하다.
2. 병아리가 세상에 나오기 위해서는 껍질을 깨야 한다.

∴3. 크고 보람 있는 일을 도모하는 사람은 장애를 극복해야 한다. (1-2↔)

3-21.

1. 인생과 소금은 다르지만 유사하다.

∴2. 소금은 대상에 따라 다양한 효과를 나타낸다. (가-나→)

가. 소금을 미역에 뿌리면 팔팔 살아난다.

나. 소금을 배추에 뿌리면 시들시들 죽어 버린다.

∴3. 인생도 사는 방식에 따라 즐겁게 살 수도 있고 고통스럽게 살 수 있다. (1-2↔)

3-22.

1. 사람이 걷는 것과 사회가 발전하는 것은 유사하다.
2. 한 사람의 손발이 맞아야 제대로 걸을 수 있다.

∴3. 사회의 구성원들의 호흡이 맞아야 사회가 발전한다. (1-2↔)

(사례 : 무거운 피아노를 두 사람이 들고 움직일 수 있는 것도 호흡이 잘 맞기 때문이다.)

3-23.

1. 삶과 농구경기는 다르지만, 여러 가지 점에서 유사하다.
2. 농구경기에서는 두려움 때문에 자칫 방어적인 자세로 속도를 줄이면, 부상을 당할 위험이 더 커진다.

∴3. 인생에서도 두려움 때문에 방어적이 된다면 아주 위험하며, 전속력으로 인생을 살아야만 더욱 안전하다. (1-2↔)

3-24.

1. 의사, 기하학자, 물길 안내인과 같은 전문가를 평가 하는 것과 장관을 평가하는 것은 유사하다.
2. 전문가는 전문가들에 의해서만 평가되어야지 다수에 의해 평가되어서는 안된다.

∴3. 장관을 뽑는 일이나 평가하는 일을 다수자에게 맡겨서는 안 된다. (1-2↔)

3-25.

1. 버드나무에 매달려 있는 것과 돈을 쥐고 있는 것은 유사하다.
2. 버드나무에서 떨어지지 않으려면, 두 손을 놓아서는 안 된다.

∴3. 돈을 벌려면, 돈 써서는 안 된다. (1-2↔)

3-26.

1. 대기의 압력과 인생역경은 비슷하다.
2. 만일 대기의 압력을 제거하면, 신체가 파열한다.

∴3. 만일 인생에 역경이 없으면, 인생은 걷잡을 수 없는 어리석음에 빠진다. (1-2↔)

∴4. 만일 인생이 걷잡을 수 없는 어리석음에 빠지는 것을 원하지 않으면, 역경이 필요하다. (3↓)

(바닥 짐의 경우도 이와 같이 재구성될 수 있다)

3-27.

1. 들쥐와 사람은 유사하다.
2. 들쥐는 일부일처인 놈들과 일부다처(일처다부)인 놈들의 뇌 구조가 다르다.

∴3. 사람도 바람기가 있는 사람들의 뇌와 보통 사람의 것과 분명히 다를 것이다. (1-2↔)

3-28.

1. 연탄이 스스로를 태워 방을 따뜻하게 하는 것과 자기를 희생하여 사회를 발전시키는 사람들은 유사하다.
2. 연탄재를 함부로 차서는 안 된다.

∴3. 사회를 위해 자기를 희생한 사람들을 함부로 여겨서는 안 된다. (1-2↔)

3-29.

현상 : 죽음의 병 에이즈가 번지고 있다.

가설 : 인간은 신의 저주를 받고 있다.

3-30.

현상 : 너희들은 내(예수)가 말하는 진리를 믿지 않는다.

가설 : 너희들은 하나님께 속한 사람이 아니다.

3-31.

현상 : 우리는 여러 번 우연히 만났다.

가설 : 우리는 운명적으로 만나게 되어 있다.

3-32.

현상 : 에트나 산의 화산이 분화한다.

가설 : 거신들이 자유를 갈구한다.

3-33.

현상 : 월식 현상이 일어났다.

가설 : 마귀들이 주문을 외운다.

3-34.

현상 : 플로티노스가 숨을 거두는 순간 한 마리의 뱀이 담 틈바구니로 사라져 버렸다.

가설 : 플로티노스의 불멸의 영혼이 육체를 벗어던지고 해방되었다.

3-35.

현상 : 한니발은 타국에서 싸우고 있는, 온갖 나라의 사나이들로 구성된 거대한 군대를 가지고 있었지만 언제나 그들 사이에서 군주에 대한 알력이 생겨난 적이 없었다.

가설 : 한니발은 비인간적인 잔인성을 가지고 있었고 그의 다른 덕들과 함께 이것이 그의 병사들에게 존경스럽고 무시무시한 인물로 보이도록 만들었다.

3-36. 통 밑바닥이 뚫려 있고, 그 밑의 마루도 뚫려 있어서, 마루 밑에 숨어 있던 미녀들이 그 뚫린 곳을 통해 나온다.

3-37. 기억들은 뇌의 서로 다른 부분에 저장된다.

3-38. 우리나라는 거지들을 관리하고 일정한 장소에 수용하지만, 미국은 거지들을 관리하지 않는다.

3-39. 신앙은 이성적 비판의 영향을 받지 않는다.

3-40. 자연적으로 정원이 발생하였다.

문명인이 정원을 조성(造成)해 놓았다.

3-41.

1. 중세, 근세 제국주의에서 여성 누드가 많았다.
2. 여성 누드화는 남성들에게 제국주의적 사고를 심어준다.

∴3. 국가가 제국주의식의 사고를 심기 위하여 여성 누드를 장려했다. [1(2)↑]

3-42.

1. 인간사회에는 사람들 사이에 온갖 다툼과 분쟁이 있고, 그로 인한 무수한 고통들이 존재한다.

∴2. 인간은 다른 사람에게 고통과 손해를 끼치면서까지 자신의 욕심을 채우려 드는 이기적인 존재이다. (1↑)

3-43.

1. 인간은 우주가 한 줄기의 증기, 한 방물의 물을 가지고 인간을 죽일 수 있을 정도로 자연 중에서 가장 약한 갈대임에도 불구하고, 인간은 자기를 죽이는 우주보다 존엄하다.

2. 인간은 사고를 통해 자기가 반드시 죽어야 한다는 사실도 알고 우주가 자기보다 힘이 세다는 사실을 알고 있지만, 우주는 사고를 하지 못하여 그것은 전혀 모른다.

∴3. 인간의 존엄성은 사고에 있다. [1(2)↑]

3-44.

1. 서양의 정복의 역사

∴2. 서양인은 낙원을 상실했다는 의식과 지옥에 대한 공포라는 갈등을 가지고 있었다. (1↑)

3-45. 새로운 어휘를 도입했다.

3-46. 실험을 통해서 검증 또는 반증 가능하다.

3-47. 실험의 결과는 긍정적 증거가 된다.

3-48. (생각해 보자.)

3-49.

1. 적들 앞에서 벌레의 몸이 갑자기 굳는다.

∴2. 벌레가 죽는 시늉을 한다. (1↑)

3-50.

1. 겨울자나방은 수컷만 날개가 있고 암컷은 없다.
2. 추운 겨울에 날개가 있으면 그만큼 체온을 더 많이 빼앗긴다.
3. 겨울에는 천적이 없어 날개를 이용해 도망칠 일이 없다.

∴4. 암컷은 불필요한 에너지 소모를 줄여 그만큼 알을 더 만들려고 결국 날개가 없어진 것이다. [1(2, 3)↑]

3-51.

1. 철새들은 정확한 귀소능력을 가졌다.

∴2. 철새들에게서 내생적으로 발생하는 몸 안의 어떤 힘이 일정한 리듬을 만들고, 철새는 이 리듬에 따라 자동적으로 고향으로 인도된다. (1↑)

3-52.

1. 후추나방의 색 비율이 흰색이 99%였고 검은색이 1%였으나 50년 후에는 검은색 나방의 비율이 99%가 되었다.

∴2. 공업화로 나무껍질이 검게 변해 흰색 나방은 새의 눈에 쉽게 띄어 많은 수가 잡혀 먹혔다. (1↑)

3-53.

1. 1964년 뉴욕에서 제노비스라는 여성이 끔찍하게 살해당했다. 그런데 38명의 목격자 가운데 누구도 신고하지 않았다.
2. 목격자들이 무관심했던 것은 아니다.
3. 심리학자 존 달리와 빕 라네티는 각기 다른 방에 피실험자들을 들여보내고

그 중 한 사람이 간질 발작으로 고통받는 상황에 빠진 것처럼 꾸몄다. 고통을 호소하는 간질 환자의 목소리를 들은 피실험자들 가운데 70%는 아무 조치도 취하지 않았다. 다만 자신과 간질 환자 단 둘만 있다고 믿었을 때는 피실험자들의 85%가 3분 안에 조치를 취했다.

∴4. 책임감 분산 효과가 목격자들에게 작용했다. [1(2, 3)↑]

3-54.

1. 나는 짐을 내려놓을 수도 있고 내려놓지 않을 수도 있다.
2. 나는 뽀조가 나를 버리지 않기 바란다.
3. 가. 만일 내가 힘이 들어도 짐을 내려놓지 않는다면, 뽀조가 나의 처지를 동정할 것이다.
   나. 만일 뽀조가 나의 처지를 동정하면, 뽀조는 나를 버리지 않을 것이다.
   ∴다. 만일 내가 힘이 들어도 짐을 내려놓지 않는다면, 뽀조는 나를 버리지 않을 것이다. (가-나↓)

∴ 4. 나는 힘이 들어도 짐을 내려놓아서는 안 된다. (1-3↓)

3-55.

1. 가. 나라 전체가 극심한 빈곤과 기아에 시달리고 있다.
   나. 이런 와중에도 평민 계층의 성적 무절제와 방종으로 말미암아 매년 수많은 사생아와 고아들이 태어나고, 이로 인해 빈곤과 기아는 더 심해지고 있다.
   다. 이 나라의 지주들과 지체 높은 귀족들 역시 이런 심각한 상황을 외면한 채 평민 계층을 착취하기에 급급하여 상황을 더욱 악화시키는 데 일조하고 있다.
2. 나(스위프트)는 이 모든 '도덕적 악'으로 인한 빈곤과 기아상태가 개선되기 원한다.
3. 만일 내가 '겸손한 제안'을 통해 현실의 '도덕적 악'을 풍자하고 고발한다면, 사람들은 충격을 받을 것이고, 도덕적으로 각성하여 빈곤과 기아상태와 같은 상황을 개선시키는 일에 나설 수 있을 것이다.

∴4. 나는 '겸손한 제안'을 통해 현실의 '도덕적 악'을 풍자하고 고발해야만 한다. (1-3↓)

3-56.

1. 세계가 존재한다.

∴2. 세계는 힘에의 의지이다. (1↑)

3-57.

1. 문화(언어, 예술, 종교, 과학) 현상이 존재한다.

∴2. 인간은 그 자신의 세계, 하나의 '이상적' 세계를 건설하기 위하여 점차적으

로 자기 해방을 하는 과정에서 문화를 창출한다. (1↑)

3-58.

1. 인간은 숙명과 죽음의 고통 속에서도 꿋꿋하게 견뎌내며 살아간다.

*∴2. 인간은 숙명과 죽음의 고통을 혼자의 힘으로 견디든지, 자기 자신의 자유 안에서 느낄 수 있는 초월의 힘으로 견딘다. (1↑)

*3. 인간은 숙명과 죽음의 고통 혼자의 힘으로 견딜 수 없다.

∴4. 인간은 숙명과 죽음의 고통을 자기 자신의 자유 안에서 느낄 수 있는 초월의 힘으로 견딘다. [1(2-3↓)↑]

3-59.

1. 세계가 존재한다.

∴2. 기(氣), 형(形), 광(光), 성(聲), 이 네 가지의 기틀을 가진 기(氣)가 다양하게 뭉쳤다. (1↑)

3-60.

1. 짐승들은 사람을 부리지 못하는데, 사람은 많은 짐승들을 부릴 만큼 우월하다.

2. 짐승들은 이성이 없고, 인간은 이성이 있다.

∴3. 인간을 다른 동물보다 우월하게 만드는 것은 이성이다. [1(2)↑]

3-61.

1. 인간의 삶에 미완성이 존재한다.

∴2. 신은 인간이 미완성에서 완성에 도달하려는 노력을 하게 하려고 미완성을 내려주었다. (1↑)

3-62.

1. 우리는 보편자에 대한 지식을 소유하고 있다.

∴2. 우리는 보편자에 대한 지식을 선천적으로 소유하게 되었든지 후천적으로 소유하게 되었을 것이다. (1↑)

3. 만일 우리가 보편자에 대한 지식을 선천적으로 소유한다면, 우리는 그것을 증명을 통해서보다 더욱 정확하게 파악할 수 있을 것이다.

4. 우리는 보편자에 대한 지식을 증명을 통해서보다 더욱 정확하게 파악할 수 없다.

∴5. 우리는 보편자에 대한 지식을 후천적으로 소유하게 되었다. [1(2-4↓)↑]

∴6. 우리가 후천적으로 소유하게 된 보편자에 대한 지식은 상위 지식으로부터 도출된 것이든지 감각 지각으로부터 온 것이다. (5↑)

7. 보편자에 대한 지식은 상위 지식으로부터 도출된 것이 아니다.

∴8. 보편자에 대한 지식은 감각 지각으로부터 온 것이다. [1(6-7↓)↑]

∴9. 우리의 영혼은 보편자에 대한 지식을 감각 지각으로부터 얻을 수 있도록 구

성되어 있다. (8↑)

3-63.

1. 우리는 예컨대 '침대'라는 말로 세상에 있는 모든 개개의 침대를 지칭한다.

∴2. 침대 형상이 존재한다. (침대 형상은 진실로 존재하는 반면, 개개의 침대는 침대 형상과 비슷하나 정말로 존재하는 것이 아니다.) (1↑)

3. 목공은 침대 형상이 아니라 형상을 닮은 개개의 침대를 만든다.

∴4. 침대 형상은 신이 제작한다. [2(3)↑]

3-64. 일치차이법

1. 갑순과 을녀의 손은 부드럽고 아름다우며, 병란의 손은 붉고 거칠다.

2. 갑순, 을녀, 병란은 같은 나이의 여성들이며, 같은 도시에 살고 같은 수돗물을 사용하고 부엌일, 세탁 등의 집안일도 거의 같은 정도로 한다.

3. 갑순, 을녀는 쑥비누를 쓰고 병란은 보통 비누를 쓴다.

∴4. 쑥비누가 부드럽고 아름다운 손을 만드는 데 도움이 된다. [1(2,3)↑]

3-65. 차이법

1. 내 말대로 손 없는 날에 이사한 사람들은 이사하고 다들 별 일이 없었던 반면, 내 말을 듣지 않고 자기 멋대로 자기들 편리한 날에 이사한 사람들은 이사하고 도둑을 맞거나 교통사고를 당했다.

∴2. 나는 신통력을 가지고 있다. (1↑)

3-66. 차이법

1. 모기에 물린 사람들은 말라리아에 걸렸는데 모기에 물리지 않은 사람들은 말라리아에 걸리지 않았다.

∴2. 모기에 물리면 말라리아에 걸린다. (1↑)

3-67. 공변법

1. 휘발유의 판매량과 교통사고의 건수는 지난 10년간의 통계를 볼 때 비례한다.

∴2. 휘발유의 판매량이 교통사고 건수를 결정한다. (1↑)

3-68. 일치차이법

1. A 닭 그룹이 B 닭 그룹보다 20% 정도 산란율이 높다.

2. A 닭 그룹과 B 닭 그룹은 부화일, 산란의 정도, 건강 상태 등 여러 면에서 조건이 동일한 닭들로 이루어져 있고 사료, 물, 일조량 등 모든 조건을 동일하게 하되, A 닭 그룹은 여러 가지 즐거운 음악을 들려주고 B 닭 그룹은 음악을 들려주지 않았다.

∴3. 음악이 산란율을 높인다. [1(2)↑]

3-69.

1. 생명 현상이 존재한다.

2. 페일리는 망원경과 눈을 비교하고 시계와 생명체를 비교하여 목적론적 세계관을 옹호했지만, 이것은 잘못된 유비추리의 오류이다.

∴3. 페일리의 목적론적 세계관은 받아들일 수 없다. (2↓)

∴4. 생명은 맹목적이고 무의식적이며 자동적인 자연선택의 산물이다. (만일 자연선택이 자연의 시계공 노릇을 한다면, 그것은 '눈먼' 시계공이다.) [1(3)↑]

3-70.

1. 나는 신비체험을 하였다.

∴2. 나는 신과 만난 것이다. (신은 존재한다.) (1↑)

3-71.

1. 현대사회의 세 계급인 봉건 귀족과 부르주아와 프롤레타리아 각각이 그들 나름의 특수의 도덕을 가지고 있다.

∴2. 봉건 귀족, 부르주아, 프롤레타리아의 도덕은 그들의 계급적, 경제적 관계들에서 유래한다. (1↑)

3-72.

1. 인간은 세계 속에 산다.
2. 인간이 판단과 행위의 주체로서 세계를 만들고 변화시킨다는 인간중심적 세계관은 잘못이다.

∴3. 세계(자연 환경과 사회 환경)가 인간을 만들고 지배한다. [1(2)↑]

3-73.

1. 인간현상이 존재한다.
2. 신은 존재하지 않는다.
3. 만일 신이 존재하지 않는다면, 인간은 신으로부터 본질을 부여받아 그 본질에 따라 사는 존재가 아니다.
4. 인간이 신으로부터 본질을 부여받아 그 본질에 따라 사는 존재가 아니라면, 인간은 스스로 자기를 만들어 가는 존재이다.

∴5. 인간은 스스로 자기를 만들어 가는 존재이다. [1(2-4↓)↑]

3-74.

1. 생명현상이 존재한다.
2. 기린은 살아남기 위하여 목이 그처럼 길게 발달되었으며 카멜레온은 피부색을 바꾸는 생체조직을 개발하였다.

∴3. 진화법칙(적자생존과 자연도태설)이 생명현상에 작용한다. [1(2→)↑]

3-75. 사람들은 본질을 보지 못하고 겉만 보고 판단한다.

3-76. 매미가 13년, 17년 등의 소수해가 아닌 해에 나타난 매미들은 모두 천적에게 잡아먹혀 멸종하였다.

[제 4 장]

4-1. 전건부정의 오류
4-2. 선결문제요구의 오류
4-3. 선언지긍정의 오류
4-4. 자가당착의 오류
4-5. 선결문제요구의 오류
4-6. 후건긍정의 오류
4-7. 공포에 호소하는 오류
4-8. 피장파장의 오류
4-9. 정황에 호소하는 오류
4-10. 사적 관계에 호소하는 오류
4-11. 우물에 독 뿌리는 오류
4-12. 유머에 호소하는 오류
4-13. 아첨에 호소하는 오류
4-14. 부적합한 권위에 호소하는 오류
4-15. 분노에 호소하는 오류
4-16. 가정망각의 오류
4-17. 거짓 딜레마의 오류
4-18. 근시안적 귀납의 오류
4-19. 논점 일탈의 오류
4-20. 잘못된 유비추리의 오류
4-21. 목욕물을 버리면서 아이까지 버리는 오류
4-22. 무지에 호소하는 오류
4-23. 발생적 오류
4-24. 가설과 사실을 혼동하는 오류
4-25. 복합질문의 오류
4-26. 분할의 오류
4-27. 성급한 일반화의 오류
4-28. 수레를 말 앞에 놓는 오류
4-29. 유용성의 오류
4-30. 우연의 오류
4-31. 원인 오판의 오류
4-32. 원칙 혼동의 오류
4-33. 의도 확대의 오류

4-34. 잘못된 유비추리의 오류
4-35. 합성의 오류
4-36. 허수아비 공격의 오류
4-37. 무지에 호소하는 오류
4-38. 잘못된 유비추리의 오류
4-39. 복합질문의 오류
4-40. 논점 일탈의 오류
4-41. 강조의 오류
4-42. 범주의 오류
4-43. 정의에 의한 존재 강요의 오류
4-44. 사용과 언급을 혼동하는 오류
4-45. 술어를 실체어로 여기는 오류
4-46. 실재화의 오류
4-47. 애매문의 오류
4-48. 은밀한 재정의의 오류
4-49. 실재화의 오류
4-50. 사용과 언급을 혼동하는 오류
4-51. 정의에 의한 존재 강요의 오류
4-52. 애매어의 오류
4-53. 정의에 의한 존재 강요
4-54. 강조의 오류
4-55. 인신 공격의 오류, 피장파장의 오류, 유머에 호소하는 오류
4-56. 잘못된 유비추리의 오류
4-57. 복합질문의 오류
4-58. 우물에 독 뿌리는 오류
4-59. 공포에 호소하는 오류
4-60. 원인 오판의 오류
4-61. 선결문제요구의 오류
4-62. 원칙 혼동의 오류
4-63. 의도 확대의 오류
4-64. 정의에 의한 존재 강요의 오류
4-65. 잘못된 유비추리의 오류
4-66. 가정망각의 오류
4-67. 가설과 사실을 혼동하는 오류
4-68. 원인 오판의 오류

4-69. 애매문의 오류
4-70. 정황에 호소하는 오류
4-71. 수레를 말 앞에 놓는 오류
4-72. 흑백사고의 오류
4-73. 애매문의 오류
4-74. 합성의 오류
4-75. 인신공격의 오류, 정황에 호소하는 오류
4-76. 피장파장의 오류
4-77. 성급한 일반화의 오류, 논점 일탈의 오류
4-78. 원칙 혼동의 오류
4-79. 허수아비 공격의 오류
4-80. 복합질문의 오류
4-81. 은밀한 재정의의 오류
4-82. 무지에 호소하는 오류
4-83. 선결문제요구의 오류
4-84. 의도 확대의 오류
4-85. 잘못된 유비추리의 오류
4-86. 성급한 일반화의 오류, 원인 오판의 오류
4-87. 정황에 호소하는 오류
4-88. 인신공격의 오류
4-89. 분할의 오류
4-90. 정황에 호소하는 오류
4-91. 공포에 호소하는 오류
4-92. 성급한 일반화의 오류
4-93. 원칙 혼동의 오류
4-94. 흑백사고의 오류
4-95. 수레를 말 앞에 놓는 오류
4-96. 선결문제요구의 오류
4-97. 정의에 의한 존재 강요의 오류
4-98. 선결문제요구의 오류
4-99. 우물에 독 뿌리는 오류
4-100. 논점 일탈의 오류
4-101. 성급한 일반화의 오류, 피장파장의 오류, 공포에 호소하는 오류
4-102. 합성의 오류
4-103. 범주의 오류

4-104. 은밀한 재정의의 오류
4-105. 잘못된 유비추리의 오류
4-106. 유머에 호소하는 오류
4-107. 원인 오판의 오류
4-108. 성급한 일반화의 오류
4-109. 복합질문의 오류
4-110. 의도 확대의 오류
4-111. 선결문제요구의 오류
4-112. 우물에 독 뿌리는 오류
4-113. 자가당착의 오류
4-114. 수레를 말 앞에 놓는 오류
4-115. 은밀한 재정의의 오류
4-116. 선결문제요구의 오류
4-117. 무지에 호소하는 오류
4-118. 애매문의 오류
4-119. 전건부정의 오류
4-120. 애매어의 오류
4-121. 유머에 호소하는 오류
4-122. 수레를 말 앞에 놓는 오류
4-123. 가정망각의 오류
4-124. 허수아비 공격의 오류
4-125. 실재화의 오류
4-126. 자가당착의 오류
4-127. 분노에 호소하는 오류
4-128. 애매문 및 은밀한 재정의를 이용한 시

[제 5 장]

5-1
1. 에이즈가 창궐하고 있다.
∴2. 인류가 아프리카에 조용히 숨겨진 밀림을 무분별하게 개발했다. (1↑)
∴3. 무분별한 개발은 인류에게 큰 재앙이 될 수 있다. (2→)

5-2.
1. 인간현상(인류의 모든 역사, 사회, 문화 현상)이 존재한다.
∴2. 사회 내에는 모순(생산력과 생산 관계, 한 계급과 다른 계급, 새것과 옛것)

의 변증법적 역사 법칙이 존재한다. (1↑)
3. 만일 2라면, 사회주의 체계가 자본주의 체계의 자리에 들어선다.
∴4. 사회주의 체계가 자본주의 체계의 자리에 들어선다. (2-3↓)

5-3.

∴1. 육체는 참다운 것을 추구하는 데 방해가 된다. (가-다→)
가. 육체는 음식을 필요로 해서 우리를 근심하도록 한다.
나. 육체는 질병에 걸려서 사고 능력을 빼앗는다.
다. 육체는 사랑과 정욕과 공포와 온갖 종류의 공상과 끝없는 어리석음으로 가득 차게 하며, 사고 능력을 빼앗아 간다.
2. 참다운 것을 추구해야 한다.
3. 만일 우리가 신이 우리를 육체라는 감옥에서 풀어주려고 할 때까지 감각적인 것에 현혹되지 않고 금욕한다면, 참다운 것을 추구할 수 있다.
∴4. 우리는 신이 우리를 육체라는 감옥에서 풀어주려고 할 때까지 감각적인 것에 현혹되지 않고 금욕해야 한다. (1-3↓)

5-4.

1. 불고기에 머리카락이 섞여 있었다.
∴2. 주방장이 요리 과정에서 실수하였거나 주방장에게 원한이 있는 누군가가 모함하고 있다. (1↑)
3. 만일 주방장이 요리과정에서 실수하였다면, 다음 모두가 참일 수는 없다.
가. 주방장이 간장(干將)이 쓰던 칼보다 더 잘 드는 칼로 고기를 다지면서도 머리카락 하나 자르지 못한다.
나. 주방장이 고기를 꽂이에 꽂을 때, 미처 머리카락은 생각하지도 못한다.
다. 주방장이 새빨갛게 달군 화로에서 충분히 구우면서도 머리카락은 태우지 못한다.
4. 3의 가, 나, 다 모두가 참이다.
∴5. 주방장이 실수한 것은 아니다. (3-4↓)
∴6. 주방장에게 원한이 있는 누군가가 모함하고 있다. [1(2, 5↓)↑]
cf. 5의 결론인데 2의 도움을 받아 1을 설명하는 가설로 오독되는 것을 막기 위해 [1(2+5↓)↑] 기호를 도입해도 좋다.

5-5.

1. 단혼제(일부일처제)는 인간의 성적 욕구를 심하게 억압한다.
2. 단혼제는 여자가 인간의 욕구는 덮어둔 채 가사와 아이 양육에 전념하게 하고, 남자도 결혼으로 인하여 자기 가족과 자신만을 돌볼 뿐 사회의 전반적 문제에 대한 구성원으로서의 책임을 도외시하게 한다.
*3. 인간의 성적 욕구를 심하게 억압하고, 여자가 인간의 욕구는 덮어둔 채 가

사와 아이 양육에 전념하게 하고, 남자도 결혼으로 인하여 자기 가족과 자신만을 돌볼 뿐 사회의 전반적 문제에 대한 구성원으로서의 책임을 도외시하게 하는 제도는 사악하다.

*4. 사악한 제도는 폐지되어야 한다.

*5. 직업에 종사하는 것과 사람을 사랑하는 것은 유사하다.

6. 사람들은 자신이 종사하는 직업이 따분하다고 생각되면, 직업을 바꾸고 싶어 하고 바꿀 수 있다.

∴7. 사람들이 사랑했던 상대방이 싫어지면 사랑하는 대상을 바꿀 수 있어야 한다. (5-6↔)

*8. 단혼제는 사랑하는 대상을 바꿀 수 없게 한다.

∴9. 단혼제는 폐지되어야 한다. (1-4↓, 7-8↓)

5-6.

1. 사회의 개선이 느리다.

∴2. 대중이 깨지 못했거나 절대적으로 선한 소수가 없다. (1↑)

3. 대중이 깨지 못했기 때문이 아니다.

4. 절대적으로 선한 소수는 전체를 발효시킬 수 있다.

∴5. 절대적으로 선한 소수가 없다. [1{(2-3↓), 4}↑]

5-7.

1. 현재의 욕망은 내세와 현세의 괴로움을 야기한다.

2. 괴로움을 피하고 행복해지고 싶다.

∴3. 욕구를 충족시키려고 하면 불행해지고 욕구를 충족시키지 않으려 할 때 오히려 행복이 온다. (가-라→)

가. 우리가 아무것도 얻으려 하지 않을 때 가장 큰 것을 얻는다.

나. 아무런 보답을 바라지 않을 때 우리는 가장 좋은 보답을 받는다.

다. 우리는 명성을 바라지 않을 때 가장 큰 명성을 얻게 된다.

라. 동료가 생기길 바라지 않을 때 우리는 가장 훌륭한 동료를 얻게 된다.

∴4. 욕구를 충족시키려고 하지 말고, 욕구를 버려야 한다. (1-3↓)

5-8.

1. 사물은, 그것이 인간의 감각을 유쾌하게 하는가, 불쾌하게 하는가에 따라 더 완전하거나 덜 완전한 것은 아니다.

2. 만일 사물이 인간의 감각을 유쾌하게 하는가, 불쾌하게 하는가에 따라 더 완전하거나 덜 완전한 것이 아니라면, 다음 회의주의 논증은 타당하지만 전제 '나'는 받아들일 수 없다.

[회의주의 논증]

가. 만일 세계가 신의 절대적으로 완전무결한 본성으로부터 나왔다면, 세계

에는 결함, 즉 부패, 추악, 혼동, 죄악 등이 없을 것이다.
나. 세계에는 부패, 추악, 혼동, 죄악으로 가득하다.
∴다. 세계는 신의 절대적으로 완전무결한 본성으로부터 나온 것이 아니다. (가-나↓)

∴3. 회의주의 논증은 타당하지만 전제 '나'는 받아들일 수 없다. (1-2↓)
∴4. 회의주의 논증은 건전하지 않고, 그 결론('다')을 받아들일 이유가 없다. (3↓)

5-9.
1. 꿈처럼 흔적도 없이 사라져 버리는 것(인생)은 절대로 노력할 값어치가 없다.
2. 만일 꿈처럼 흔적도 없이 사라져 버리는 것이 절대로 노력할 값어치가 없다면, 다음 향락주의 논증은 타당하지만 전제 '다'는 받아들일 수 없다.
[향락주의 논증]
가. 미쳐 버릴 정도로 우리의 삶은 덧없다.
나. 허무감에 괴로워하지 않고 행복을 맛보고 싶다.
다. 현재를 향락한다면, 허무감에 괴로워하지 않고 행복을 맛볼 수 있다.
∴라. 현재를 향락해야 한다. (가-다↓)

∴3. 향락주의 논증은 타당하지만 전제 '다'는 받아들일 수 없다. (1-2↓)
∴4. 향락주의 논증은 건전하지 않고, 그 결론('라')을 받아들일 이유가 없다.(3↓)

5-10.
1. 마이크로파 탐지기가 본래보다 더 많은 잡음을 검출하고 있다.
2. 탐지기가 고장 난 것은 아니다.
∴3. 잡음의 원인은 탐지기 외부에 있다. [1(2)↑]
4. 빛이 수직 상방보다 지평선에 가까운 방향일 때 훨씬 많은 대기층을 뚫는다.
5. 만일 잡음이 대기층 안의 잡음이라면, 탐기지가 수직 상방 아닌 방향을 향할 때 더 커질 것이다.
6. 잡음은 탐지기의 방향에 관계없이 같다.
∴7. 잡음은 대기층 밖에서 오는 것이다. [1{3, (4-6↓)}↑]
8. 만일 잡음이 태양계 밖이나 은하 외부로부터 오는 것이 아니라면, 지구의 운동으로 인한 탐지기의 방향의 변화에 따라 변동할 것이다.
9. 잡음은 지구의 자전이나 공전에도 불구하고 밤낮이나 계절에 무관하다.
∴10. 잡음은 태양계 밖이나 우리 은하 외부로부터 오는 것이다. [1{7, (8-9↓)}↑]

5-11.
1. 인간현상(인류의 모든 역사, 사회, 문화 현상)이 존재한다.
∴2. 인간은 욕망과 이성뿐인 존재이거나 인간은 욕망과 이성뿐만 아니라 자긍심을 가진 존재이다. (1↑)

3. 인간이 욕망과 이성뿐인 존재라면, 인간은 군사독재국가 또는 군사독재국가에서도 만족하며 살아간다.
4. 프랑코 정권하의 스페인, 군사독재하의 한국, 시장경제 지향적인 권위주의적 브라질에서 사람들이 만족하며 살지 않고 민주화 투쟁을 일으켰다.

∴5. 인간은 욕망과 이성뿐인 존재가 아니다. (3-4↓)

6. 오늘날 공산주의가 자유민주주의로 교체되어 가고 있다.

∴7. 공산주의가 자긍심(인지)에 대한 중대한 결함을 내포한 통치형태라는 사실이 인식되었다. (6↑)

∴8. 인간은 욕망과 이성뿐만 아니라 자긍심을 가진 존재이다. [1({2+5↓}, 7)↑]

5-12.

1. 무언가를 성취하지 못한 사람들이 있다. (예를 들어 괴테가 못 된 사람이 있다.)

∴2. 무언가를 성취하지 못한 사람들은 그 무언가를 성취할 수 있는 완전한 능력이 없거나 그 무언가를 진정으로 원하지 않았다.

3. 무언가를 성취하지 못한 사람들은 그 무언가를 성취할 수 있는 완전한 능력이 없는 것이 아니다. (괴테가 되기 위해서 괴테와 같은 사람이 될 필요가 없다.)

∴4. 사람들은 원하는 것을 성취한다. (가-라→)

가. 상인은 파산(破産)에 직면했을 때에조차도 팔고 산다.
나. 어음 할인 중개인은 돈을 빌려준다.
다. 시인은 노래한다.
라. 게으름뱅이는 잠을 잔다.

∴5. 무언가를 성취하지 못한 사람들은 그 무언가를 진정으로 원하지 않았다. [1(2-3↓, 4)↑]

5-13.

1. 완전한 것이 불완전한 것보다 우월하다.
2. 만일 신이 완전히 선한 존재가 아니라면, 신은 창조주가 될 수 없다.
3. 만일 1이고, 신이 창조주가 될 수 없다면, 신보다 더 완벽한 선을 소유하고 있는 어떤 다른 것이 존재해야 하며, 그 존재는 신보다 우월하고 신보다 훨씬 전부터 존재해야 할 것이다.
4. 신보다 더 완벽한 선을 소유하고 있는 어떤 다른 것이 존재해야 하며, 그 존재는 신보다 우월하고 신보다 훨씬 전부터 존재해야 한다는 것은 불합리하다.

∴5. 신은 완전히 선한 존재다. (1-4↓)

6. 완전한 선은 참된 행복이다.

∴7. 신은 참된 행복이다. (참된 행복은 신성이다.) (5-6↓)

8. 사람들은 정의를 소유함으로써 정의로워지고, 지혜를 소유함으로써 지혜로워지듯이 신성을 소유하는 사람은 신성이 된다.

∴9. 참된 행복을 누리는 사람은 신성을 소유한 사람이다. (7-8↓)

5-14.

1. 되강오리의 털과 뱀의 허물, 애벌레의 껍질은 사람의 의복과 다르지만, 표피(表皮)라는 점에서 유사하다.

2. 되강오리는 털갈이 시기에, 뱀과 애벌레는 내부적인 활동과 팽창을 함으로써 허물과 껍질을 벗는다.

3. 다른 나라의 국기를 달고 경기하는 것과 새로운 존재가 되지 않고 새 의복으로 갈아입는 것은 다르지만 유사하다.

4. 만일 다른 나라의 국기를 달고 경기하면, 자기의 국가 정체성을 잃어버리는 것이다.

∴5. 만일 새로운(다른) 존재가 되지 않고 새 의복으로 갈아입으면, 자기 정체성을 잃어버리는 것이다. (3-4↔)

6. 자기 정체성을 잃어서는 안 된다.

∴7. 사람도 인생의 위기를 겪으며 새로운 존재가 될 때에만, 새 의복으로 갈아입어야 한다. (즉 우리는 헌 옷을 입고도 새 사람처럼 느껴질 때까지는, 그래서 그 이상 헌 옷을 계속 입으면 낡은 병에 새 술을 담는 것처럼 느껴질 만큼 처신해 왔거나 일해 왔거나 또는 긴 여로(旅路)를 밟았기 전에는, 우리의 옷이 아무리 남루하고 더럽더라도 새 옷을 사서는 안 된다.) (1-2↔, 5-6↓)

5-15.

1. 물고기가 한가롭게 헤엄치고 있다.

장자 : ∴2. 물고기가 즐겁게 놀고 있다. (1↑)

혜자 : 3. 오직 자기 자신만이 자신의 경험을 알 수 있다.

4. 장자는 물고기가 아니다.

∴5. 장자는 2를 안다고 말할 수 없다. (3-4↓)

장자 : 6. 만일 3이라면, 혜자는 내가 2를 안다는 것을 알 수 없다.

∴7. 혜자는 내가 2를 안다는 것을 알 수 없다. (3, 6↓)

혜자 : 8. 만일 내가 장자가 2를 안다는 것을 알 수 없다면, 5는 확실하다.

∴9. 5는 확실하다. (7-8↓)

장자 : 10. 혜자가 "어찌 당신은 2를 안단 말이오?"라고 했다.

∴11. 혜자는 내가 2를 안다는 것을 알고 말한 것이다. (10↑)

∴12. 나는 2를 알고 말하였고, 혜자도 내가 2를 안다는 것을 안다. (2, 11↓)

5-16.

1. 모든 대륙에 걸쳐, 지리적 위치와는 상관없이 1965년의 생쥐들은 1901년의 자기들 선조보다 더 좋은 점수를 얻었다.

∴2. 지구적인 차원의 '생쥐적' 지능이라는 게 존재하면서 시간이 흐름에 따라 그것이 향상되고 있다. (1↑)

3. 인간 세계에서도 어떤 발명품들, 예를 들어 불, 화약, 직물 등은 중국, 인도, 유럽에서 동시에 발명한 것을 확인되었다. 오늘날에도 발명은 일정한 기간을 놓고 보면 지구의 몇몇 지역에서 같은 시기에 이루어진다.

∴4. 지구적 차원의 인간적 지능이 존재한다. 어떤 아이디어들이 대기권 밖 공중에서 떠다니고 있고 그것들을 낚을 수 있는 사람들이 인류의 지구적 지능을 같은 수준으로 통일시키고 있다. (3↑)

∴*5. 지구적 차원의 아이디어들이 있고 이것이 지리적 위치와는 상관없이 생명체 지능에 영향을 미친다. (2, 4→)

5-17.

∴1. 가. 우리는 일본의 지배하에 있다.

∴나. 우리는 일본인보다 우수한 민족이다. [(1)-(2)→]

(1) 일본인이 마라톤에서 손기정을 못 따른다.

(2) 일본일이 무용에서 최승희를 못 따른다.

2. 일본으로부터 독립해야 한다.

∴3. 만일 우리가 일본인의 정신을 습득하면, 일본인이 한국을 독립시키려고 할 것이다. (가-라↓)

가. 만일 우리가 일본인의 정신을 습득하면, 일본인은 한국인을 신뢰할 것이다.

나. 만일 일본인이 한국인을 신뢰하면, 일본의 헌법을 조선에서도 실행시킬 것이다.

다. 만일 '1. 나'이고 일본인이 일본의 헌법을 조선에서도 실행시키면, 한국인이 총선거 때 대의원도 되고 재무대신도 될 것이다.

라. 한국인이 총선거 때 대의원도 되고 재무대신도 되면, 일본인이 한국을 독립시키려고 할 것이다.

∴4. 일본인보다 우수한 우리가 일본 정신을 습득해야 한다. (1-3↓)

5-18.

1. 우리는 명제 속에서 보편어를 사용한다. (명제는 보편어로 구성되어 있다.)

∴2. 보편어의 의미는 실체(보편자 실재론)이거나, 심리적 내용 또는 약정적 기호(유명론)이다. (1↑)

3. 만일 보편어의 의미가 실체라면, 명제는 개별적 실체들로 구성될 것이다.

4. 만일 명제가 개별적 실체들로 구성된다면, 주사는 로마에 있고 빈사는 영국에 있을 것이다. ("'로마 사람들이 부르는 노래'는 '영국 사람들이 좋아하는 노래'이다.")
5. 주사가 로마에 있고 빈사가 영국에 있을 수는 없다.
∴6. 보편어의 의미는 실체가 아니다. (3-5↓)
7. 명제는 마음, 발설된 말 혹은 글 속에 있다.
8. 발설된 말 혹은 글 속에 있는 것은 실체가 아니다.
∴9. 어떠한 명제도 실체로 구성될 수 없다. (7-8↓)
∴10. 보편어의 의미는 실체가 아니다. (1, 9↓)
11. 보편어는 명제 속에서 사물의 술어가 된다.
12. 명제 속에서 사물의 술어가 되는 것은 심리적 내용 또는 약정적 기호뿐이다.
∴13. 보편어의 의미는 심리적 내용 또는 약정적 기호이다.
[1{(2, 6, 10↓), (11-12↓)}↑]

5-19.

1. 음악가는 여러 가지 음률에 관해서 청각으로 활동한다.
2. 학문을 사랑하는 사람은 이론적인 문제에 관하여 이지(理智)로 활동한다.
∴3. 삶은 사람마다 자기가 가장 사랑하는 것에 관해서 자기가 가장 사랑하는 능력을 가지고 하는 활동으로 구성되어 있다. (1-2→)
4. 쾌락은 활동을 완전하게 한다.
∴5. 쾌락은 삶을 완전하게 한다. (3-4↓)
6. 누구나 삶을 완전하게 살기 원한다.
∴7. 누구나 쾌락을 원한다. (5-6↓)

5-20.

1. 가. 나(소크라테스)는 사형선고를 받고 감옥에 갇혀 있다.
   나. 친구들이 나를 국외로 탈출시키려고 한다.
2. 나는 명예롭고 바르게 잘 살기를 원한다.
3. 만일 내가 올바른 약속을 지키지 않으면, 나는 명예롭고 바르게 잘 살 수 없다.
∴4. 나는 올바른 약속을 지켜야 한다. (2, 3↓)
*5. 나는 아테네의 시민으로 살아왔다.
∴6. 나는 아테네의 시민으로 살기를 원하였고 또 그렇게 살기로 약속하셨다. (즉, 나는 '아테네'라는 국가의 법을 올바른 것으로 인정하고, 그 법에 따라 아테네 시민으로 보호받고 살기를 원하였고, 나 스스로도 그 법에 따른 어떤 판결이든지 기꺼이 따르기로 약속하였다) (5↑)

7. 내가 탈출하는 것은 내가 한 국가와의 올바른 약속을 저버리는 일이다.

∴8. 만일 개인들이 국가의 법을 지키겠다는 약속을 어긴다면, 국가는 존립할 수 없다. (7→)

∴9. 만일 내가 탈출하면, 나는 국가와의 올바른 약속을 지키지 않을 뿐만 아니라, 국가의 존립을 위태롭게 하는 약속 위반으로 일반화될 수 있는 약속 위반을 하는 것이다. [6, 8↓]

∴10. 나는 탈출해서는 안 된다. (1, 4, 9↓)

[제 6 장]

6-1. 반대이며 양립불가능한 관계
6-2. 모순이며 양립불가능한 관계
6-3. 소반대이며 양립가능한 관계
6-4. 모순이며 양립불가능한 관계
6-5. 반대이며 양립불가능한 관계
6-6. 양립가능한 관계
6-7. 타당
6-8. 부당
6-9. 타당
6-10. 부당

* 1-10번과는 달리 11-15번은 "정보 부재 영역이 비어 있지 않다."는 전제 없이 풀 것("공집합이 아니다."는 가정을 하지 않음)

6-11.

공산주의자들 : K
마르크스주의자들 : M
이상주의자들 : I

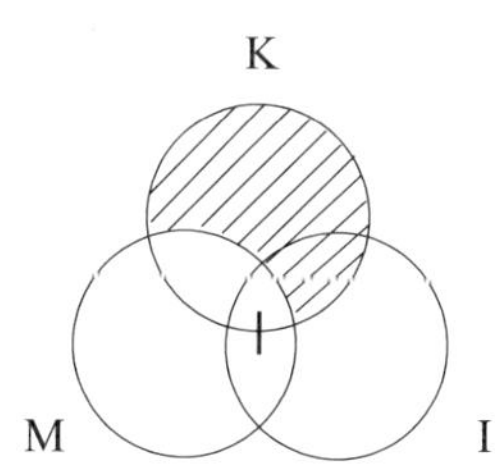

전칭긍정인 '모든 K는 M이다'와 특칭긍정인 '어떤 I는 M이다'를 그린 상태에서 결론인 '어떤 I는 K이다'가 표현되어 있지 않다. 따라서 이 논증은 부당하다.

6-12.

M = 정신 분열증 환자

P = 정신병자

A = 정치가가 되기에 적합한 사람

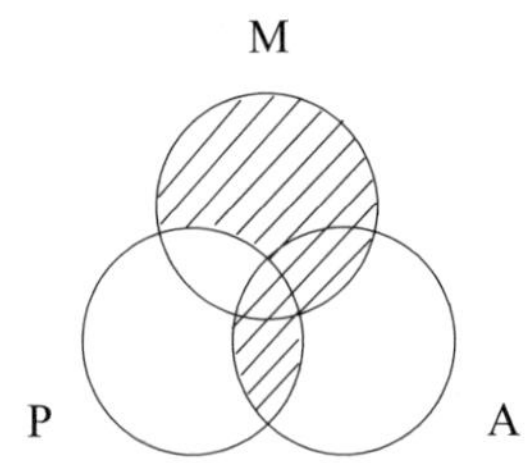

부당하다.

6-13.

유물론자들 : M

실증주의자들 : P

무신론자들 : A

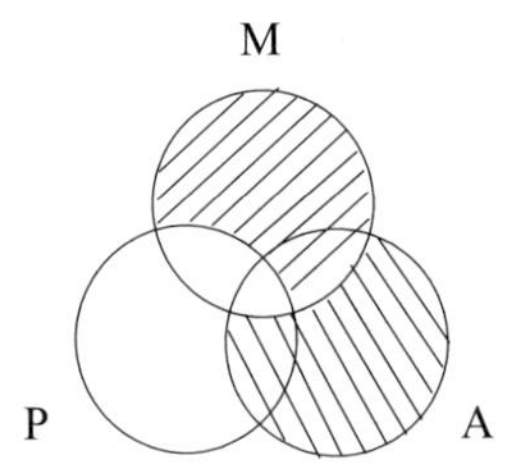

'모든 M은 P이다'와 '모든A는 M이다'를 그린 상태에서 결론인 '모든 P는 A이다'라는 주장이 표현되어 있지 않다. 따라서 이 논증은 부당하다.

6-14.

S = 학생

P = 정치적인 사람

U = 순수한 사람

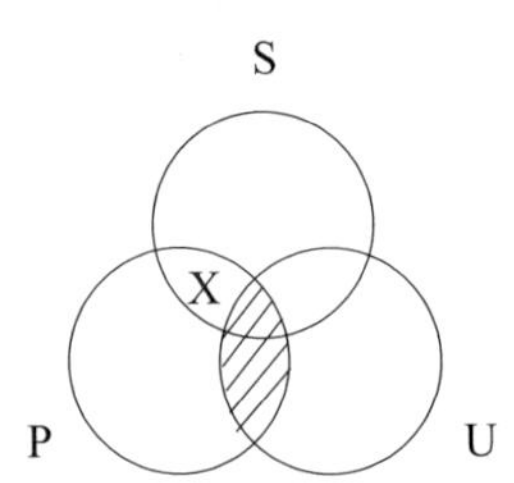

타당하다.

6-15.

예술가 : A

부자 : R

부도덕한 사람 : I

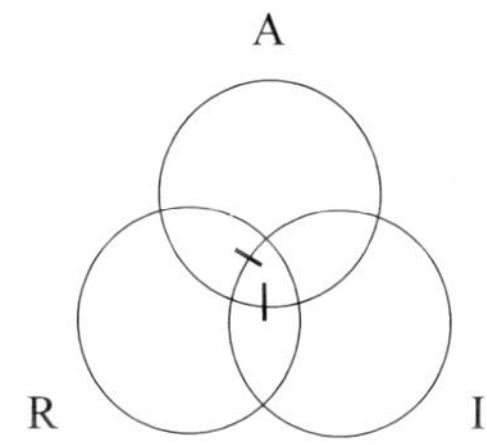

'어떤 A는 R이다'와 '어떤 R는 I이다'를 그린 상태에서 결론인 '어떤 A는 I이다'라는 주장이 표현되어 있지 않다. 따라서 이 논증은 부당하다.

6-16. (x)[Gx ⊃ (Lx · −Px)]

6-17. (∃x)(Hx · Sx) · (∃x)(Hx · −Sx)

6-18. Ba ⊃ (x)(Hx ⊃ −Tx)

6-19. (x)[Hx ⊃ (Ax ∨ Dx)]

6-20. (∃x)(Px · Dx)

6-21. (x)(Sx ⊃ Hx)

6-22. −(x)(Hx ⊃ Gx) · (∃x)(Hx · Gx)

6-23. (x)(Bx ⊃ Cx) [약어] Bx : x는 미인을 얻는다.

6-24. 모든 것은 소멸하지 않는다.

6-25. 어떤 것은 소멸하지 않는다.

6-26. 소멸하지 않는 것은 영광스럽다.

6-27. 만일 모든 것이 허무하다면, 순희는 죽는다.

6-28. 모든 것은 아름답든지 모든 것은 영광스럽다.

6-29. 영광스러운 것이 있을 경우 그리고 그 경우에만 모든 것은 소멸한다.

6-30. 소멸하면서 영광스럽지 않은 것이 있다는 것은 거짓이다.

6-31.

1. (x)(Hx ⊃ Dx)	전제
2. (x)(Cx ⊃ −Dx)	전제 / (x)(Hx ⊃ −Cx)
3. Hu ⊃ Du	1, 보편의 예화
4. Cu ⊃ −Du	2, 보편의 예화
5. Du ⊃ −Cu	4, 자리뒤집기
6. Hu ⊃ −Cu	3, 5, 가언삼단논법
7. (x)(Hx ⊃ −Cx)	6, 보편적 일반화

6-32.

1.	$-(x)(Hx \supset Px)$	전제 / $(\exists x)(Hx \cdot -Px)$
2.	$(\exists x)-(Hx \supset Px)$	1, 양화사의 부정
3.	$(\exists x)(Hx \cdot -Px)$	2, 조건문의 정의, 드모르간 규칙

6-33.

1.	$(x)(Hx \supset -Bx)$	전제
2.	$(x)[(Hx \supset -Bx) \supset (y)(Ly \supset Oy)]$	전제 / $La \supset Oa$
3.	$(y)(Ly \supset Oy)$	1, 2, 전건긍정법
4.	$La \supset Oa$	3, 보편의 예화

6-34.

1.	$(x)[(Hx \supset (Rx \cdot Sx)]$	전제
2.	$(\exists x)(Hx \cdot Px)$	전제 / $(\exists x)(Hx \cdot Rx \cdot Sx)$
3.	$Hu \cdot Su$	2, 존재의 예화
4.	Hu	3, 단순화
5.	$Hu \supset (Ru \cdot Su)$	1, 보편의 예화
6.	$Ru \cdot Su$	4, 5, 전건긍정법
7.	$Hu \cdot Ru \cdot Su$	4, 6, 연언화
8.	$(\exists x)(Hx \cdot Rx \cdot Sx)$	7, 존재적 일반화

6-35.

1.	$(x)(Gx \supset Vx)$	전제
2.	$-Va$	전제 / $-Ga$
3.	$Ga \supset Va$	1, 보편의 예화
4.	$-Ga$	2, 3, 후건부정법

참고문헌

Barker, Stephen F., *The Elements of Logic*(New York: MaGraw-Hill Book Company, 1985).

Dauer, Francis, *Critical Thinking: An Introduction to Reasoning*(Oxford: Oxford University Press, 1989).

Engel, S. Morris, *With Good Reason: An Introduction to Informal Fallacies* (New York: St. Martin's Press, 1982).

Fearnside, W. Ward and Holther, William B., *Fallacy: The Counterfeit Argument*(Englewood cliffs, N.J.: Prentice Hall, 1959).

Runkle, Gerald, *Good Thinking: An Introduction to Logic*(New York: Holt, Rinehart and Winston, 1978).

Salmon, Merrille H., *Logic and Critical Thinking*(San Diego: Harcourt Brace Jovanovich Publishers, 1984).

김광수, 「철학과 비판적 사고」, 『범한철학』 제38집(2005년 가을).

_____, 『둥근 사각형의 꿈』(철학과현실사, 1999).

_____, 『마음의 철학』(철학과현실사, 2006).

찾아보기 *

* 예를 들어 '26n'은 '26쪽에 있는 각주'를 뜻함.

[ㅂ]

[ㅅ]

[ㅇ]

[ㅎ]

저자 소개

대광고등학교를 거쳐 서울대학교 문리과대학 철학과에서 학사 학위를 받고, 미국 캘리포니아 대학교(샌타바바라) 철학과에서 석사와 박사 학위를 받은 후 한신대학교 철학과 교수로 재직하였다. 학위 논문인 『존재론, 현상, 그리고 심신문제』(캘리포니아 대학교) 외에, 『둥근 사각형의 꿈: 삶에 관한 철학적 성찰』, 『마음의 철학』, 『어찌 이방이 사또를 치리오』, 『솔로몬은 진짜 어머니를 가려냈을까』 등의 저서가 있고, 「설명과 기술」, 「비판적 사고론」, 「철학과 비판적 사고」, 「철학과 논술」 등의 논문이 있다.

논리와 비판적 사고

1판 1쇄 발행 1990년 3월 10일
1판 6쇄 발행 1992년 3월 20일
2판 1쇄 발행 1993년 3월 10일
2판 4쇄 발행 1995년 1월 5일
3판 1쇄 발행 1995년 9월 5일
3판 7쇄 발행 2006년 4월 15일
쇄신판 1쇄 발행 2007년 10월 30일
쇄신판 13쇄 발행 2021년 8월 5일

지은이 김 광 수
발행인 전 춘 호
발행처 철학과현실사
출판등록 1987년 12월 15일 제300-1987-36호

서울특별시 종로구 대학로 12길 31
전화번호 579-5908
팩시밀리 572-2830

ISBN 978-89-7775-645-8 03170
값 20,000원